吉林大学哲学社会科学银龄著述资助计划

康德《判断力批判》细读

李志宏 著

中国社会科学出版社

图书在版编目（CIP）数据

康德《判断力批判》细读 / 李志宏著. -- 北京：中国社会科学出版社，2024.7. -- ISBN 978-7-5227-3823-9

Ⅰ. B516.31

中国国家版本馆 CIP 数据核字第 2024AD1192 号

出 版 人	赵剑英	
责任编辑	孙　萍	
责任校对	李　莉	
责任印制	王　超	
出　　版	中国社会科学出版社	
社　　址	北京鼓楼西大街甲 158 号	
邮　　编	100720	
网　　址	http://www.csspw.cn	
发 行 部	010－84083685	
门 市 部	010－84029450	
经　　销	新华书店及其他书店	
印　　刷	北京君升印刷有限公司	
装　　订	廊坊市广阳区广增装订厂	
版　　次	2024 年 7 月第 1 版	
印　　次	2024 年 7 月第 1 次印刷	
开　　本	710×1000　1/16	
印　　张	30.5	
字　　数	380 千字	
定　　价	158.00 元	

凡购买中国社会科学出版社图书，如有质量问题请与本社营销中心联系调换
电话：010－84083683
版权所有　侵权必究

纪念康德诞辰 300 周年

#　目　录

自　序 ··· (1)

第一编　前言细读 ··· (1)

第二编　导论细读 ··· (23)
　　一　哲学的划分 ····································· (23)
　　二　一般哲学的领域 ······························· (32)
　　三　作为哲学的这两个部分结合成为一个整体的
　　　　手段的判断力批判 ······························· (48)
　　四　作为一种先天地立法的能力的判断力 ········ (56)
　　五　自然的形式合目的性的原则是判断力的一个
　　　　先验原则 ··· (68)
　　六　愉快情感与自然合目的性概念的结合 ········ (94)
　　七　自然的合目的性的审美表象 ··················· (103)
　　八　自然的合目的性的逻辑表象 ··················· (132)
　　九　知性的立法和理性的立法通过判断力而
　　　　联结 ·· (143)

第三编　正文细读 ··· (157)
　　第1节　鉴赏判断是审美的 ························· (157)

第 2 节　规定着鉴赏判断的那种愉悦是没有任何
　　　　兴趣的 ……………………………………………（161）
第 3 节　对适意者的愉悦是与兴趣相结合的 …………（164）
第 4 节　对善者的愉悦是与兴趣相结合的 ……………（168）
第 5 节　愉悦的三种不同方式的比较 …………………（174）
第 6 节　美者是无须概念而被表现为一种普遍的
　　　　愉悦之客体的东西 ……………………………（178）
第 7 节　通过上述特征把美者与适意者和善者
　　　　加以比较 ………………………………………（180）
第 8 节　愉悦的普遍性在一个鉴赏判断中只被表现
　　　　为主观的 ………………………………………（182）
第 9 节　对如下问题的研究：在鉴赏判断中是
　　　　愉快的情感先行于对象的评判还是
　　　　后者先行于前者 ………………………………（191）
第 10 节　一般的合目的性 ………………………………（202）
第 11 节　鉴赏判断仅仅以一个对象（或者其表象
　　　　　方式）的合目的性的形式为根据 …………（206）
第 12 节　鉴赏判断基于先天的根据 ……………………（210）
第 13 节　纯粹的鉴赏判断不依赖于魅力和
　　　　　感动 ……………………………………………（213）
第 14 节　通过例子来说明 ………………………………（216）
第 15 节　鉴赏判断完全不依赖于完善性的概念 ……（222）
第 16 节　在一个确定的概念的条件下宣布一个
　　　　　对象是美的所凭借的鉴赏判断不是
　　　　　纯粹的 …………………………………………（230）
第 17 节　美的理想 ………………………………………（237）
第 18 节　什么是一个鉴赏判断的模态 ………………（253）

第 19 节　我们赋予鉴赏判断的那种主观必然性是
　　　　　有条件的 ………………………………………（255）
第 20 节　一个鉴赏判断所预先确定的必然性的
　　　　　条件就是共感的理念 …………………………（256）
第 21 节　人们是否能够有根据来以一种共感为
　　　　　前提条件 ………………………………………（258）
第 22 节　在一个鉴赏判断中所设想的那种普遍赞同的
　　　　　必然性是一种主观的必然性，它在一种
　　　　　共感的前提条件下被表现为客观的 …………（262）
对分析论第一章的总附释 …………………………………（266）
第 23 节　从对美者的评判能力到对崇高者的评判
　　　　　能力的过渡 ……………………………………（275）
第 24 节　对崇高者的情感所作的一种研究的
　　　　　划分 ……………………………………………（285）
第 25 节　崇高者的名称解说 ………………………………（286）
第 26 节　崇高者的理念所要求的对自然事物的
　　　　　大小估量 ………………………………………（296）
第 27 节　在对崇高者的评判中愉悦的质 …………………（312）
第 28 节　作为一种威力的自然 ……………………………（322）
第 29 节　关于自然的崇高者的判断的模态 ………………（329）
反思性的审美判断力之说明的总附释 ……………………（332）
第 30 节　关于自然对象的审美判断的演绎不可以
　　　　　针对我们在自然中称为崇高的东西，
　　　　　而只能针对美者 ………………………………（356）
第 31 节　鉴赏判断的演绎的方法 …………………………（359）
第 32 节　鉴赏判断的第一特性 ……………………………（361）
第 33 节　鉴赏判断的第二特性 ……………………………（366）
第 34 节　不可能有任何客观的鉴赏原则 …………………（368）

第 35 节　鉴赏原则是一般判断力的主观原则 ……… （370）

第 36 节　鉴赏判断的演绎的课题 ………………… （372）

第 37 节　真正说来在一个鉴赏判断中关于一个对象先天地断言的是什么？ ……… （373）

第 38 节　鉴赏判断的演绎 ………………………… （375）

第 39 节　一种感觉的可传达性 …………………… （377）

第 40 节　作为一种 sensus communis［共感］的鉴赏 ……………………………………… （379）

第 41 节　对美者的经验性的兴趣 ………………… （385）

第 42 节　对美者的理智的兴趣 …………………… （390）

第 43 节　一般的艺术 ……………………………… （397）

第 44 节　美的艺术 ………………………………… （399）

第 45 节　美的艺术是一种就其同时显得是自然而言的艺术 ……………………………… （400）

第 46 节　美的艺术是天才的艺术 ………………… （401）

第 47 节　对上述关于天才的说明的阐释和证实 ……………………………………… （404）

第 48 节　天才与鉴赏的关系 ……………………… （407）

第 49 节　构成天才的各种心灵能力 ……………… （412）

第 50 节　在美的艺术的产品中鉴赏与天才的结合 ……………………………………… （423）

第 51 节　美的艺术的划分 ………………………… （424）

第 52 节　在同一个产品中各种美的艺术的结合 ……………………………………… （426）

第 53 节　各种美的艺术相互之间审美价值的比较 ……………………………………… （428）

第 54 节　附释 ……………………………………… （430）

第 55 节 ……………………………………………… （431）

第 56 节　鉴赏的二论背反的表现 …………………… (432)

第 57 节　鉴赏的二论背反的解决 …………………… (434)

第 58 节　自然以及艺术的合目的性的理念论，
　　　　　作为审美判断力的唯一原则 ………………… (446)

第 59 节　美作为道德的象征 ………………………… (453)

第 60 节　附录：鉴赏的方法论 ……………………… (460)

结　语 …………………………………………………… (466)

参考文献 ………………………………………………… (469)

自　　序

本书对康德《判断力批判》（以下简称"第三批判"）的上半部分（包括前言、导论和第一部分"审美判断力的批判"）做出较详细的解读，主要面向关注康德美学思想的人士。

这些部分同美学的关联非常紧密，可充分体现出康德对人类特殊心灵能力的探索，是康德非常重视并着力加以阐述的。康德说："在对判断力的一种批判中，包含着审美的判断力的部分是在根本上属于它的，因为惟有审美的判断力才包含着判断力完全先天地作为它对自然进行反思的基础的那个原则。"①（25）要完全而透彻地把握康德的学说，当然最好是对其全部理论阐述乃至全部哲学史都有深刻的理解，这需要具备相当深厚而全面的哲学素养；但对于一些关注美学的文学界、艺术学界、美育界等非哲学专业的人士来说，要能达到这一点并非易事；先相对深入地了解康德有关美学的阐述可能更具有现实的可行性；本书所解读的这些部分基本上能完整而系统地表现出康德的美学思想。

康德的"第三批判"在学说史中特别是在美学研究中的地位和重要性自不待言。每个美学学派、美学理论学说、美学研究者

---

① 康德：《判断力批判》（注释本），李秋零译注，中国人民大学出版社2011年版。

都必须面对这座高峰,必须同它相比较、相碰撞,以它为对照而展现自己的价值和地位。在这一意义上,"第三批判"的美学阐述简直就是美学理论及美学发展的试金石。

对研究及学习美学的人来说,阅读"第三批判"是一大考验、一道难关。这主要是因为康德的阐述非常难于理解。这种难于理解一方面表现在其思想上、理论上,另一方面更是表现在其话语表述上。康德阐述中的许多概念,其内涵与现在人们一般所用概念的内涵有很大的不同,这就必然会对人们的理解造成一定的障碍。这倒不是康德有意为难读者,而是因为他所要表达的思想很新颖、很特殊、很超前,当时的社会中还没有完全可以与之相适宜的概念可用,只能借用相近的现有概念。于是,同样一个概念,康德的使用与人们一般的使用就不免在内涵上有所差异。因此,阅读康德必须仔细地揣摩其概念的实际内涵,切不可简单一律地视同为现在通常的概念。与此相关,对"第三批判"的解读特别需要关注其整体的思想脉络和理论逻辑;如果能有整体的把握,即使对其个别的讲述和概念理解不好甚至理解错误也不至于影响大局。

文本理解是对康德思想和理论加以深入研究的必要基础,缺少了这一步,后续的研究就难以为继。由于对"第三批判"的阅读实在艰难,相关的注释、解说应该是有利于帮助初学者阅读的。目前,国内专门对"第三批判"文本做出解读的著作主要是邓晓芒先生的《康德〈判断力批判〉释义》[①](以下简称《释义》),讲解比较详细。另外还有郭立田先生的《康德〈判断力批判〉文本解读》(以下简称《解读》),[②] 讲解较为简要。这些解读的长处和特点是把"第三批判"中的阐述前后相连,并且同

[①] 邓晓芒:《康德〈判断力批判〉释义》,生活·读书·新知三联书店2008年版。
[②] 郭立田:《康德〈判断力批判〉文本解读》,黑龙江大学出版社2016年版。

康德在其他著作中的阐述相关联，可称为典型的"以康德解释康德"的方法。这一方法非常必要，也有相当的成效，是康德研究的传统方法。不过，"第三批判"所要探讨和阐释的，主要是现实生活中人的心灵能力，特别是这种心灵能力在鉴赏判断即审美活动中的表现。康德的哲学化概念及表述都以现实生活、现实审美活动为对象，不是脱离开现实而只停留在概念之中。如果能结合着人的现实心灵活动及过程去解读，则可能将其哲学表述与现实生活相贯通。而一旦进入人的现实心灵活动，就必然要同自然科学特别是现代认知神经科学即脑科学相关联。这样，就需要尝试"以科学解释康德"的新方法，也就是借鉴现代认知神经科学的成果，形成新的美学理论和对康德美学思想的解读。将"以康德解释康德"的方法与"以科学解释康德"的方法相结合，可以取得更好的解读效果。

目前，借鉴认知神经科学的美学研究已经在世界范围内取得了长足的进展；在中国则形成了包括"认知神经美学"在内的科学化美学研究群体，不仅极大地扩展了美学研究空间，也为解读"第三批判"提供了新的路径和方法。本书即是在认知神经美学的视域下对"第三批判"加以解读。

认知神经美学的核心理论"认知模块论"认为：所有可被知觉的物体都是感官感性外形与内质的统一体；其中，外形同人的感官知觉相对应，内质同人的需要相对应。知觉是人获得外界信息的基本方式，在一般认知活动中，物体的外在形式往往是其内在价值和意义的表征或信号。物体的价值是相对于人的需要而言的，需要是人的生存活动和各种行为的主要动力源。人的需要既有自然性的又有人文社会性的。结合着自身需要和各种信息（包括内在信息和外在信息），人会经由意识、思维的认知过程而在相应的脑区形成并保存对于物体价值和意义的领悟，乃至形成复杂的思想观念。具有这种功能的脑区即构成了认知神经系统中的意义认知中枢。如果物体的内质能满足人的需要，就是于人有利的，可在大脑的监控评估系统中获得肯定性评价，被体验为肯定性情感。例如，水果的内质相对于人的需要来说具有一定的营养价值；吃进水果，能使人产生有利于机体的内感觉，经由大脑监控评估系统而被体验为肯定性的愉悦感。控制情感的脑区即形成情感中枢。结合着这种内感觉和情感体验，人就形成了对水果的价值和意义的认识领悟及观念。人在吃进水果的同时，还会知觉到水果的外在形式，从而在大脑认知神经系统中刻画出相应的神经痕迹，这种神经痕迹即构成为一定的知觉模式。在日常生活中的表现就是我们能够凭借形式知觉而瞬间识别出水果。每一种独特物体的外形都能相应地刻画出一种知觉模式。在实践经验中，以内感觉为中介而形成的意义领悟和愉悦情感，与知觉经验刻画出的知觉模式是几乎同步发生的。于是被大脑整合为同一个事件，形成了"知觉模式中枢＋意义中枢＋情感中枢"的神经连接链。神经链的专有性和相对稳定性，使之形成为认知结构中特定的"认知模块"。例如在关于水果的经验中，这种神经连接链就具体表现为水果认知模块。对水果之类自然事物的认知相对简单，对具有人文社会意义的事物及其外形，认知过程和内容就要复杂得多，但其机制和过程是大致相同的。相对于某一物体的认知模块建立之后，当人再次看到这一物体的外形时，就可在瞬间激活认知模块。认知模块被激活后，其显著的效应是形成直觉性认知。这种直觉性认知既可以表现为直觉性认识（如对事物本身及其意义的识别），又可以表现为直觉性情感。直觉性情感可再分为两大类——实用利害性的和审美非利害性的。后者在生活中的现象就是主体可以直觉性地对知觉对象产生美感。人类之所以能够形成直觉性的美感，之所以能够同客观事物建立起审美关系，其关键因素就是大脑认知神经系统中已经预设的认知模块。认知模块作为大脑认知神经系统中的一种结构是由后天经验形成的，因此是一种"软结构"，是暂时神经联系，具有可塑性、发展性，不能经遗传而获得。同时，由于认知模块是内隐性的，往往不被主体的显意识所觉察。①

认知神经美学视域下的"第三批判"研究有一个非常重要的认识：通常被译为"审美判断"或"感性判断"的"ästhetischen 判断"，其实际含义应为"内隐感性判断"，实即现代认知神经科学所说的"内隐认知"。这一认识是读解"第三批判"的突破口和基本前提，"第三批判"中许多被以往的研究认为是"矛盾""不合理""不可理解"乃至"神秘"之处都可因此而得到合理解释。反之，如果不是把 ästhetischen 理解为"内隐感性"，对"第三批判"的解读恐怕就会难上加难了。

"第三批判"的主要用意本是对人类心灵能力中的内隐认知能力进行探究和阐释，不是要专门研究美学或审美活动。但由于这种心灵能力在审美活动中的表现最为集中而鲜明，所以康德要通过对审美活动的阐述来说明这种心灵能力的性质、特点和作用，从而在不经意间深刻地表述了完整的美学思想体系。

美学研究的意义在于解释现实审美活动，认知神经美学也是秉承这个宗旨对"第三批判"展开研究的。"第三批判"和认知神经美学二者对现实审美活动内在机理和过程的阐述高度吻合；正因如此，以认知神经美学的视点可以更顺通地理解"第三批判"，切实地认识到康德美学阐述的合理性、深刻性、系统性和超前性；而康德的美学阐述也启发着科学化的美学理论更加深

---

① 参见李志宏、李伟《认知神经美学：一个新兴的学派》，《上海文化》2019年第4期。

入、细致和完整。

　　读解"第三批判",最好是能纯熟地阅读原文,而笔者不懂德语,这是极为不利的,但是不能因为这一缺陷就完全放弃研究。毕竟,对"第三批判"的中文翻译历经多年的磨砺和积淀已经臻于完善,要相信中文译本能基本准确地表达出"第三批判"的原义;否则,学术翻译的意义和价值就要打折扣了。笔者以为,在这些中文译本的基础上,即使达不到百分之百,如果能有相当大比例的正确理解也就能大致了解康德的美学思想了,也是个不错的成绩。笔者对照比较了几个中文译本,即宗白华译本、李秋零译本、邓晓芒译本、曹俊峰译本、牟宗三译本和韦卓民译本①(以下分别简称为"宗译本""李译本""邓译本""曹译本""牟译本"和"韦译本",引文页码以括号内的数字表示),我们感觉到,这些译本各有千秋,虽在一些概念、字句、表达甚至是文本理解上有所不同,但在整体思路和理论逻辑上基本一致。本书的读解以"李译本"为底本,同时主要参考了"邓译本"和"曹译本",另外还参考了其他译本,某些地方还引入这些参考译本的译法,希望能为读者提供一点理解上的便利。翻译"第三批判"的艰巨和辛劳是可想而知的,其学术价值也是巨大的,谨借此机会向各译本的译者们致以诚挚的敬意。

　　学界有"说不尽的康德"的说法,对康德理论阐述的理解有多种可能,很难说某个解读是完全准确而到位的。"第三批判"含有大量的时代背景和学术积淀,并且形成于康德以往诸多著述

---

①　分别为:康德:《判断力批判》上卷,宗白华译,商务印书馆1996年版;康德:《判断力批判》(注释本),李秋零译注,中国人民大学出版社2011年版;康德:《判断力批判》,邓晓芒译、杨祖陶校,人民出版社2002年版;康德:《判断力批判》,曹俊峰译,《美,以及美的反思》,金城出版社2013年版;《康德判断力之批判》,牟宗三译,西北大学出版社2008年版;康德:《判断力批判》,韦卓民译,《韦卓民全集》第四卷,华中师范大学出版社2016年版。

及学术思想的基础之上，其中的很多内容是我们今天难以了解的，更是包括笔者在内的许多非哲学专业人士所难以了解的，而且笔者的学识和理解能力也非常有限。因此，本书所做出的解读，只是笔者的理解和领会，并且是初步的、需要逐步加深的。出于理解的不足，本书的解读常常要以"可能""大概"来推测，这就不免会有相当的差误；还有不少地方实在理解不好，只能暂且存疑；即使是我们自以为理解了的，也未必准确、到位。这就一方面需要在今后的研究中进一步深化，另一方面有待学界及各位读者加以批评指正。我们诚恳地欢迎所有的批评、质疑以及否定和反对的意见，希望本书能有一点抛砖引玉的作用。

就美学问题而言，康德的阐述不是很集中，有的重要问题只是简单提及，并不引人注意。这就需要我们根据问题的性质和指向把分散的阐述集中起来，整合起来。但由于本书重在文本解读，是随着康德阐述的节奏而行进的，所以对涉及的理论问题往往仅是简单地做出分析和提示，更深刻的、综合性的研究和阐述需要另外著述。

"第三批判"的"前言"和"导论"部分非常重要且理解障碍很多，须做逐段逐句的解读；正文部分相对容易理解一些，因此是逐段而不逐句地解读；对文本段落的标识和需要读解的文字皆以仿宋体字标示。为节省篇幅，对字数较多且无须解读的原文作省略处理，以省略号或"从略"字样标示。对某些不需要解释但又有过渡价值的阐述则或者照写原文，或者以对原文进行修改加工的方式予以表述。这样，读者须对照"李译本"的原文阅读才能准确了解康德阐述的全貌。

本书的顺利完成得益于吉林大学哲学社会科学银龄著述资助计划，还得益于学界朋友们的帮助，谨在此表示衷心的感谢！

2023年12月于长春

第一编　前言细读

[第1段] 人们可以把出自先天原则的认识能力称为纯粹理性，而把一般而言对纯粹理性的可能性和界限的研究称为纯粹理性批判；认识能力的"先天原则"，指决定认识能力构成及运行的规则。即通过直观感受到自然物的显象，再经过思维以概念对之加以规定。"先天"，先在地存有的。对进行认识活动的人而言，认识能力本来的、自来的就是这样的。这里的"先天"，"邓译本"也为"先天"，（1）而"宗译本""曹译本""牟译本""韦译本"皆为"先验"。（3、348、9、5）"第三批判"中有几个相近的概念，不同中文译本分别地或交叉地译作"先天"（a priori）、"先验"（transzendental）和"超验"（transzendent）。这几个概念的真实含义是什么，相互之间有什么区别，需要另行研究。① 在这句话中，究竟应该是先天还先验？或二者有什么差别？邓晓芒先生的《释义》根据韦卓民先生的观点作出过一个说明："先天（a priori），是个拉丁词，它本来就是先天的意思，先于经验。但是这个词在康德这里，它不具有那种'天生'的或'天赋'的意思，不是与生俱来的……它是一种逻辑上的含义，它用

---

① 参见邓晓芒《康德的"先验"与"超验"之辨》，《同济大学学报》（社会科学版）2005年第5期。

在逻辑的意义上面。韦卓民先生把它翻译成'验前的',经验以前。"(125)这个说明很必要。在中文中,"先天"指纯客观的、生而有之的。不是这种先天的,那就是后天的,或者是与后天有关的。而所有后天的东西,都是在经验中获得的。我们这里所说的"经验"是全部"生活经验"。既可指当下的经验,又可指先前的经验;既可指感官可感的经验,又可指人的大脑中认知系统内部沉积下来并形成格式、范型的经验。与我们上述所说的"经验"不同,康德所说的"经验"基本是指当下即时的"感性经验",先天和先验的概念不能从这种感性经验中得出。而我们所说的生活经验(包括当下即时的感性经验和沉积下来格式化的经验)以现代科学为基础,可以形成康德所谓"先天"或"先验"的东西。所谓先验的,其实要以生活经验为源泉,为根本。就人的能力来说,先天的是生而有之的,例如婴儿的吸吮能力、对形状、声音的物理性感受能力;先验的则是在后天经验中形成的格式性的经验规则。人在经验性活动中,除了须进行带有具体内容的操作,还须带有此类操作的一般规则或基本格式。这些规则、格式往往具有一般性、隐秘性,不可直观,不为主体所知晓。例如儿童说话既要用到含有具体内容的单词,又要依照一定的规则或格式,即所谓语法。儿童在说话的同时,就在大脑认知系统中印刻着语法格式。经过一定经验之后,这种语法规则就在头脑中固定下来。以后的所有说话,都自然而然地按照这种规则施行。虽然儿童可以按照一定语法规则说话,却不懂什么叫语法。儿童(以及大多数成年人)对自己脑中的语法规则是什么样的,是怎样形成的,一概不知道。相对于儿童当下现时的语言表达,这种语法结构就是先验地形成的,但不是生而有之的。再如格式塔心理学所说的"完型"心理结构,人们在现实认知活动中,常常要以之为必要的前提条件,但人们同样不知道这种心理结构是什么样的，是怎样形成的。相对于当下现时的感性经验来说，这种心理结构也是先在的，但同样不是生而有之地先天的。当然，某种能力究竟是先天的还是先验的，或者其中有多少先天因素，有多少先验因素，要具体地、科学地界定。因此，"先天"（"验前"）和"先验"都应该指在当前可感经验之前的东西，但不一定与后天经验完全无关。有的学者以为，"先验的"就等同于"先天的"，是与生俱来的、先于所有经验的，并且不能在经验中形成，这是仅仅着眼于康德的字面表述，没有看到现代科学背景下经验概念含义的丰富性，也没有看到"先验经验"的特性和形成过程。同时，既然"先天"和"先验"在康德那里是不同的两个词，说明二者在康德看来是有所区别的，因此也不宜将"先天"等同于"先验"。至于"先天"（"验前"）概念内涵的确切界定及与"先验"的联系和区别，我们现在还难以透彻地说清楚，须在对康德阐述的解读中逐步深化。康德曾说："并非任何一种先天知识，而是惟有使我们认识到某些表象（直观或者概念）仅仅先天地被应用或者仅仅先天地可能以及何以如此的知识，才必须被称为先验的（即知识的先天可能性或者知识的先天应用）。因此，无论是空间还是空间的某个几何学的先天规定，都不是一种先验的表象，而惟有关于这些表象根本不具有经验性的起源的知识，和它们尽管如此依然能够先天地与经验的对象发生关系的可能性，才可以叫做先验的。"①（79）似乎可以认为，"先天"强调的是已然的存在状态，不涉及其形成过程或来历，或人没有认识到其形成过程或来历，不构成知识；"先验"则可以与经验对象发生关系，并且人也掌握了它怎样与经验对象发生关系（如概

---

① 康德：《纯粹理性批判》（注释本），李秋零译注，中国人民大学出版社2011年版。以下简称"第一批判"。

念能指与所指的关系），从而可形成知识。亦即决定认识能力的原则是先天的或验前的，已然存有的；在这一原则之下并同主体相关而形成了先验概念；凭借先验概念可以规定经验对象。但先天（验前）的这种已然存在不是纯粹的自然客观性，而是与人相关的客观性。因此，所谓先天原则或验前原则是否可以理解为人的经验性认识能力所要依据的先在原则，这一先在原则是依照客观规律在人的发展过程中自然地形成的。只要人在进行认识活动（经验性活动）就要依循这个原则；如果没有人的认识活动，就不存在这样的原则。这样，即使在客观性的意义上可以说它是先天或验前的，但这一"先天性"或"验前性"总要同人的能力相关联。只有在"先在的"原则的基础之上，才能形成先验经验和当前经验。如此，这里的"先天"其实就是"先在"的意思。认识原则和概念作为观念性的东西不能脱离开人的思维、意识而存在，并且只能在生活经验中形成，不能在人之外存在。所以，这里的"先天原则"及后来提到的"先天概念"都应该理解为"验前原则"和"验前概念"。不过，为行文方便，我们姑且还是按照原译仍然表述为"先天"。"纯粹理性"，这里指理论理性（知性）。纯粹理性的纯粹性，在于它是出自先天原则的一般认识能力，以先天原则为根据，不以经验性的感性为根据。经验性知识是运用这种纯粹认识能力所取得的成果。纯粹理性的可能性关涉到其根据、来历。"界限"，指适用范围。纯粹理性（理论理性）区别于实践理性。它们的对象、适用范围和立法根据都有根本的不同。前者面对自然界；后者面对精神界（即自由领域或道德领域）。这里，"精神界"的说法不是康德的而是我们的，是为了便于现今的读者更容易理解，也便于明确地区分自然界和精神界各自的性质。在当前人们一般的认识中，人类及其精神是同人类之外的自然界相对立的，但其实二者不能绝对地分开。精神存在于人体中，人存在于自然中，人以及人的精神都是自然的一种形态和组成部分。康德就是这样把人的心灵看作自然的一部分，不是从性质上、存在形态上强调自然同精神的对立，而是从范畴上把自然同自由、道德等意识观念性的东西相对立。认识能力本身与对认识能力的批判又不相同。认识能力本身是实际的运用，对认识能力的批判是对其根据、原理、适用范围加以探寻和界定。尽管人们只是把这种能力理解为在其理论应用中的理性，如同在第一部著作中也曾以那种称谓出现一样，当时还没有想把理性的能力作为实践理性来按照其特殊的原则而予以研究。理性能力，在康德阐述中有两种。一种是理论理性，是对自然界的认识和理论提炼，又叫作知性；另一种是实践理性，是对人的观念性活动的理论表述，又简称理性。这方面有多种叫法，容易搞不清楚，其实就是两个系列：一个系列是自然界—自然哲学—纯粹理性—理论理性—知性；另一个系列是精神界—自由（道德）哲学—实践理性—理性。"在其理论应用中的理性"，指知性。康德在写"第一批判"时，还没有把上述两种理性作详细的区分，没有把实践理性当作不同于理论理性的特殊原则加以研究。所以纯粹理性概念可以包含有实践理性。在这种情况下，那种批判就仅仅关涉我们先天地认识事物的能力，因而仅仅讨论认识能力，而把愉快和不快的情感与欲求能力排除在外；在诸认识能力中则根据其先天原则来讨论知性，而把判断力和理性（作为同样属于理论认识的能力）排除在外，因为在这一进程中情况是，除了知性，没有别的认识能力能够提供先天的建构性认识原则。"那种批判"指理论理性批判。"这一进程"，指知性的理论理性批判进程。康德认为，人有三种心灵能力：认识能力、愉快和不愉快的情感（能力）、欲求能力，分别对应着知性、判断力和理性。如康德这里所说，他在写"第一批判"时，还没有区别出实践理性，也没有区别出判断力，没有顾及愉快和不愉快的情感（能力）和欲求能力，只探讨了理论理性即知性能力。所谓把判断力和实践理性"作为同样属于理论认识的能力"，大概是指当时的认识状态。即康德在写"第一批判"时，是把判断力和实践理性都当成纯粹理性了，不是像后来写"第三批判"时那样，把判断力和实践理性同理论理性即知性相区别。很可能，康德在写"第一批判"时，主要关注的是自然界中的情形，而只有理论理性即知性才提供了认识自然的先天的建构性原则，别的认识能力不能够提供。"建构性"，即实际构成的、实有的，不是虚有的、范导性的。实践理性可在自己的适用范围内提供建构性原则，但不可以在自然认识的范围内提供这样的原则。这句话中，认识能力既可能专指知性，又可能泛指一般心灵能力（包括知性、判断力、理性），即所谓"诸认识能力"。因此，其他认识能力中的每一种都会伪称出自自己的根源而对知识的现金资产拥有份额，按照这种份额对它们全都进行审理的批判，所留下的东西无非就是知性先天地当做法则，为作为显象之总和的自然所指定的东西（显象的形式同样是被先天地给予的）；"其他认识能力"，指知性以外的判断力和实践理性。"知识的现金资产"一句中的"知识"一词，"宗译本""邓译本"和"曹译本"都译为"认识"。（3，348，1）从康德的阐述看，知识是认识的结果。在康德一般的使用中，基本上只把知性的认识结果即概念称为知识。判断力作为一种心灵能力虽然可以有认识，但不能形成自己的认识结果，即不能形成知识（概念）。这里所说的"伪称"，其他的中文译本都没有同样的说法。"伪称"在这里所表示的，似乎是指不真实的、未经批判的状态。是不是可以理解为：知性之外的那两种能力也不恰当地想要在自己的根据基础上在认识自然方面占据一席之地？因此这句话或许是说，人们曾经不真实地以为其他两种能力也能提供关于自然界的认识（或知识）；而经过批判的审理之后，这种不真实的看法就被澄清了。所谓自然，是自然界中各种显象之总和。在康德看来，自然界在人面前所呈现的只是显象。人所能感知到的只是感官感性的现象，不是自然的本体。自然的本体即"物自体"或"物自身"是感官所无法感知的。因此所谓知性，只是人认识自然之显象的能力，不是认识物自身的能力。但是，批判指点其他所有纯粹概念都居于理念之下，"其他所有纯粹概念"，指知性概念之外的概念。只有知性概念才有具体可感的对象物，在知性之外的概念就是抽象的、没有直观对象的纯粹概念了。康德在"第一批判"中说：直观和概念，"如果其中包含有感觉（它以对象现实的在场为前提条件），它们就是经验性的；但如果表象未混杂任何感觉，它们就是纯粹的"。（76）在知性所适用的自然中，概念作为能指，必有实际的所指对象。例如"马"概念，其所指对象就是自然中实际存在的叫作"马"的动物。离开了所指对象的概念，就是抽象的纯粹概念。例如"善""自由"这类概念，虽然也有所指对象，但这个对象是抽象的，不是实际可感知的存在物，因此是纯粹概念。如果概念本来就没有实际的所指对象，那就更是纯粹概念。"理念"，指超越具体概念、带有一般性、普遍性的观念、意识；既可指不确定、不具体的一般性观念，又可指某一领域、某一指向的范导性观念。"纯粹概念都居于理念之下"，并不是说二者的关系是理念在上，纯粹概念在下。这句话的"牟译本"译文是：它把一切其他纯粹概念都斥逐于理念之级位。（80）这一译法的意义指向比较明显。即概念不是理念，但具有理念的性质，这些纯粹概念都是仅仅存在于头脑的观念中的，因此是理念性的、归属于理念的，不同自然物理性相关联。理念对于我们的理论认识能力来说是越界的，但在这方面却绝不是无用的或者可以缺少的，而是用做范导性的原则：一方面抑制知性的令人忧虑的僭妄，就好像它（由于它能够先天地指出它所能认识的所有事物的可能性的条件）由此也就一般而言把一切事物的可能性包括在这些界限之内似的；另一方面为的是在考察自然时按照一条知性尽管永远达不到的完备性原则来引导知性，并由此来促进一切知识的最终意图。"越界"，即超越界限或范围，指理念在理论认识能力（知性）之外，即知性无法掌握理念，理念也不能用于知性所适用的自然认识。但理念在对自然的认识方面却可作为范导性原则而规范着知性。所谓范导性原则，即方法论的、指导性的原则。理念就好似一个框架，规范着、引导着知性的运用。这种规范作用，一方面是规范着知性的适用界限，知性只是在自然范围内才可以提供认识所有事物的可能性。这里是在暗示：自然界中还有一些在感官感性认识界限之外的东西，这是知性所无法处理的；所以知性不可以包揽所有的认识，只能按照先天法则对自然中的感官感性现象加以总括。这就为以后阐释反思判断力及其对象埋下伏笔。理念规范作用的另一方面是，在理念的指点之下，可以对知性加以完善，使之达到充分的完备性。这种完备性是指知性要建立在必要而坚实的基础之上，即建立在后面所讲的反思判断力之上。虽然知性自身永远也达不到完备性，指知性本身不能含有反思判断力，也无法掌握反思判断力的对象，所以其自身不构成完整的认识过程。但知性可以在完备性的基础上发挥其特有的作用，促进认识最终意图的实现。"最终意图"，"曹译本"译为"最终目的"，（349）"韦译本"为"最后目的"。（5）对"最终意图"，《释义》解释为绝对真理，全部知识。（59）但《释义》所说的绝对真理和全部知识，都是知性和理性之中的。其实，康德所要阐述的，是知性和理性之外的、属于判断力的东西，是只有依靠判断力才能达到的终极目的。康德这句话的大意是：理念指引着在反思判断力基础上的认识能力去发现世界中普遍存在的内在原则或内在规律，乃至发现世界的终极目的；发现终极目的是认识（心灵能力）的最终意图，即最根本的意图。这里所谓的最终意图或终极目的，不是指人有意识要达到的终极目标，而是指认识能力所能达到的极点，或最终的可同人的心灵能力形成合目的性关系的那个点。亦即最广大、最基础、最终极合目的性关系中的目的。这种最终极的认识不是指对某一领域或某一问题的认识，而是指与心灵能力相对应的对象层次，例如对作为心灵能力基底的超感性东西的认识就是与这种超感性东西结成合目的性关系。

[第2段] 因此，真正说来是知性，就它包含着先天的建构性原则而言，拥有其自己的领域，确切地说是在认识能力中拥有，它应当通过一般地如此称谓的纯粹理性批判而针对其余一切追求者来确保他自己独占的财产。在自然认识的范围内，去除伪称，即去除不准确的理解，真正适当而合理的，是知性在自己的专属范围内，即在自然认识范围内拥有先天的建构性原则。这一专属范围可通过纯粹理性批判加以论证，并同其他认识能力（判断力和实践理性）相区别以得到确保。这些其他的认识能力不能在自然认识范围内拥有先天的建构性原则。同样，惟有就欲求能力而言才包含着先天的建构性原则的理性，在实践理性批判中分得了自己的财产。实践理性不能在知性范围内拥有先天的建构性原则，但可在欲求能力的范围内拥有自己先天的建构性原理。这一点在实践理性批判中得到了论证。

[第3段] 如今，在我们的认识能力的秩序中、在知性和理性之间构成一个中介环节的判断力，是否也独自拥有先天的原则；这些先天原则是建构性的还是纯然范导性的（因而不表明任何特有的领域），而且它是否会先天地把规则赋予作为认识能力和欲求能力之间的中介环节的愉快和不快的情感（正如知性为认

识能力，而理性为欲求能力先天地指定法则那样），这就是目前的判断力批判所要讨论的。按照前两个"批判"的逻辑，很自然地可以提出类似的问题，这些问题都要通过判断力批判来解决。这就点明了康德写作"第三批判"的任务和工作。说判断力把先天原则赋予愉快和不快的情感，是指在判断力的先天原则之下才能形成愉快和不快的情感，判断力也要依循这一先天原则。

[第4段] 对纯粹理性亦即我们根据先天原则作出判断的能力进行的批判，如果不把判断力独自作为认识能力也要求的判断力批判作为它的一个特殊部分来探讨的话，就会是不完备的；在对纯粹理性进行批判时，还需要对具有独立地位的判断力加以批判，否则就是不完备的。这里所说的判断力指反思性判断力，它是一种独立的、不同于理论理性和实践理性的认识能力。尽管判断力的诸原则在一个纯粹哲学体系中并不可以构成理论哲学和实践哲学之间的一个特殊部分，而是只能在必要时附带地加入双方中的任何一方。理论哲学和实践哲学之间的一个特殊部分，是指与二者同等身份的组成部分，判断力不具有这样的身份，不能同理论哲学和实践哲学一起构成人的完整的知识体系。什么叫附带地加入双方中的任何一方？《释义》说，附加于二者，"其目的都是为了调和理论哲学和实践哲学的对立，起一种桥梁和沟通的作用"。（63）如果是充当中介连接，那应该是同时地黏着于双方，为什么是在必要时附带地加入其中一方呢？而且，"必要时"是什么时？联系康德以后的阐述，这里的意思似乎是：判断力的地位是独立的，具有特殊的功能，既可以独立地连接于知性，又可以独立地连接于实践理性。正因为具有可以同这边连一下、同那边连一下的功能，判断力才在知性和理性之间充当了中介环节。从康德后面的阐述中可知，反思判断力的核心是内隐感性判断力，内隐感性判断力的核心是

鉴赏判断力。其中，同美者相关联的鉴赏判断主导与自然界即知性的连接，同崇高者相关联的鉴赏判断主导与道德界即实践理性相连接。这种连接相当于判断力作为附属体而加入到知性或理性之上，即所谓附带地加入。所谓"附带地"，是因为判断力的加入并不改变知性或理性的本体或本来属性。所谓"必要时"，可能是指对美者的判断时或对崇高者的判断时。康德的这一表述非常重要，涉及判断力充当中介作用的机理，值得高度关注。因为如果这样一个体系应当有朝一日以普遍的形而上学名义来实现的话（十分完备地做到这一点是可能的，而且对于理性在一切关系中的应用来说也是极为重要的），那么，批判就必须事先对这座大厦的地基作出如此深的探查，直到不依赖于经验的诸原则之能力的最初基础所在的位置，以便大厦不在任何一个部分上沉陷，这沉陷是会不可避免地导致整体的坍塌的。这里再次谈到完备性。如果形而上学体系即哲学的理论体系是完备的、稳固的，就必须打好地基。按照康德的比喻，构成哲学体系大厦的是知性和理性；它们要有个最原初的地基，这一地基就是判断力，特别是判断力作为一种心灵能力所依据的先天原则，这种先天原则是不依赖于经验原则的。缺失了判断力的基础，哲学体系的大厦就会坍塌，因此必须对判断力加以批判。从中可见，判断力作为中介环节，不是与知性和理性相并列、相平行的，而是处于基础的位置上支撑着知性和理性。也就是说，判断力作为一种心灵能力，是知性和理性的原初基础。这三者的关系不是并列而呈"一"字形的，而是"V"字形的。知性和理性处于V字形上边的两端，判断力则处于底端。这种V字形关系可以清楚显示出判断力在哲学体系中的位置和作用。判断力是哲学大厦的基石，也是心灵能力的基始阶段。所以，如果要对人的心灵能力加以完整全面的把握，必须一直探查到这种最初的位置，即心灵能力的基始阶段。把握了这种最初的能力，或认识到这种能力，才能了解人的整体的心灵能力。没有这种判断力，直观、概念等知性和理性就不可能。鉴于判断力的这一地位和作用，所以将判断力批判称为哲学的初阶或入门。不过，判断力毕竟只是知性和理性能力的基础，它本身不提供概念性知识，所以不能像知性和理性那样构成知识性的哲学体系。

[第5段]但是，人们从判断力的本性（判断力的正确应用是如此必然和普遍地不可缺少，因而健全知性这一名称所指的不是别的什么东西，而恰恰就是这种能力）中轻而易举地就能够得出，要找出判断力的一条特有的原则，这必定伴随着巨大的困难（因为任何一条特有的原则，它都必须先天地包含在自身之中，若不然，它就不会作为一种特殊的认识能力而本身经受最普通的批判了），判断力的本性即判断力自身的属性。具有这种属性的判断力是人的心灵能力的基础，其作用是必然的、普遍的，不可缺少的。知性要建基于判断力之上才算得上是健全知性，即达到了认识的完备性（知性建基于判断力之上并不是以判断力为规定根据，即不是被判断力所立法。基础不同于根据）。可能，这里有同鲍姆嘉通相关的背景，鲍姆嘉通也阐述了认识能力的完备性（完善性）。显然，康德不满意鲍姆嘉通关于认识完备性的阐述，因而提出自己的主张。由于判断力自身就是基础，是最原初的东西，因此这一本性意味着，没有别的更深层的东西可以用来解释判断力的根据及来历了。判断力得以存在、得以产生功用的根据、原则必须先天地、自然地包含在自身之中。即这些根据、原则是判断力本来就有的，不是从哪里得来的，但现在还是未知的。因此，要找出这些原则，只能从判断力自身中发掘，不能借助于其他已知的东西。这种寻找当然非常困难。尽管如此，这原则也必须不是从先天概念推导出来的；因为这些概念属于知性，

而判断力仅仅关涉知性的运用。因此，判断力应当自己指出一个概念，通过这概念真正说来没有任何事物被认识，而是这概念仅仅充当判断力的规则，但不是充当判断力能够使自己的判断与之适合的一个客观规则，因为这就会又需要另一种判断力，以便能够裁决该判断是否合规则的胃口。从判断力自身中发掘，不借助于其他方面，主要是指不能借助于知性概念。判断力的原则不能从知性概念中推导出来。因为判断力就是基础，是最本元之点，知性等其他方面的东西都要从判断力这个基础出发。这样，判断力作为初始基础就不可能再有更基础的根据了。否则，它就不是基础了。换言之，知性是建基于判断力基础之上的建筑物。不可能倒过来，用基础之上的建筑为基础本身推导出根据。判断力仅仅关涉到知性的运用，可能指康德在后面讲到的，判断力在运行之时也会运用到知性，是知性与反思想象力相互一致，共同构成判断力的心灵机能。而在规定性的判断力中，知性不是被什么所运用，而是自己就在发挥着作用。从人的认识来说，只要表述一个对象、一个思想、一种活动或过程，就需要运用概念。判断力的规则既然是一种存在，也会涉及概念，但不能是知性概念，只能是知性概念之外的特殊概念。康德以后讲到，这样的概念是理念性的东西。既然是属于判断力自身的特殊概念，那就只能由判断力自身为自己找出来。知性概念关联到对对象事物的认识，非知性的、属于判断力的概念则不关联到任何对象事物的认识，而是仅仅充当判断力的规则。这就提示，属于判断力的概念是对判断力规则的表达，不是对任何对象物的表达。而且，这一概念所表达的规则，不是客观的，而是判断力自身的。因为，如果是判断力自身之外的客观规则，就又需要一种新的判断力来裁决这一判断是否适合判断力了。这不仅不符合判断力的基础地位，还将形成无穷往复，不合逻辑。问题是，判断力的规则是什么？

［第6段］由于一条原则（不管它是一条主观的还是客观的原则）而导致的这种困境，主要出现在人们称为审美的与自然或者艺术的美者和崇高者相关的评判中。判断力的这一原则在进行充分的批判之前，还不能确定它是主观的还是客观的，但显然应该是主观的。"困境"，指在判断力自身中寻找到自身根据的困难。"评判"，不是我们今天所说的评价、判断，而是带有审视、反思意味的认知。"审美"，原文为拉丁文 Äesthetica，本义为"原始的、最初的感觉"，中文一般翻译为审美或感性。但从康德对这个词的使用来看，无论是翻译为审美还是感性，都不大确切，因此需要对其实际内涵加以辨析。众所周知，这个词近代最早为鲍姆嘉通所重新使用。但人们不大注意的是，在鲍姆嘉通重新使用 Äesthetica 概念时，德语中已经存有表示感性的专用词 sinnlich。那为什么鲍姆嘉通还要提出 Äesthetica 概念呢？难道真的是专门用来表示"美学""审美"吗？从其相关阐述看，显然不是这样。鲍姆嘉通及康德将这一概念用于表示感性的意图相当明显，近年来国内对鲍姆嘉通和康德"第三批判"的研究也基本上认可了这一点。国内学界为了表示二者的区别，把德文"Äesthetica"译作感性的，把德文"sinnlich"译作感官性的，[①]（151）即感官性的感性。这就显现出一个可能：鲍姆嘉通想要以 Äesthetica 概念来表示的，不是一般的感官感性，而是特殊的另一种感性。但人们一般生活中所说的、所知道的、所运用的感性唯有感官感性；不同于感官感性的感性是什么样的感性？到目前为止，还没见有明确而根据可靠的回答。那么，怎样理解 Äesthetica 概念的内涵呢？我们试图以认知神经美学的视点来探索这一问题。一种学术思想

---

① 邓晓芒：《冥河的摆渡者：康德的〈判断力批判〉》，武汉大学出版社2007年版。

的提出，往往是有学术渊源的。以此为线索，可以看到，鲍姆嘉通深受"莱布尼茨—沃尔夫"学说体系影响。莱布尼茨学术思想的重要成果之一是提出了"微知觉"理论。他所说的微知觉，大致相当于现代认知神经科学所说的内隐认知。鲍姆嘉通很可能是受到这一思想的启发，并且想要更加深入地加以研究，所以才提出了 Äesthetica 概念。因此，从鲍姆嘉通开始，Äesthetica 概念就具有了内隐感性的含义。但是，由于这一思想在当时还处于草创阶段，并且鲍姆嘉通本人很不幸地英年早逝，致使 Äesthetica 概念的这一深层含义并没有被学界所普遍地、深刻地了解。学界主要还是在一般感性即感官感性的意义上接受这一概念的。康德在写"第一批判"时似乎也是如此。后来，康德的认识发生了改变，显然是更深刻地发现了 Äesthetica 概念的内隐感性含义及人类内隐认知活动及其能力，因此要对人类的这种能力及其活动加以探究，这才需要写作"第三批判"。在"第三批判"中，康德为了凸显 Äesthetica 概念中蕴含的内隐感性含义，提出自己的主张：不再单独地使用 Äesthetica 一词，因为这种使用容易使该词所具有的特殊意义混同于一般的感官感性；而是把 Äesthetica 与"判断"相结合组成"Ästhetischen 判断"这一新的概念。"判断"和"评判"概念，在康德的阐述中具有强烈而明显的主观内在色彩，而"感官判断"则明显地带有同客观外在素质相关的色彩，这是二者间的重要区别。因此，"ästhetischen 判断"的用法就使得这里的 Äesthetica 不再具有客观感官感性的意义而只具有主观感性的意义。这样，在中文中被译为"审美判断"或"感性判断"的"ästhetischen 判断"，实际上应为"内隐感性判断"即现代认知神经科学所说的"内隐认知"。① 为了既保留康德阐述的色彩又使字

---

① 参见李志宏、艾乐思《内隐认知：康德美学阐述的实际意图》，《社会科学战线》2020 年第 6 期。

句表达简洁，本书下面将把被翻译为"审美"或"感性"的Äesthetica都表述为"内隐感性"。说为判断力找出这一先天原则的困境主要表现在内隐感性的评判中，其实是在说，为内隐感性判断找到先天原则是很困难的。内隐感性判断主要表现为对自然中美的东西和崇高的东西的评判。这不是因为Äesthetica概念就是表示现代意义上的审美，而是因为Äesthetica概念的内隐感性含义集中而鲜明地表现在对美者和崇高者的评判活动中。其中，对美者的内隐感性评判基本上相当于现代意义的审美活动。与此不同，目的论的判断则不大能显示出内隐感性的性质和特征。而尽管如此，对判断力在这些评判中的一条原则的批判性研究，却是对这种能力的一个批判的最重要的部分。因为尽管这些评判单凭自身对于认识事物没有丝毫贡献，但它们毕竟是只属于认识能力的，判断力批判中，最重要的是对判断力先天原则的批判，即对这一原则的存在、性质、特征和功用加以界定和阐释。这一原则可能是指主观合目的性原则。对认识能力的批判不是对认识能力的运用，因此无关于认识。"它们"，可能指判断力。判断力是属于认识能力的。并且表明这种能力根据某一条先天原则而与愉快或者不快的情感有一种直接的关系，并不与能够是欲求能力的规定根据的东西相混淆，因为欲求能力是在理性的概念中有其先天原则的。"这种能力"指内隐感性判断力，它与愉快或者不快的情感有直接的关系而不是与概念有直接的关系，这是内隐感性判断力与知性和欲求能力相区别的重要特征。至于内隐感性判断力所根据的这一先天原则是什么，这里还没有明示。之所以要做出判断力同欲求能力的区别划分，是因为欲求能力也同人的情感有一定的联系，但不是同愉快或不快的情感相联系，而是同适意、快乐的情感相联系。显然，康德所说的愉快或者不快的情感有特定的含义，不等于我们今天一般的愉快或快乐的情感。从后面的阐述中可知，一般来说，愉快的情感专指对美者的愉悦感；不快的情感专指对崇高者的情感。并不是说对崇高者的情感是不快感甚至是反感，而是说这种情感不是对美者的愉快感。它其实是另一类的愉快感。康德在以后的阐述中多次地、反复地强调，判断力和欲求能力在情感性质上，在形成方式和途径上有根本的不同；这种不同决定了二者的性质、地位和作用。归根结底，二者的区别在于它们所依据的先天原则不一样。判断力的先天原则出自自身，欲求能力的先天原则出自理性概念。因此，在对判断力性质的界定和理解上，是否与愉快情感有直接的关系非常重要。——但是，就对自然的逻辑评判而言，在经验提出事物的一种合法则性、而关于感性东西的普遍知性概念不再足以理解或者解释这种合法则性，而且判断力从自身中能够得出自然事物与不可认识的超感性东西之关系的一种原则，也必须仅仅着眼于自身而使用这原则来认识自然的地方，这样一条先天原则虽然能够并且必须被运用于认识世间存在者，同时开启对实践理性有利的前景；逻辑评判是同内隐感性评判相对立的。这里的意思是"相对于逻辑评判而言"。康德在"第三批判"中，常常将内隐感性判断与逻辑判断对立起来阐述。凡是逻辑的评判或判断，都是运用概念的、可表述的，同知识或理性欲求相关的，即外显的。而内隐感性的评判或判断则是没有概念、不可表述、不与知识和欲求相关的、纯粹主观的、直接与愉快情感相连接的。这种属性，按照现代认知神经科学，就是内隐认知的属性。"超感性东西"，笼统地说，凡是感官感性所不能把握的东西都是超感性的，包括物自体、实践理性概念如自由、正义，等等。但这里所说，可能不是这些，而是指另外的、更基本的、更深层次的超感性东西。因为康德说到"自然事物与不可认识的超感性东西之关系"，整体的自然事物应该是包括了可直观的显象和不可认识的、作为超感性东西的物自身。既然自然事物中已经包含了作为超感性东西的物自身，就不应该形成自然与这种超感性东西的关系。即这里的超感性东西，是自然事物之外的，因此不能是指物自身，尽管物自身一般也被认为是超感性东西。这样的超感性东西究竟是什么，康德没有做出说明，却说这个超感性东西是不可认识的。这可能有两种含义，一种是以知性不可认识，另一种是完全不可认识。前者更有可能。以后康德提到了作为基底的"超感性东西"，并认为它是解开内隐感性判断力之谜的钥匙。"在经验提出事物的一种合法则性"，这里的"经验"，可能包括内隐感性判断的经验。这里的"合法则性"，应该是指反思判断力中的合法则性。这种合法则性是知性不足以解释的。这里，超感性东西的神秘性再次显现出来——它是不可表述的。知性和理性中的物自体、自由、正义这些抽象的东西尽管也可称作超感性东西，但它们虽然不可直观却仍然可以被认识、被表述。我们知道物自体指什么，自由、正义指什么。但对于这里所说的超感性东西，我们就什么都不知道。"仅仅着眼于自身而使用这原则来认识自然"，即判断力从自身本性出发。这一原则既然是用来认识自然的，就形成一个重要的提示：这一原则指目的论原则。人以自己的心灵能力同对象结成合目的性关系，就是对自然的认识。所以这一原则能够而且必须适用于认识世间存在者。"世间存在者"，应该指在自然界中的存在物。但这句话可能暗指"美者"和"崇高者"。因为，适用于一般存在者不是什么问题。开启了对实践理性有利的前景，大概是指对崇高者的鉴赏判断可以将心灵能力或意识、思维引导到实践理性那里去。康德认为，世间所有事物之间都有目的论即合目的性关系。依靠这种关系，世界的有机联系才能建立起来。但是，它与愉快和不快的情感并没有任何直接的关系，这种关系恰恰是判断力的原则中的难解之点，这里明确讲到了，先天原则与愉快的情感没有任何直接的关系。我们可以理解为目的论与愉快和不快的情感没有任何直接的关系。这里的这句话非常重要："这种关系恰恰是判断力的原则中的难解之点。"这就点出了"第三批判"的一个重要任务是解决这个难解之点。但这里的理解有可能产生分歧：什么与什么的关系构成了难解之点？按康德前面所说，应该是判断力与愉快情感的直接关系。但这句话是在讲到先天原则与愉快和不快的情感并没有任何直接的关系之后紧接着说的。从语句关联及语气上看，似乎说的是先天原则与愉快情感的关系。不过，如果从逻辑上看就不应该做此理解了。因为既然先天原则与愉快情感之间没有直接的关系，那就谈不上由二者间的关系构成难解之点。可见，所谓难解之点，仍然要理解为判断力与愉快情感之间的直接关系。正因为有这样的难解之点，所以，它使得有必要在批判中为这种能力划出一个特殊的部分，因为按照概念（从概念中永远不能直接推论到愉快和不快情感）作出的逻辑评判至多能够附属在哲学的理论部分连同对它的一种批判性限制上。划出特殊的部分，应该是指"第三批判"的第一部分，即内隐感性判断力的批判。它之所以特殊，是因为内隐感性判断的特点是不经概念而直接与愉快情感相关联。从概念中不能直接推论到愉快情感，其现实过程就是不能由可用概念表示的事物直接引发出愉快情感（要经由感官感性的中介才能引发适意的情感既不是直接的又不是愉快的情感），所以按照概念作出的逻辑评判即客观目的论判断不能解决这一难解之点，而只能附属于哲学的理论理性部分，当然还可以对理论理性的适用范围做出一定的批判性限制。因此，对于判断力批判来说，最重要、最必要的是对内隐感性判断力的批判。这种批判，就是对其性质、原则、根据及适用范围做出阐释、界定。

［第7段］既然对作为审美判断力的鉴赏能力的研究在这里

不是为了陶冶和培养鉴赏（因为这种陶冶和培养即使没有迄今和以后的所有这样的研究也将进行下去），而纯然是在先验的意图中进行的，所以，我自以为这一研究就缺乏那种目的而言也将受到宽容的评判。对内隐感性判断力中的鉴赏能力所进行的研究主要是为了寻找其中的先验原理。这倒不是如一些学者所认为的那样，是因为康德的艺术审美鉴赏水平低，而是因为康德写作"第三批判"的本来目的就是研究判断力的先验原理。这才是最难的，也是最重要的。至于艺术鉴赏力的培养，不需要康德这样的大手笔。但就先验的意图来说，它必须做好准备经受最严厉的检验。"先验的意图"，指阐述判断力先验原理的意图。这种检验，可能既包括学界的、理论的，又包括实践的。然而我希望，即便在这里，解决一个如此纠缠着自然的问题的巨大困难也可以用来为在解决这个问题时的某些不能完全避免的模糊性作出辩解，只要足够清楚地说明，原则已被正确地指出；康德自信，虽然对于内隐感性判断力先验原理的揭示和阐述还可能有一些模糊性，还不很彻底，但毕竟已经正确地指出了。这一问题非常艰难，在当时就更加艰难，康德能做到现在这样的程度实属不易。假如由此推导出判断力这种现象的方式不具有人们在别的地方，亦即对于根据概念的认识所能够正当地要求的所有那些明晰性，则我相信在这部著作的第二部分中也达到了这种明晰性。"别的地方"，指判断力之外的其他认识能力如知性和理性。其他认识能力都可以依据概念而达到明晰性。内隐感性判断力，特别是其中的鉴赏判断力，是不依据概念、不对客观对象加以认识的，这就难以被清晰地表述，人们也难以清晰地加以掌握。

[第8段]因此，我以此结束我的全部批判工作。我将毫不迟疑地着手学说的工作，以便尽可能地为我日增的年龄再争取到对此还算有利的时间。不言而喻的是，对于判断力来说，这里没

有一个特殊的部分，因为就判断力而言，效力的是批判而不是理论；完成了判断力批判，就完成了对哲学体系的全部批判，因为找到了并奠定了判断力为哲学理论体系的根基。康德紧接着要着手于学说的研究工作。所谓"学说"，可能指下面所说的纯粹哲学或形而上学，即哲学理论本身。在纯粹哲学或形而上学中，没有判断力的位置，即判断力不构成哲学理论知识体系中的一个组成部分。因为，批判不是哲学理论本身，而是要为哲学理论体系寻找作为其根据的先验原理。相反，根据哲学被划分为理论哲学和实践哲学以及纯粹哲学被划分为同样两个部分，将是自然的形而上学和道德的形而上学来构成学说的工作。哲学之分为理论哲学和实践哲学，是按照它们的适用范围进行的划分。在其适用范围内，同经验、感性相关的是一般哲学知识；不与经验、感性相关的是逻辑的、形式性的，即为纯粹哲学。

前言要点：前言是整部著作的开篇，要点出写作的目的和任务，提供进入正式阐述的基本线索。康德明确提出，"第三批判"所要讨论的，是关于判断力先天原则的问题，其中最重要也最艰难的，是揭示内隐感性判断与愉快或不快情感（这种情感大致相当于现代意义上的美感）之间的关系。通过揭示这一关系，可以凸显内隐感性判断作为人类一种心灵能力的性质、作用及其机理。内隐感性判断何以是"谜"一样的东西？这是因为，康德所说的 Ästhetischen 判断不是现代意义上的审美判断，也不是感官感性判断；其实质是处于潜意识层次中的"内隐认知"。大脑的内隐认知活动只是近几十年来才随着认知神经科学的发展被清楚地揭示出来，在康德的时代还不被人们所普遍知晓，因此显得神秘。康德的伟大及天才，正在于他早在 200 多年前就发现并阐释了这种现象及相关特性。正因内隐感性判断力具有这种特殊的含义，凡是从审美角度或感官感性角度对"第三批判"进行的理解都是难得要领的。内隐感性判断力的根据何在？康德认为，内隐感性判断力是先天地具有的，不能建立在自然概念和自由概念之上。相反，自然概念和自由概念倒是应该建立在内隐感性判断力的基础之上。由此可知，判断力之能够成为联结自然哲学和道德哲学的中介，不是通过处于后两者中间环节的方式达到的，而是通过为后两者提供共同基点的方式达到的。就是说，只有当自然概念和自由概念共同地都建立在同一个基础之上，才能使哲学完备而统一。这一基点表明，Ästhetica 只能理解为潜意识的内隐感性，不能理解为审美。审美是心灵能力的一种具体的活动，不能反过来成为心灵能力的基点。我们以往只强调了判断力的中介作用和地位，忽视了它的基础作用和地位，基础作用比中介作用更重要。内隐感性判断力作为全部哲学或人的全部心灵能力的基点，不仅仅要与愉快或不愉快的情感建立关系，更要通过这一关系去发现世界中普遍存在的内在根本关系，即发现世间所有存在者之间的合目的性关系。由此，不仅为世界立法的哲学终于达成了完备性，世界也因此获得了有机统一性。对内隐感性判断力，当时还不能进行实证性的实验，只能通过现象观察和内省领悟加以了解。而审美活动最能集中而鲜明地表现出内隐感性判断力的存在、性质和作用。康德围绕着审美活动进行的一系列阐述，都是为了深刻地揭示内隐感性判断力。所以，康德不是为了美学和审美活动而阐述内隐感性判断力，而是为了揭示内隐感性判断力才去研究审美活动。但康德虽然不是有意为之，却的的确确地在这一过程中深刻而全面地揭示了审美活动的内在机理，形成完整而系统的美学理论，给后人以极大的启发。康德在前言中的阐述，多数都属于"引而不发"。但已埋好伏笔，静待读者细细发掘。康德对内隐感性判断力这种特殊心灵能力的揭示极具超前性，堪称现代认知神经科学和认知神经美学的先驱。

第二编　导论细读

一　哲学的划分

[第1段] 如果就哲学通过概念包含着对事物的理性认识的诸原则（不纯然像逻辑学那样包含着一般思维的形式的诸原则而不问客体的区别）而言，像通常那样把哲学划分为理论哲学和实践哲学，那么，人们做得完全正确。这里的"原则"，指对事物加以理性认识的原则，即概念规定着客体、对象，而概念出自先天根据。不同种类的原则决定了哲学不同的适用对象和范围，哲学按照这一原则而分为两类：一类应用于自然界，形成自然概念和理论哲学；另一类应用于精神界或精神性范畴界，形成自由概念和道德哲学。这里，"精神界"是我们的说法，为的是使现在的读者便于理解康德所作的哲学的划分，康德并没有这样说。哲学是有具体内容的；这个具体的内容就包含在概念之中。每一概念都有自己特定的客体，即概念实际所指代的对象事物。具体概念指代具体事物，抽象概念指代抽象事物。例如"马"概念的实际所指就是生活中实际存在的叫作"马"的动物；"道德"概念指精神意识领域中的一种价值范畴。这里的逻辑关系是：先天根据决定了概念，概念决定了客体，客体即对象的显象。哲学从根据上进行的划分，会表现在其适用范围上。理论哲学和实践哲学

这两个哲学部门分别使用着适用于自己范围的概念，这些概念包含着在形成理论性、系统性的认识时所具有的先天根据。"对事物的理性认识的诸原则"，大概就是指这其中的关系。当概念带有客体即带有具体内容时，就是经验性的概念，不是像逻辑学那样仅仅保留思维形式而不联系到具体内容。康德在这里区分出两种情形，一种是同具体对象相关的经验性活动，另一种是超越具体经验而只掌握规律的、具有一般性的逻辑思维活动。农业生产、气象观测、科学实验等活动是同具体概念相关的经验性活动；对经验性活动的内在联系和规律加以提取和思考的活动，是无关具体客体、具体经验的一般思维形式，即逻辑性的形式。但在这种情况下，为这种理性认识的诸原则指定了它们的客体的那些概念，就必定是在类上不同的，因为若不然，它们就没有理由被划分开来，划分在任何时候都以分属一门科学的不同部分的理性认识之诸原则的一种对立为前提条件。"理性认识的诸原则"，如上所述，指概念要出自先天根据。按照这种先天根据，概念具有了相应的所指对象物，即概念必须以特定的客体为包含对象、指代对象；客体也相应地被指定归属于一定的概念。这样，在按照适用范围对哲学加以划分的情况下，根据各类别哲学自己的立法原则而拥有特定相应客体的概念，必定在类上是不同的。自然哲学使用着山川草木等自然概念，实践哲学使用着自由、正义、永恒等精神范畴概念。"对立"指知性和理性各自相对独立。事物相互之间不同，才能各自相对独立。以"对立"为前提条件，就是以"不同"为前提条件。这种不同，是按照各个科学部门的理性认识之诸原则即先天根据为划分标准的。哲学的分类以及概念的分类，应该按照原则即先天根据来进行，这是根本的划分标准。

[第2段] 但是，只有两种概念，它们允许其对象的可能性

有同样多的不同原则：这就是各个自然概念和那个自由概念。上段讲到，概念是根据其原则即先天根据而拥有客体即所指对象物的，并由此形成了哲学上的分类。但还有一些概念，就是自然概念和自由概念中的某些概念，可能有不止一个原则，从而形成多样的意义。或者说，同一个概念，可能出自不同的原则，有不同的先天根据，由此就可有不同的意义，属于不同的哲学分类。这大致相当于"一词多义"，其"义"来自原则即先天根据。"同样多"，与什么同样多？这里说"只有两种概念"，那就是说，与概念的种类同样多，即概念的对象在实际意义方面的可能性被两种原则所决定。"邓译本"则明确说"有正好两种各不相同的原则的"。（6）为什么要这样说？这是为了甄别"实践"概念的意义和根据。现在，既然前者使一种按照先天原则的理论知识成为可能，而后者就前者而言在其概念中就已经只带有一个否定的原则（纯然的对立的原则），"前者"，指自然哲学、自然概念。自然概念本身是按照先天原则而成立的理论知识。理论知识以概念为呈现，概念本身就是理论知识。"后者"，指道德哲学、自由概念。自由概念不是自然概念，不同于自然概念。这种"不是""不同于"，就相当于具有否定的意义，就是"纯然的对立"。这种纯然的对立及互不相同，是出自其各自立法原则的互不相同。与此相反对于意志的规定则建立起扩展的原理，这些原理因而叫做实践的，所以，哲学正当地被划分为两个在原则上完全不同的部分，被划分为作为自然哲学的理论哲学和作为道德哲学的实践哲学（因为理性根据自由概念所作的实践的立法就是被这样称谓的）。"扩展的原理"，指在理论理性基点上生发出来的原理。康德以前只是一般地谈论纯粹理性，主要是指理论理性即知性，没有做更精细的区分。现在则在这一基点上扩展出实践理性的原理。同上述关于自由概念带有否定意义的阐述相关（实践理性不同于理论理性，相对于理论理性来说就是否定的），这里讲到，与这种否定的意义相反，自由概念还有正面立论的意义。即在理论理性基础上进一步扩展出新的原理来对意志加以规定，这种新扩展出来的原理被称为实践的，即实践理性的。可知，以前只在理论理性的原则下讲意志，现在则还要在实践理性的原则下讲意志。同样都是"意志"概念，但其原则可能不同，先天根据也不同。因此，"意志"概念可能分属于不同的哲学类别。这里重申，哲学可因其立法根据的不同而很正当地被划分为两个在原则上完全不同的部分，即作为自然哲学的理论哲学和作为道德哲学的实践哲学。理性依据自由概念对实践的立法就是这样被称为道德哲学或实践哲学的。但迄今为止，为了划分不同的原则，并与这些原则一起也划分哲学，流行着对这些术语一种巨大的滥用：因为人们把按照自然概念的实践与按照自由概念的实践当做一回事，"为了"一词似乎带有主动的目的性。如果是说，人们有意地为了划分不同原则及哲学而对一些术语加以滥用，这似乎不合理。其他中文译本没有"为了"的字样和意味。"邓译本"为"在……划分哲学方面"。（6）这里应该是在进行客观的讲述，即在划分不同原则及哲学方面，流行着一种对相关术语的巨大滥用，即把出自不同根据的实践概念相混同。并如此在理论哲学和实践哲学这些相同的称谓下进行了一种划分，通过这种划分事实上什么也没有划分开来（因为两个部分能够拥有同一些原则）。在"相同的称谓下进行了一种划分"，指在"实践"概念的原则被混同的情况下，依然同样地进行了被称为理论哲学和实践哲学的划分。但其实，虽然同样是称为实践，其所根据的原则是不一样的；如果认为所有称为实践的概念都出自同样的原则，那就无法把理论哲学与实践哲学真正准确地划分开来了。

[第3段] 也就是说，作为欲求能力的意志，是世界上多种

多样的自然原因中的一种，亦即按照概念起作用的那种自然原因；按照康德哲学，概念是对象事物的原因。意志是人的能力，人是自然的存在，所以按照概念的规则和作用，意志是自然原因之一。凡是被表现为通过一个意志而可能（或者必然）的东西，都叫做实践上可能的（或者必然的）；与一个结果的物理学的可能性或者必然性不同，后者的原因不是通过概念（而是像在无生命的物质那里通过机械作用，而在动物那里则通过本能一样）被规定为因果性的。"后者"应指实践理性，其特点是带有意志。反过来，所有带有人的意志的活动也都可以称为实践活动。通过意志而可能实现的，也被看作通过实践而可能实现的。意志、实践与人的观念即概念相关，其因果关系上的可能性和必然性不同于物理学和生物学的可能性和必然性。物理学的，指无生命的物质中发生的机械作用；生物学的，指有生命的动物中发生的本能作用。物理学和生物学的都是在人之外的，与人的观念无关，也与意志、实践无关。在这种因果作用中，某一事物的变化由另一事物所引起；由事物引起就是由概念引起，因此是概念的因果性，不是观念的作用。——在这里，如今就实践而言尚未规定的是：给意志的因果性提供规则的概念是一个自然概念，还是一个自由概念。"意志的因果性"，从意志的因果关系上看，意志以什么为原因、为根据，或意志来自什么原因、什么根据。"给意志的因果性提供规则"，意志的原因、根据不是随意的，而是具有一定规则的，即带有一定先天根据的。在实践概念被滥用的情况下，需要对实践概念加以严格的规定。要弄清楚，实践中的意志是以自然概念为规则还是以自由概念为规则。即人们所说的"实践"是属于自然哲学的实践还是属于自由哲学的实践。

［第4段］但后一种区别是根本性的。因为如果规定因果性的概念是一个自然概念，那么，诸原则就是技术实践的；但如果

它是一个自由概念,那么,诸原则就是道德实践的;而由于在一门理性科学的划分中,事情完全取决于对象的那种需要不同的原则来认识的不同,所以,前一类原则就属于理论哲学(作为自然学说),后一类原则却完全独立地构成第二部分,亦即(作为道德学说的)实践哲学。"后一种区别",指在自由概念方面所作的区别,即自然概念与自由概念之间的区别。相应的前一种区别是什么?应该是指在自然概念方面所作的区别。实践在概念原则即先天根据方面的区别是根本性的,这一区别可以在实践概念的原则方面将理论哲学与实践哲学彻底地划分开来,从而分别形成技术实践的和道德实践的原则。"前一类原则",指技术实践的原则,"后一类原则"指道德实践的原则。理性与客观对象相关,因此可以是科学。对于理性科学的划分,取决于认识对象时所需要依据的原则。对自然对象的认识要用自然概念的原则,对自由对象的认识要用自由概念的原则。这样,理性科学就被划分为理论哲学和道德—实践哲学。实践哲学是哲学体系中完全独立于理论哲学的第二部分。

[第5段] 一切技术实践的规则(亦即艺术和一般技巧的规则,或者也有作为对人及其意志施加影响的一种技巧的明智的规则),就它们的原则基于概念而言,必须只被算做理论哲学的补充。因为它们仅仅涉及事物按照自然概念的可能性,属于自然概念的,不仅有为此可以在自然中找到的手段,而且甚至有意志(作为欲求能力,因而作为自然能力),这是就它能够由自然的动机按照那些规则来规定而言的。与道德实践不同的技术实践,其规则在客观方面往往关乎操作的技巧,也有可以在主观方面影响人及其意志的技巧。但这样的原则都是基于自然概念的,是事物按照自然概念法则所具有的可能性,所以必须被算作理论哲学的一部分(补充性的)。意志、欲求既有自然性又有精神性。作为

技术实践的意志是同自然能力相关的欲求能力，因为这种欲求能力是出于自然的动机并按照自然动机的规则被规定。不过，这样的实践规则并不叫作法则（例如像物理学的法则那样），而是仅仅叫作规范；确切地说之所以如此，乃是因为意志并不纯然服从自然概念，而是也服从自由概念，它的诸原则与自由概念相关时就叫作法则，并且连同其推论构成了哲学的第二部分，亦即实践的部分。"规则""法则""规范"，这几个词相关联又相区别。"规则"是一般性的原则，带有主观性、人为性，主要用于哲学表述，同先天根据相关联；"法则"这个词，"邓译本"和"曹译本"译为"规律"，（6，355）其客观性的意味更明显。"规范"，可理解为规则的范型，是个基本框架，不是科学性的规定。技术实践的规则之所以不能像物理学的法则那样称作法则而是叫作规范，可能是因为，意志既可以归属于自然概念，又可以归属于自由概念，其含义不确定，因此也就不科学。只有当意志的诸原则同自由概念相关时才叫作法则。因为这时的规定性就明确而具体了，所以与自由概念相关的实践可以连同相关的推论而构成哲学的第二部分即实践哲学部分。似乎是，法则是立法性的原则；物理学和自由概念出自先天原理，具有立法的地位；而技术实践只涉及技巧，不涉及先天原理，不具有立法的地位，所以只能算是规范。

[第6段] 因此，就像纯粹几何学问题的解决并不属于几何学的一个特殊的部分，或者土地丈量术配不上一门与纯粹几何学有别的实践几何学的名称而作为一般几何学的第二部分一样，实验或者观察的机械艺术或者化学艺术就同样不可以，而且更不可以被视为自然学说的一个实践部分，最后，家庭经济、地区经济、国家经济、交往艺术、饮食学的规范，且不说普遍的幸福学说，甚至就连为了幸福学说的目的对偏好的抑制和对激情的约束

也不说，都不可以被算做实践哲学，或者这些东西根本不构成一般哲学的第二部分；这里所列举的都是具体的技术实践活动。即便在技术性实践活动中，原理的具体应用也不等于原理本身，并且不能上升到原理的地位，不能构成原理的组成部分。因为它们全都仅仅包含技巧的规则，这些规则因而只是技术实践的，为的是产生一种按照原因和结果的自然概念而有可能的结果，这些自然概念既然属于理论哲学，就服从作为出自理论哲学（自然科学）的纯然补充的那些规范，因而不能要求在一种被称为实践哲学的特殊哲学中有任何位置。技术性实践所具有的规则或规范仅仅是技巧性的，不是原则性的、先验的；是按照自然概念的因果性而可能的结果，也就是按照自然规律所能取得的结果。例如按照植物的生长规律，在适宜条件下种下大豆的种子，到秋天就能收获到远远多于种子的大豆。这种具体的技术及其规则、规范只是对属于自然科学的理论哲学的补充，仍然属于理论哲学，不属于实践哲学。与此相反，完全建立在自由概念之上、完全排除意志的出自自然的规定根据的那些道德实践的规范，则构成规范的一种完全特殊的方式；它们也像自然所服从的那些规则一样，绝对叫做法则，但却不像后者那样基于感性的条件，而是基于一个超感性的原则，并且在哲学的理论部分之外完全独立地要求一个另外的部分，名叫实践哲学。排除意志的来自自然的规定根据，建立在自由概念之上的道德实践，其规范才可以构成相对于理论哲学的特殊方式，即构成在理论哲学之外的另一部分即实践哲学。自然概念及建立于自然概念之上的技术实践同感性相关；自由概念及建立于其上的道德实践则不同感性相关而是建立在超感性原则之上。这是二者间的根本区别。

[第7段] 由此可见，哲学所提供的实践规范的总和，之所以构成哲学的一个被置于理论部分旁边的特殊部分，并不是由于

这些规范是实践的；因为即使它们的原则完全取自自然的理论知识（作为技术上实践的规则），它们也能够是实践的；"实践规范的总和"，指实践哲学所具有的全部规范。实践哲学并不是因为其规范是实践的才构成与理论哲学相并列的另一部分。因为，单就实践概念而言，即使其原则完全来自自然概念而作为技术实践的规则，也能够称为实践的。所以，对于实践哲学的成立而言，"实践"这一概念本身并不具有决定性意义。真正具有决定意义的是实践的根据。即，而是由于它们的原则根本不是借自永远以感性为条件的自然概念，从而是基于惟有自由概念才通过形式的法则使之可以辨识的超感性东西的，属于实践哲学的实践，其原则不是基于感性，不是基于自然概念，而是基于超感性的自由概念。"形式的法则"，"邓译本"和"曹译本"译为"形式规律"。（7，356）即如前述，实践概念只有同自由概念暨超感性相关联了才能成为具有法则（或规律）地位的实践哲学。"通过形式的法则使之可以辨识"，即超感性东西是什么，是怎样的，这本是不可感知的，但可以通过形式的法则得以知晓，即意识到其存在、其作用。所谓形式的法则，不是自然事物可凭感官加以感觉的外在表现形式及其法则，而是自由概念舍弃了具体对象、内容，只就概念本身即纯粹概念而言的法则，大概关系到概念的先天原理和作用。由于属于自由概念的实践拥有建立在超感性东西之上的先天原理，所以是道德实践的，亦即不纯然是这种或者那种意图中的规范和规则，而且无须与目的和意图先行发生关系就已是法则；而且如果是这样，那总和就构成哲学的一个特殊部分。建立在超感性东西之上的实践，其原则是先天的，不是经验的，在与具体目的和意图发生经验性关系之前就已经作为法则而存在。正是由于这种先天性，这种实践规范的总和才构成哲学的一个特殊部分，即构成与理论理性相并列的实践理性部分。

本节要点：对哲学的组成部分作出清晰而严格的划分：关于自然的理论理性部分和关于自由—道德的实践理性部分。强调：这种划分的标准是其先天根据。通过对实践概念的分析和甄别，区分出技术实践和道德实践，由此凸显出哲学各部分的规定性及其先天根据。指出：自然哲学的根据是感性的，自由—道德哲学的根据是超感性的。如此，为感性东西同超感性东西的连接做出铺垫。

二 一般哲学的领域

［第1段］先天概念在多大的范围具有其运用，我们的认识能力根据原则的应用所达到的范围就有多大，从而哲学达到的范围就有多大。"先天概念"，按照我们在"前言"部分中做的说明，其实应为"验前概念"。但为行文方便，我们姑且还是按照原译引述。康德哲学认为，概念是先天的，是在现实认识经验之前就存在的；自然界中的事物要符合概念才能被认识。即，人的认识被概念所限定、所规定，要在先天概念的范围内进行，概念之外没有认识。认识能力所根据的原则，应该是指上述认识与概念关系的原则。这里，明面上看是在说认识的范围，但其实还有更深一层的意思——是在说认识与概念的对应关系。这里没有明显说出来的潜台词是，人除了具有同先天概念适用范围相一致的认识能力，还有一些不与这种先天概念适用范围相一致、相对应的能力。这就是下段开始阐述的内容。

［第2段］但是，那些概念为了尽可能地实现对象的某种知识而与之发生关系的一切对象的总和，可以根据我们的认识能力对这种意图不同的胜任或者不胜任来进行划分。上一段讲的是认识与对象关系，这一段提出认识"能力"与对象的关系。"那些

概念",指上一段所说的先天概念。生活中,一般的概念只有同所指对象发生关系了,即二者对应起来了,才能形成认识及知识。例如,在生活中可以看见叫作"牛"的动物,当知道它叫作"牛",从而把这个动物与"牛"概念对应起来了,才算是有了关于牛的认识及知识。如果小孩子还不知道一个东西叫作什么,就谈不上对这个东西的认识,也没有相应的知识。这句话中的"知识","曹译本"为"认识"。(356)认识是一种活动、一种过程,认识的结果固定下来就叫作知识。先要有认识活动,然后才能有认识的结果即知识。第一段和本段都讲到"认识能力"。同认识能力直接相关的是认识活动本身,然后才是知识。所以这里所说的某种"知识",其含义中也可能含有"认识"的成分。究竟是"认识"还是"知识",要根据对语句含义的理解来判断。这里讲的是认识能力在概念与对象关系方面的胜任和不胜任,即能否以概念认识到对象。这种胜任有两种情形:一是指概念足以规定对象;二是指对象可被概念所规定;这就需要有适当的概念。如果一个对象没有适当的概念,或现有的概念不足以规定这个对象,那就是在认识方面的不胜任。如果胜任,将能形成知识;否则就不能形成知识。所以,同胜任和不胜任直接相关的是认识。"对象的某种知识",似乎可以理解为"关于对象的某种知识。""一切对象的总和",指全部先天概念的对象亦即全部认识的对象。全部的这些对象,可有不同的划分。划分的原则或标准,是人凭借概念的认识能力在实现认识意图这一任务上的胜任或不胜任。即要看人的认识能力能否以概念来表述对象,即能否把对象囊括在概念中,把二者对应起来、匹配起来,从而实现对某种对象的认识,进而形成知识。能达到就是胜任,否则就是不胜任。胜任或不胜任的情形具体是怎样的?下面说道:

[第3段] 概念如果与对象发生关系,无论对于这些对象的

一种知识是否可能，就都拥有自己的疆场，这个疆场纯然是按照它们的客体与我们的一般认识能力所具有的关系来规定的。"知识"，似乎也可以理解为"认识"。"它们的客体"，指概念的客体，即概念的对象。一般来说，概念与其对象或客体之间是同一性关系，密不可分。因此，概念的客体与我们一般认识能力之间的关系，也就是概念本身与我们一般认识能力之间的关系。在下面的阐述中康德就是直接地将概念与认识能力相关联。这表明，在同认识能力的关系方面，概念及其对象是一回事。目前为止，康德所讲到的哲学就是自然哲学和道德哲学。在其范围内，概念都有相应的对象或相应的所指范畴，也都能够被人相应的认识能力所认识。这样看来，"无论对于这些对象的一种知识是否可能"这句话中的"知识"一词，还是表述为"认识"更为适宜。因为，"知识"一词，康德往往专用于自然哲学，不用于实践哲学。这里，对象与认识能力的关系是包括自然哲学和道德哲学的，因此用"认识"更为适宜。只要概念的对象与认识能力发生关系，无论是否可能认识到对象，就都拥有自己的疆场。这一表述在理解上有点困难。康德一边说，概念如果与对象发生关系就拥有自己的疆场；一边又说，这个疆场纯然按照概念的对象与我们一般认识能力之间所具有的关系来决定的。按照前者，那就意味着，概念如果不与对象发生关系就不拥有自己的疆场。但是，会有没有对象的概念或没有概念的对象吗？按照后者，对象与认识能力之间所具有的关系，无非可以认识和不可以认识两种。那就应该是有两种疆场，一种是可以认识的疆场，另一种是不可认识的疆场。但是，不可以认识的概念根本就不在人的知晓范围内，这种概念及相关的疆场从何谈起？从合理的逻辑出发，如果把这两句话连在一起，则前一句话所说的概念与对象的关系，大概就是后一句话所说的二者之间可认识或不可认识的关系。即本来在概念与对象之间就存有可认识的或不可认识的关系，这种认识关系同认识能力相关。这也呼应了前面所说，认识能力在认识对象上的胜任或不胜任。问题是，概念与对象之间可认识的关系还好理解，不可认识的关系是怎样的关系？还会有概念虽然认识不到对象但仍与对象有关系的情况吗？如果有，会是一种什么情况？这是一个大问号。《释义》在这里的解释是："我们可以将这些对象分成两类，一类是我们的能力对于认识它是能够胜任的，一类是我们的能力对于认识它是不胜任的，可以做出区分，也就是现象和物自身的区分。"（90）这是说，人能够认识到的是现象（显象），认识不到的是物自身。不过，康德的文本似乎不是这个意思，"第三批判"中也没有着重阐述过这种关系。其实，对象与知性和理性认识能力之间的关系是显而易见的；在这一范围内，胜任与不胜任之间的区别也是显而易见的。理论理性能力即知性能够实现对自然事物之显象的认识，但认识不到超感性的东西；实践理性能力即理性能够实现对超感性东西如自由、道德对象的认识，但无法感知自然对象。这虽然也表现出认识能力与对象之间的关系，但这种关系及知性同实践理性之间的区别，康德在前两个批判中已经论述过了，它们各自所适用的对象之间的区别也已经很清楚了。康德这里的阐述一定是另有所指。——这个疆场的那个我们可能有所认识的部分，就是这些概念和为此所需要的认识能力的一个地域（territorium）。在概念及其对象与人的认识能力关系的疆场中，有一部分是可能认识的，还有一部分是不可能认识的。可能认识的部分就叫作"地域"。在地域中存在的，是可被认识到的概念和认识这些概念所需要的认识能力，这两者是相互对应的。这里，康德直接把概念与认识能力相对应了，不像前面那样费事地把概念的对象与认识能力相对应。可见，相对于认识能力来说，概念和概念的对象的确是一回事。这个地域的那个由这些概念在其上立法的部分，就是这些概念和它们该有的认识能力的领域（ditio）。在地域中的概念及其对象，以及可认识这些概念及其对象的认识能力，又可作进一步的划分。其中由概念所立法的，即有先天根据的、具有立法功能的概念，形成了领域。那么显然，还有另一部分就是不由概念所立法的。而不具有立法功能的概念就是下面所说的经验概念。因此，经验概念虽然在作为一切感官对象之总和的自然中拥有自己的地域，却没有领域（而是只有其居留地，domicilium）；因为它们虽然被合法地生成出来，但却不是立法的，相反，基于它们的规则都是经验性的，因而是偶然的。经验概念不同于先天概念。经验概念具有的是规则，不是法则，不能立法。所以，经验概念虽然在自然中同先天概念一起拥有地域，却没有用于立法的领域。地域中这种没有立法领域的部分叫作居留地。即在地域中，要根据是否能立法再进行划分。有立法的部分叫作领域，没有立法的部分叫作居留地。整合起来看，这里进行的哲学划分是按照概念与认识能力关系进行的，其划分层次或范围由大到小依次为：第一层次，最大的范围——疆场，表现出概念与对象之间的认识关系，并分为可认识的和不可认识的两类；第二层次，中间的范围——地域，表现出对概念可以凭认识能力认识到的部分，包括先天概念和经验概念；第三层次，最小的范围——领域和居留地，表现出由先天概念立法的部分和没有立法的经验概念部分。这里阐述的中间范围和最小范围，都属于最大范围——疆场中概念可被认识的部分。那么更重要的问题是，疆场中不可被认识的部分是什么？

[第4段] 我们的全部认识能力有两个领域，即诸自然概念的领域和自由概念的领域；因为认识能力是通过这两者而先天地立法的。"全部认识能力"，应指当前所阐述的认识能力，即理论理性的知性和实践理性的理性。之所以做这样的解读，是因为康

德在后面把判断力也作为一种认识能力，而现在还没有谈到判断力。知性和实践理性这两种认识能力都是有先天立法的，所以都拥有自己的领域（第三层次，最小的范围）。这"两个"领域只是在类型上的划分，它们都处于同一个地域之中。即自由概念的领域同自然概念的领域一样，二者都处在同一个疆场的同一个地域之中，是认识可以胜任的。这也表明，并不是像《释义》所认为的那样，认识能力能够胜任的只是对现象的认识，不能胜任的是对物自身的认识。（90）应该是，同处于领域中的知性和理性都是认识能力所能胜任的。因此，不能胜任的应该是另有所指。现在，哲学也按照这一点分为理论哲学和实践哲学。但是，哲学的领域建立于其上和哲学的立法施行于其上的这个地域，却永远只是一切可能经验的对象之总和，只要这些对象仅仅被当做纯然的显象；因为若不是这样，知性就这些对象而言的立法就会是不可设想的。康德首先认可了理论理性和实践理性依据立法而形成的哲学划分，然后指出，由这两个哲学部门所构成的地域，即在认识可以胜任的地域中所能认识到的对象，只是作为"纯然的显象"的存在，不是物自身。这可能专指知性认识。自然中所有对象事物都只能以其外在显象呈现在人面前，人凭借知性所认识到的也只能是其显象。知性对于对象的立法仅只是在这个意义上成立。这是否意味着，实践哲学的对象也要以显象的方式被认识？这里的重点是，由理论哲学和实践哲学共同构成的地域（第二层次，中间的范围）所容纳的全部概念、对象、认识、知识，都是自然中可被经验的现象、显象，是可认识的、可知晓的、可掌握的，因此是可以被概念所表述的。

[第5段] 通过自然概念来立法，这是通过知性发生的，并且是理论的。通过自由概念来立法，这是由理性而发生的，并且是纯然实践的。不过惟有在实践中，理性才能是立法的；就（自

然的）理论知识而言，它只能（作为凭借知性而精通法则的）从所立的法中通过推理而得出结论，这些结论毕竟永远只停留在自然那里。但反过来，如果规则是实践的，理性却并不因此马上就是立法的，因为这些规则也可能是技术实践的。知性为自然立法，属于理论理性；实践理性为自由立法，属于不包摄技术、感性的纯然实践。只有这种纯然的实践才是可立法的，在自然中的实践就不能有独立的立法。对属于自然的理论知识而言，概念就是属于自然的。而对实践概念，还要进一步看看它的立法根据是什么，因为有些实践的规则属于技术实践。

[第6段] 因此，知性和理性在经验的同一个地域上有两种不同的立法，一种立法不可以损害另一种立法。因为自然概念对于通过自由概念的立法没有影响，同样，自由概念也不干扰自然的立法。——至少无矛盾地设想两种立法以及属于它们的能力在同一个主体中的共存，其可能性是《纯粹理性批判》所证明的，《纯粹理性批判》通过揭示反对的理由中的辩证幻相而摧毁了这些反对的理由。属于第二层次中间范围的地域是可经验的地域，知性和理性共存于这一地域中，但各有各的立法，互不干扰。这一地域当然不是地理空间概念，而是意识观念性的概念。共存于同一地域，就是共存于主体的与一定心灵能力相应的意识和观念之中，而且是可觉察的、可用概念来表述的意识和观念。对其可能性，康德已经在《纯粹理性批判》中做过证明。

[第7段] 但是，这两个虽然不在其立法上，但毕竟在其感官世界中的作用上不停地相互限制的不同领域，却构不成一个东西，其原因在于：自然概念虽然在直观中表现其对象，但却不是将之表现为物自身，而是表现为纯然的显象；与此相反，自由概念在它的客体中虽然表现物自身，但却不是在直观中表现的，"相互限制"，其前提是共处于一体，可能指相互之间的区别并且

不向对方开放。但自由概念有点特别，它虽然是超感性的，仍需要通过可感的自然事物表现出来。因此，知性和理性虽然在立法上互不干扰，但共处于感官世界中。既然自由概念会在实践中表现为感官世界中的东西，就要与自然概念相关联（感官世界中的东西是以自然概念为规定的）。这种关联，不仅是外在现象性的，还应该是内在机理性的。内在机理表现出二者相连的有机性、合理性、必然性。但在其内在机理性的关联作用还不被揭示之时，人们就看不出这是一个相互连通的、统一的东西。自然概念不允许自由概念介入，反之亦然。因为，自然概念所能表现的只是其对象的显现（即人只能把握事物显现出来的现象，包括其原则、内在逻辑联系、规律等），不能表现出对象的物自身（它自身是什么，这是不可知的。辩证唯物主义理论指出，物自身的概念只是想象出来的，没有一个独立存在的物自身，因此也不必知道物自身是什么）；而自由概念所表现的虽然是物自身，却不能被直观，人直观不到物自身。自由概念所表现的，是人的属于某一范畴的观念，康德以为这是个独立存在的东西。知性和理性的相互限制，实际上是自身功能和作用的规范。知性限于对象的直观和显象，理性限于对象的物自身。因而双方没有一方能够获得关于自己的客体（甚至关于能思维的主体）作为物自身的一种理论知识，这物自身将会是超感性的东西，"能思维的主体"，主体在进行思维时，是思维对象的主体；当它被概念所表现时，就是概念的客体。这就是说，自然概念和自由概念的对象（客体），无论是作为自然物还是作为能思维的主观意识，其表现都是不完整的，不能把物自身与理论知识结合为一体。物自身属于自由概念，理论知识属于自然概念。物自身与理论知识的不能结合，意味着自由概念与自然概念的不能结合。但康德认为二者应该结合，二者结合在一起了才是健全的、完备的。而二者的结合将会形成为一个新的、完整的物自身。这个物自身应该是既含有自然概念又含有自由概念。这样的物自身是什么，是怎样的？康德在这里只是说："这物自身将会是超感性的东西。"这种说法表明，这个物自身是个还不曾阐明的东西。而且，在这里也不是对这个物自身做判断，而只是做出定性、归类。那么，这个新的、将会是超感性东西的物自身可能是个什么东西呢？从已有的哲学认识上看，现有各个具体的自然概念和自由概念所对应的客体，其中都含有物自身，这物自身已经可以确切无疑地肯定为超感性的东西了，不必再有待肯定地预判其为超感性的东西。而且，从自然概念的显现中必定看不到其物自身；对自由概念的超感性客体必定无法直观。因此，在自然概念和自由概念的范围内，或在其效能中、结果中，无论如何都不可能形成将二者统一在一起的理论知识。那岂不是说，在现有哲学体系中，根本就不可能形成关于物自身的理论知识？如果这样的理论知识是不可能形成的，那就不值得去寻找。康德不会在这种毫无意义的地方浪费笔墨。因此，康德这里所要探讨的物自身，不是自然概念和自由概念的客体，而是这样一种东西：既含有物自身又含有可表象、可直观的性状，同时又不是知性概念的，不是知识的。因此，康德强调的"这物自身"，很大可能是另一种不曾确定的专指对象，而不是自然概念和自由概念的所指对象，也不是它们所能表述的客体。只有对新的、还不确定的物自身才需要确定其超感性的地位。"理论知识"，一般来说是在直观基础上以概念构成的认识；"物自身"是不可直观的，因此对知性和实践理性来说，不能有包含物自身的理论知识。但似乎康德认为应该有这样的理论知识，在这种理论知识中，这个物自身是一种特殊的东西，并且应该是个超感性的东西。"将会是"，意味着这个物自身及这个超感性的东西目前还是未知的，要去探寻。此点很重要。人们虽然必须把关于它的理念作为经验那一切对象的可能性的基础,但却永远不能把这理念本身提升和扩展为一种知识。对这个超感性的物自身,人们虽然无法做出判断,但可以形成相关的理念。即在意识中形成有关其存在、性质、特点和效能的观念。这一理念非常重要,必须"作为经验那一切对象的可能性的基础"。所有自然概念和自由概念的对象,若要能被经验到,都必须以这个理念为基础。但是,这个理念却是无法被知性概念清楚地表述出来的,因此无法成为一种知识。"提升""扩展",似乎可以做这样的理解:"提升",指从不确切、不清楚变为确切、清楚;"扩展",指从主体内部的理念性的存在形态变为外部的可客观陈述的知识性的存在形态。一般来说,或至少在康德写"第三批判"之前,对理念的掌握,可由道德哲学来达成;确切清楚的知识,可由自然哲学来达成。但道德哲学和自然哲学也有无能为力之处,即"永远不能把这理念本身提升和扩展为一种知识"。这里提出了一个新的要求:把理念转化为知识。理念本是不可直观的,只有知识才可直观。把理念转化为知识,就是要让理念可直观。这怎么可能?如何达成?提出这样的问题,还要解决这样的问题,就需要新的能力登场了,要开辟出自然哲学和道德哲学之外的新境界。

[第8段] 因此,对于我们全部的认识能力来说,有一个不受限制的、但也不可接近的疆场,这就是超感性东西的疆场,"全部的认识能力",认识能力在这里就扩展了,包括知性能力、理性能力和判断力的能力。"不受限制的",指不被概念所规定的,即超出知性和理性概念范围的。"不可接近",即不能以自然概念和自由概念加以认识的。"疆场",如康德之前所述,完全是依照概念与对象之间的关系,或概念的客体与主体认识能力之间的关系而言的。这就提出,有一片需要加以探讨的新疆场、新境界,反映的是概念与主体认识能力之间的特殊关系。这个新疆

场、新境界,这个特殊关系,不在现有概念的规定之内,不能用自然概念和自由概念加以表述。这等于说,疆场可分为两类:一类疆场中的东西由概念(即自然概念和自由概念)及其对象、客体所构成,是自然中实存的东西,凭借知性和理性可以明确地知晓;其中,虽然自由概念及其客体表现的是物自身,不可直观,但在现象界中有其表现,可以经验,可以明确地知晓;与此疆场相反,另一类疆场由"超感性东西"所构成;这个"超感性东西",应该不是构成自然概念和自由概念的物自身;因为自然概念和自由概念的物自身已经包含在第一类疆场中了。一般所说物自身的超感性,应该是指"超越感性",即物自身是完全抽象的,完全不与感性相连。而在新的疆场中的这个超感性东西,应该既是抽象的又同感性相关,而这个感性还不能是可明确知晓的感官感性。因此,这样的超感性应该称为"超级感性",而不是通常的"超越感性"。此点很重要。在这一新的疆场中,在其中我们为自己找不到任何地域,因而在它上面既不能为知性概念也不能为理性概念拥有一个用于理论认识的领域;疆场中可能有所认识的部分为地域,地域中的认识指同现实经验相关联的认识。而在这个新的、特殊的疆场中没有可以或可能用自然概念和自由概念加以认识的部分。没有这样的地域当然就不能有相关的领域,即没有可用于理论认识的立法,也不能形成概念性的知识。这个疆场,我们虽然为了理性的理论应用和实践应用而必须用理念去占领,但我们在与出自自由概念的法则的关系中能够使这些理念获得的,却无非是实践的实在性,这个疆场很特殊,对于理论理性和实践理性的应用是很必要的,因而必须加以掌握(占领)。但只能用理念加以掌握,不能形成知识性的概念掌握,不能用概念加以表述。理念,是个笼统的词,其基本的内涵存在于主体的心灵中,以观念、意识的形态存在。但理念或观念、意识,有的可以明显地觉察到；有的不能明显地觉察到，是模糊的、朦胧的。如果把理念理解为同自由概念的法则相关的理念，即如果是按照自由概念的法则去运用理念，则只能得到实践的实在性。《释义》（98）和"曹译本"（358）的解读都是把实践的实在性同理论的实在性相对比而言。其意思是：实践的实在性只是行为的，不能取得理论认识。在字面上做这样的读解是合理的，但还可以从言外之意或深层含义上进一步地思考，这句话应该是意味着：应用理论理性无法获得关于超感性东西的理论认识，应用实践理性也只能认识到理念在实践中的表现而不能对这个超感性的理念做出有效表达。这是重要的看法。据此，我们的理论知识丝毫也没有由此扩展到超感性的东西上面去。以理论理性和实践理性都不能形成对于这个超感性东西的理论知识。这表明，在这个特殊疆场中，对这个既不受限制又不可接近的超感性东西，不能用理论理性和实践理性加以认识，必须运用另外的能力或原则。

[第9段] 现在，虽然在作为感性东西的自然概念领域和作为超感性东西的自由概念领域之间强化了一道明显的鸿沟，以至于从前者到后者（因而凭借理性的理论应用）不可能有任何过渡，就好像这是两个不同的世界，前一个世界不能对后一个世界有任何影响似的；凭借理论理性的运用无法同自由概念领域相连接，这是在概念层次上的，这两类概念不能相融合。但是，后一个世界毕竟应当对前一个世界有影响，也就是说，自由概念应当使通过它的法则所提出的目的在感官世界中成为现实；虽然在概念层次上自然概念领域不能影响到或连接到自由概念领域，但在实践层次上，自由概念领域却可以影响到自然概念领域。这是说，自然事物可以具有自由概念的意义、价值，由此形成二者间的合目的性关系，亦即自由概念的目的在感官世界中成为现实。

自由概念所提出的（即具有的）目的不是随意的，而是出自法则的。这法则大概是指，自由概念自身固有地具有在实践中加以实现的目的。一般而言，目的概念带有意识性、主动性、理想性，应该是只有人才能够提出的。自由概念自身不可能提出带有人为意识性、主动性、理想性的目的，因此所谓自由概念提出的目的，只能是指其自身就具有目的的性质。即自由概念的内涵具有一定的价值标准或价值范畴，感官世界中的事情要符合这一价值标准或价值范畴，就相当于以自由概念为目的，也就等于是自由概念提出了目的。若是果真符合了这一标准，就相当于实现了自由概念提出的目的，同时相当于自由概念的目的在感官世界中成为现实。例如生活中出现的公平、正义、善等现象，都相当于自由概念提出的目的成为自然概念领域中的现实。因此，自然必须也能够这样来设想，即它的形式的合法则性至少与要在它里面造就的目的按照自由法则的可能性相协调。这里的"形式"不是自然事物外在的感官感性形式，而是自然去除具体内容而保留下来的一般逻辑形态。如果要把它与感官感性形式相区分，也许应该称其为"格式性的形式"。因此所谓"形式的合法则性"即"格式性形式的合法则性"。"第三批判"所说的形式，基本上是这种形式。合法则性，即适合规则、原则、规律。大概是指事物是按照知性法则被概念所规定、所限定的。自由概念具有按照自己固有的法则在自然中得到实现的目的即指向，这种固有法则就是实现目的的可能性。如果自由概念在实践中，即在自然概念的领域中得到表现，就相当于自由概念的目的得到了实现。自然概念所表现的自然事物恰好表现出自由概念，就是表现出自由概念所蕴含的价值、意义。由于自然事物是具有合法则性的，因此这种合法则性与自由概念之合目的的可能性是相一致的。——所以，毕竟必须存在着作为自然之基础的超感性东西与自由概念实践上所包含的东西的统一性的某种根据。自然是感性经验的总和，是超感性东西的显象和显现，所以其基础是超感性东西。自由概念在实践中所包含的东西，即自由概念的目的（价值标准和范畴）在感性自然界中的实现或表现，如道德、公正等这些超感性的东西。这两种东西既然都是超感性的，就应该是统一的。这种统一不是二者融合在一起，而是在感性现象方面相关联，即自由概念的理念、目的在感性自然世界中的实现、表现。而二者要能够相关联、相统一，一定要有共同的基础，即共同建基于某种根据上。这里所说的某种根据是什么？康德在前言中说，由自然概念构成的自然哲学和由自由概念构成的道德哲学共同组成了哲学知识体系的大厦，这一哲学大厦的地基是判断力。显然，这里所说的某种根据就应该是判断力。这一阐述再次清楚地显示出自然哲学、道德哲学、判断力三者之间的"V"字形关系——自然哲学、道德哲学位于V字形的上端，构成哲学的理论体系大厦，判断力位于V字形底端，充当哲学理论体系大厦的根据或地基。作为自然显象之基础的物自身和自由概念所表示的作为理念的物自身，二者固然都是非感性的，但它们只能构成自己概念的基础，并不能构成哲学大厦的地基，它们不能以自己为自己的地基。自然概念和自由概念中的物自身都要以判断力中的超感性东西为基石。因此，即便可以把非感性的物自身称为超感性东西，也绝不等同于判断力中的超感性东西。康德的阐述表明，人们已经知道自然概念和自由概念中的超感性东西是物自身，并且知道其显现和在现实世界中的实践及实现；现在要探讨的，不是物自身的超感性，而是判断力中的超感性东西。而且，虽然还不知道这个超感性东西的真实面目，但可以确切知道其作用。此点很重要。这个根据的概念虽然既没有在理论上也没有在实践上达到对这个根据的一种认识，因而不拥有特有的领域，但却仍然使按照一方的原则的思维方式向按照另一方的原则的思维方式的过渡成为可能。"领域"，是对可能有所认识的部分加以立法的地带。超感性东西的"根据"作为一种存在物，也是一种"概念"，但不是通常意义上的概念；它不同于自然概念和自由概念，是处于后两者之外的概念，既不能被加以理论上的认识，也不能被加以实践上的认识。就是说，对这个超感性东西的根据，运用自然概念和自由概念都不能有所认识。没有认识就不能有立法（这里也许专指以概念立法），所以没有特有的领域。但是，虽然超感性东西的根据不可被加以自然概念和自由概念的认识，其作用却是实实在在的，可以按照某种原则而使一方的思维方式过渡到另一方的思维方式。这里的"一方"和"另一方"，应该是指从自然哲学的思维方式向道德哲学的思维方式过渡。须注意，这里讲的是思维方式的过渡，并不是概念及概念对象的过渡。即只能在思维方式上（只能以思维的方式）从自然哲学过渡到道德哲学，从而使二者相关联。或者说，自然哲学与道德哲学的关联，是通过思维完成的，是在思维中达成了相互关联。例如，人意识到某一自然物体在道德方面的价值、意义，就是在思维中实现了自然概念与自由概念的关联。这里还有些文本上的问题有待澄清：说"概念如果与对象发生关系"，这里的概念是通常概念还是也包括特殊概念？说"这个疆场纯然是按照它们的客体与我们的一般认识能力所具有的关系来规定的"，一般认识能力是指通常认识能力还是指包括判断力在内的所有认识能力？从"胜任和不胜任"的划分标准看，知性对自然对象的认识是胜任的，而对内隐感性表象之类的东西是不胜任的。因此可以认为，知性和理性是对一般客体可能有所认识的能力，构成了疆场中的一个地域；它们对超感性东西不能有所认识，不构成可胜任疆场中的地域，于是形成了疆场中不胜任、不可有所认识的部分。对这一部分，康德不说是不胜任的地域，而是说构成了另一个疆场（不胜任的疆场）。因此这里的"概念"和"认识能力"可能都是专指知性的概念和认识能力。这一阐述表明，认识能力及其对象有两个疆场，一个是可用概念表述的、可形成知识的、可相对清楚认识到的；另一个是不可用概念表述的、不可形成知识因此难以清楚认识到的。用今天的观点看，前者是显意识层次的，后者是潜意识或无意识层次的，亦即内隐的。

本节要点：论述了判断力的必要性。同第一节一样，是在为关于判断力的阐述做铺垫。哲学有两大部门——自然哲学和自由哲学；它们各自有自己的立法，在立法方面互不干涉；但它们可以共同作用于现象界、自然界，因而表现出某种统一性。问题是，人们并不知道二者是怎样统一的，所以需要寻找到二者统一性的根据或基石。这个根据或基石应当是个超感性东西，完全不同于自然概念和自由概念，也不同于与它们相关的超感性东西，并且不是现有理论知识体系所能认识的。因此，哲学表现出来的主客体关系及人的心灵能力要有两个疆场。第一个疆场是由自然概念——知性和自由概念——实践理性构成的哲学体系，表现的是通常概念与其客体之间可能有所认识的部分。第二个疆场由未知的超感性东西所构成，表现的是特殊概念与其客体之间不可能有所认识的部分（不能以通常概念加以表述）。对这个疆场的掌握需要人的尚不被人所普遍知晓的一种特殊的心灵能力，即"第三批判"所要着重加以阐述的判断力。第一个疆场要以第二个疆场为基础。即位于第二个疆场中的心灵能力是第一个疆场心灵能力的基石。康德的阐述与现代认知神经科学基本吻合。这里所描述的第二个疆场其实就是人类认识能力中潜意识的内隐认知领域。内隐的观念与外显的概念不同，不能明确地加以表述，也不能同概念和具体事物准确地对应。但内隐认知内在地支持着外显认知，因此表现为外显认知的基础。"第三批判"对反思判断特别是内隐感性判断力的阐述其实就是对内隐认知力的揭示。

三 作为哲学的这两个部分结合成为一个整体的手段的判断力批判

此标题，"邓译本"（10）和"曹译本"（359）分别在"哲学"一词前加上了动词"把"和"使"，即表述为"作为把（使）哲学的这两个部分结合成为一个整体的手段的判断力批判"。

［第1段］就认识能力能够先天地提供的东西而言对这些认识能力进行的批判，真正说来在客体方面不拥有任何领域；因为它不是任何学说，而仅仅是要研究，按照我们的能力现有的情况，一种学说通过这些能力是否以及如何是可能的。"批判"不是像知性那样对对象加以规定，因此没有对象客体，也不构成哲学的形而上学学说。即批判不是认识能力的运用，因此没有这种运用的结果（构成学说和知识）；批判是要为认识能力寻找其可能性根据。"先天地提供的东西"，指先天地具有的东西，即概念先天地就能规定对象客体。对认识能力的批判就是对这种先天根据的发掘、阐释；可能还包括认识能力与对象、概念之间先天的联系。"在客体方面不拥有任何领域"，即对认识能力的批判不拥有自然对象及其概念，不形成知识，也不拥有由概念构成的"可能有所认识的地域"，因此没有可立法的领域。"它"，指上句话所说的对这些认识能力之可能根据的批判。"学说"，指哲学理论本身，是知识性的，主要由自然哲学所构成。认识能力与对认识能力的批判不同。前者能提供知识，即能够指代着、呈现着、规定着客体对象；而后者是要对前者的可能性和适用界限加以研究，即为认识能力寻找先天根据或内在机理，还要对其适用范围

加以界定。这个批判的疆场伸展到这些能力的一切僭妄之上，以便把它们置于它们的合法性的界限之内。"它们"，仍是指这些认识能力。"一切僭妄"，这些能力的全部所及之处。对自然哲学和自由——道德哲学的批判，要按照疆场的范围而伸展到这些认识能力所触及的所有方面，即把哲学的全部理论体系都包含在内，以便把不同的哲学部门各自安置于"它们的合法性的界限之内"。按照合法性即按照法则，自然概念在自然哲学界限之内，自由概念在自由——道德哲学界限之内。它们各有各的立法，各有各的适用范围，相互之间不能混同。但是，不能进入哲学的划分之中的东西，却有可能作为一个主要部分进入对一般纯粹认识能力的批判中来，也就是说，如果它包含着一些自身既不适合于理论应用也不适合于实践应用的原则的话。"哲学的划分"，指哲学划分为自然哲学和道德哲学，它们是理论的应用和实践的应用。另有一种东西，不能成为哲学体系的一个部门，也不能有理论的或实践的应用，却有自身的原则，可以成为对一般纯粹认识能力进行批判的对象。显然，这个东西指的是判断力。就是说，批判的对象，除了已有的两大哲学部门，还包含判断力。

［第2段］包含着一切先天的理论知识之根据的自然概念基于知性的立法。——包含着一切无感性条件的先天实践规范之根据的自由概念基于理性的立法。因此，这两种能力除了按照逻辑形式能够被运用于不论何种起源的原则上之外，还每一个都按照内容有其自己的立法，在这立法之上没有别的（先天的）立法，因而这种立法就论证了把哲学划分为理论哲学和实践哲学的理由。知性概念是理论知识的根据（概念在先，知识在后），自由概念是实践规范的根据，他们都有各自的立法，可以在某种原则上得到运用。这种原则是"不论何种起源的原则"，即还不知道源自何处。而判断力批判就是提供这一原则的。"这两种能力"

指知性和理性能力。"按照内容"即按照哲学的适用范围，按照概念与事物的对应关系。由于有这样的立法，所以把哲学分为理论哲学和实践哲学。

[第3段] 不过，在高等认识能力的家族中毕竟还有知性和理性之间的一个中间环节。这就是判断力，关于它人们有理由按照类比来猜测，它即便不可以先天地在自身包含着一种自己的立法，但却同样可以先天地在自身包含着一条它所特有的寻求法则的原则，也许是一条纯然主观的原则。"高等认识能力的家族"，指人类的心灵能力由知性、理性和判断力所组成。但这是认识能力的家族，不是哲学知识的家族。即判断力可以加入认识能力的家族中，不可以加入知识体系的家族中。如果同知性和理性相类比，既然它们都有自己的先天立法，判断力是不是也应该有自己的先天立法？但因为一般而言的所谓立法是先天概念进行的，判断力没有这样的先天概念，所以没有类似于知性和理性的立法。但这不等于判断力没有自己的独特的立法。判断力也是先天地在自身中含有某种原则，可以按照这一原则寻求如同知性法则和理性法则一样的根据。这个原则可能不是客观的而是纯然主观的，即仅仅存在于主体观念中的。这是判断力的一个重要特征。知性和理性的先天根据是客观的，判断力的先天根据则是主观的。这个原则虽然不应有任何对象疆场作为它的领域，但毕竟能够拥有一个地域，而对于该地域的某种性状来说，恰恰惟有这条原则才会有效。"导论·二"第8段中说，有一个新的、超感性东西的疆场，但"在其中我们为自己找不到任何地域"。这可能是说在这个疆场中没有知性可认识的地域。这里，在无任何概念对象的超感性东西疆场中，是"毕竟能够拥有一个地域"。应该是指判断力能够拥有一个地域。判断力所拥有的地域不同于知性所拥有的地域，是没有概念对象的，但可以存有某种现象或性状。"性状"，郭立

田先生《解读》的表述是："情状（Beschaffenheit，特性、性状）。"（17）在中文中，"性状"客观意义较强，"情状"主观意义较强。判断力的原则是主观的，因此理解为"情状"可能更恰切一点。但我们还是按照"李译本"表述为"性状"。可以经验，即在经验中知晓到这些现象或性状。判断力不能像知性和理性一样立法，所以没有领域，但可以有所表现，因此可以像处于暂居地的经验性概念一样拥有地域。而在这个地域中，只有按照判断力的原则才能有某种性状。即这种性状只是在判断力的原则下与判断力相对应（有效），为判断力所呈现。

［第4段］但为此，还（按照类比来判断）有一个新的根据，来把判断力与我们的表象能力的另一种秩序联结起来，比起与认识能力家族的亲缘关系，这种联结看起来具有还要更大的重要性。因为一切灵魂能力或者机能都可以被回溯到这三种不能再从一个共同根据推导出来的能力：认识能力、愉快和不快的情感和欲求能力。原文在这里有个注释，本书予以省略。"新的根据"，"曹译本"为"新的理由"。（360）若是当作"根据"来理解，则很大程度上要与立法相关，这就比较严重了。但从下面的讲述看，同这一根据直接相关的，是作为灵魂能力之一的愉快或不快的情感。因此，这里只是讲述出一个既定的事物，没有先天立法的必要。所以，"新的根据"不是立法意义上的，大致就是"新的理由"。"表象能力"，指直观和概念。"第一批判"中说，直观是接受表象的能力（感性、感受性），概念（知性）是生产表象的能力（认识、思维）。（76）对象事物是同人的包括直观在内的知性相对应的显象。人在知觉到这些显象时，在主观中获得的印象、感觉即概念性的认识就是对于对象之显象的反映，也称为表象。现今的使用中多称其为"意象"。知性表象能力的秩序是直观与概念的关系、规则；另外还有一种表象能力，呈现出另

一种秩序。这就是对象只在新的疆场中对判断力才呈现出来的表象或性状。对"另一种秩序",《释义》说,"这'表象能力的另外一种秩序'是什么呢?就是认识能力、愉快和不愉快的情感和欲求能力这样一种秩序。这是两个不同系列,两种不同的秩序"。(108)即以知、情、意为一种秩序,一种系列;按照这种系列,对"情"即决定愉快和不快情感的判断力也应该是批判的对象。但我们认为,所谓"另外一种秩序",可能是同下面所说与"愉快和不快的情感"相关联的秩序。康德在"前言"中曾经说到,判断力"这种能力根据某一条先天原则而与愉快或者不快的情感有一种直接的关系",而且"这种关系恰恰是判断力的原则中的难解之点"。(3)康德继而更是在正文中着重阐述了判断力、对象之表象与愉快或不快情感的直接关系。因此,这里所谓的另外一种秩序,应该是指表象能力与愉快或不快情感之间直接关系的秩序,也就是一种原则或机理。"秩序"不同于"系列"。"秩序"具有内在性,是事物之间或事物内部各因素之间按一定规则而有条理地形成的关系及状态。"系列"具有外在性,是事物按照类别的聚集。说认识能力、愉快和不愉快的情感和欲求能力三者构成一个系列是比较贴切的,但说它们是一种秩序,就有点不适宜了。按康德的阐述,这三种灵魂能力是共存而相对独立的,各自都处于原初地位;它们相互之间也不存在条理性的关系,因此不存在秩序的问题。至于知性、理性和判断力之间V字形的关系,判断力可以是知性和理性的"基础",但不是知性和理性的规定根据。同时,把"认识能力、愉快和不快的情感和欲求能力"这三者看作一种系列性的秩序并以"知情意"来表述也是不全面的。康德这里所说的愉快和不快的情感,不同于"知情意"系列中的"情",仅是指内隐感性判断中的"情",不包括感官感性中的快适之情和同欲求相关的各种满足、完善、兴趣之情。

因此，不能把愉快和不快的情感与"知情意"中的"情"等同、对应起来。在这种特殊秩序中，这样的表象能力属于判断力，即判断力同这种表象能力有直接的联系。进而，在这种秩序中形成了特殊表象能力与愉快或不快情感关系之间的联系。表象能力与愉快或不快情感的关系，比表象能力与知性等认识方式系列的关系更为重要。因为在这一关系中蕴含着判断力的独有属性和功用。可见，人的表象能力依据不同的秩序或原则而有两种：一种是依照知性的秩序而与感官感性相关联的表象能力，另一种是依照判断力的秩序而不与知性相关联、仅与愉快和不快情感相关联的表象能力。对这种表象能力康德在后面有更深刻的阐述。由于作为人之灵魂能力之一的愉快或不快情感是原初的存在，而表象能力与这种情感有直接的关系，所以表象能力与这种情感的直接关系也具有原初性。这种原初性就是先天性，需要加以探讨和阐述。康德马上就说道，对于认识能力来说，惟有知性是立法的，如果认识能力（如它不与欲求能力相混淆而被单独考察时也必定发生的那样）作为一种理论认识的能力与自然发生关系的话，惟有就自然（作为显象）而言，我们才有可能通过先天的自然概念来立法，而先天的自然概念真正说来也就是纯粹的知性概念。——对于作为一种依据自由概念的高级能力的欲求能力来说，惟有理性（自由概念惟有在理性中才成立）才是先天地立法的。——现在，在认识能力和欲求能力之间所包含的是愉快的情感，就像在知性和理性之间所包含的是判断力一样。因此，至少暂时可以猜测，判断力同样独自包含着一个先天原则，而且既然与欲求能力必然结合在一起的是愉快或者不快的情感（无论愉快或者不快是像在低级的欲求能力那里一样先行于这种能力的原则，还是像在高级的欲求能力那里一样只是从道德法则对这能力的规定中产生出来），判断力同样将造成从纯粹的认识能力，亦即从自然概念的领域向自由概念的领域的一种过渡,就像它在逻辑应用中使得从知性向理性的过渡成为可能一样。这里先是重申了前面的阐述——知性为自然概念立法,理性为自由概念立法,然后讲到,按照类比,处于知性和理性之间的判断力也应该像知性和理性一样有自己独有的先天原则。这就提出一个引子或线索,要去发现判断力的先天原则。同时,知性、理性和判断力是高级认识能力的表现或表现方式,而高级认识能力来自灵魂能力或心灵能力,分别对应着心灵能力的几种表现方式,即表现为认识能力(知性)、欲求能力(实践理性)以及愉快和不快情感的能力(判断力)。其中,判断力与愉快和不快情感的关系至关重要。判断力依据另一种独特的秩序而将对象的表象与愉快和不快情感相联系,这就等于是将自然对象(自然概念)与愉快和不快情感联系在一起。而愉快和不快情感也是一种愉悦感,这种愉悦感与欲求能力有某种必然的联系,从而与自由概念联系在一起。这样,以愉快和不快情感为纽结(亦即以判断力为纽结),自然概念与自由概念之间就有了相联系的通道,从而"造成从纯粹的认识能力,亦即从自然概念的领域向自由概念的领域的一种过渡"。这里显示出康德提出心灵能力的重要性和必要性。哲学两大部门之以判断力为中介而联结,其内在机理或根据即在于心灵能力层面上的联结。心灵能力层面的联结不是各心灵能力的相互融合或合而为一,而是在心灵能力特有属性的作用下,由思维方式施行的过渡和联结。即判断力对哲学两大部门的联结,是在心灵层面、思维方式层面通过愉快和不快情感的活动过程而施行的,也就是在"V"字形底部,运用同愉快和不快情感相关联的思维施行的。欲求不论是高层级的(道德的)还是低层级的(生理本性的),都同愉悦情感相关联。这就足以确切而明显地表现出欲求能力基础上的自由概念暨道德哲学与愉快和不快情感、进而与自然概念暨自然哲学的关系。而愉快和不快情感与自然概念的关联就不是那么简单了。这一关联是"第三批判"的重点,康德在后面有详细而深刻的阐述。此点很重要。

[第5段] 因此,即使哲学只能被划分为两个主要部分,亦即理论哲学和实践哲学,即使我们关于判断力自己的原则有可能说出的一切在哲学中都必须被算做理论的部分,亦即被算做依据自然概念的理性知识,然而,必须在着手建立那个体系之前就为了它的可能性而澄清这一切的纯粹理性批判,毕竟是由三个部分构成的:纯粹知性批判、纯粹判断力批判和纯粹理性批判,这些能力之所以被称为纯粹的,乃是因为它们是先天地立法的。这里明确讲到,关于判断力的原则所能说出的,都要算在理论哲学之中,算作同自然概念相关的理论理性。这意味着,对判断力的阐述要以概念的方式进行,因而是明确的、可知晓的。似乎,对判断力的言说不同于判断力之属性和功用的表现。判断力之属性和功用表现不能用现有的知性概念来表述,但可以用另外的方式来表述,这种表述也是理论理性的。而且,虽然对判断力的言说属于理论哲学,但判断力自身仍然有独立的地位。"那个体系",应该指由理论哲学和实践哲学构成的哲学体系。"它的可能性",即哲学体系的根据。"澄清这一切",大概指阐明哲学的根据以证明哲学的可能性。这段话中有两个"纯粹理性批判",层次和意义应该是不一样的。第二个"纯粹理性批判"是同"纯粹知性批判"和"纯粹判断力批判"相并列的,其内涵应该指对实践理性的批判。而这三者又都属于"纯粹理性批判"或共同构成"纯粹理性批判"。因此第一个"纯粹理性批判"应该是包括了理论理性批判、实践理论批判和判断力批判的更高一级的概念。这里把判断力包括在内,也说成有立法的。那么前面说判断力没有立法,可能是指没有自然概念和自由概念那样的立法。这段话的意

思是，如果要建立统一的哲学体系（哲学体系就是对人的认识能力的阐释），首先要阐明其可能性即其根据，因此需要对三大能力做出批判。三大能力都是纯粹的，即先天立法的。先天立法就是最底层的根据了。

本节要点：提出，判断力是两大部类的中介，但也要有自己的先天根据。引入判断力批判，一是建立哲学体系的需要，二是健全心灵能力的需要，这二者是同一的。批判本身不是知识，不构成哲学体系，但构成哲学体系的基础。判断力的原则是主观的，不是构成性的，因此对判断力的批判也不构成知识体系。通过对判断力的批判可达成两大体系之间的联结，这种联结是依靠思维方式的过渡达成的。其具体途径是经过愉快和不快情感的作用，这种作用是在判断力中形成的。

四 作为一种先天地立法的能力的判断力

[第1段] 一般判断力是把特殊的东西当做包含在普遍的东西之下、来对它进行思维的能力。如果普遍的东西（规则、原则、法则）被给予了，那么，把特殊的东西归摄在普遍的东西之下的判断力（即使它作为先验的判断力先天地指明了诸条件，惟有依据这些条件才能被归摄在那种普遍的东西之下）就是规定性的。但如果只有特殊的东西被给予了，判断力为此必须找到普遍的东西，那么，这种判断力就纯然是反思性的。"特殊的东西"，即世间具体的对象事物和现象，如飞禽走兽、山川草木。"普遍的东西"，康德注明是具有一般性的规则、原则、法则。"规定性"即规则、原则、法则的规定。法则等蕴含在概念中，概念都具有一定的普遍性，可以涵盖许多具体的个体。例如"树"概念，涵盖了柳树、杨树、松树等所有特殊的树木。普遍与特殊是

相对的，有不同的层级关系。"杨树"概念相对于各杨树品种（例如白杨、胡杨）是普遍的，而相对于"树"和"植物"概念又是特殊的。人见到一个具体事物（例如一头牛），能够识别出来并用相应的概念"牛"来表述它，这一过程中所运用的能力就是规定性的判断力；这一过程的活动和结果就叫把特殊的东西归摄在普遍的东西之下。如果普遍的东西已被给予，即已被知晓，那就要按照普遍的东西去规定特殊的东西。人在一定的认识原则之下，按照既有概念去识别对象事物，这时，对象是什么已经被规定好了，按照规定去识别就行了。但如果只是特殊的东西被给出了，却还不知道要把它归摄到哪里去，这就需要为它寻找到普遍的东西，这时的判断就是反思判断。康德所要阐述的判断力，主要是反思判断力。"即使它作为先验的判断力先天地指明了诸条件"，这里需注意"先天"和"先验"的用法及其含义。"它"，指知性，是先验的规定性的判断力；"诸条件"，可能指知性判断的条件，如对象、直观、概念的关系或秩序、规则。这句话的"韦译本"是：即使这样的判断力是先验的，而作为先验的判断力，在经验之先供给有实现包摄在一般之下所必须与之符合的种种条件，那判断力还是有决定力的。（15）这里把"先天"表述为"在经验之前"，可以理解为：在当下经验之前，先验概念已经给出了诸条件。这样，"先天"就是"先在"，不具有纯客观的意义。

[第2段] 规定性的判断力从属于知性提供的普遍的先验法则，它只是归摄的；法则对它来说是先天地预先确定下来的，因此它不必为自己想到一条法则，以便能够把自然中的特殊的东西置于普遍的东西之下。在认识自然方面，普遍的先验法则由知性提供，即知性为自然立法。从属于法则即按照法则及法则的规定行事。这时，在这个具体的经验性活动中是普遍的先验法则在

先，规定性的判断力在后。"自然中的特殊的东西"，指自然中的具体事物和现象。这句话中再次同时讲到了"先验"和"先天"——先验法则是先天地确定的、提供的。知性提供的先验法则是什么？大概是指对感官直观到的显象以适当的概念加以规定，规定性的判断力就是按照这样的法则把显象规定为某一概念。说这一法则是先验的，实即意味着，以什么概念去规定直观到的显象，这是在经验中约定俗成的；这个约定俗成形成于当下经验之前；相对于当下经验来说，这一法则是先验的。而相对于判断力的实施或运用，这个先验的法则是先天的，即先在的。亦即在进行判断之时，先验地形成的法则已经在先地形成了，可提供现成的先验法则供判断力运用。或者说，规定性判断力的运用都是当下的，属于当下经验；对这种规定性的判断力而言，先验法则是已然地确定下来的，因此是先天地确定的。亦即先验法则确定于规定性的判断力之前，并且与规定性的判断力无关，规定性的判断力只需现成地运用这一先验法则就行了。可见，"先天"是相对于某一东西（例如这里是相对于规定性的判断力）而言，实际意义等同于"已然地""先在地"。——然而，自然有如此多种多样的形式，仿佛是普遍的先验自然概念有如此之多的变异，它们通过纯粹知性先天地立的那些法则依然未得到规定，"变异"，带有自动性、活动性，更多地具有运动的意义。这个词，"邓译本"为"变相"，（14）"曹译本"为"变态"，（362）即变化后的样态。这两种译法更多地具有现存样相的意义。究竟怎样确定，要看对自然多样形式与先验自然概念的关系作怎样的理解。可能有两种理解：一种理解是，按照康德哲学的逻辑，概念决定着自然的形式，概念的变异必然影响到自然形式的变相；同时由于自然表现形式同先验自然概念是同一的，因此其变化和变化后的样态也应该是同一的；这就成为这样的表达：自然有多种多样的形式，就像是先验自然概念发生了变异似的。另一种理解是，把自然形式与先验自然概念对比着分开来看，这就成为这样一种表达：自然有多种多样的形式，就仿佛是先验自然概念有多种变相似的。按照前一种理解，自然的多样形式是由概念的变异造成的，符合康德概念为自然立法的逻辑。按照后一种理解，存有把自然形式与概念相脱节的倾向。但不论做何种理解，康德所说的这种多样的自然形式的变异或变相、变态，都是自然中不同于通常可被知性所规定的东西。即这些变异了的自然形式以知性的先天法则是无法加以规定的。即不能像知性概念规定直观表象那样加以规定。亦即，知性的立法范围不足以包含这些变化了的特殊形式。这里又提到了"先验概念"，它不同于"先天概念"，其中的区别可参见前面关于"先天"和"先验"的探讨。因为这些法则仅仅一般而言地关涉一个自然（作为感官的对象）的可能性，康德在这里特意点明，知性所关涉的自然对象是作为感官的对象。这一点非常重要，表明：知性法则所可能规定的，必须是作为感官对象的自然；那么相对的，知性法则所不能加以规定的这些变化了的自然形式或变相，一定不是感官的对象。不能用感官而知性地加以掌握的东西就应该是超感性的东西了。康德在"导论·二"中已经说道："对于我们全部的认识能力来说，有一个不受限制的、但也不可接近的疆场，这就是超感性东西的疆场，在其中我们为自己找不到任何地域，因而在它上面既不能为知性概念也不能为理性概念拥有一个用于理论认识的领域。"康德的阐述是一以贯之、前后呼应的。显然，这些变化了的、不能被知性法则所规定的自然形式或变相应该属于超感性东西的疆场。在超感性东西的疆场中，所关涉的当然只能是非感官感性的对象，即超感性的东西。这种东西不是感官感性所能掌握的，但仍然是感性的，不是完全抽象的，因此可理解为"超级感性",实即内隐感性。这样的东西也是自然中的存在,属于自然,但不是通常知性所能规定的自然形式,而是另一类特殊的自然形式。这里,明白地显示出感官感性对象与非感官感性对象二者间的不同。这是非常重要的对比点、区别点。但这样,对于这些变异就也必须有一些法则,这些法则虽然作为经验性的法则按照我们知性的洞识来看可能是偶然的,但如果它们应当叫做法则的话(就像一个自然的概念也要求的那样),就必须从杂多之统一性的一个尽管不为我们所知的原则出发被视为必然的。自然中的所有事物、现象、形式都要被规定在一定的法则之下,变化了的自然形式也不例外,因此必须有一些法则。这些法则是可被经验到的,即在这一法则之下的现象、对象可被感觉到、触及。"偶然的",可能是指:按照知性的规定,概念是先验的、必然的;这些特殊法则不是先验的概念而是经验性的,因此就是偶然的。但如果这些法则像一般自然概念一样应当叫作法则(不叫作法则还能叫作什么?),就应该被看作必然的。这种必然性来自出于自然统一性的某种原则。"杂多之统一性",一般可指诸多具体的个体合成为一个具有普遍性的概念。如许许多多个别的柳树共同构成了"柳树"概念。但这里的"杂多之统一性",可能指诸多自然法则按照一条原则被统一起来。按照这个原则,自然中多样变化的特殊法则其实是必然的,例如都是合目的的。——反思性的判断力的职责是从自然中的特殊的东西上升到普遍的东西,因此它需要一个原则,它不能从经验借来这个原则,因为这原则恰恰应当为一切经验性的原则在同样是经验性的、但却更高的原则之下的统一性提供根据,因而为这些原则相互之间的系统隶属的可能性提供根据。按照类比,既然规定性的判断力有自己的原则,那么反思性的判断力也需要有一个原则。比起类比的结果来,更重要的是这个原则的来源。这个原则不能从经验中得来或抽取出来，即不能以经验为基础、为根据；相反，这个原则是要为一切经验性的原则之统一在更高原则之下提供根据。即这个原则不是经验性的，因而应该是先天性的。以这个先天原则为基础、为根据，可以整合各个相对具体的经验性原则，使之达到在更高原则之下的统一性。"更高的原则"，指比经验自身原则更基础的原则。这一统一性也是经验性的，即可经验的。为达成统一性，需要理顺各经验原则相互之间的系统隶属关系，即明确哪个经验原则归属于哪一类。这里，系统隶属关系是怎样的，"类"的具体所指是什么，都还不明确。可能是指隶属于哪个疆场或哪种立法根据。反思判断力的原则是先天的，因此不能从经验中得出，不能以经验为根据；反之，反思判断力的原则要为经验世界的统一性提供根据，要在这一先天原则基础上达到统一。因此，这样一个先验原则，反思性的判断力只能当做法则自己给自己确立，不能从别处拿来（因为若不然，它就会是规定性的判断力了），也不能指定给自然，因为关于自然法则的反思取决于自然，而自然并不取决于我们力图去获得一个就这些法则而言完全是偶然的自然概念所依据的那些条件。反思判断力要有一个先验原则，这个先验原则作为法则，只能由反思判断力自己给自己确立，即反思判断力是自己给自己立法。如果不是这样，而是以别的东西为根据来为自己立法，就相当于以别的东西为规定，那就不是反思性的判断力而是规定性的判断力了。反思性判断力的先天法则可以为自然的统一性提供根据，似乎是"法力无边"，但其实是有局限性的。这个法则不能指定给自然，即不能运用于自然，不能决定自然而只能用于自己。这就涉及先天法则同自然的关系。关于自然法则的反思取决于自然，即对自然法则的反思要以自然为基础，要依循于自然，而不是自然依循于我们定下的那些条件。"那些条件"，也许是指法则的规定所构成的条件。那些条件是偶然的自然概念所依据的，即自然概念因法则的条件而生成。所以这个偶然的自然概念是相对于法则而言的，没有法则就没有这个自然概念。法则是必然的，同这一法则相关的概念是偶然的，这也许是指，我们可以用这一概念表述法则，也可能用另一概念表述法则。这里表现出康德哲学的世界观——承认自然的初始地位；人的意识，人对法则的认定要以自然为基础。

[第3段] 现在，这个原则不可能是别的，而只能是：既然普遍的自然法则的根据在我们的知性里面，所以知性把这些法则指定给自然（虽然只是按照自然之为自然的普遍概念），知性为自然立法，因此是自然之法则的根据。知性指定给自然的，是与普遍概念相对应的自然，即以概念所规定的自然物。知性按照自然概念的法则决定了对自然的认识，即知性把这些法则运用于自然对象，按照法则规定了自然对象。但这一法则只是规定了知性概念所能规定的那部分自然，并不是全部的自然，更不能作为基础和根据指定给自然。言外之意，特殊的自然法则也要以一个类似于知性的东西为根据，由这个类似于知性的东西指定给自然。于是，下面紧接着说，而特殊的经验性法则，就其中通过那些普遍的自然法则依然未得到规定的东西而言，必须按照这样一种统一性来考察，就好像同样有一个知性（即便不是我们的知性）为了我们的认识能力而给予了这种统一性，以便使一个按照特殊的自然法则的经验体系成为可能似的。"特殊的经验性法则"，可能指前面讲到的多样自然的变相所拥有的法则，这应该是反思判断力的法则。这个法则中的一些东西是超感性的，以知性无法加以规定。但对这样处于变相中的东西也要按照自然的统一性来考察。这种统一性可能有两种含义：一种是，变相的东西也是自然中的，要服从自然的统一性；另一种是，正像通常的自然事物与自然概念和知性相对应、相统一那样，我们的认识能力同超感性

东西也应该是对应、统一的，这种统一性表明，人的某种认识能力能够认识到超感性东西。反过来说，超感性东西的存在意味着我们拥有掌握超感性东西的心灵能力。达成了这种认识，就是达成了二者的统一性。这两种含义其实是一致的，对象与认识的统一就是自然的统一。二者间为什么能够有这种统一性？康德猜测地说，就好像有一个类似于知性的东西为了我们的认识能力而给予了这种统一性。实际上等于说，这种统一性是先天的、本来如此的、没有来由的。只有具有了这种认识能力才能认识到超感性的东西，即与超感性的东西达成统一性。只有二者达成统一性了，才可能形成依据于特殊自然法则（即按照反思判断力的法则）的经验体系。这并不是说好像必须以这种方式现实地假定一个这样的知性（因为这只是反思性的判断力，这个理念把它用做原则，是为了反思，而不是为了规定）；相反，这种能力由此是给自己立法，而不是给自然立法。上句话猜测地说有一个类似于知性的东西使我们的认识能力与超感性东西达成了统一性，这句话更明确说，并不是真的需要现实地假定有这样一个类似于知性的东西。就是说，这种统一性不需要在特殊心灵能力和超感性东西之外假定有某个东西起决定性作用，因为在这种统一性中的认识能力是反思性的判断力。"这个理念把它用作原则"，"这个理念"可能指自然统一性的理念，"它"，指类似于知性的东西。把这种特殊的法则指定给自然，就像知性把概念法则指定给自然一样。"原则"指认识能力中存有自然法则的根据，自然法则要由认识能力指定给自然。这句话大致的意思是：之所以要假定一个类似于知性的东西，是要按照一般理念的逻辑形成像知性原则那样的特殊原则，这个特殊原则是用来进行反思判断的，不是为了进行规定性的判断。假如真的有个类似于知性的东西决定了认识能力与超感性东西的统一，就等于是一种外在因素规定了反思判断力和超感性的东西。实际情况不能是这样,而是:反思判断力自己给自己立法,不是给自然立法。为什么"不是给自然立法"?因为反思判断力给自己的立法不是形成关于自然的概念和理论知识。与此不同,知性是为自然立法,知性无须为自己立法。这点须注意。

[第4段] 现在,由于关于一个客体的概念,只要同时包含着这个客体的现实性的根据,就叫做目的,而一个事物与各种事物的那种惟有按照目的才有可能的性状的协调一致,就叫做该事物的形式的合目的性,这里首次提出了"目的"和"合目的性"概念,非常重要。"关于一个客体的概念",即表达着、指代着对象事物的概念。每一概念都有特定的内涵,指代着特定的事物。按照康德哲学,是概念决定了客体。即概念在先,有了概念才能把特殊的、具体的对象事物即客体归属于概念。例如我们在生活中见到四蹄奔跑的动物,知道它是"马"。之所以把它叫作"马",是因为我们的观念中已经先在地存有"马"的概念,按照这一概念来识别眼前具体的对象物,就知道对象物是"马"。如果没有"马"概念,就不能把这个自然物叫作"马"(这是就认识关系而不是存在关系而言的)。这就等于说,马之现实地成为"马",是以"马"概念为先在的现实性根据。每一概念都像这样具有给自然物定性、命名的现实性的根据。从具体自然物的角度看,所有自然物都要有一个必须与之相对应、相符合的概念。自然物与概念的相符合,就相当于自然物以概念为目的,要与目的相对应。于是,在这个意义上,概念就是自然物的"目的"。这里需要对康德"目的"概念的实际意义加以分析。一般来说,汉语中的"目的"一词带有主动性、意图性,是主体想要达成的目标或结果。而在康德这里,该词主动性、意图性的意味很淡薄,更多的是表示一种客观的相互对应关系。"牟译本"译

之为"契合",(9)相互对应关系的意味较明显。自然物与概念的对应、符合、契合,不是主观意图上的有意为之,而是被客观法则所规定的,本来如此。因此,这里"目的"一词所表示的,不是主观意图上要实现的目标,而是事物与概念以及事物与事物、概念与概念之间的和谐对应关系。"目的"实为"目的关系"即"对应关系"。这样,"一个事物与各种事物的那种惟有按照目的才有可能的性状的协调一致",是指事物之间在这种和谐对应的目的关系中的协调一致。我们在大自然中见到的生态平衡状态,就是在这种目的关系中事物之间性状上协调一致的最好例证。因之,自然物与概念之间以及具有不同性状的自然物相互之间,如果相对应、相符合了,就是相互合目的了。相对于这种合目的的结果来说,它们所具有的能够同目的相符合的性状就都具有"合目的性"。相互关联的事物与事物之间,是互为目的、互为具有合目的性的。这种目的与合目的关系,超越了具体的事物、概念,是事物、概念所一般地具有的,因此是不问内容的,是逻辑性的、格式性的形式上的,所以叫"形式上的合目的性"。所以,判断力的原则就服从一般经验性法则的那些自然事物的形式而言,就是自然在其杂多性中的合目的性。目的与合目的关系是自然中普遍存在的、可经验到的法则。自然事物在格式性形式上都要具有目的与合目的关系。所以,就此而言,虽然判断力是自然的杂多性或多样性中的一种变相,显得很特殊,但其原则仍然是这种合目的性,也要服从自然的目的关系原则。也就是说,自然通过这个概念被如此表现,就好像有一个知性包含着它的经验性法则的杂多之统一性的根据似的。"这个概念"应指合目的性概念。"杂多"指多样的表现。自然中杂多的经验性法则是在合目的性基础上达成统一性的,合目的性是自然杂多经验性法则相统一的根据。亦即各种自然法则归根结底都是合目的性,因此合目的性是将自然统一起来的原则。此点很重要。在自然哲学中，自然界中的事物、现象只有被知性所掌握才能形成认识、知识和理论。合目的性作为自然杂多经验性法则统一性的根据，如果能被人所掌握到，就应该存在于类似于知性的认识能力之中。这种认识能力的功能与知性相似，但不是知性，因此说是好像有这么个知性似的。

[第5段] 因此，自然的合目的性是一个特殊的先天概念，它仅仅在反思性的判断力中有其起源。"合目的性"也是个概念，但是没有具体的、确定的现实对象，不是自然中实有的存在，所以是个特殊的概念。自然的合目的性是仅只起源于反思判断力的特殊先天概念。单就事物之间的和谐关系而言，的确是自然中已然的、既有的，不是因其他事物或概念而生成的。在这个意义上，它真的是纯客观的。但若着眼于包括人在内的整体自然界，合目的性关系中必须有人的因素，这就不是纯客观的了。康德所说的合目的性概念正是这一条件下的，是被人所掌握的，是仅仅在反思性的判断力中有其起源的，并且以同人的合目的性关系为终极目的。此点很重要。在这一前提下的"先天"，是判断力运用之前的"在先"，是"验前的"。因为人们不能这样把某种东西当做自然在自然产品上与目的的关系来赋予自然产品，而只能运用这个概念，就显象在自然中按照经验性法则已给出的那种联结而言来反思自然。"某种东西"，可能指合目的性。"这个概念"，指合目的性概念。"显象"，事物的感性显现。知性所掌握的仅只是对象物可被感官感性地感知的显象，不是物自身。但其实"显象"等于是"事物"的代指。"那种联结"，事物（显象）之间按照经验性法则而形成的联结，即自然事物按照自然规律、自然法则所形成的相互关系。只在反思判断力中存在的合目的性及合目的性关系，不同于自然中自然产品与目的的关系。自然中

的目的与合目的性关系是客观的，实有的；反思判断力的合目的性不是这样的，因此不能赋予自然产品，也不能用于自然及自然事物之间的关系。反思判断力的合目的性只能按照自然事物在自然法则下所形成的相互关系去反思自然，即为自然事物之间的关系提供更为原初的原理或根据。这个概念与（人类艺术的，或者也有道德的）实践的合目的性也是完全不同的，尽管它是按照与后者的类比而被思考的。反思判断力的合目的性概念不仅与自然产品之间的合目的性关系不同，与包括人类艺术和道德的实践的合目的性也是完全不同的。因为实践的合目的性也是客观的、实存的，而且主观性、意图性很强烈。反思判断力的合目的性只是按照同实践合目的性的类比而被思考的。

本节要点：上一节讲的，是判断力作为联结哲学两大部门的手段，这一节进一步讲，反思判断力像知性和理性一样，也是一种先天立法的能力。反思判断力区别于、对比于逻辑性的、规定性的判断力，是自然多样形式的表现。其重要的区别点在于：规定性判断力的对象是感官的，反思性判断力的对象是非感官的。既然反思判断力是另一种思维方式，因此需要不同于规定性判断力的原则，需要自己的先天立法。其法则的来源，像知性一样需要从认识能力中得出，但不能有另外的能力给反思判断力立法，只能自己为自己立法。这个法则就是目的与合目的性，是自然其他具体法则的根基。提出合目的性的根据在于，在自然的立法中，概念是对象和现象的目的，二者结成合目的性关系，所以自然法则的统一性是目的论的。反思判断力也应该依从自然法则，依从目的论。但反思判断力的合目的性概念即自然的形式的合目的性概念是一个特殊概念，它是观念性的，不是实有的，没有客观对象。

五　自然的形式合目的性的原则是判断力的一个先验原则

康德加以阐释的"判断力",基本上是指"反思性的判断力"。判断力的先验原则即自然的形式合目的性的原则。康德对作为判断力原则的合目的性做出界定——它是自然的、格式性形式的,不是感官感性的形式。判断力是自然中的存在,其原则也是自然中的存在,所以其合目的性原则是"自然的"。自然中,各种事物相互之间的合目的性关系是由其实际构成和性状结成的,这是内涵上的合目的性。例如杂草符合生态的要求,有利于生态,与生态结有合目的性关系。判断力的合目的性不是取自这种实际的内涵和性状,而是相对或相关方面相互之间一般的、原则上的合目的性关系,因此是格式性的"形式的"。这里的"先验","曹译本"为"超验",(364)。为什么是"先验原则"?大概因为,合目的性总是在具体的经验性对象关系中表现出来的,是可运用的、实际发生作用的;它本身不是个别的、偶然的、经验性的,而是在本次经验之前就已经存在的一般性原则。这里是在说形式合目的性原则本身,不是在说形式合目的性原则与其他东西的关系。若是相对于判断力而言,形式合目的性原则就是先天的。

[第1段]一个先验的原则,就是借以表现事物惟有在其下才能成为我们知识的一般客体的那种普遍先天条件的原则。与此相反,一个原则如果表现的是其概念必须被经验性地给予的客体惟有在其下才能被先天地进一步规定的条件,就叫作形而上学的。这里的先验原则指知性的。"知识","曹译本"为"认识"。(364)这两种译法值得再辨析一下。"知识"和"认识"有关联

也有区别。简单说，认识是"取"的动态过程，知识是"取来"后的静态结果。人们有时也把认识表述为认识活动所取得的静态结果，这时的认识与知识同义。康德这句话所说的究竟是动态的认识还是静态的知识，要看该概念的实际含义和功能。从这句话中说到"知识的一般客体"来看，由于只有动态的认识才需要有对象或客体，因此这句话中的"知识"可能应该是"认识"。静态的知识已经是概念与对象的结合，因此不另有对象。这句话中也同时出现了"先验"和"先天"两个词，"曹译本"分别译为"超验"和"先验"。我们在前面曾经引证过邓晓芒先生在《释义》中的分析，即康德在"第三批判"中所说的"先天"，"这个词在康德这里，它不具有那种'天生'的或'天赋'的意思，不是与生俱来的，先天带来的"。（125）因此，被译为"先天"的这个词其实就应该是韦卓民先生所译的"验前"。我们还讲述过，如果是"先验"概念，则可以表示在后天经验中形成的、隐蔽而不被人所知的格式化、范型化观念。那么如果是"超验"概念应该怎样理解呢？"曹译本"附有一个注解："在康德哲学中，超验原理是人的知性或理性提供的纯粹原理。……主体提供的时空形式、概念和范畴使一物成为对象的〔即认识对象的——笔者注〕先验条件，表述出这些条件的原理就是超验原理。"（364）按此解释，人在进行认识时需要一定的条件，这些条件的形成或存在是先验（"李译本"为先天）的，即在进行认识之前就存有的；表述出这些条件的原理就是超验的（"李译本"为先验的）。我们这里仍然采用"李译本"的表述。相对于经验性的认识以及认识活动，知性的先验原则是先天地即先在地存在的，惟有在这种普遍条件（知性的先验原则）之下，事物才能成为我们认识的一般客体，这是认识的可能性问题。与此不同，一个已经在经验中被给予概念的客体要能够被先天地进一步规定，也需要一定的条件，表示这个条件的原则叫作形而上学原则；形而上学原则应该是同规定性判断相关的，涉及的是认识得以实现的问题。前后两句话阐述了两种不同性质的原则。前一句话说的先验原则，是就这个原则作为根据的地位而言的（它是先于当前经验而存在的）。即这里的对象事物原先没有归属于概念，也不是认识对象，要在一定条件之下才能成为认识对象，先验原则就是要提供或揭示这样的条件，使对象事物成为认识对象。后一句话说的是形而上学原则，其内容和作用是提供或揭示已经被概念所规定的客体能够被进一步规定的条件，这时就应该是概念与概念的关系问题了，或者说是一个概念被另一个概念所规定的问题。前一个先验原则是后一个原则的基础或前提条件；后一个形而上学原则是哲学的内容，是展开了的知识。以上解读是否合理，还可以再斟酌。于是，物体作为实体和作为可变实体，其知识的原则如果表达的是它们的变化必定有一个原因，那这个原则就是先验的；但是，如果它表达的是它们的变化必定有一个外部的原因，那这个原则就是形而上学的。这段话有些费解，《释义》也说，"这一段话的意思很难理解"，（127）因此基本上没有作出解释。但难归难，我们还是要依照康德的一贯阐述和逻辑尽量地作出解读。"物体"，笼统地泛指所有事物，它是个什么，是怎样的，有待具体规定。"实体"，物体被规定之后就成为具有现实性的物体即实体。"可变实体"，指物体不是固定不变的，而是可变的。这种可变，既可能是自然性状的改变（例如水变为气体），也可能是价值、关系方面性状的改变，这里更可能是指后者。一个物体既作为实体又作为可变实体，即实体是可变的。水变成气体，这是外部条件所为；还可能有由内部条件决定的变化。"知识的原则"，理解为"认识的原则"可能更好一些，即认识这一物体及其变化的原则。"外部的原因"，来自别的概念、别的事物所施加的影响。这段话的意思可能是说，在按照一个原则把物体认识为实体或可变实体时，如果这一物体的变化有某种内在的原因，这个原则就是先验的（例如下面即将提到的合目的性的原则）；如果物体的变化是出于某种外在的（例如其他概念）原因，就是形而上学的（即逻辑的、知识的）。换句话说，先验原则提供内在根据，形而上学原则提供外在根据。先验的原则，这里应该指合目的性的原则，它表述事物变化（关系上的）之内部的原因。怎样理解所谓可变实体及其内部的原因？可以联系康德后面的阐述来理解。康德在"导论·七"中说，一个客体的表象，可以是感官感性性状即逻辑性状的，还可以是内隐感性性状的。一般来说，人凭借感官在客体表象上感到的，是感官感性性状。就此来说，客体表象的内隐感性性状就相当于是变化出来的，这时的物体就是可变实体。这一变化不是出自外部的原因，而是出自判断力的原因。判断力是主体内在的心灵能力，因此是内部原因。因为在前一种场合里，物体惟有通过本体论的谓词（纯粹知性概念），例如作为实体，才可以被思维，以便先天地认识这个命题；"本体论的谓词"，即这个谓词表示的就是这个物体本身。物体如果没有任何规定，就无法加以思维，所以只有把物体规定为实体，或把它显示为实体才可进行思维。要把未被规定的物体显示为实体，需要先验的原则（知性）。以此为前提，才可以运用先验原则去认识这个命题。所谓"命题"，大概就是"某某是什么"一类的问题。例如"直观到的物体是什么"？对这一命题的回答就是谓词，谓词是对物体的规定，是由知性完成的。这个谓词是个"纯粹知性概念"，还没有同直观（对象）相结合。康德在"第一批判"中说，如果表象未混杂任何感觉，它们就是纯粹的。(76) 但在第二种场合里，一个物体（作为空间中的一个运动物）的经验性概念必须被当做这个命题的基础，但在这种情况下，后面这个谓词（仅仅通过外部原因而有的运动）应当归于物体，这却是完全能够先天地看出的。第二种场合即形而上学原则下的场合。这一场合里的物体是可以在空间中运动的（不是仅在主观中的），因此是物理性的、可感知的，可以用经验性概念加以归摄或规定，并且是命题中的主词或主语。以概念为命题的主词，其谓词必由另一概念即另一客体事物担当。这就形成主词与谓词之间的外部性的相互影响关系。这时，这个物体的运动就是由于受到另外物体的影响即由外部的原因而发生。命题中的谓词是对作为主词的物体的说明，所以应当归于作为主体的物体，从属于这个物体。例如"花是红颜色的"这句话。首先，要把眼前出现的直观对象物体以知性概念规定为"花"；这一直观对象被规定为"花"之后，又可以作为主词而要求得到进一步说明，形成"花是红颜色的"判断。"红颜色"作为谓词是对"花"的说明，从属于花。红颜色可以是花所具有的性状，但不是花本身。相对于花来说，红颜色就是外在的因素。这一场合的特点是，以经验性概念为主词（为基础），以其他经验性概念为谓词来阐述、说明作为主词的概念。这种认识方式或思维方式要依照形而上学的原则。可见：判断及其原则的形成，如果有所根据（以其他概念为条件，为规定），则这个原则是怎样形成的就是可知的，这样形成的原则就是形而上学的。如果概念及其原则的形成没有条件或根据（没有已知条件，不知道什么条件、根据），而它已然就是那样的，这就是先验的。——这样，正如我马上就要指出的，自然（在其经验性法则的杂多性之中）的合目的性的原则就是一个先验的原则。经过前面紧锣密鼓的铺垫，主角终于登场。原来，这个先验原则就是合目的性原则。合目的性原则是先于并且超越于自然杂多的经验性法则的。由于具有超越性，"曹译本"译为"超验原理"，（365）"牟译本"译为"超越的原则"。

(98）但"超越"一词更多地具有动态发展之义，还不是结果。"超验"一词则有静态结果之义。其实在这里，先验和超验的确有一定的相通之处。即先验的由于具有格式性，是蕴含于具体当下经验之中的，因此先验原则也是超越于经验性原则的。先验和超验这两个词相比起来，前者更多地表现出形成的过程，后者更多地表现出效果或结果。总之，合目的性原则是根本性的，为所有经验性法则提供可能性和根据。也就是说，物体之所以能够有所变化，首先是因为世界中先天地存在着合目的性原则。世间一切物体的变化都是合目的的，因此都是在合目的性原则之下的。因为客体只要被思考为服从这个原则的，其概念就只是可能经验知识的一般对象的纯粹概念，而不包含任何经验性的东西，在先验的合目的性原则下所思考的客体对象，大概是指处于合目的性关系中的客体。客体对象与概念之间的关系就是一种合目的性关系。在这一关系中，客体是具体的，是可经验到或可能经验到的东西；概念本身是纯粹的，不包含经验性东西。但如果概念与某一经验对象结合了，就形成合目的性关系，成为实例。与此相反，必须在一个自由意志的规定的理念中来思考的那种实践的合目的性的原则，却会是一个形而上学的原则，因为作为一个意志的一种欲求能力的概念毕竟必须经验性地被给予（不属于先验的谓词）。作为先验原理的合目的性不同于实践的合目的性，因此二者的原则也不一样。实践的合目的性原则要在被自由意志所规定的理念中思考，而自由意志是一种表现欲求能力的概念，是已经形成了的，可以经验。所以实践的合目的性原则是一个形而上学的原则，是可经验、可实践的。换言之，作为先验原理的合目的性原则提供的是纯粹的概念；纯粹概念是现实经验概念的前提和根据（必须是先在的）；形成经验概念之后，才能在经验概念之间产生实践的、经验性的合目的性原则。即先验的合目的性原则提供的是概念的先验性；有了这种先验性，现实的经验性概念才可能形成；经验性概念形成之后，才能有经验性概念相互之间的合目的性关系，才有了实践的合目的性原则。但是，这两种原则仍然都不是经验性的，而是先天的原则，因为为了把谓词与它们判断中的主体的经验性概念结合起来，并不需要任何其他的经验，相反，那种结合是完全能够先天地看出的。"这两种原则"可能是指实践的合目的性的原则和形而上学的原则。虽然这两种原则之下的概念是经验性的，但原则本身则是先天地存在于经验之前的。以一个经验概念为判断中的主体，再用谓词对之加以说明，即将谓词与作为主体的经验性概念相结合，这一过程所依据的原理是先天地存在的，不需要其他经验。例如，花和红颜色都可以被经验，对"花是红颜色的"这句话，我们先天地就知道红颜色作为谓词是对作为主词的花的说明。这种"知道"就是处于先验原则之下的。从现代认知科学角度讲，人对特定话语的理解是包含有语法观念的，是在一定语法认知结构前提下的理解。这种语法认知结构是在人脑中、在人的认知结构中不知不觉地形成的。人可以凭经验而知道它，但不知道它是怎样形成的、什么时候形成的、是什么样子的，但一定是在我们当下经验之先就存在的。

［第2段］自然的一种合目的性的概念属于先验的原则，这一点，人们可以从判断力的那些被先天地当做自然研究之基础的准则中充分地看出来，这些准则仍然只关涉经验的可能性，因而是自然的知识的可能性，但不仅仅是作为一般的自然，而是作为通过特殊法则的一种杂多性来规定的自然。"判断力的……准则"，此时应是规定性的判断力的准则，指下句话所讲的那类自然科学的准则，亦即"这些准则"。这些准则先天地就是自然研究的基础或依据，即被看作自然研究先在的、不证自明的基础。

这些准则是在经验中取得的，同经验相关，是自然知识的可能性。同时，这些准则不仅具有一般性，还具有特殊性，是作为自然的产物而被属于自然多样表现的特殊法则所规定的。"特殊法则"，可能是相对于一般自然准则而言的，指各门科学具体的准则。即对自然的研究既要依循自然的特殊准则，又要依循合目的性准则。合目的性原则为那些自然准则提供了可能性和根据。反过来，这些准则的可能性和根据都指向合目的性原则，并充分显示出合目的性原则暨合目的性概念的先验性。这些准则作为形而上学智慧的格言，借人们不能从概念出发来阐明其必然性的一些规则的机会，足够经常地但只是分散地出现在这门科学的进程中。这些准则指具体的自然准则。同时，这些准则作为规则（这些规则的必然性不能从概念出发来加以阐明，言外之意是要从另外的方面来阐明其必然性）经常地但只是分散地出现在自然科学中。即这些准则暨规则只是自然中散在的、个别具体的规则，因此需要以一个更根本的法则为根据，这才能统一起来。下面所说是这类规则的一些表现，从略。

[第3段] 但是，如果人们想指明这些原理的起源，并沿着心理学的途径来尝试这样做，那么，这是完全违背这些原理的意思的。因为它们所说的，并不是有什么事情发生，亦即我们的认识能力按照什么规则现实地推进自己的游戏，以及它如何被判断，而是它应当如何被判断；这句话中难以分辨的是，"它"指什么？"邓译本"译为"这件事"，（17）是这件事情如何被判断。"曹译本"的表述不是被动式而是主动式，译为"我们的认识能力实际上按什么法则活动以及如何作出判断"，（366）即认识能力如何做出判断。此外，这里的"事情"或"这件事"指什么，也是问题。可能指"认识能力进行游戏"这件事，也可能指认识能力推进自己的游戏所造成的事。联系到下面所说："对

于我们的认识能力及其应用来说",很可能"它"是指"认识能力进行游戏"这件事,而"事情"是指认识能力的应用。这样,这段话可以这样来解读:如果人们想要以心理学的方法揭示这些原理的起源,那是违反这些原理的属性的,因为这些原则不是来自经验。就是说,这些格言表现的不是具体的事件和活动,而是思维的原则,人要按照这些原则去进行认识。例如,人的思维要节俭、连续、不能跳跃等。而在这里,如果原则纯然是经验性的,这种逻辑上的客观必然性就不会出现。因此,对于我们的认识能力及其应用来说,明显地从这些认识能力中闪现出来的自然的合目的性就是判断的一个先验原则,因而也需要一个先验的演绎,如此作判断的根据必须借助这个演绎到先天的知识源泉中去寻找。这些格言所体现的原则所具有的"逻辑上的客观必然性",即上句所说"应当如何被判断"。它不纯然是经验性的原则,而是带有逻辑上客观必然性的原则。那么,"逻辑上的客观必然性"是这些格言本身具有的还是这些格言要以之为据的?既然是原则,当然应该具有一定的必然性,因此可能是前者;但这个客观必然性应该同下句所说的合目的性相关,并且康德还做了进一步的阐释,因此更大可能是指后者。"认识能力",可能专指反思判断力,或者是包括了反思判断力、以反思判断力为主的认识能力。因为只有相对于反思判断力才存有合目的性。闪现出来,即被发现、被发掘。这种发现、发掘可能是观念中的、假设的。逻辑上的客观必然性表现出判断力的先天原则,这个原则就是自然的合目的性。即我们从反思判断力及其应用中可以看出"自然的合目的性"这样一个具有逻辑上的客观必然性的先天原则。康德后面对合目的性的阐述表明,合目的性既有客观的又有主观的。所以这里所说逻辑上的客观必然性,可能指客观的合目的性,它也需要一个先验的演绎。借助这个演绎,可以在先天的知识源泉中寻找到作出反思判断的根据。不过,由格言体现的原则直接引出自然的合目的性这一先天原则,似乎有点跨越太大。可能,康德在阐述时带有一些不言自明的前提。

[第4段] 也就是说,在一个经验的可能性的诸根据中,我们首先找到的是某种必然的东西,亦即普遍的法则,没有它们,一般的自然(作为感官的对象)就不能被思维;而这些法则是基于范畴,被运用于一切我们可能有的直观的形式条件之上的,只要这些直观同样是先天地被给予的。经验的可能性要有所根据,这首先就是具有必然性的普遍法则,即人们一般运用的法则。这种法则可能指一般知性法则,可直接规定经验性的认识,即运用这些法则来对一般的作为感官对象的自然进行思维。须注意康德的表述,这是"首先"找到的法则,即较为直接的、浅表的法则,而且只是运用于作为感官对象的自然。同时,这些法则是基于范畴的,范畴适用于所有直观的形式条件。即这些法则只是一定范畴中的法则,而范畴是对一定可直观的形式条件(即经验性的、知性的)的概括。反过来说,经验的、可直观的形式条件都处于一定范畴之中,具有仅在这一范畴中适用的法则。这句话的潜台词是,可能还有可运用于非感官对象自然的法则,各个范畴中的法则可能还有更为基本的、统一的法则。范畴中的法则还不是自然的最基本、最原初的法则。因此,在这些法则之下,判断力就是规定性的;因为它要做的无非就是在被给予的法则之下进行归摄。例如,知性说一切变化都有其原因(普遍的自然法则);先验的判断力现在要做的,无非就是指明在已提交的知性概念之下进行归摄的条件,而这就是同一个事物的诸规定的演替。对于一般自然(作为可能经验的对象)来说,那条法则就被认为是绝对必然的。在范畴性的法则之下,判断力是规定性的判断力,不是反思判断力。规定性的判断力是在已被给予的法则之下进行归

摄，不是寻找未被给予的法则。已被给予的法则同范畴、知性、概念相关，因此判断力要在已被范畴、概念规定好了的限度内进行判断。规定性的判断力也是先验的，是要提供在既有知性概念之下进行归摄的条件。同一个事物可以被这样规定，也可以被那样规定。无论怎样被规定都是规定性的，所以是诸规定的演替。对于作为可能经验对象的自然来说，范畴中的法则就足以提供其必然根据了。范畴法则直接为作为可能经验对象的自然提供根据。即作为可能经验对象的自然以范畴原则为直接的根据。此暗示，自然还有间接的、更为根本的根据。——但现在，经验性知识的对象除了那个形式的时间条件之外还以诸多方式被规定，或者就人们能够先天地作出判断而言是可被规定的，以至于种类不同的自然除了它们都属于一般自然而共有的东西之外，还能够以无限多样的方式成为原因；这些方式中的每一种都（按照一般原因的概念）有其自己的规则，这个规则就是法则，因而带有必然性，尽管我们按照我们认识能力的性状和限制根本看不出这种必然性。"形式的时间条件"，人所能认识的所有对象都要在时间中存在，时间是一种具有一般性的形式，是知性认识及其对象的必备条件。经验性认识的对象除时间条件外，还可能被某种我们所不知道的法则所规定。自然的"方式"是什么？"曹译本"在此有个译者注："这一句是说经验对象除时间条件之外，还有其他属性和形式，如大小、形状、结构、颜色等，因而自然物各有特征，显示出无限的多样性，在无限多样的自然物的序列里，每一物都可能成另一物的原因，形成一种特殊的因果关系，这里康德说的实际上就是事物之间的合目的性关系。"（366）这是把自然的方式理解为自然物体所具有的感官感性形式。但康德所说的自然方式具有法则或规定的性质，而物体的形状、颜色等直观形式不具有这样的性质。所以，按照康德的逻辑，自然的"方式"，可能指某一种类的自然以其特有的法则所形成的方式。如知性法则的方式、理性法则的方式。特定的方式可造成特定的概念及对象。自然虽然有各不相同的种类，但都属于一般的自然，也因此而含有作为自然而应该有的共同的东西（例如时间空间）。自然方式怎样成为"原因"？就这些概念及对象来说，自然的方式是根本性的、决定性的，因此是原因。这里所谓"原因"，是按照概念的一般意义来说的"原因"，即按照知性概念的意义来说的。一般意义上或知性意义上的概念，都有自己相对应的客体。这一说法似乎意味着，"原因"概念还可能作为非一般意义上的概念，这种概念可能是没有相对应客体的。由于康德是从立法角度、先验根据角度谈论原因的，因此其"原因"概念也要具有这方面的性质，不能是事物之间的互为原因。事物之间的互为原因是显见的，不需要深刻的阐释。"无限多样"，如果理解为物体的感性样态无限多样，似乎太浅显了，康德不值得下这样大的工夫加以论述。如果理解为法则的方式多得数不过来，似乎有点夸张。很可能，这里的所谓"无限"，不是指数量上的"多"，而是指界限和规定方面的"无"。即指"无限制"，没有固定限制，该有什么就有什么，能有什么就有什么。事实上，就已经知道的而言，自然方式不过是知性、理性这几种。这些自然方式除本身就是立法之外，还有自己所要遵循或所要依据的规则，这个规则也就是法则。但这个意义上的法则，是更为根本性的，是知性和理性都要建基于其上的。"因而带有必然性，尽管我们按照我们认识能力的性状和限制根本看不出这种必然性。""这种必然性"指什么？为什么看不出来？《释义》首先是像"曹译本"一样，在知性范围内理解自然形式的无限多样，即自然中的事物及其外在感性形式是无限多样的，然后以此为前提来对"看不出这种必然性"的原因解释说："因为太多了，有些东西的影响太微小了。

地球磁场的引力，你凭眼睛怎么能够一下子看出来呢？还有很多其他的，我们不知道的……"（135）这种解释似有不妥。第一，这样的解释是把这里的必然性看作自然规律的必然性。但自然规律的必然性属于自然哲学，由知性立法，并且不是看不出来的；第二，如果是因为数量太多了而看不出来，那其实是数量上的看不全，并不是能力上的看不出。按照康德的阐述，自然中无限多样的感性事物，无论是已经认识到的，还是虽没认识到但可能认识到的，都包含在知性认识范围内，被知性的法则所规定。这样的具体事物本身不构成基本法则，而是要服从一定自然方式的法则，因此其本身也不构成自然的方式，而是被包含在一定的自然方式之中。它们都符合一定的自然规律，也能表现出相应的必然性，这种必然性可以认识得到。我们的理解是：知性、理性这些自然方式作为法则，要有一个具有必然性的来源或根据，即要回答这样的问题：这些自然方式的法则从何而来？法则的根据是什么？康德认为，这些法则既然是法则，就必定具有必然性，即必定含有必然的根据。只是，按照现有的知性和理性的认识能力无法透视这个必然性。因为知性和理性的性质决定了、限制了它们只适用于一般意义上的概念及其对象客体的疆场。而这里所说的必然性，应该属于另一疆场。那么显然，如果要揭示这一必然性，需要另一种能力即反思判断力。因此，我们必须在自然中就其纯然经验性的法则而言来思维无限多样的、对于我们的见识来说仍然是偶然的（不能被先天地认识到的）经验性法则的一种可能性；而且就它们而言，我们把根据经验性法则的自然统一性和经验（作为根据经验性法则的体系）的统一性的可能性评判为偶然的。这是说：我们在思维自然中的纯然经验性的法则时，虽然自然中无限多样的经验法则是可能的（这些法则是具有可能性或必然性根据的），但对我们一般的认识能力而言，这些法则是偶然的。因为，对这些法则的认识靠的是经验，不是先天地认识到的，以我们一般的认识能力还不能先天地认识到这些法则的必然性根据。于是我们以为，就这些经验性法则而言，依据经验性法则的自然统一性和作为体系的经验统一性的可能性都是偶然的，我们还看不到将这些经验法则统一起来的必然性根据。但是，由于毕竟必须必然地预设和假定这样一种统一性，若不然，就不会出现使经验性知识成为一个经验整体的普遍联系了，因为普遍的自然法则虽然按照事物作为一般自然物的类提供了事物中间的这样一种联系，但却不是特别地按照其作为这样一些特殊的自然存在者的类提供的，这句话中的转折也有点大。虽然我们还看不到这种统一性，但必须假定有这样一种统一性。否则，经验性认识相互之间就无法建立普遍的联系而构成整体的经验了。普遍的自然法则虽然提供了事物之间的联系，并且是按照一般自然物的类别提供的，即给不同类别的事物提供了相互之间的联系，但自然所提供的这种事物相互之间的联系不是特别提供给某一类特殊的自然存在者的。"特殊的自然存在者"，这个说法本身就很特殊。《释义》认为，这里的"特殊"是相对于"抽象"而言的，指自然中个别而特殊的众多事物。（137）但这种理解不大符合康德的逻辑。因为自然中特殊的个别事物已经被归类于自然方式了。而且，自然中一般意义上的事物，在康德的表述中是"客体"或"对象"，不是"自然存在者"。这样看来，"特殊的自然存在者"应该是指不同于一般意义上概念及其客体或对象的东西。那就应该是指"合目的性"这样一个自然存在者。此点很重要。"不是特别地按照其作为这样一些特殊的自然存在者的类提供的"，这句话中"不是特别地"一语，有可能理解为"不是专门地"提供给自然存在者，但也可能被理解为"不是特别明显地或确定地"提供给自然存在者。即没有明显而确定地表现出来。所以，判断力为了其自己的应用，必须假定这一点是先天原则，即特殊的（经验性的）自然法则中对人的见识来说偶然的东西，在把它们的杂多结合成为一个就自身而言可能的经验时，仍然包含着一种对我们来说虽然无法探究但毕竟可以思维的合法则的统一性。这种必然性不是很明显、很确定，但又很必要，所以判断力为了自己的应用需要，必须假定有这样一个先验的原则，即把各个经验性的、对人现有的一般认识能力而言偶然的自然法则统一起来的根本性法则。这一根本性法则即"合法则的统一性"，它虽然无法加以探究，无法以概念加以表述，但毕竟可以思维，即在主观中，在观念中加以掌握。所谓把杂多结合为一个经验，不仅可指具体个别事物杂多属性结合为一个整体，还可指所有各异自然事物结合为一个整体。既然能结成整体，说明事物中含有统一性的可能或根据；这种可能或根据就是一定的法则。康德是要解释统一性，或为统一性找到根据。因此，由于合法则的统一性是在一个我们虽然按照某种必然的意图（知性的某种需要）但同时毕竟是当做就自身而言偶然的来认识的结合中被表现为诸客体（在这里就是自然）的合目的性的，所以，就服从可能的（尚待揭示的）经验性法则的事物而言纯然是反思性的判断力，必须就这些法则而言按照对我们的认识能力来说的一个合目的性原则去思维自然，这原则也就被表述在判断力的上述准则中。人们认为，合法则的统一性应该是必然存在的，这是"必然意图"，即在意图上觉得是必然的，这也是知性的某种需要，即知性也需要对自然有统一的整体把握。同时，人们所认识到的各个种类的法则都是个别的、偶然的。在这两种认识的结合中，合法则的统一性被表现为自然诸客体各自的合目的性。这句话可以有两种理解：一种是，合法则的统一性以诸客体的合目的性为表现；另一种是，合法则的统一性表现在、蕴含在自然诸客体的合目的性之中，即在诸客体的合目的性中蕴含有合法则的统一性。对处于可能的、尚待揭示的经验性法则之下的事物（应指合目的性）来说，所适用的判断力完全是反思性的判断力。因为这时需要把特殊（尚待揭示其法则的事物）归摄于普遍（合法则的统一性）之下。这一合目的性原则被表述在判断力的准则中，即反思判断力以合目的性原则为准则。简单说，合法则的统一性就是合目的性原则，反思性的判断力要以这个原则去思维自然，以达到自然诸法则的统一。为什么合法则性及合目的性只能表现在反思判断力中或被反思判断力所把握呢？这是因为它们不是客观存在的对象，也不是客观的法则、原则，不像知性概念（包括实践理性概念）那样构成对象与概念的对应关系；虽然可以把"合目的性"也视为一个概念，但这一概念没有实体的或实际的对象或客体。知性概念都有实际的对象物，例如"马"概念对应"马"事物。实践理性概念也有实际的对象物，例如"道德"概念对应生活中的"道德"价值或范畴。"合目的性"概念不是这样，其对象或客体不是实有的，而是假设出的，只在反思判断力的使用中才存在。因此说，现在，自然的合目的性这个先验概念既不是一个自然概念，也不是一个自由概念，因为它根本没有把任何东西赋予客体（自然），而是仅仅表现着我们关于一个普遍关联着的经验而对自然的对象作出反思时必须如何行事的惟一方式，因而表现着判断力的一个主观原则（准则）；"自然的合目的性"作为概念是很特殊的，它不是被知性或理性立法的，而是先验的、自我立法的。所以它不是一般意义上的概念，没有任何客体对象，而其他概念都是有客体对象的。既然没有客体对象，就只能是判断力的一个主观原则。它表现着人在结合着经验而对自然对象作出反思时必须按之行事的唯一可能方式。"行事"，应指反思判断时以特殊方式进行的思维活动。因此，如果我们在纯然经验性的法则中找到这样一种系统的统一性，我们也感到高兴（真正说来是了结了一种需要），合目的性是可以在经验中发现或觉察到的，但它没有客体，没有对象，所以是纯然经验性的。能找到这样一种统一性，就可以了结将认识能力及自然诸法则统一起来的需要。这当然令人高兴。就好像这是一个幸运的、对我们的意图有利的巧合似的；尽管我们必须必然地假定，它是这样一种统一性，我们毕竟不能看出和证明它。找到合目的性是一种幸运。即幸好有合目的性这样一种东西，恰好符合我们把世界统一起来的意图。但也必须承认这是主观观念中假定的，不能加以证明，人们也看不到它，因为它没有客体对象物。

[第5段] 为了确信对眼前概念的这个演绎的正确性和假定这个概念是先验认识原则的必要性，人们只须考虑到这一任务的重大：使一个或许包含着无限多样的经验性法则的自然之被给予的诸知觉成为一个有关联的经验，这个任务是先天地处在我们的知性之中的。对眼前这个合目的性概念进行演绎这件事是合理正当的，而且需要假定这个概念是先验的认识原则。作这样的假定也是正当的、必要的、必须的。"这一任务"，即上述假定，它有重大意义。即自然或许包含着无限多样的经验性法则（具体的、散在的法则、规律），这样的自然给予我们诸多知觉（我们对这样的自然形成诸多知觉），把这诸多知觉都关联起来，使之成为统一的经验，即在经验中掌握到诸多知觉中的内在关联和统一性，这是我们的知性先天地就具有的需要。即知性作为掌握自然、形成知识的认识能力，不能仅仅是掌握到各种散在的经验性法则，还应该有整体的掌握，即掌握到将这些散在经验性法则整合起来的统一性。知性虽然先天地拥有自然的普遍法则，没有这些法则，自然根本不能是一个经验的任何对象，但是，知性除此之外毕竟也还需要自然在其特殊的规则中的某种秩序，这些规则

只能经验性地为知性所认识，而且它们就知性而言是偶然的。没有这些规则，就不会有从一般可能经验的普遍类比向特殊类比的进展，知性必须把这些规则设想为法则（亦即设想为必然的），因为若不然，它们就不会构成任何自然秩序；尽管知性并不认识或者能够在某个时候看出它们的必然性。这里有几个相近的概念：法则、规则、秩序。法则，是具有立法性、必然性的规则，可有两类，一类指前面所说的自然散在的、在某一方面的规则，是对某一类自然事物的规定；另一类是根本性的，是对所有自然事物及其法则相互间内在联系的规定。规则，这里言明是"特殊的规则"，那就应该是不同于散在法则的另一类规则。从下面的阐述看，可能指自然中非散在的、具有整体性、根基性的规则，即可能是指合目的性规则。秩序，指有条理性的、合理的关系。这段话的意思可能是：知性自身先天地拥有关于自然（某些方面，即认识方面）的普遍法则，依靠这些法则，自然才能成为经验的对象或认识的对象。除了这些普遍的即一般的法则之外，知性还需要用特殊的合目的性规则来把自然关联起来、统一起来，以形成自然中各散在规律、法则之间的合理关系。但这种规则对知性来说，只能在经验中感受到，即在经验中感到有这样一种规则，却不能发现其必然性，因此这种规则对知性而言是偶然的。这些规则很重要，没有这些规则，就不会有按照类比方式向特殊经验的进展。知性必须把这些规则设想为具有必然性的法则，否则，就不会有由这些规则决定的任何自然秩序了。这一阐述同前面一样，仍然是在说，自然中有两类法则，一类是散在的、个别的法则或规律，另一类是根本性的、将散在自然规律统一为一个整体的法则或规律。后者可能指合目的性法则，是判断力所要发掘的。因此，尽管知性就它们（客体）而言不能先天地规定任何东西，它却必须为了探究这些经验性的所谓法则，而把一个先天原则，亦即按照这些法则自然的一种可认识的秩序是可能的，奠定为关于自然的一切反思的基础，一般而言，知性可以为概念规定客体；知性所无法规定的客体，应该是表示合目的性的概念的客体。在这里，或许更直接地指体现了合目的性规则的"秩序的客体"。"它"，从语句连接上看，似乎是指上一句的知性。"曹译本"就明确地把"它"直接译为知性。（368）如果是这样，就是知性必须把一个先天原则，亦即一种可能性奠定为关于自然的一切反思的基础。不过，这一表述不太符合康德的一贯逻辑。按照康德的阐述，把先天原则奠定为反思自然之基础的能力应该是反思判断力所具有的，不是知性所具有的。因此这里的"它"也可能指反思判断力。但如果是这样，则"它"的指代关系就有点太远了，在文法上不太合理。此处存疑。而表述这同一个原则的是如下的命题：在自然中类和种有一种我们能够把握的隶属关系；那些类和种又按照一个共同的原则而相互接近，以便一个向另一个的过渡并由此向更高的类的过渡成为可能；既然必须为诸自然结果在类上的差异假定同样多不同种类的因果性，这对于我们的知性来说一开始就显得是不可避免的，所以，它们仍然可以服从少数原则，而我们则必须致力于搜寻这些原则；如此等等。"那些类和种"，不能是同一类中的种，因为同一类中的种相互之间的接近不是问题，只有分属于不同类的种，其相互之间才存在接近并过渡的关系，所以可能是指不同的类及其隶属下的种。不同类的事物相互间在先验原则方面是共通的，可以相互接近，即相互之间有"亲缘"关系，这就使得其间的过渡成为可能。从一个什么向另一个什么过渡？这里没有明示。"牟译本"译为从一个类向另一个类过渡。（103）这倒符合文本阐述的文脉。从类向类的过渡可能是通过两个类各自的种来完成的。即，类与类之间的鸿沟是巨大而明显的，但分属于不同类的一些种之间却是可以相互接近并相通的，由此造成类与类的关联及由一个类向另一个类的过渡。"诸自然结果在类上的差异"，可能指自然概念与自由概念之间的差异，这种差异是不同立法在自然中显现出来的结果。有多少类的自然结果，就会有多少类的因果性，即某一个类之得以形成所需要的因果关系。这个因果性是假定的，而且是知性必须从一开始就需要假定的。康德前面明确讲到的是合目的性原则需要假定，没有讲到知性、理性自身的什么东西需要假定。因此这里是不是在暗指知性、理性与判断力及合目的性之间的因果关系？因果性的种类要服从少数原则，少数的即更根本的、更原初的，诸多种类的因果性都来自更根本的原因。这是自然的一个原则，我们必须致力于搜寻这个原则，因此要研究判断力。自然与我们的认识能力的这种协调一致，是判断力为了自己按照其经验性法则对自然作出反思而先天地预设的，因为知性同时在客观上承认它是偶然的，而惟有判断力才把它当作先验的合目的性（与主体的认识能力相关）赋予了自然。"自然与我们的认识能力的这种协调一致"，这里的"协调一致"，其意义可能不单单是把杂多理顺的条理性关系，更是相对应的双方相互之间的适应关系或适配、匹配、契合关系。这句话的"牟译本"为："自然之适合于我们的认知机能。"（103）这一译法对上述意义的表达更明显、更贴切。自然与我们认识能力的适合、适配关系，即自然适宜于被我们的认识能力所掌握，我们的认识能力也能认识到与认识能力相对应的那部分自然。说判断力为了自己按照其经验性法则对自然作出反思而预设了这种适配关系，似乎是判断力主动地、有意地进行了设定。如果真是这样，则判断力就具有了意志性，能够支配自然，这是不合理的。"曹译本"译为：判断力先验地把自然对我们的认识能力的协调一致作为前提。（368）按照这一译法的意义，是判断力要以这种适配关系为前提，符合康德阐述的逻辑。即判断力要按照自然的经验法则来反思自然，就要以自然对我们认识能力的适合、契合关系为先天的前提。知性只能在客观方面（它看不到主观方面）认定这种适合关系是偶然的，只有判断力才把这种适合关系当作先天的合目的性（与主体的认识能力相关）赋予了自然。先天的就不是偶然的了。与主体认识能力相关的合目的性即与主体认识能力的适合性、匹配性、契合性。在判断力的视域下，自然本来就具有与认识能力相适合的性状，具有相对于认识能力的合目的性，所以是判断力把这种合目的性赋予了自然。也就是说，只有以判断力为前提条件，自然才具有合目的性。因为我们没有这个预设，就不会有自然按照经验性法则的任何秩序，因而对于应当按照其一切多样性来对待这些规律的经验和自然研究来说就不会有任何导线了。"经验性法则"，可能指经验到的合目的性法则，只有它才能形成自然的统一的秩序。如果没有合目的性这个预设，对经验到的多样的规律和自然来说，研究就无从入手了。这个预设具有前提、线索、导引的作用。

[第6段] 因为完全可以设想，无论自然事物按照普遍的法则如何齐一，没有这种齐一，经验知识的一般形式就根本不会出现，"普遍的法则"，即经验性的、一般的法则，可能不包括特殊的法则。"齐一"，整齐一律，可能指某种共同性，例如逻辑性、格式性形式方面的共同性。"一般形式"，应该指格式性的形式。所有知识都具有格式性的形式。但自然的诸经验性法则连同其作用在类上的差异却仍可能如此巨大，以至于对于我们的知性来说，不可能在自然中揭示出一种可理解的秩序，把自然的产物划分为类和种，以便把对一个自然产物的解释和理解的原则也运用于对另一个自然产物的解释和把握，并使一种对我们来说如此混乱的（真正说来只是无限杂多的、不适合于我们的理解能力的）

材料成为一个有关联的经验。"在类上的差异",可能指知性同判断力相比的差异。知性作为一个类,不可能揭示出更高的或更根本的可理解的秩序,正是这种秩序把自然的产物划分为不同的类和种,使它们都能得到解释和掌握,并使一种目前还不被掌握的材料成为有关联的经验。亦即,有一种更基本的秩序,可把自然的产物加以种类上的划分,例如划分为可认识的概念和不可认识的概念,或者划分为知性和判断力,但知性无法揭示这一秩序。潜台词是,需要另一类能力即判断力来解释和理解这一根本性的秩序。

[第7段]因此,判断力对于自然的可能性来说也有一个先天原则,但只是在自身的主观考虑中,判断力借此不是给自然指定法则(作为自律),而是为了对自然的反思而给它自己指定法则(再自律),上一段中的潜台词在这里被认定为既定事实,这里直接阐述判断力。所有自然产物都要有可能性,即要有个根据,判断力也不例外,也需要有个先天原则为可能性的根据。但这个先天原则不是在客观自然中的,而是在主观思维中的。"自律"和"再自律"的含义是什么?学界有不同的看法。从本来的意义上讲,"自律"应理解为自我约束,是自己给自己定规则、立法。那么,是谁在自律?自然被别的东西立法了,这似乎不是自律而是被律;判断力给自然立法似乎也不是自律而是他律;判断力给自己立法本应该就是自律,为什么是再自律?《释义》对"再自律"的德文原文做出词义分析并认为,判断力的再自律是判断力为了自己的自由协调活动,是更高层次的一种自律。(144)"更高层次",可能指其存在或价值更高。但康德的阐述并没有显示出自律和再自律二者自身的价值和意义,所以没有理由说再自律就比自律的层次更高。王建军教授引用了国外学者的研究成果,指出:被翻译为"再自律"的原词"Heautonomie"

的意思其实也就是"自律",即在含义上等同于 Autonomic（自律）；因此主张,将 Heautonomie 翻译成"自—律"。① 但"自—律"的内涵是什么仍不明确。舒远招教授认同这一看法,认为这种"自—律"固然区别于知性和理性的自律,但并未达到一个高于知性自律和理性自律的层次。② 如果判断力把先天原则指定给自然了就是自律,那么按照"自律"的本义,就应该是自然的自律,即自然给自己立法。这其实表现出自然的本位性：以自然为本位,把先天原则施加在自然之上,实际上就是自然给自己立法。知性和理性都是自然的产物,它们给自然立法就相当于自然通过自己的产物来给自己立法,因此是自然的自律。判断力也是自然的产物,但判断力不能把关于自身的先天原则指定给自然,因此不构成自然的自律,而是直接地指定给自己,所以其实这时直接被"自律"的不是自然而是判断力。但若以自然为本位,判断力进行的这种"自律"相对于自然通过知性和理性进行的"自律"而言是隔了一层的自律。即自然隔着判断力间接地给自己立法。所以这里的"再",不是重复之义或更高之义,而是叠层、夹层、隔层之义。在这个意义上,"再自律"或"自—律"实即"间接自律"或"隔层自律",表现出判断力的先天原则同自然的关系。这表明,康德是在自然统一性基点上阐述判断力的,并不是脱离开自然而谈论判断力。人们可以把这法则称为在自然的经验性法则方面自然的特殊化法则,这一法则不是判断力先天地在自然身上认识到的,而是它为了自然的一种可以为我们的知性所认识的秩序,在它关于其普遍的法则所做的划分中,当它要使

---

① 王建军、陈曦：《论康德先验哲学中的"自律"体系——从 Heautonomie 的翻译谈起》,《世界哲学》2021 年第 6 期。

② 舒远招：《反思判断力的立法与自律问题》,《"自然与自由之统一"第二届全国康德美学年会会议论文集》（北京师范大学 2023 年 10 月）第 234 页。

特殊法则的一种多样性隶属这些普遍法则时所假定的。判断力的法则相比于自然中其他一般的经验性法则有根本的不同，因此是自然的特殊化法则。这与上述关于再自律问题的阐述相一致，都是在讲自然与判断力的关系。自然的经验性法则是客观的，在自然事物上表现出来，可以用类似于知性的方式认识到。判断力的法则不是表现在客观事物上的，而是在主观中假定的。之所以要这样假定，为的是使知性能够认识到自然的另一种秩序，并且依照对普遍法则的划分，把另样的、特殊的法则隶属于普遍法则。这种特殊法则要统一在普遍法则之中。因此，如果人们说：自然按照对我们的认识能力来说的合目的性原则，也就是说，为了在其必要的工作上适应人类的知性，即为知觉呈现给它的特殊的东西找到普遍的东西，并为不同的东西（虽然对于每一个属来说是普遍的东西）又找到在原则的统一性中的联结，使自己的普遍法则特殊化，那么，人们由此既没有给自然指定一个法则，也没有通过观察从自然学到一个法则（尽管那个原则可以通过这种观察得到证实）。自然的合目的性原则，指自然可以适合我们的认识能力或能够同我们一定的认识能力相适合，被我们认识到。康德是以人的认识能力为本位，以自然为客体、为对象，因此说自然要与人的认识能力相适合才能被认识到，并不是要人的认识去与自然相适合。自然能被认识到，就是具有相对于人的认识能力的适合性，也就是具有自然的合目的性。"为知觉呈现给它的特殊的东西找到普遍的东西"，人可以在知觉经验中认识到某些特殊现象，这些特殊的东西还未被规定，即还不知道它是什么，因此要为它找到可归属的普遍的东西。"不同的东西"即特殊的东西、特殊的原则；它在整体自然中是特殊的，在其属中则可以是非特殊的、一般的。"属"，是个新概念，可能是类和种的合称，表示某一方面的隶属关系。自然本有普遍的、统一的原则。在已知的统一原则之外又出现了新的特殊的原则，这就与原来的统一原则不相统一了。但现在找到了特殊原则与原来统一原则的相统一之处，即现在要把这些特殊的东西归于自然的普遍原则，再次达到自然的统一，所以是重又"找到在原则的统一性中的联结"。把特殊归于普遍之中，反过来看，其特殊就相当于普遍的特殊化。这样做，这种结果，判断力不是给自然立法而是给自己立法。而且，这个法则不是自然中的客观存在，不能通过观察而获得（但可以通过观察而证实）。因为它不是规定性的判断力的一个原则，而纯然是反思性的判断力的一个原则；人们只是希望，自然尽可以随意地按照自己的普遍原则建立起来，人们却绝对必须按照那个原则和建立在它上面的那些准则去探究自然的经验性法则，因为我们惟有在那个原则成立的范围内才能凭借运用我们的知性而在经验中前进并获取知识。之所以需要判断力自己给自己立法，是因为这一（合目的性）原则不是规定性判断力的，而是反思性判断力自有的。合目的性原则不是一般意义上规定性的概念，而是只在反思性的判断力中才存在。人们出自理性和认识的需要而必须按照这个合目的性原则和建立在合目的性原则之上的那些准则去探究、阐释自然的经验性法则。即合目的性原则是各经验性法则的基础和根据，只有在能够用合目的性原则来解释的范围内，知性才能获得根据、基础，并被运用于经验中而获取知识。

本节要点：自然中存有散在的、个别的法则，这些法则是可以凭借知性或智性加以认识的。这些散在的法则要以更根本的必然性或更根本的法则即合目的性为根据；这一根据是知性虽可在经验中感觉到但却无法透视、无法阐释的，只能凭借反思判断力加以阐释。因为反思判断力所要反思判断的、所要依据的就是合目的性原则。因此反思判断力以合目的性为自己的先天法则。合目的性是个特殊概念，它与一般意义上的概念不同，是没有确定的、可感官感知的客体对象的，因此不是客观的存在物，而是以观念假定出来的。虽然合目的性是更根本的法则，但也是自然无限多样性的一种表现，也要服从自然的统一性，并且提供将散在的经验法则统一起来的原则基础。所有经验法则都要在合目的性法则基础上建立，都以合目的性法则为共同的基点。这一节的阐述与第一导论的阐述略有不同。第一导论是在同机械性规律的对比中阐述合目的性法则，这里是从自然规律和秩序的统一性、齐一性方面来论证还需要有特殊的规律和秩序，就像在齐一的类之下还有不同的种一样，以此说明判断力的合理性、必要性。或者说，按照从经验中得来的自然的规则和秩序，自然界应该是统一的、一致的，所以判断力要符合这一秩序而具有先验原理，否则就破坏了自然的统一性。或者说，自然本来有一般的、普遍的即经验的、散在的规则；但自然有多样性表现，某些特殊表现无法用这种一般普遍规则加以概括说明，于是需要为这些特殊表现寻找到特有的先验原理，合目的性就是这样的表现，但其先验原理并没有表现在一般普遍原理之中，不是构成性的，因此只能是主观地假设的。不这样假设就无法解释普遍而统一的秩序。合目的性是一个先天的原理，是判断力作为自然的产物自己给自己确定的（是自然的再自律即间接自律）。虽然，按照知性，合目的性不是规定性的概念，因此是偶然的，但既然是判断力的原则，就应该是必然的，必然的就是先天的。就是说，在知性看来，合目的性是偶然的；在判断力看来，合目的性是必然的。虽然人们可以认为是自然形成了适应于主观感觉的特性，但其实自然并非真实地、现实地、构成性地拥有这种特性，而是主观地假设出来的。反思判断力及合目的性是自然的一种变异表现，不能脱离自然。康德强调指出，合目的性是预设的、先天的、推论出来的，必须预设自然与主体认知能力之间的适合性关系，否则就无法理解特殊现象。

六　愉快情感与自然合目的性概念的结合

这一所谓结合，实即指愉快情感具有合目的性。

[第1段] 自然在其特殊法则的多样性中与我们要为它找出原则的普遍性的需要的协调一致，按照我们的一切见识来说都必须被评判为偶然的，但对我们的知性需要来说毕竟仍然是不可缺少的，因而是自然与我们的仅仅指向知识的意图协调一致所凭借的合目的性。自然有多样的特殊法则，我们需要为自然的特殊法则找到更为根本的、具有普遍性的原则。恰恰多样性中含有普遍性，因此二者是协调一致的，相符合的。这种一致、符合，对我们现有的所有认识（应该不包括反思判断力）来说都是偶然的（因为它是在经验中出现的，人们还不了解其先验性、必然性）。知性需要这种适合关系，因为只有在这一条件下，知性才能取得认识。我们获得认识的意图与自然之间是相符合的，具有合目的性。即自然具有将特殊法则与普遍原则相适合的性状，还能使这种适合被我们所认识，从而为知性认识提供作为其前提条件的普遍原则（为知性提供具有普遍性的基础）。自然的这种性状，这种对我们认识能力的适合，就是自然在认识方面的合目的性。不过，这种合目的性是人所设定的，只在人的观念中存在。——知性的普遍法则同时是自然的法则，它们对于自然来说与物质的运动法则一样是必要的（尽管是出自自发性）；而它们的产生也不凭借我们的认识能力以任何意图为前提条件，因为我们惟有通过它们才首先对什么是事物（自然）的知识获得一个概念，所谓自然就是被自然哲学所表述的自然；知性的范围就是自然的范围，

知性认识到哪里，自然就表现在哪里。知性属于自然哲学，自然哲学为自然立法就相当于自然为自己立法。"它们"，可能指知性的普遍法则。"物质的运动法则"指物质自然的客观机械性的法则。康德认为，自然的运行，依靠两类法则或规律："按照我们的认识能力，自然不仅显现为机械性的，同时也显现为技术性的"；（"第一导论"，曹译本，311）机械性的是自然自发的、物质的运动法则；技术性的是同人、同人的认识能力相关的，包括知性、理性、判断力的法则。这两类法则同为自然所必要。这种必要是自发的，不是有意的。同时，其产生也不以任何意图为前提条件，即它是先天的，存在于人的认识经验之前，人只有按照这一法则才能获得认识即知识（概念）。而且这些法则是应当必然地归于作为我们认识的一般客体的自然的。然而，自然依据其特殊的法则的秩序，无论有怎样超出我们的把握能力的、至少可能的多样性和不同类性，毕竟还是现实地适合这种把握能力的，所有这些法则（可能包括特殊的和普遍的）都是自然本身的产物，必然归于自然。"特殊的法则的秩序"，可能指前面所述的不同于知性秩序的另一种秩序，即内隐感性层次的判断力的秩序。自然的多样性和不同类性，可能指不同于知性和理性的特殊表现。它们超出了我们的掌握能力，以现有的知性和理性能力无法揭示它、阐释它；但尽管如此，还是可以适合于我们的掌握能力的。意思是，虽然超出了知性的掌握能力，但仍适合于判断力的掌握能力。这一点，就我们能够看出的而言，是偶然的；而找出这种秩序，是我们的知性的工作，它被有意地引向知性的一个必然的目的，即把诸原则的统一性带进自然；在这种情况下，判断力必须把这个目的赋予自然，因为知性在这方面不能给自然指定任何法则。偶然的，是就我们能够看出的而言，不是就其秩序和法则而言。意思可能是，长期以来我们没看出这一点，现在才看出来。知性的工作及必然目的是找出这种秩序，找到自然中诸多经验原则的统一性或相统一的基础。但要实现这一点，必须由判断力来进行。因为在为特殊法则的立法方面，在揭示自然的合目的性方面，知性无能为力。这一段仍是强调判断力与知性的区别，强调判断力的特殊功能。

[第2段] 任何意图的实现都与愉快情感相结合；如果实现的条件是一个先天表象，就像在这里是反思性的判断力的一个一般原则那样，那么，愉快情感也就是通过一个先天根据被规定的，人的所有意图的实现都能引发愉快情感，这应该是人的本性所使然。愉快情感有不同的种类或性质。如果愉快情感是由先天表象所引发的（即以先天表象为实现的条件），这一先天表象就是愉快情感得以形成的先天根据。以先天表象为愉快情感的条件，需要处于反思判断力的一般原则之下。即只有在反思判断力的一般原则之下才能形成先天表象及其与愉快情感的关联。康德在这里对愉快情感的性质做出阐释和规定。他所说的这种愉快情感，不同于生活中与生理需要和物质需要相关的愉快情感，同生理需要相关的愉快情感常常被表述为快适。而且这规定对每个人都有效；确切地说是仅仅通过客体与认识能力的关系被规定的，"这规定"，指反思判断力的原则的规定。在这一规定下，愉快情感建立在先天根据之上，言外之意是它不是建立在生理性满足及快适之上的。所有人都可能因先天表象的条件而形成这种愉快情感，因此这种规定对每个人都有效。这里暗示出以后要阐述的鉴赏判断的普遍性。所谓对每个人都有效的，是对于愉快情感性质的规定。即所有人的愉快情感在这种条件下都是先天的，都与快适性的愉快不同。先天表象的条件所规定的，其实是客体对象与认识能力的关系。这里有一定的伏笔，即这里所说的客体对象和认识能力都是处于反思判断力原则之下的，因此不同于知性概念

的客体；这里的认识能力也不是知性或理性等一般的认识能力。普遍有效性，不是说所有人对某一个对象都能产生愉悦；而是说所有人在反思判断力之下形成的愉悦都是建立在先天根据上的。此点很重要。合目的性概念在这里丝毫不考虑欲求能力，因而与自然的一切实践的合目的性完全有别。处于反思判断力原则之下的合目的性概念与欲求能力无关，此时的客体不与欲求能力结成合目的性关系，因而完全不同于一切实践的合目的性。暗示，有不同性质的合目的性。实践的合目的性同人的现实活动及欲求能力相关；反思判断力原则之下的合目的性则不是这样。

[第3段] 事实上，既然我们没有也不可能从知觉与依据普遍自然概念（范畴）的法则的吻合中发现对我们心中的愉快情感的丝毫作用，因为知性在这里是无意地按照其本性而必然行事的，康德在前面已经对先天条件之下的愉快情感做出了界定，它是纯然主观的，是处在反思判断原则之下的，因此在这里及以后提到愉快情感时，大都是指这种特殊性质的情感，不是一般意义上与快适相关的愉快情感。"依据普遍自然概念的法则"即知性法则；知觉与这种法则的吻合，即知觉按照这种法则进行知觉活动，形成知觉结果。这时的"知觉"指知性的知觉，在这种知觉中不能形成特殊的愉快情感。知性只能按照自己的法则形成知性的知觉，不能进行反思判断，因而对特殊的愉悦情感的形成没有任何影响。"无意地"，指知性自然而然地、本然地按照自己的原则行事，只是以概念去规定对象从而形成知识，不是形成反思判断力的愉快。那么另一方面，发现两个或者更多经验性的异质自然法则在一个包含着它们两者的原则之下的一致性，就是一种十分明显的愉快的根据，常常甚至是一种惊赞的根据，乃至是一种即便人们足以熟悉了它的对象也不会停止的惊赞的根据。"异质自然法则"，可能指性质不同的知性法则和理性法则，这两者可

在一个更根本的原则之下达到一致性，统一在一起。发现了这个一致性，会引发愉快乃至惊赞，因此是愉快和惊赞的根据。"它的对象"，可能指知性原则和理性原则相一致的东西。例如蕴含着道德价值的自然对象。虽然，只是由于自然的可理解性及其种类划分的统一性，我们按照其特殊法则认识自然所凭借的那些经验性概念才是可能的，而我们在这种可理解性和统一性上已不再感到任何明显的愉快，自然是可被理解的，并按照我们的理解被划分为不同种类。同时，不同种类的自然又是统一的。只有依据这样的种类划分，才可能形成按照各种类的特殊法则而对自然加以认识的概念。即有了自然的种类划分，才有了各种类自然的特殊法则；按照这种法则，才有了相应的概念；依靠这些概念，才有了我们对自然的认识。对这种可理解性和分类统一性，本应是可以形成愉快的（大概是因为实现了合目的性），但我们现在已经不再感到有任何明显的愉快了，可能是因为已经习以为常了。但是，这种愉快肯定在当时曾经存在，"当时"，可能指原初的时候。可能，起初人们没有发现这种一致性，后来发现了，就会形成愉快。因为康德在前面曾说过，任何意图的实现都与愉快情感相结合。很可能，发现了造成不同质经验性法则相一致的原则，也是人们的意图或意愿的实现。只是由于最平常的经验没有它就会是不可能的，它逐渐地被混同于纯然的知识，而不再被特别注意到罢了。"它"，可能指愉快情感。即使是最平常的经验也不可能不伴随有愉快情感，但是这种愉快情感被逐渐地混同于纯然的知识（认识），即被认识活动所同化、所淡化，以致不再能引起特别的注意了。——因此，这就需要在评判自然时使人注意到自然对我们的知性来说的合目的性的某种东西，由于最初的这种愉快情感被淡化了，所以有必要在评判自然时注意到这种东西。与知性结成合目的性关系的东西是什么？按照下文，可能指能够被知性所掌握的法则。即一种把自然的不同类的法则尽可能地置于更高的、尽管总还是经验性的法则之下的研究，以便在做到这一点时，对自然对于我们的认识能力来说的这种我们视为仅仅偶然的一致感到愉快。这种研究如果做到了把自然的不同类的法则置于更高的法则之下，那就是自然对于我们认识能力的适合、一致，即能够认识到更高的法则。为什么认识中的愉快情感被淡化了，不被注意了，就需要在评判自然时特别注意到自然对于我们认识能力的合目的性？二者有什么关联？这一节的标题是：愉快情感与自然合目的性的结合，那么很可能，被淡化而不被注意的愉快情感本是与合目的性相关的。由于这种相关，愉快情感可以鲜明地表现出合目的性。因为合目的性是经验不到的，而愉快情感是可以经验到的。这样，当愉快情感不被注意时，合目的性也不被注意了。因此现在需要特别地对合目的性加以研究。这样看来，上一句说到的"自然对我们的知性来说的合目的性的某种东西"应是包含知性原则和理性原则的更高的原则，它与知性的合目的性关系，不是直接的对应，而是融合、包容，是特殊异质原则与整体同一原则的配对关系。与此相反，自然的这样一个表象绝对会引起我们的反感，上面讲的是同认识能力相符合的情况，下面讲的是自然表象与认识能力不相符合的情况。但，说是"反感"，似乎有些言重了。也许不是情感意义强烈的反感，而只是不适感、不愉快感。"曹译本"翻译为"完全不愉快"，（371）"不愉快"是"愉快"的反面，相对于"愉快"而言就是否定的，因此是"反面的情感"。也许可以在这个意义上理解"反感"一词。这是什么样的表象呢？人们通过这个表象事先告诉我们，如果超出最通常的经验做丝毫的研究，我们就会遇到自然的诸法则的一种异质性，"事先告诉我们"，可能指其先在性或先天性。"最通常的经验"，指一般的知性认识的经验。这一表象先天地具有特殊性质或性状，不是通常知性经验所能掌握的，所以如果超出知性法则的范围就会显现出异质性。这可能暗指内隐感性表象。它使得把自然的特殊法则结合在普遍的经验性法则之下对于我们的知性来说成为不可能的，因为这与自然在其种类中的主观上合乎目的的特殊化的原则和我们以后者为意图的反思性判断力相抵触。"它"，指自然法则的异质性，这种异质性不是知性所能掌握的，所以知性不可能把这种特殊法则结合在普遍的经验性法则之下。"自然的特殊法则"可能指反思判断力法则。它是知性所不能掌握的，因为知性只可以掌握客观合目的性的东西，不能掌握主观合目的性的东西。"主观上合乎目的的特殊化的原则"，较明显地是指反思判断力的法则。这一原则不同于一般的知性和理性原则，是自然的异质化的表现。因此，异质性法则与自然的特殊法则可能是同一所指。与特殊化原则和反思判断力相抵触的"这"指什么？如果是指上句话中的"它使得把自然的特殊法则结合在普遍的经验性法则之下对于我们的知性来说成为不可能的"，则不合事理。因为上述之"不可能的"，正是与特殊原则和反思判断力相抵触的表现。按照逻辑，应该是指，如果以知性来把自然的特殊法则结合在普遍的经验性法则之下，那就将与特殊原则和反思判断力相抵触了。因为康德在后面的阐述中讲到，由于知性不具有掌握主观合目的性的能力，所以如果以知性来处理和对待对象的表象，则表象将成为一般知性的表象，不是鉴赏判断的表象，这就与反思判断力相抵触了。以"后者为意图"，即意图发现主观合目的性原则。只有反思判断力才具有这种意图并能实现这一意图。

[第4段] 然而，判断力的这个前提条件，在自然对于我们认识能力的那种理想的合目的性应当被扩展到多远这一点上，仍然是如此地不确定，以至于如果有人对我们说，通过观察而对自

然的一种更深刻或者更广泛的认识最终必然遇到一种法则的多样性，任何人类知性都不能把这种多样性回溯到一个原则，那么，我们也将满意，合目的性的范围、程度标志着认识能力的限度。自然能够在多大程度或限度上具有相对于我们认识能力的合目的性，也即自然能够在多大范围上被我们的认识能力所认识。反过来说，人有多大的认识能力，就能同自然结成多大限度的合目的性关系。但人究竟能认识到何种程度此时还是不确定的。认识更加深入和广泛之后，就会发现法则多样性的表现，发现新的法则。如果认为，知性无论怎样都无法把新的法则奠立在一个更基本的原则上，对此我们是赞同的。尽管我们更乐意在另外一些人给我们以希望时听到：我们对自然的内部了解越多，或者越能够把它与我们现在还不知道的外部环节作比较，我们就会发现自然在其原则上越是简单，尽管有其经验性法则的表面上的异质性也越是一致，我们的经验就前进得越远。"它"指对自然的内部的了解。我们对自然的内部规律和外部表现越是认识得深入，则越是能够发现某种规律。自然的经验性法则虽然在表面上的表现是相互异质的，但其内部都有内在关联的一致性。而且，越是靠近根本和基点，其原则越是简单。而我们的认识越是这样的深入，则我们的经验就会越丰富、越广阔、越深刻。这里的两个说法其实就是两种状况：知性对合目的性这一自然的根本性法则无法把握；反思判断力则对之可以把握。因为我们的判断力的指令就是：按照自然与我们的认识能力相适合的原则，就我们的认识能力所及去行事，不去断定（因为它不是给予我们规则的规定性的判断力）它是否在某个地方有自己的界限，我们的认识都是按照自然的一定原则进行的，这一原则就是自然与我们认识能力相适合的原则。只有在这一原则下，才能有认识能力所及的认识。例如知性原则下是对自然概念的认识，即自然的自然概念部分与我们对于自然概念部分的认识能力相适合；理性原则下是对自由概念的认识，即自然的自由概念部分与我们对于自由概念的认识能力相适合。判断力原则下是对合目的性的认识，也是类似的适合。此一原则之下的认识不能取代彼一原则下的认识。因此知性原则下的认识能力掌握不到合目的性。"它"指上述的"原则"。这一原则给予我们的判断力不是规定性的判断力，这一原则不是用于规定的，也不能限定自己所适用的范围（可能指判断力的经验对象是无法限定的）。因为我们虽然在我们的认识能力的合理应用方面能够规定界限，但在经验性的领域里对界限的任何规定都是不可能的。在合理应用方面的规定界限，例如知性用于自然界，理性用于道德界。经验性的领域可能指实践的领域，例如自然事物可能是单纯自然概念的，也可能是结合着自由概念的，哪些事物是怎样的，不可规定。

本节要点：引出与合目的性相关联的愉快，这种愉快不同于知性、概念及规定性的判断力，只能被反思判断力所把握。反思判断力相对于知性和普遍法则而言，是自然的特殊异质现象。可统摄这些特异现象、特异原则的根据是合目的性。之所以有愉快情感与合目的性的关联，源于自然规律中的一个重要前提，即"任何意图的实现都与愉快情感相结合"。而康德在这里强调的是某种特殊的愉快情感，即"如果实现的条件是一个先天表象，就像在这里是反思性的判断力的一个一般原则那样，那么，愉快情感也就是通过一个先天根据被规定的"。依据先天根据的愉快情感不同于经验性的情感，它可以引出来自先天根据的判断力和合目的性。这大概是研究这种愉快情感的目的，即以这种愉快情感表明反思判断力及相关合目的性的存在和作用。反思判断的合目的性不同于规定性的、客观的合目的性，其外在表现就是先天愉快情感不同于规定性判断之下的快适。可能，所有对反思判断及其特有愉快情感之特性的阐释，最终都是为了说明这种合目的性。如此，就清楚地表明了对内隐感性判断加以阐述的价值，也为我们理解康德的阐述提供了一个线索。

七　自然的合目的性的审美表象

如前所述，"自然的合目的性"，即自然中普遍存在的事物之间的相互对应、相互适应、相互契合关系。它只在反思判断力中存在，只能凭借反思判断力才能加以掌握，加以领悟。而在中文中被译为"审美判断"的"Ästhetischen 判断"，实际上应为"内隐感性判断"或"内隐感性认知"。相应地，所谓"审美表象"即应为"内隐感性表象"。

［第 1 段］在一个客体的表象上纯然主观的东西，亦即构成这表象与主体的关系、而不构成其与对象的关系的东西，就是该表象的审美性状；客体的表象，即客观事物外在的样态表现。事物的外在样态总是同人的主观感觉相关联的，二者互为条件，缺一不可，因此是一个主客观的统一体。在我们今天的语言中，如果着眼于这一统一体的客观方面，就叫作形式、形象（这里的"形式"指感官感性的形式，康德所说的"形式"，不是这种形式而是逻辑性的、格式性的形式）；如果着眼于主观方面，就叫作表象或意象。康德所说的"表象"，多数情况下是相对于主体的认识能力的，因此似乎是着眼于客观方面的。但因为在康德看来，客观方面的东西其实是对主观方面的适合，因此也带有主观性。这里讲到的"客体的表象"，既可能指物体客观方面的感性表现，也可能指主观面对客体时在头脑中形成的表象。其具体的含义怎样，要看其使用情况。如果把表象当作认识的对象，则以客观方面的意义为主；如果是对表象的主观性进行阐述，则以主

观方面的意义为主。人对客体表象的感知，首先是凭借感官进行的。这时，表象是事物自身本体的外在显象，因此同事物自身本体相关联，即如这里所说的，与对象相关联。这样就形成表象与对象事物本身的直接关系，表象具有客观方面的意义。表象除这种客观关系之外，还可以与主观相关联，构成表象与主体的关系。要注意康德的表述，表象同人的感官的关联不算是同纯然主观的关联，因为感官带有客观性、质料性，不是纯然主观的。表象可以凭借形状、色彩而同具有客观性的感官相关联，即同事物本身相关联，那凭借什么同主观相关联呢？这就是表象上的"纯然主观的东西"。说是"东西"，有可能被理解成客观实体性的存在，但这里明确讲是主观的东西，那就应该是观念性的东西。客体中观念性的东西，可以是价值、意义，等等。但事物的价值、意义是可以凭借知性和理性来把握的，仍然具有客观性，例如事物的实用价值或道德价值，这样的东西都不是纯然主观的。康德所说的表象上纯然主观的东西，是中文一般翻译为"审美性状"的"内隐感性性状"。性状，如前所述，也可理解为"情状"，它不是实体性构成，而是在与主体某种能力相关联时显现出来的属性。虽然事物表象具有的形状、色彩等也是相对于感官感性能力而显现出来的属性，因此也是表象之性状的表现，但这种性状具有客观性，与感官功能相对应，可以凭感官来感知，不是纯然主观的东西。那么，表象上纯然主观的内隐感性性状是什么？与主体的什么功能相对应？这正是康德所要着力研究的。但是，在该表象上用做或者能够被用于对象的规定（知识）的东西，则是该表象的逻辑有效性。在对一个感官对象的知识中，这两种关系一起出现。"用于对象的规定"，即规定对象是什么，这样的东西就是属于逻辑判断的直观和知性。例如看到树的外在样态显象，就说这是"树"，等于是用"树"概念对树这个事物进行了规定。而对象的外在显象则提供了进行概念规定的东西。这种规定是按照知性逻辑所必然产生的结果，因此表象的外在显象具有着或表明着知性逻辑的适用性、有效性。即按照知性原则的逻辑，感官对象是事物自身本体的显象，这一显象可以规定我们把该对象事物归属于哪个概念。这句话中的"知识"一词，"邓译本"也是"知识"。（24）而"曹译本"为"认识"，（372）"牟译本"为"认知"。（107）对这个词的两种译法要随具体情境而定。"用于对象的规定"，这是个动态的行为；规定之后的概念才是知识。主客关系中，与客体性状直接对应的主体方面是认识能力及认识活动，所以这里的两种关系应该首先是在认识中出现的。"这两种关系"，即表象与主观方面的关系和表象与客观方面的关系。这两种关系一起出现，可能指：一，这两种关系同时存在于表象之中；二，主体能同时意识到这两种关系。由于人对事物的感知首先是通过感官进行的，因此客观关系的出现很自然；而主观关系的出现，需要主体具备相应的条件。如果具备相应的主观条件，就能在与对象的关系中既意识到客观方面又意识到主观方面，使这两种关系同时出现。表象与纯然主观的关联，还要排除掉一些"不太纯然"的东西，即下面所说，在对我之外的事物的感官表象中，我们在其中直观这些事物的那个空间的性质，就是我对这些事物的表象的纯然主观的东西（这些事物作为客体就自身而言是什么，由此依然未得到澄清），人对外在事物感官表象的直观是在空间中进行的。空间本身只提供客体存在的一般条件，并不决定客体是什么。人的空间感，也是人在对这些事物的表象进行感知时属于纯然主观的东西。由于这种关系的缘故，对象即便由此也只是作为显象被思维的；但是，空间尽管自己纯然主观的性质，却仍然是作为显象的事物的一个知识成分。"这种关系"，大概指在空间中的主客体关系。即使在这种有空间作为纯然主观东西参与的主客体关系中，对象仍然只是以显象的方式被主体的思维所把握，显象与对象本身是直接关联的。对象作为显象被思维，意味着同客观相关联。所以，空间虽然被主体感觉为纯然主观的，却是认识对象的显象时所必须有的一种条件。就是说，虽然空间被主体感觉为纯然主观的，并且不能具体地规定对象事物是什么，但其作用是为对象的存在及对对象的认识提供条件，因此是与对象相关联的，是关于事物的知识或认识的一个因素，尽管这一事物只是作为显象的事物（不是物自身）。这样说来，其实空间还不是真正纯然主观的。感觉（这里是外部感觉）同样表达着我们对我们之外的事物的表象之纯然主观的东西，但真正说来是表达着这些表象的质料性的（实在的）东西（由此某种实存的东西被给予），除空间的主观性质外，外部感觉即感官感觉的主观性质也需要辨析。对外在事物之表象的感觉也是发生在主体中的，因此是纯然主观的东西。但实际上，外部感觉所感到的是表象实在的、实有的、物理性的东西，如质地、形状、色彩等质料性的东西。依靠着这些质料性的东西，我们才能认识到"某种实存的东西"，这种实存的东西应指对象事物本身。一般来说，人是凭着感官对显象对象的质料性外在样态进行感觉然后才认识到对象的，这里被给予的应该是对象。但这里不说对象被给予，而是说某种实存的东西被给予，可能是在强调对象的实存性。这样，就像空间表达着这些事物的直观之可能性的纯然先天形式一样；而感觉仍然被用于认识我们之外的客体。外部感觉对表象的质料性东西的表达，与空间在直观事物时所需要的纯然先天形式的表达是一样的（空间是纯然先天的，是直观所必需的一种形式，等于是为直观提供了可能性），即它们都是关于事物的知识的一种构成因素，是与实在的、实有的对象事物相关联的。所以，虽然感觉是发生于主体中的、纯然主观的（不严格意义上的纯然主观），但其作用仍是为了对我们之外客体的认识。就是说，是在强调这种感官感觉同"我们之外的客体"在认识上的联系。暗指：不是与我们主体自身的认识活动相联系。这一段讲述了内隐感性表象的内涵及相关规定性。其重要特点在于：它不是客观的、实有的、结构性的，而是假设的、仅同主观内隐感性判断相关联的。

［第2段］但是，在一个表象上根本不能成为任何知识成分的主观的东西，就是与该表象相结合的愉快或者不快；可成为知识成分的东西，是与知性概念相关的，是可言说、可表述的，带有客观性。表象上不带有这种客观性的主观的东西，即表象不与这种东西相关联。这句话好像是说，愉快或者不快是表象上的主观的东西，但如果把表象看作客观的，则这句话就不可成立。因为客观的表象本身不可带有情感，所以不能在这个意义上理解这句话。康德同时还说，愉快或者不快是与表象相结合的，那就意味着愉快应该是不同于表象的另一个东西，因为只有不同的两个东西才谈得上相结合。这两者的相结合，在实际生活中的情形就是：对象的表象引发了主体的愉快或不快的情感。生活中，凡是能引发情感的东西，常常被比喻地说成其中含有情感。但这种说法本身不是科学的，因为所有非生物的事物都不能有情感，只能引发人的情感，包括艺术作品也是如此。表象与主观愉快或者不快的结合，其中大有学问。按照康德前面的讲述，这种愉快或者不快是与合目的性相关的，具有先天性，不同于快适一类愉快；而既然是合目的性的，就一定要相互对应、相互适配。表象上能与这种愉快或者不快情感相适配并结成合目的性关系的，必须是某种特有的东西或性状。由于这种东西所对应的愉快或者不快是纯然主观的，所以这个东西也必须是纯然主观的（严格意义上的）。这种纯然主观不同于空间感和感官感觉式的不严格意义上

的纯然主观，完全不同客观的质料及知识相关联，是真正的、严格意义上的纯然主观。因为通过它，我在该表象的对象上没有认识到任何东西，尽管它很可能是某种知识的结果。"它"，应该指这种愉快情感。通过这种愉快或不快，当然还应该包括通过与愉快或不快相对应的表象上的某种东西。从表象所显象的对象上不能取得任何知识（或认识），尽管这种愉快或不快可能是某种知识或认识的结果。既不能取得认识又是认识的结果，显得有些矛盾。其实是提出了两种性质的认识。一种是人们已经熟知的一般知性认识，通过表象上同感官感性相对应的性状而规定了该对象的概念所属。通过对表象感官性状的知觉而判断出该对象是什么，这就是取得了认识，形成了知识。通过先天的愉快或不快不能取得这样的知性认识。同样地，知性也不能知觉到先天的愉快或不快，不能对其合目的性加以判断。所以，这里出现了另一种人们还不熟知的认识，即不同于知性认识的新型特殊认识。后面的阐述中讲到了这种认识，即反思判断中的内隐感性认知，是康德"内隐感性判断"学说中的重要内容。如今，一个事物的合目的性，如果它在知觉中被表现出来，也不是客体本身的任何性状（因为这样一种性状是不能被知觉的），尽管它能够被从一个事物的某种知识中推论出来。这里开始讲这种新的、颇为神秘的合目的性。"它"，指内隐感性的合目的性。事物的这种合目的性是通过知觉被表现出来的。这里的"知觉"，一般来看似乎应该指知性知觉，但对象的合目的性不能被知性知觉所掌握，所以应该是指反思判断的知觉。"这样一种性状"，如果是指客体本身的任何性状，则应该是可以被知性所知觉，但不能被反思判断的知觉所知觉；如果是指"不是客体本身的任何性状"的性状，则应该为内隐感性性状，那就应该是可以被反思判断力所知觉而不被知性所知觉。这句话的意思可能是，在主观知觉（内隐感性知觉）中表现出来的合目的性是主观的合目的性，它只是表现在对象的内隐感性表象与主体的愉快情感之间，不与客体的任何客观性状相关。如果与客体的客观性状相关，那就是客观的、可规定的合目的性，例如草木的绿色与人的视知觉之间的合目的性关系。这句话的"曹译本"为："因为合目的性这样一种性质不可能被知觉到"。（372）这里的"知觉"就明显指知性知觉。相应地，这种性状所关联的这一合目的性一定不是客观的、规定性的合目的性。因此，先行于一个客体的知识的，甚至不想为了一种知识而使用该客体的表象也仍然与这表象直接地结合着的那种合目的性，就是这表象的主观的东西，它根本不能成为知识的成分。这种合目的性存在于或发生于对客体进行知性认识之前，虽然它也与表象相结合或相关联，但不是为了认识而是为了与愉快或不愉快相关联，并且要以相应的主观意识为条件才能存在或出现。其实，表象上不可能真的存有主观的东西，这只是比喻的说法。实际情形是，人们通过对该表象的知觉，不是联系到知性认识而形成知性概念判断，而是联系到主观的愉快或不快情感。"它"，指特殊的合目的性。这种合目的性不参与也不关联知性认识。先行于知性认识，就是发生于概念性的知性认识之前，这只能是内隐认知状态，其内隐感性特征在此表现得很明显。此点很重要。因此，对象在这种情况下之所以被称为合目的的，就只是因为它的表象直接地与愉快的情感相结合；而这表象本身就是合目的性的一个审美表象。对象除了在客观的、规定的方面具有合目的性，还在其表象与愉快的情感直接相结合方面具有合目的性；在这里就是后面这种合目的性。"这种情况"，指对象之表象与愉快的情感相结合的情况。能够与愉快情感直接相结合的表象就是具有合目的性的内隐感性表象。内隐感性表象不是感官感性表象，不能被感官所感知，这是一个极其重要的特点。这里的合目的性，专指内隐感性表象与愉快情感之间直接的对应、匹配、契合关系。或者说，这样的关系就是这种合目的性的表现。这时，表象的内隐感性性状（情状）、愉快情感、合目的性三者是共生共存的，缺一不可。这其中的法则即原理、机理以及相关的表现和作用，正是康德所要着力阐述的。问题仅仅在于，一般说来是否有合目的性的这样一种表象。这一问题的提出，意味着要为内隐感性判断的合目的性及具有这种合目的性的表象寻找其可能性的根据。"导论·六"中曾阐述了愉快情感与合目的性的关联，这里着重讲的是合目的性在对象上的存在或表现。这种合目的性不同客观的知性认识相关，因此不是构成性的，不能被知觉、被直观，不能被逻辑和概念所规定。之所以能发现它、确认它，仅只是由于主体与对象的表象结成了特殊关系并因此而产生了愉快和不快的情感。这种情感是可经验的、明显表现出来的东西，可表明或证明合目的性的存在和作用。从而，引发了愉快和不快情感的事物之表象就是具有合目的性的，同时该事物也是在这方面合目的的。这种合目的性只有在同主体形成特殊对象性关系并产生愉快时才可显现出来。

[第3段] 如果对一个直观对象的形式的纯然把握（apprehensio）无须直观与一个概念的关系就为了一个确定的知识而有愉快与之相结合，那么，这个表象就由此不是与客体相关，而是仅仅与主体相关；"直观对象的形式"，此处的直观既可能指感官感性直观，也可能指先天的内在直观。因为这里讲到"纯然把握"，这是内隐感性性的把握，因此后者的可能性更大。这样，则这里的"形式"应指格式性、逻辑性的形式，不是感官感性形式。"纯然把握"，指单纯的观照，不与具有实用性的对象相关联，例如不与知性认识、概念相关联，即"无须直观与一个概念的关系""而有愉快与之相结合"。"纯然把握"与愉快相关联，

即这种纯然把握引发了愉快;"就为了一个确定的知识",这句话须稍作辨析。从这里的句式上看,是肯定性的,即从正面的、肯定的意义上说,要为了一个确定的知识而有愉快与之相结合。但从康德整句话的意思上看,应该是否定性的,即无须直观与一个概念的关系,也不是为了一个确定的知识。或者无须为了获得一个确定的认识(知识)而将直观与概念相关联。其他中译本的意思与"李译本"的表述有所不同。"曹译本"为:如果愉快与对一直观对象的形式的单纯领悟(apprehensio)相结合,而与一个用于规定性的认识的概念没有联系,那么这表象就与客体无关,而只与主体相关;(372)"邓译本"为:如果对一个直观对象的形式的单纯领会(apprehensio)没有"直观与一定知识的某个概念的关系"而结合有愉快的话:那么这个表象因此就不是和客体有关,而只是和主体有关;(25)"牟译本"为:如果愉快之情这愉快离开任何它所可有的涉及于一概念(为一确定的认知之目的涉及于一概念)之涉及,而只与直觉的"一个对象的形式"之摄取相联系,则这层意思并不能使表象可涉及于对象(客体),而只使之可涉及于主体。(108)这几个中译本特别是"牟译本"明确表明,所谓直观与一个概念的关系,即知性直观为了认识而与一个概念的关系。亦即,无须像知性直观那样为了一定的认识而与概念相关联。这是符合康德阐述逻辑的。表象不与概念、认识相关联就是不与客体相关联(因为概念都是对客体的规定),因此是与主体相关联,这时的表象具有内隐感性性状。总起来看,这句话是说:如果对一个直观对象(此时直观可以是感官感性的,也可以是内在感性的)的形式(此时应该是格式性、逻辑性形式)的纯然把握(apprehensio)不是像知性直观那样是为了一定的(或规定性的)认识而与一个概念相关联就引发了愉快情感,那么,这个表象就因此而显现出内隐感性性状,不是与对象客体相关，而是仅仅与主体相关。亦即这种表象不是同知性概念相关联的，而是直接与无利害关切的愉快相关联的。显然，这种关联不是显在的而是内隐的。此点很重要。而这愉快所能表达的就无非是客体与在反思性的判断力中起作用的认识能力的适应性，而且是就这些能力在其中起作用而言的，因而所表达的纯然是客体的主观的、形式的合目的性。这一表述也极其重要。"这愉快"即反思判断特别是内隐感性判断中的愉快，基本上等同于现代意义上的美感。这愉快即美感是怎样形成的？不是像传统美本体论美学观所认为的那样由"美"激发而成，而是在客体与反思判断力的认识能力相互适应的关系中形成的。后面将会讲到这种认识能力的具体构成及活动。从这一表述中可以看到，客体对象相对于愉快的合目的性，是通过反思判断力的认识能力达成的。而所谓合目的性，就是二者之间"适应性"即适应匹配关系的表现。愉快情感的形成证明了客体具有着这种适应性，还证明了主体也具有这种适应性，即主体具有相对于客体这种性状的认识能力，最终是证明了在这一方面主客体二者间的合目的性。这种合目的性非常特殊，不是客观的、规定性的合目的性，而是格式性、逻辑性形式的、仅存在于主观上的合目的性。所谓"主观的、形式的"，即超越具体内容，不关系到对象、概念，因此不关系到客观。要格外注意，这里的"形式"，是逻辑性的、格式性的，绝不能理解为感官感性形式，如形状、色彩之类。学界在这里发生的混淆相当普遍，所谓康德美学是形式主义美学的说法大概因此而起，这是一种误解。这里的"主观"，指严格意义上纯然的主观。感官感性的直观、知觉、认识也是带有主观性的活动，但这些主观是与客观对象、概念相关的，所以不是严格纯然的主观。在表象的纯然主观的、格式性形式的合目的性关系中，主体有这样的认识能力，客体有对应、适应于这一能力的表象。

这种能力与这种表象的适应、契合就形成愉快。所谓主客观的统一就是这样的统一。由于表象是客观的、相对静止的，而主体是经常变化的，所以二者间的适应关系，决定性的因素在主体能力上。既然愉快情感是主客观相互作用、相互适应的结果，客体当然有作用。但即便这愉快的情感可以看作美感，客体却不能被看作"美"。在康德那里，不存在"美是什么"的问题，康德并不认为有个实存的叫作"美"的东西。因此，如果说康德也涉及美学问题、审美活动问题，那他的思路就与柏拉图的美本体论截然不同。柏拉图是以美本身，美本体为元点、为既定的前提条件，其路径及发展方向就是要找出一个实存的"美"。这不是一条合理的路径，所以两千多年来的所有研究都毫无结果。康德是从主体认识能力与客体相适应、相匹配的角度去阐释愉快情感即美感的形成，实际上开辟了一条认知论的路径，是现代认知神经美学的先驱。因为使诸形式进入想象力的上述把握，如果不是反思性的判断力哪怕是无意地，至少把这些形式与判断力的把直观与概念联系起来的能力进行比较，是永远不可能发生的。"诸形式"，既然是反思性判断力中的诸形式和想象力，联系到后面的阐述，那就有可能是指诸种对象事物的格式性形式，"诸形式"就相当于"诸对象"。而此时的"想象力"也应该是下面所讲到的反思判断力的想象力。以反思判断力的想象力对格式性形式的把握是与知性判断力的把直观与概念联系起来的能力相区别的。如果不是做这样的区别（比较），就不可能澄清或阐释与格式性形式相关的反思想象力。"无意地"，"曹译本"为"无目的地"；(372)"牟译本"为"纵使非有意地相比对"。(109) 这一表述较明确。"比较"一词的含义，从其效果上看，不是横向的、并列式的对照，而是相互区别、甄别。即面对同一个对象之表象，随着认识能力及认识方式的不同，这些表象所具有的价值和意义就不相同。以反思判断力去对应，则这些表象就呈现出内隐感性性状，具有主观合目的性；以规定判断力去对应，则呈现出一般感官感性性状，具有客观合目的性。现在，如果在这种比较中，想象力（作为先天直观的能力）通过一个被给予的表象被无意地置于与知性的一致之中，那么，对象在这种情况下就必定被视为对反思性的判断力来说合目的的。在这种比较中，在区别于规定性判断力的反思判断力的认识中，在以反思判断力去认识对象的表象时，这一表象就激发了作为先天直观能力的想象力，并使之无意图地、不自觉地符合知性。要注意，想象力是通过表象被置于的，这表明想象力是被表象所引发的。此点很重要。这句话，"……表象被无意地置于与知性的一致之中"，其他诸中译本皆有对知性加以说明，"曹译本"为"知性"（作为概念能力）；（373）"邓译本"为"知性"（作为概念的能力）；（25）"牟译本"为"作为'概念之机能'的知性"。（109）这些译本都强调了知性与概念能力的关联，这里有点文章。康德的这一表述可能带来不小的疑惑：反思判断本来是不与知性和概念相关的，何以又要与同概念相关联的知性相一致？在反思判断中，只要想象力对于对象的想象与作为概念能力的知性相一致、相符合，对象就与反思判断力结成合目的性关系；这一对象可以被反思判断力所认识，而反思判断力也可以认识到这样的对象。这一表述字数不多，但洞里乾坤，含有内隐感性判断的深层机理，并且需要参考康德在后面的阐述来理解。主要涉及这样几个问题。第一个问题，怎样理解"先天直观的能力"，它不同于知性的直观力。康德在正文第9节中说："现在，我们所研究的还是较低级的问题：我们是以审美方式意识到鉴赏判断中诸认识能力彼此之间相互在主观上的一致的，是通过纯然的内感官和感觉而在审美上意识到的，还是通过我们借以发动那些认识能力的有意能动的意识而在理智上意识到的?"(47)在正文第57节中还说:"就像在一个理性理念上,想象力连同其直观达不到被给予的概念一样,在一个审美理念这里,知性通过其概念也永远达不到想象力与一个被给予的表象结合起来的整个内在直观。"(165)这些阐述中说的"内感官和感觉"以及"内在直观"为我们解读"先天的直观能力"提供了重要的线索和启发。我们知道,规定性判断力的知性直观力是凭借外在感官感性进行的,可称为外在的;反思性鉴赏判断力的先天直观力是凭借主观内在思维进行的,是内在的。而所谓内感官、内在直观力,其实就是现代认知神经科学所说的内隐知觉或内隐认知。知性直观能力同感官的感觉能力如视力、观察力相关,是在即时经验中表现出来的;而反思的内在直观力既然是先天的,就应该是在即时经验之前存在的,先于规定判断力的知性直观力。或者说,先天的内在直观是在知性经验直观之前的直观。第二个问题,怎样理解这里的"想象力"。康德明确地说,想象力是作为先天直观的能力,这一界定非常重要,表明:反思判断力中的想象力,或作为先天直观能力的想象力,不等同于规定性判断力中的想象力。康德说,描绘的能力就是想象力。(61)一般来说,想象力是在头脑中运用思维来描绘出图形、图像、形象的能力,它可以按照已有的知觉经验对未知的形象进行描绘;还可以将众多的经验性知觉形象拆散、拼接,在头脑中组合成新的形象;或者经过联想,由一个形象过渡到另一个形象。这样的想象都要以感官感性的或经验性的乃至记忆中的形象为蓝本(记忆中的形象也来自感官感性直观),是规定性判断力的即知性的。知性想象力和知性直观力都是主体的心灵能力。知性想象力要在知性直观力基础上进行,在知觉表象、知觉形象基础上进行。反思想象力没有这样的直觉表象、直觉形象,那凭什么进行想象呢?其中的奥秘存在于第三个问题中:先天的内在直观力与反思想象力是怎样的关系。康德在第9节中说："现在，属于一个对象借以被给予，以便一般而言由此形成知识的那个表象的，有为了直观的杂多之复合的想象力和为了结合各表象的概念之统一的知性。"（46）这里所说的"表象"即内隐感性表象，形成或造成这一表象的"有为了直观的杂多之复合的想象力"，这句话有一系列的前提。内隐感性表象是模糊的、笼统的、朦胧的，主体可从这一表象中感受到诸多个别表象，亦即诸多"分表象"。（140）这些分表象不是清晰的、确定的，因此是似是而非的，既不能等同于某个生活中的具体对象，又不能等同于内隐感性表象，只能是类似于这些表象。主体对这些分表象的感受要凭借先天的内在直观力，其直观的结果是形成诸多的"分直观"，由此构成了"直观的杂多"，直观的杂多也就是表象的杂多。把这些直观的杂多整合起来、复合起来才能形成内隐感性表象。这种整合、复合的工作类似于想象力的功能，但其实是由先天直观力完成的。所以，内在的先天直观力是具有想象力功能的，这时的想象力就是具有想象力功能的先天直观力。可见，先天内在直观力具有两种功能，一是直观，二是想象。其直观是对分表象加以直观；其想象（描绘）是把诸多分直观（分表象）复合起来，构成整体的内隐感性表象。这里的想象力实际上是内在直观力所具有的整合力。如此一来，从微观看是内在直观力对应着内隐感性表象的分表象，形成直观的杂多；从宏观看，是想象力复合着直观的杂多，即整合着内在直观力的结果，最终形成整体的内隐感性表象。正是在这个意义上，内隐感性表象由反思想象力描绘出来。这样描绘、整合而成的表象不能在具体性和清晰度方面完全地对应于任何自然对象的表象，也不可以用概念加以表述，因此只能是主观中观念性或理念性的东西。其逻辑线索是：内隐感性表象由想象力描绘而成，想象力是对内在直观力之结果即直观杂多的复合，内在直观力的对象是分表象，分表象载于对象之感官感性表象之上。说到底，在实际思维过程或认知过程中，反思想象力所依据的就是感官感性表象，但经过内隐感性的加工就形成了内隐感性表象。第四个问题，怎样理解"想象力与知性的一致"。一般来说，反思判断力及主观合目的性是不与概念和知性相关的，但反思判断力的实际活动却是由想象力（内在直观力）和作为概念能力的知性所共同构成的。那就很可能，规定性判断力中对对象加以规定的知性与反思判断力中同反思的想象力相结合的知性，二者的实际构成和功能是不一样的。一个表象如果是感官感性的，与概念相关的，那主体对它的把握就是知性的直观，要在知性直观的基础上进行知性的判断和规定；知性直观及知性判断作为概念的原则同客观对象相关联。而一个表象如果是内隐感性的（即具有内隐感性性状的），对它的把握就要凭借先天的内在直观力暨反思的想象力。这种把握不受知性概念的规定，却要与作为"概念能力"的知性相一致。这一阐述从字面上看似乎是矛盾的、难以理解的，其中的奥秘或许在于，康德在这里讲的不是知性的概念规定性，而是知性的概念能力。同知性相一致就是同知性概念相一致。康德在正文第26节中说："就像审美的判断力在评判美者时把想象力在其自由游戏中与知性联系起来，以便与知性的一般概念（无须规定这些概念）协调一致那样……"（83）可见，知性概念在内隐感性判断中的作用不是规定性的，而是与想象力的协调一致。这表明，在内隐感性判断中的知性概念是不具有规定性的概念。完全意义上的知性概念是用于规定对象的；如果不具有这种规定性却还有概念能力，那就是只具有规定的能力而不行使规定的职能，即知性概念在这里并不实际地规定对象但却依然规范着对象。康德在正文第35节中说道："而鉴赏作为主观的判断力，就包含着一种归摄原则,但不是把直观归摄在概念之下,而是把直观或者展示的能力(亦即想象力)归摄在概念的能力(亦即知性)之下,只要前者在它的自由中与后者在它的合法则性中协调一致;"(112—113)即,内在直观力亦即反思的想象力要归摄在概念能力之下但又不归摄在概念规定之下。所谓概念能力,指概念的辐射力、规范力,这种能力本是知性的。康德在正文第15节中说:概念无论是含混的还是清晰的,其能力都是知性;但鉴赏判断之需要知性,不是把它当作对一个对象的认识能力,而是当作在内隐感性判断中规定这一判断及其表象的能力。(58)即反思判断力的想象力对对象之表象的想象要处于知性概念所规定的范围内,但又不被知性概念确切地规定为某一个对象,因为无法确切地做到这一点。像想象力对直观杂多的复合作用一样,知性在这里不是以特定概念对对象加以规定,而是把各个分概念整合起来、统一起来,是"为了结合各表象的概念之统一的知性"。(46)就是说,鉴赏判断中,先天内在直观力所面对的各个分表象都有自己相对应的概念,但又不是确切的、清晰的概念,并且都不足以规定内隐感性表象。这时的知性要把这些分表象的概念结合起来,统一为与内隐感性表象相对应的概念。这个统一后的概念一般而言就是此时感官感性对象的概念。但关于内隐感性表象的概念是笼统的、模糊的,其作用是框定想象力进行描绘活动的范围,即框定了想象力最终形成的表象是关于什么对象的表象,进而决定了内隐感性判断要与什么对象的表象结成主观合目的性关系,并且形成关于这一对象之表象的愉快情感。康德说,想象力是通过一个表象被无意图地置于与知性的一致之中的。既然是通过一个被给予的表象,那就是说,反思的想象力因这一表象而起,即反思想象力的活动与这个表象相关或要围绕着这一表象进行想象。那么,这一表象是什么,就会对反思想象力的活动有着重要的影响，甚至是决定性的影响。假如给予的是马的表象，则内在的直观及反思的想象虽然不形成可用马概念加以规定的马表象，但也需要形成与马表象相关的内感觉、内表象，绝不能形成与马表象无关的其他内感觉、内表象。例如不能把给予的马表象想象勾画成石头表象。这就等于是内表象要以外表象为蓝本，因此要受到外表象的制约，即相当于受到概念与知性的制约。换言之，内隐感性表象是什么，是怎样的，都涉及知性概念，要进入知性的范畴，与知性相关。如果反思判断力的想象力是以所给予的表象为依据而进行的，不是脱离开这一表象而任意地、不着边际地进行的，那就要与这一表象相一致，也就是与规定着这一表象的知性概念相一致。鉴赏判断力中的想象力不是任意地想象，而是要在一定条件、一定规则下想象。亦即要以所给予的表象为条件，以关于表象的概念为规则。在这一条件和规则下进行的想象就是与知性相一致的。而且，想象力与知性的一致，不是硬性的有意为之，而是无意的。就是说，反思的想象力并不是按照概念规定性主动地追求与知性的一致，而是不自觉地、自然而然地达到了与知性的一致。于是就形成这样一种状态：知性概念不能规定内隐感性表象（因为这一表象是虚拟的，不能作为实存的物体显象出来），却能够以其规定性作为背景像影子一样笼罩着内隐感性表象，从而形成知性在鉴赏判断力中的作用。鉴赏判断力的想象力必须在知性作用所笼罩的范围内对内隐感性表象加以想象，最终达成与知性相一致的内在直观、内在感觉、内在表象。想象力与知性的这种一致也就是与表象的一致；反之亦然。所以，在反思判断中形成的愉快情感一定是相对于特定对象物的，是与特定对象物的知性概念相一致的。例如对于花的愉快不是对于苹果的愉快。可见，规定性判断力中的知性是从外在的、客观的方面规定直观及其对象，而反思性判断力中的知性是从内在的、主观的方面隐性地规定着反思想象力的对象。前者是完整的、独立的知性；后者是不完整的、附属于反思判断力的知性。所以严格来说，后者应该叫作"知性因素"。对所给予表象的想象要与知性因素相一致，这其实是反思判断力中的正常情形。这时，对象不是作为属于规定性判断力的感官感性的对象而存在，而是呈现出内隐感性性状而作为反思判断力的对象而存在。这一存在表明，呈现出内隐感性性状的对象是与反思判断力的认识能力相适合、相匹配的，也就是相对于反思判断力而具有合目的性的。综上，康德这句简短的表述跨越度较大，所以应该蕴含着诸多前提条件和潜台词。很可能，这些前提条件和潜台词在当时社会或是在康德的意识中是显见的、已知的，或是在此之前已经论述过的。但对于今天的我们来说，相隔了这么久的时间，有这么不同的文化背景和学术渊源，缺少了这些前提条件和潜台词就很难理解康德的阐述。当然，我们的解读在相当大程度上不过是根据康德一贯阐述的逻辑并对照审美认知活动的实际状况而作出的推测，其合理性还需要检验。这样一个判断就是对客体的合目的性的审美判断，既然对象对反思判断力来说是合目的的，那么相关的，反思判断力就是对客体的合目的性的内隐感性判断。反思判断力具体表现为两种判断力，一种是内隐感性判断力，另一种是目的论判断力。对对象之表象的内隐感性性状进行判断时，适用的是内隐感性判断力。它不是建立在关于对象的任何现成概念之上的，也不造就关于对象的任何概念。它的对象的形式（不是它的表象的质料性的东西，即感觉）在关于这个形式的纯然反思中（无意于一个要从对象获得的概念）就被评判为这样一个客体的表象上的愉快的根据："它"，指内隐感性判断。"形式"，特意说明不是感官感觉所能感受到的同颜色、形状相关的质料性的东西，那就是逻辑性的、格式性的形式。"表象"，不是感官感性的表象，那就是内隐感性表象，但它不能独立地存在，必须依附在感官感性表象之上。即内隐感性判断要以一个被给予的经验对象（自然对象物）为必要条件（为载体），没有这个对象，内隐感性表象及性状就无从谈起。与规定性判断力不同，内隐感性判断力与所有现成概念都无关（现成概念指现有的知性和理性概念），不与这样的概念结成合目的性关系。由于内隐感性表象不与任何质料性的东西相关，因此是纯然的形式，只能与主观相对应，对这种形式的反思就是纯然的反思。内隐感性判断中的想象力及想象力与知性因素的一致都因这一纯然形式即内隐感性表象所引发。同时，一旦内隐感性表象与内隐感性判断中的认识能力（反思的想象力与知性因素的一致）相适应就可引发愉快情感，所以，内隐感性表象就在这种条件下被评判为愉快的根据。实际上，愉快是由主客双方条件（根据）所引起的，内隐感性表象是先天愉快情感在客观方面的条件或根据。这种愉快也被判断为与这客体的表象必然地结合着的，因而不仅是对把握这个形式的主体来说，而是对任何一般而言的作判断者来说都是如此。"这客体"，即所给予的、所面对的对象。这一对象的内隐感性表象是只能在内隐感性判断中才成立的，并且必然会引发愉快。即主观方面的愉快与作为客体的内隐感性表象是必然地结合在一起的；这种结合，不仅对一个把握到这一形式的人来说是如此，对所有能做出内隐感性判断的人来说都是如此。这里突然转到普遍性问题上。这一普遍性是有条件的，即凡是对对象做出内隐感性判断的人都会产生愉快。如果面对一个对象时不做出内隐感性判断，则不能形成这种愉快。所以，这里的普遍性是内隐感性判断力与愉快情感之间的普遍性，不是一般客体与主体在审美关系上的普遍性。不是说一个对象可以无条件地引起所有人的愉快，而是说当对象与主体结成内隐感性判断的主观合目性关系时就会形成具有普遍性的愉快。换句话说，只要是结成了这种关系就一定能形成这种愉快，这是具有普遍性的。此点很重要。对象在这种情况下就叫做美的，而通过这样一种愉快（因而也是普遍有效地）作判断的能力就叫做鉴赏。对象如果具有内隐感性表象并能引发先天的愉快，就可在引发这种愉快情感时被称为美的。须注意，对象是被叫作"美的"，并不就是"美"。即这一对象物是被形容为"美"，就像被形容为"漂亮"一样，并不是叫作"美"的东西。通过具有普遍性的愉快而做判断的能力叫作鉴赏。这句话如果是理解为过程，则为"通过愉快而做判断"，似乎是愉快先于判断。但康德在后面专门阐述过，是内隐感性判断在先而愉快情感在后，所以这里不应理解为愉快先于判断。这里的"通过"一词，"邓译本"为"凭借"；（26）"牟译本"为"借赖"。（109）按照康德阐述的一般逻辑，先天愉快的产生，意味着或表明着主观合目的性及内隐感性判断的存在。所以，这里是从结果的方面来着眼的——因为有了愉快或凭借着愉快这种结果才把这种做判断的能力叫作鉴赏。把这种做判断的能力叫作鉴赏，这是逻辑判断。即先是在内隐感性判断中形成了愉快情感；然后再凭借着愉快情感而以逻辑判断称内隐感性判断为鉴赏。因为既然愉快的根据仅仅被置于一般反思的对象的形式中，因而不被置于对于对象的任何感觉中，也与一个包含着某种意图的概念无关，所以，这就只是主体中一般判断力的经验性应用的合法则性（想象力与知性的统一），在其先天条件普遍有效的反思中，客体的表象与这种合法则性是协调一致的；这一愉快是因反思判断对象的格式性形式而生发的，不是因对于对象的感官感性形式及相关感觉（例如鲜艳的颜色）而生发的，也不是因包含着某种意图（例如善、公正）的概念而生发。"这"，应指认识能力与客体的表象相一致、相对应。这种一致、对应就是主体判断力在一般经验性应用时的合法则性。康德明确指出，合法则性即前面所述想象力与知性的统一。这里又有理解方面的问题：是想象力与知性共同构成合法则性呢，还是想象力与知性一致了就是想象力符合法则了，因此形成合法则性？前者有点难以成立。因为如果是二者共同构成的，那其本身就应该是"法则"或"法则性"，所以很大的可能是后者。因为，知性带有立法功能，本身即是一种法则；反思判断的想象力与这种知性因素相一致，就是与知性的法则相一致，即符合于法则的，所以二者的统一构成合法则性。所谓反思判断的先天条件，即对象的内隐感性表象与内隐感性判断力互为合目的性关系，是普遍有效的。在处于这种普遍有效的先天条件之下的内隐感性判断中，客体的内隐感性表象与这种合法则性是相对应、相契合的。即内隐感性表象仅只是相对于这种合法则性的认识能力才存在，这种认识能力也仅只可以认识到内隐感性表象，不能认识到概念。而且既然对象与主体能力的这种协调一致是偶然的，所以它就造就了该对象就主体的认识能力而言的合目的性的表象。"偶然的"，可能是指，哪一个对象事物能同这种主体能力协调一致，不是固定的、先天的，而是在经验中偶然遇上的。或只是在经验中才能结成这种关系，而经验是偶然的，所以这种协调一致也是偶然的。在偶然的协调一致的情况下，才能有相对于主体认识能力而言的合目的性表象。因此，只有它（这种协调一致）才能造就这样的表象。这就突出而强调了这种协调一致的作用，为合目的性设立了主体方面的条件。同时表明，对象与反思判断力的合目的性关系并不是所有事物都具有的，也不是先天固有的，而是在经验中，当与主体认识能力结成协调一致关系时才具有的。其实这里是互为因果的——因为有了这种协调一致才有了对象的合目的性；同时，因为对象具有合目的性，才能与主体的认识能力相一致。

[第4段] 现在，这里有一种愉快，它与一切不是由自由概念（亦即由通过纯粹理性对高等欲求能力所作的先行规定）所造成的愉快和不快一样，永远不能从概念出发被视为与一个对象的表象必然相结合的，自由概念可以从概念出发与一个对象的表象必然地相结合，这种结合的可能性来自纯粹理性对高等欲求能力所作的先行规定。即特定表象与特定概念的一致是先行地规定好了的。"先行规定"，其实就是大脑中先在的内隐认知结构，这种结构是在知觉经验中、在大脑的认知加工过程中形成的。高等欲求能力，指对道德、善、自由、正义等的追求。这些概念及其内涵也是被纯粹理性先天地规定的，因此与愉快情感的联系是必然的、固有的。这里所说的愉快和不快的情感（即内隐感性判断中的情感）不是与概念相关的，所以并不必然地与概念所规定的对象之表象相结合。即同概念相关的表象并不必然地引发这种情感，而是在任何时候都必须被认识为仅仅通过反思的知觉与表象相联结的，因而与一切经验性判断一样不能预示任何客观必然性和要求先天有效性。反思的知觉，即反思判断力中的认识能力。为什么反思判断力（由想象力与知性的一致所构成）的认识能力在这里又被称为"知觉"？因为反思想象力本来就是具有想象力功能的先天直观，而直观是构成知觉的基本方式。当这种知觉与对象的内隐感性表象相联结时，就会形成这种不同于欲求快感的愉快。前面讲过，这种愉快的形成是偶然的。只有当某一对象的表象与反思判断力的知觉暨认识能力相一致（结成合目的性关系）时这样的愉快才能形成。经验性判断由于要随经验而动，所以是偶然的。偶然的东西当然不能预示任何客观必然性，也不能要求先天有效性。但是，鉴赏判断也像任何其他经验性判断一样，只是要求对每个人都有效，上一句说，像一切经验性判断一样不能要求先天有效性，这里又说，像一切经验性判断一样要求

对每个人都有效。上下两句似乎是矛盾的，但显然不应该是矛盾的。这里的要点可能在于：经验性判断本身不具有先天有效性，但对每一个有此经验的人来说都是有效的。即不是先天有效性，而是经验有效性，但又需要在先天条件之下。这里的普遍性以经验为条件，即在经验条件之内是普遍有效的，如果没有这个经验当然就谈不上有效性了。这一点即使它有内在的偶然性，也总是可能的。"它"，指鉴赏判断。鉴赏判断的愉快就其内在自身原则来说，不是必然的而是偶然的；但其外在的经验性表现却可以在经验的条件下具有普遍性。令人惊讶之处和不同之处只是在于：不是一个经验性的概念，而是一个愉快情感（因而根本不是概念），要苛求于每一个人，并与客体的表象相联结，就好像它是与客体的知识结合着的谓词似的。"不同之处"，指与规定性的判断不同。规定性的判断可以因经验性概念而具有客观的普遍性并苛求于每一个人；而在鉴赏判断中，具有普遍有效性的不是概念而是愉快情感。与客体的表象相联结，指愉快情感与内隐感性表象相联结。这里的"愉快"一词本是表示主观情感的，但它所具有的普遍性使得它好像是个表示客观知识的概念似的。这是令人惊讶的。

［第5段］个别的经验判断，例如一个人在一块水晶中发觉有一个移动的水滴，有理由要求每一个别的人都必定同样发现这一点，因为他是按照规定性的判断力的普遍条件在一般的可能经验的法则之下作出这个判断的。规定性的判断力的普遍条件，指客观的、先验的法则。按此法则，每一个视觉正常人都会客观而必然地看到水晶中移动的水滴，因而可以对每一个个别的人提出看到这一现象的要求。同样，一个人在对一个对象的形式的纯然反思中不考虑一个概念就感到愉快，尽管这个判断是经验性的，是一个个别的判断，他也有理由要求任何人的赞同；像规定性判

断具有客观的普遍性一样，反思判断也要求有普遍性。反思判断的特点是，不考虑到概念，仅只是对一个对象的形式（格式性形式）进行纯然的反思判断，这个判断是其个人在经验中进行的。尽管是这样（这样地不同于客观判断），他也有理由要求所有人的赞同。因为这种愉快的根据是在反思性的判断的普遍的、尽管是主观的条件中，亦即在一个对象（无论它是自然的产物还是艺术的产物）与诸认识能力相互之间的关系之合目的的协调一致中被发现的，这些认识能力是为每一个经验性知识（想象力和知性的经验性知识）所要求的。这种愉快的普遍性的根据在于，只要一个对象（对象的内隐感性表象）与诸认识能力（想象力和知性）之间结成协调一致的合目的性关系，就能引发愉快情感。这种关系及其结果是普遍有效的。这里的"经验性知识"应为"经验性认识"，指经验中的内隐感性判断力的认识。想象力和知性相一致的活动所取得的结果是形成愉快情感，不能是形成知识。这种活动不是想象力和知性分别地进行的，实际上就是内在直观的活动，是内在直观以想象力的功能在知性因素的规范下进行的。每一次经验性的内隐感性判断都需要这样的认识能力。因此，愉快在鉴赏判断中虽然依赖一个经验性的表象，并且不能先天地与任何概念相结合（人们不能先天地规定哪个对象将适合或者不适合鉴赏，人们必须试一试它）；但是，愉快毕竟是这个判断的规定根据，"经验性的表象"，在经验中遇到的、感知到的对象物的内隐感性表象。这个表象只相对于主观的鉴赏判断力才存在，所以不能用任何先天的概念对之加以规定和表述。某一个对象是否适合于鉴赏，是不是美的，不是可以用先天概念来规定、来表述的，必须在经验中试一试才能知道。只有当人在经验中对一个对象形成了反思判断力的愉快情感时，才能说这个对象可以与愉快的情感相结合。愉快本是反思判断的结果，为什么说是反思判断的规定根据呢？这是因为，具体的、相对于某一对象物的鉴赏能力是内隐性的，人们难以觉察到它；但主体的既有鉴赏能力如果遇到相适合、相匹配的对象物很自然地会形成愉快情感；这种愉快情感的产生表明客体对象与主体鉴赏能力及内在直观能力之间是相互契合、相互匹配的，即具有合目的性关系的。所以，虽然从过程上看，愉快是主客体相互匹配的结果，但从对鉴赏判断性质的界定上看，由于只有形成了愉快了才能表明这时的判断是鉴赏判断，所以愉快成为判定鉴赏判断性质的根据。这里的规定根据不是原因性的，而是结果性的，是主体方面的根据。愉快作为根据，说明审美活动的性质由这种活动之感觉（即美感）的性质所决定。人是否形成了内隐感性表象，是否具有内隐感性认识能力，客体表象与主体能力是否对应、契合、匹配，最终要由这个愉悦感来加以证明。在康德当时，认知神经科学的发展还不充分，所以康德的阐述还比较笼统，只是说：这只是由于人们意识到，它是仅仅基于反思及其与一般客体知识的协调一致之普遍的，虽然只是主观的条件的，对这种反思来说，客体的形式是合目的的。人能意识到，这种愉快情感只有在反思判断中，在主体内在直观认识能力与客体相互对应这一普遍的、主观的条件之下才能产生。客体的形式，指对象的内隐感性表象的格式性形式，它仅只是相对于反思判断力暨反思判断力的内在直观力才是合目的的。这种形式只有在这种条件之下才具有合目的性。换言之，在反思判断中，对象的表象作为纯形式适合了主体认识机能，就是有主观合目的性，由此形成愉快；愉快又可表明此时是反思判断，决定了反思判断的性质。反过来说，只在反思判断中才能有表象与认知机能的协调一致，从而形成合目的性。合目的性这一存在物或主观概念是先天的，但只有在反思过程中，在表象与认识能力的关系中才出现。即只有在特定认知方式即反思的鉴赏判断下，才能形成主体特殊认识能力与对象特殊表象形式的相互对应、相互匹配。

[第6段] 这就是为什么鉴赏判断按照其可能性也经受一种批判的原因，因为这种可能性以一个先天原则为前提条件，尽管这个原则既不是知性的一个认识原则，也不是意志的一个实践原则，因而根本不是先天地作出规定的。上述的这种主观合目的性关系和其中的内隐感性性质是鉴赏判断所特有的，也是还不被人们所熟知的。因此，需要深入探讨鉴赏判断的根据即可能性。批判，就是对其可能性以及适用范围、特点和功用加以考察。这种可能性以一个先天原则即主观合目的性原则为前提条件。这个原则不是知性的，也不是实践理性的，因此在先天上就不是可被其他东西所规定性的，只能在自身中先天地存在。

[第7段] 但是，由对事物（既有自然的事物也有艺术的事物）的形式的反思而来的一种愉快的感受性，不仅表明了客体在主体身上按照自然概念在与反思性的判断力的关系中的合目的性，"在与反思性的判断力的关系中的合目的性"，这句话清楚地表明，合目的性表达的是主客体之间的关系。此点很重要。这种关系即主体可认识和客体可被认识两者之间的相互对立、相互依存、相互对应的关系。客体"按照自然概念"的合目的性，这个说法强调了对象的自然属性与内隐感性判断力的关联。即内隐感性关系是主观的，但处于这一关系中的"对象的内隐感性表象"却要以可凭感官而感觉到的对象（即自然物）为载体、为基础。自然对象物都是被自然概念所规定的；这就相当于，内隐感性关系以作为自然概念的客体为经验性的前提（不是先天的前提）。反过来看，就表明了客体作为自然概念相对于反思判断力关系的合目的性。即承载着内隐感性表象的自然概念是内隐感性关系的前位环节，并且可同内隐感性关系结成合目的性关系。而且也反

过来表明了主体就对象而言按照对象的形式乃至无形式根据自由概念的合目的性；所有关系都是双向的，既是客体适合于主体，也是主体适合于客体。因此，在客体对象与主体鉴赏判断的关系中，一方面是客体相对于主体而具有合目的性；另一方面，即反过来，是主体相对于客体而具有合目的性。以客体为出发点，客体相对于主体的合目的性是以自然概念为前位环节的；以主体为出发点，则主体相对于客体的合目的性是以主体内部的理念和自由概念为依据、为发动力的。康德这里显然是更强调无形式与自由概念的合目的性关系，这是在说崇高判断的情形。从具体阐述的情形看，如果主体以内在理念对应于客体，所对应的是对象之表象的形式（格式性的），这是对美者的鉴赏判断；如果主体以自由概念对应于客体，所对应的就是对象的无形式，这是对崇高者的鉴赏判断。而这样一来所发生的就是：审美判断不仅作为鉴赏判断与美者相关，而且作为出自一种精神情感的判断与崇高者相关，内隐感性判断既是面对美者的，又是面对崇高者的。这表明，对崇高者的判断也是内隐的。对美者的鉴赏判断要求对象具有内隐感性表象，这种表象是一种格式性的形式，是可与主体内在内隐感性理念相对应的客体方面的因素，但这一客体因素仅仅是相对于主体才成立的。对崇高者进行的判断应该也要求有客体方面的因素，但这时的客体并没有可与崇高精神相对应的表象，因此是无形式的。对美者的鉴赏判断主要是针对自然事物的；对崇高者的鉴赏判断主要是针对向理性发展之指向的。由此，内隐感性判断就可以既同自然界相联又同自由界相联。所以康德说，内隐感性判断可随机地附属于某一哲学领域。如此看来，崇高的东西是由自然向自由过渡的最后环节点。此点很重要。似乎是，自然形式的合目的性是自然形式具有的意义，朝向主体去合目的；主体方面的合目的性是主体朝向自然中的形式与无形式去合目的，是从主体出发的对象化。自然形式的合目的性带有自下而上的刺激作用，主体在行为上、意图上是被动的，愉悦油然而生。指向自由的合目的性带有自上而下的针对性，具有行为的主动性，或主体的崇高意识更为强烈，要能够从对象中看出崇高来。于是对审美判断力的那个批判就必须分为两个与此符合的主要部分。对内隐感性判断力的批判要相对应地分为对美者的分析论和对崇高者的分析论。以客体方面的因素（形式表象）为根据的判断是对美者的鉴赏判断；以主体方面的因素（精神情感）为根据的判断是对崇高者的判断。

本节要点：对象的表象有两种性状或情状，一种是感官感性的，一种是内隐感性的，亦称内隐感性表象。前者是实有的，具有客观性；后者是纯然主观的，因此是假想的、虚拟出来的，并且要以前者为依据、为蓝本，只在同反思判断即内隐感性判断结成关系时才成立。由于内隐感性表象并不能在真正的意义上存在，所以实际上，是主体把自己主观中的内隐感性理念映射到对象的表象之上，是似乎存有这么一种表象。大概，之所以要设立内隐感性表象，是为了便于与内隐感性判断力形成合目的性关系。所以，对内隐感性表象的把握，必须以反思判断力的特有认识能力来进行。即反思判断力是整体性的、相对于合目的性而言的能力，其能力的具体构成是反思想象力暨先天的内在直观力。内在直观力并不能像知性直观力那样把表象的性状以实例或图型的方式展现出来，而是必须借助于想象力的功能，在思维中把表象的性状勾画出来。由于内在直观力所勾画描绘的表象必须以客观的感官感性表象为蓝本，而感官感性表象是被知性概念所规定的，所以内在直观力的想象必须与知性相一致。康德把这种情形表述为"想象力与知性的一致"。所谓"一致"，也就是"符合""契合"。知性是具有法则性的，与知性的一致、符合就是合法则性的。内在直观力暨反思的想象力并不是可以对任何表象都进行勾画的，而是只对与自己相适应、相匹配的表象进行勾画或进行想象。其实这里还应该有一个环节，即需要有康德在正文第17节"美的理想"一节中阐述的"内隐感性理念"，大致相当于认知神经美学的"形式知觉模式"。按照认知神经美学的认知模块论，审美认知的实际过程是对象的感官感性形式与主体内隐认知模块的对应匹配。① 因此，内隐感性判断力所要做的，本应该是将对象上作为内隐感性表象之基础的感官感性表象与内隐感性理念相适应、相匹配。即以感官感性表象为基础的内隐感性表象与内隐感性理念二者之间形成榫卯式的对应匹配关系。内在直观力暨反思的想象力的作用和工作，相当于把卯和榫对在一起。但康德似乎是把内隐感性理念包括在鉴赏判断的能力之中了，或把它作为不言而喻的前提了，因此只提到内隐感性表象与反思认识能力之间的适应一致，没有讲到反思认识能力要以什么去同内隐感性表象相一致。一旦内隐感性表象与反思判断力暨其中的（以内隐感性理念为前提的）认识能力（内在直观力）相适应、相匹配，就可形成愉快情感（美感）。愉快情感的形成表明，这时的主客体关系，其性质是反思判断的合目的性关系，愉快因此而成为鉴赏判断的根据。这是结果性的，定性角度的，是反向的因果关系。任何人，只要形成表象与认识能力的一致，都会必然地产生愉快情感。同时，内隐感性表象要以感官表象为载体，因此感官表象的形式也可是引发愉快的根据。这是过程性的，是正向的因果关系。内隐感性表象因此只与主观中的愉快情感相关，不与概念、客体、知性相关。这时，具有内隐感性性状的对象就具有了相对于鉴赏判断力的合目的性。合目的性是一种具有双向作用

---

① 李志宏：《认知神经美学》，中国书籍出版社2000年版。

的对象性关系。对象的表象引发愉快时，表明这表象具有合目的性，与判断力相对应。判断力同表象的合目的性相关联时，就引发愉快，因此成为鉴赏判断。鉴赏判断的对象被叫作美的。鉴赏判断中的主体和客体互为具有合目的性，都可作为出发点寻求匹配。当主体以内在的、指向理性的理念为凭据时，相对应的对象就是无形式的（没有与理念相对应的形式），即为崇高者。美的对象引发的是愉快，同自然概念相关；崇高的对象引发的情感不同于对美者的愉快情感，因此称为不快的情感，但其实也是肯定性的，相当于另一种类型的愉快。本节细读中最重要的见解是对"想象力与知性的一致"做出科学化解析，从而进一步揭示了内隐感性判断的内在机理，也使康德美学阐述与认知神经美学达到了更高程度的相互吻合。

八　自然的合目的性的逻辑表象

"逻辑表象"，即具有逻辑性状或感官感性性状的表象。此逻辑表象和上一节阐述的内隐感性表象作为不同的性状同时存在于对象的表象中。一般所说的对象的表象就是这种感官感性表象，是人在面对一个对象物时首先感受到或直观到的。此节阐述它在自然的合目的性上的表现。

[第1段] 在一个于经验中被给予的对象上，合目的性可以要么出自一种纯然主观的根据，被表现为对象的形式在先于一切概念而对该对象的把握（Apprehensio）中与诸认识能力为将直观与概念结合成一种知识而有的协调一致；要么出自一种客观的根据，被表现为对象的形式按照事物的一个先行的、包含这形式的根据的概念而与事物本身的协调一致。人在经验中遇到的对象，其表象可与两种合目的性相关联。对象上可有两种含有不同合目

的性的表象，即由于同两种合目的性相关联而呈现为两种表象。其中，一种合目的性出自纯然主观的根据，存在于纯然主观中。其表现是：在对事物进行概念性的把握（知性）之前，就先在主观中（内隐地）将对象的格式性的形式与诸认识能力（与知性因素相一致的反思想象力）相对应、相匹配，达到二者间的协调一致，即达成主观的合目的性关系。这一活动中的诸认识能力是要将内在直观力暨反思想象力与知性概念能力相结合而构成一种认识方式。"直观与概念结合成一种知识"，单从这几个字来看，似乎说的是知性的表现。但从整句来看，说的是反思判断的主观合目的性；因此其中的"直观""概念"都应该是处于反思判断中的表现；这里的"知识"也应为"认识"。另一种合目的性出自客观的根据，属于客观方面的合目的性。其表现是：事物的形式（是感官感性的形式还是格式性形式？）与这一事物自身的可能性根据相一致。实际上这种一致就是，具有什么形式的事物就是什么事物（符合什么概念）。具有马的一切形式的事物就符合马概念，是马；具有牛的一切形式的事物就符合牛概念，是牛。这一可能性根据及与形式的一致事先已经包含在先于事物而存在的概念之中。关于某一事物的概念在这一事物之前就存在，这概念中包含着这一事物所应该有的形式，包含着这一事物之所以存在的可能性，还包含着具有这一形式的事物与其存在可能性的一致。简言之，概念中包含着关于事物的一切。马概念包含了马的一切特征和规定，牛概念等其他所有概念亦然。概念已经预设了事物的形式、事物存在的可能性及事物形式与事物可能性的一致。只有这样才能解释事物的存在以及事物同概念的关系。此外，这里还应该有主观合目的性同客观合目的性之间关系的问题。按照这里的阐述，主观合目的性的结果是形成了客观的认识。但客观认识的可能性已经包含在概念之中了，那为什么还需要主观合目的性呢？大概是因为，客观合目的性只是提供了事物之作为事物的可能或根据，事物能否被人所认识，取决于是否能在主观合目的性的基础上进行知性的认识。虽然客观合目的性要以主观合目的性为基础，但只有在客观合目的性达成即构成知识的状态下，主观合目的性才有价值，才能显现出来。我们看到过：前一种合目的性的表象基于在仅仅反思对象的形式时对该形式的直接愉快；前一种合目的性即主观合目的性，其表象仅在对该表象的格式性形式加以反思判断并形成直接愉快时才成立，才表现出来。即只是由于出现了这种愉快，才表明形成了这种表象、这种反思判断及这一表象的合目的性。这里的"基于"有"以之为基础"之义。但这个基础不是客观的、建构性的，而是主观的、结果性的。即，因为有了这种愉快，才能说有合目的性的表象。因此，第二种合目的性的表象由于不是把客体的形式与主体在把握这形式时的认识能力联系起来，而是把它与对象在一个被给予的概念之下的一种确定的知识联系起来，就与对事物的一种愉快情感毫无干系，而与对事物的评判中的知性相关。第一种合目的性关系是主观的、内在的、隐性的，是把客体的形式与内在直观能力相关联并由此直接形成愉快情感；第二种合目的性关系是把客体的形式与概念暨概念所含有的确定的知识相关联。概念是知识的表现，同概念相关联就是同概念所含有的知识相关联。这样，第二种合目的性的表象就不与对事物的反思性愉快相关联，而只与对事物进行规定性判断的知性相关联。如果关于一个对象的概念被给予了，那么，在应用这概念达到知识时，判断力的工作就在于展现（exhibitio），也就是说，在于用一个相应的直观来支持该概念；在关于一个事物的概念已经确定的条件下，在应用这一概念达到知识即把这一概念与对象事物相关联时，规定性判断力的工作就在于通过直观、知觉把这一对象的表象即其外在形貌以主观意象的方式在主体思维中、观念中呈现出来，也就是对事物形成知觉、印象、感觉，所以直观本身就是概念的感性展现。直观为概念提供了对象和实际内容，即等于支持了概念，这时的直观是先验感性论的直观。无论这件事是通过我们自己的想象力发生的，就像在艺术中，当我们把一个预先把握到的关于一个对我们来说是目的的对象的概念实现出来时那样，还是通过自然在它的技术中（就像在有机体中那样）发生的，如果我们把我们的目的概念加给自然以评判它的产品的话；以人的直观对概念的展现是人为的。人为的展现有两种，一是有主动性、意志性的，是把头脑中想象的东西（这个东西也是概念）表现出来，是创作或制作的活动，这一点特别表现在艺术（包括技艺性的生产）活动中。进行艺术创作时，头脑中先要有个想象出的形象，这个形象可以用概念来表述，即为预先把握到的概念。概念在先，对象的出现或创造出的艺术对象都要符合概念，所以概念是对象的目的。二是被动性的，即不自觉地感到自然事物对概念的展现（自然事物的样态就是对自然概念的展现）。例如看到了"树"，树的样子是对"树"概念的展现。这一看法的前提是要以目的论的观点来评判自然。即自然概念是目的，具体的自然物是符合这一目的即符合这一概念的。具体自然物对自然概念的符合是通过人的直观来进行判断，没有直观就无法判明对象物是否符合概念。在后一场合，不仅自然在事物的形式中的合目的性，而且它的这个作为自然目的的产品也都得到了表现。自然……的合目的性，即在事物的形式中表现出来的客观的合目的性。自然对象对概念（目的）的符合，不仅是形式上的，还是实质上、内容上或质料上的。这里的"形式"，是感官感性形式、种类形式还是格式性形式，不很明确，但应该是格式性形式。自然概念之下有相应的实际存在的具体对象物，这一具体对象物就是作为客观目的的自然概念的产品。这一点区别于主观合目的性。——尽管我们关于自然根据经验性法则在其种种形式中的主观合目的性的概念根本不是关于客体的概念，而只是判断力在自然的这种过于庞大的杂多性中获得概念（能够在这种杂多性中判定方向）的一个原则罢了；自然所根据的"经验性法则"，可能就是主观合目的性的法则，不能是类似于机械、物理现象的法则。自然有多样性的表现形式，这些表现形式都统一在合目的性法则之上。"主观合目的性"概念仅仅是就对象的内隐感性表象与反思判断力之间的关系而言的，不与对象的质料性的东西相关联，所以不是关于客体的概念。但是，我们由此却仿佛是把对我们的认识能力的一种考虑按照一个目的的类比赋予了自然；这样，我们就能够把自然美视为形式的（纯然主观的）合目的性这个概念的展现，把自然目的视为一种实在的合目的性这个概念的展现，主观合目的性概念的设立，是出自对人的认识能力的思考，即考虑到人的认识能力与对象之间的合目的性关系。这是人为设想出来的，非建构性的，但按照类比好像是自然也具有的。自然本来并不结构性地、物理性地具有这种合目的性。这种美的自然物表现出同反思判断力的一致，即表现出与反思判断力的主观合目的性关系，因此是主观合目的性概念的展现。或借用黑格尔的句式，是主观合目的性概念的感性显现。与非实体的主观合目的性相对比的，是自然的实在的合目的性，即自然物本身相互之间的适应关系。自然对象物就是实在的合目的性这一概念的展现。我们通过鉴赏（在审美上、借助愉快的情感）来评判前者，通过知性和理性（在逻辑上、按照概念）来评判后者。对前者即主观合目的性的评判是通过鉴赏即在内隐感性判断方式上借助于愉快的情感来进行的。所谓借助愉快的情感，是指只有凭借愉快情感的形成才能判定这一判断活动是反思判断，是主观合目的性的。对后者即客观的、实在的合目的性的评判是通过知性和理性在逻辑方式上按照概念进行的,这是规定性的判断。

[第2段] 把判断力批判划分为审美的判断力批判和目的论的判断力批判,其根据就在于此;因为审美的判断力被理解为通过愉快或者不快的情感来评判形式的合目的性(通常也被称为主观的合目的性)的能力,目的论的判断力则被理解为通过知性和理性来评判自然的实在的合目的性(客观的合目的性)的能力。"审美的判断力"即内隐感性的判断力,它以愉快情感的出现为定性标志。判断力就是如此划分为两类。

[第3段] 在对判断力的一种批判中,包含着审美的判断力的部分是在根本上属于它的,因为惟有审美的判断力才包含着判断力完全先天地作为它对自然进行反思的基础的那个原则,这句话很重要,点明了"第三批判"的重点。所谓的判断力批判,根本上说就是对内隐感性判断力的批判。内隐感性判断力集中而典型地表现出主观合目的性关系,这种关系是先天的、必然的,因此是一种原则,是反思自然时的必要基础。亦即自然按照其特殊的(经验性的)法则对我们认识能力的一种形式的合目的性的原则,没有这种合目的性,知性就会在自然中找不到路径;这里点出,上句话说的那个原则就是合目的性的原则。这里所说的特殊的、经验性的法则,似乎应指内隐感性判断力的法则。但这个法则指什么?主观的形式的合目的性原则是依照这个法则的,显然法则更为根本。深究起来,也许是指其内隐性?此处存疑。知性找不到路径,可能是指,知性的对象与概念之间的对应是一种合目的性关系;没有这种合目的性为前提、为原则,就无法解释知性的可能性和根据。可能康德思考过这样的问题:为什么概念与对象正好相吻合、相适应、相一致?现实中的情形是,概念本就是对事物的思维性表达,是语言功能的体现,天然地就与事物相

一致。但康德在当时可能还不了解语言的发生和发展，因此把语言（概念）与事物的一致关系归结为合目的性关系。与此不同，对于必须存在着自然的客观目的，亦即必须存在着惟有作为自然目的才有可能的事物，根本不能指出任何先天根据，甚至就连其可能性也不是由既作为普遍经验对象也作为特殊经验对象的自然的概念出发来说明的；与此不同的"此"，可能指具有合目的性的判断力，即与判断力不同。此处的"曹译本"译文是：而对于为什么会存在自然的客观目的，亦即为什么会存在只有作为自然目的才可能的事物，却完全不能提供任何先验的根据，……（376）这段译文有"为什么"的字样，所指更明确。这句话可能是说，如果没有判断力或如果不是判断力，合自然目的的事物就没有任何先天根据，也不能用概念来说明。即事物之被概念所规定，其根据在于先天存在的合目的性；事物都是合目的的存在，对其合目的性的根据，如果没有判断力就无法作出说明。而是仅仅判断力，无须先天地在自身包含着这方面的原则，在出现（某些产品的）场合时，在那个先验原则已经使知性做好准备把一个目的的概念（至少是按照形式）运用于自然上面之后，就包含着这种规则，以便为了理性而使用目的的概念。这段话不好理解。前面讲到，内隐感性判断力包含着"那个原则"，这里却说判断力无须先天地包含着这方面的原则，后面又说判断力"就包含着这种规则"，似乎有些混乱。《释义》的解释是："对自然界进行目的论判断的这样一种判断力，本身并无先天原则，也不能由经验对象来说明，它实际上是借用了审美判断力的原则"。（185）按此，这里的"判断力"指规定性的判断力，"目的"和"规则"都是客观的。但这似乎与前面强调内隐感性判断力的表述不大相符，但与本节关于自然的合目的性的主题相符。"为了理性"或"为了理性的利益"何所指？有可能是指知性的最终指向，即人的心灵能力要从知性上升到理性，这种上升发展是有利于理性的。整个第 3 段的意思可能是：在对判断力（包括两种判断力）的批判中，对内隐感性判断力的批判最重要、最本质；因为只有它才含有主观的、形式的合目的性原则，这一原则是反思自然的基础；没有这一原则，知性就无法展开；如果没有内隐感性判断力，依照客观目的才可能的自然事物，其存在就没有任何先天根据或可能性了，而且这种可能性不能由概念来说明；仅仅是因为有了判断力提供的这种先天原则，才为知性准备了必要的规则；知性自己无须在自身中含有合目的性原则，但知性规则中已经含有合目的性原则；这样，在出现某些产品即对象事物时，知性就可以在先验原则的前提（准备）下运用自己的规则以概念去规定对象，从而形成知识；而按照合目的性规则，知性是指向理性的。是不是可做这样的解读？此处存疑。

[第 4 段] 但是，把自然在一个事物的形式上与我们认识能力的主观关系中的合目的性设想为评判这形式的原则，使得我应当在什么地方和在哪些场合把这种评判当做对一个按照合目的性原则的产品，而不是对一个宁可仅仅按照普遍的自然法则的产品的评判来进行，依然悬而未决，并任由审美的判断力在鉴赏中去发现这产品（它的形式）对我们认识能力的适合（只要这种适合不是通过与概念的协调一致，而是通过情感来断定的）。这一段两次用到"原则"概念，这两次使用的意义应该是不同的。此处的"曹译本"为：但那超验的基本原则（Grundsatz），也就是把一物的形式上所表现出来的自然与我们的认识能力的主观的关系中的合目的性作为评判自然的原理的那种原则，并没有确定在什么地方以及在什么情况下我们必须把对象判断为依据合目的性原理的产物，而不是单纯凭据普遍的自然规律的产品。它把确定自然产品（它的形式方面）与我们的认识能力的协调一致（这一任

务）作为一个鉴赏问题交给了审美判断力（即不是通过与概念的符合，而是通过情感来判定）。（376）译者接着对这句话有个注释："这一句中要注意把基本原则和原理区别开。前者康德用的是Grundsatz，后者用的是Princip，这两个词在一句中出现应是有区别的。'超验的基本原则'当是指人类理性要把极其多样的自然产品组成一个统一的系统而设定的一种法则，这种法则不能由经验来提供，不能从关于自然的理论知识中获得，必须由我们的判断力预先设定。这个法则虽然与合目的性密不可分，但不是等同的，它高于合目的性，出现于合目的性之前，是理性要统一经验事物，找到贯穿于事物的多样性之间的联系线索的先天冲动，必须设定这样一种统一的系统是一个超越感性经验的原则。"（376）参照"曹译本"译文及注释，似乎是：合目的性关系的结成及其概念和运用，表现的是合目的性原理。即合目的性原理是，在一个事物的形式上表现出来的自然（即自然在一个事物的形式上的表现）与我们认识能力（内在直观力）之间在主观上的相互对应、相互适应、相互匹配；要求以这一原理来评判自然，即要求以这一原理来认识和解释自然事物的存在及其相互关系，这是"超验的基本原则"。超验的基本原则要求以合目的性原理来评判自然。但是，超验的基本原则并没有确定要在什么地方以及在什么情况下必须以合目的性原理来看待对象而不是以一般普遍的自然法则来看待对象。就是说，自然对象可能都是既要符合自然法则又要符合合目的性原理的。什么时候能看出或感到对象的合目的性原理，即觉察到对象处于合目的性关系中，这是不确定的，也不是超验的基本原则所能确定的；这必须交由内隐感性判断力在鉴赏判断中加以确定，由它来发现对象的形式与我们认识能力之间的适合关系或适应状态；这种适合关系或适应状态不是通过概念达成的，而是通过是否形成了愉快情感来断定的。亦即如果出现了愉快情感，则表明对象的形式与我们认识能力之间结有合目的性关系，进而表明对象此时具有合目的性，因而是适用于反思判断力的。与此相反，作目的论应用的判断力则确定地指出了某种东西（例如一个有机体）能够在其下按照一个自然目的的理念来评判的条件；但是，对于把与目的的关系先天地赋予作为经验对象的自然，哪怕只是不确定地从对这样一些产品的现实经验中假定此类目的的权限，它却不能从这个自然的概念中提出任何原理；这样做的根据在于，必须得出许多特殊的经验，并在其原则的统一性之下来考察它们，以便能够仅仅经验性地在某一个对象上认识一种客观的合目的性。与内隐感性判断力不同，应用于目的论的判断力能够确定地指出按照自然的目的论的理念来评判一个东西的条件，即评判这个东西之存在的可能性，与其他东西的关系。虽然目的论的判断力可做出客观上合目的的判断，但这一先天的合目的性关系却不是它所能发现或假定的。就是说，客观合目的性是目的论判断在对某一具体经验对象的现实经验中达成的，但其先验可能性却不是目的论判断自己提供的。其原因或根据在于：如果要发现合目的性原则，需要许多特殊的经验，并且要在这些特殊经验都必须依循的统一性原则（可能指主观合目的性原则）之下来加以考察。这样才能在某一个具体的经验对象上认识到具有普遍性的客观的合目的性。——因此，审美的判断力是按照一个规则，而不是按照概念来评判事物的一种特殊的能力。内隐感性的判断力是按照合目的性规则来评判事物的一种特殊的能力。它虽然也叫判断力，却不是一般意义上的、以概念来认识事物的能力。内隐感性判断力的功能或作用，不是对事物做出概念性的判断或认识，而是发现或揭示事物的合目的性关系，为规定性的判断提供基础原则。与此相反，目的论的判断力则不是什么特殊的能力，而只是一般反思性的判断力，如果它就像处处在理论知识中那样按照概念，但就某些自然对象而言则按照特殊的原则，亦即按照一种纯然反思的、并不规定客体的判断力来行事的话，因而按照其运用它属于哲学的理论部分，并且由于这些特殊的原则并不像在一个学说中必须的那样是做出规定的，它必定也构成批判的一个特殊的部分；目的论判断力虽然像一般的理论认识那样按照概念进行判断，就此运用而言应属于哲学的理论部分；但它对于某些自然对象（或自然对象的某些方面、某些性状——在合目的性方面的）则是按照特殊的、即纯然反思的、不对客体加以规定的判断力来行事。它所依循的这些特殊的原则不是像在一个学说中必须的那样是做出规定的，即这些特殊的原则不是知性的规定性原则，所以它不属于规定性的判断力而是构成判断的一个特殊的即反思的部分。就是说，目的论判断仍要属于反思性的判断，不是规定性的判断。与此不同，审美的判断力对认识其对象毫无贡献，因而必须被仅仅列入是一切哲学的入门的对判断主体及其认识能力的批判，只要这些认识能力能够提供先天的原则，而不管这些先天原则除此之外还有什么应用。内隐感性判断力的对象是不可用知性概念加以表述的，所以对认识没有贡献。对内隐感性判断力的批判不是对概念性认知能力的批判，而是对主体内隐认知能力的发现、界定。这种内隐感性认识能力能够提供先天的原则（合目的性原则）。而这就是内隐感性判断的功能和作用，除此之外不在其他地方有什么应用。"邓译本""曹译本"的译文在此处用括号标明，所谓"其他地方"即"理论的或实践的"地方。这一批判是一切哲学的入门。这一思想非常重要，再次表明内隐感性判断在哲学体系中的地位和作用。内隐感性批判揭示的合目的性原则，为所有对象事物的可能性，为自然的统一，为对自然的认识，都提供了必要的基础，也是思维的原初基础，是哲学学说的基础。但如果把内隐感性理解为审美，这一作用就不合理了。

本节要点：有两种合目的性，内隐感性判断力的和目的论的，所以判断力批判要分为两个部分。前者是主观的，后者是客观的。内隐感性判断力的合目的性是判断力的根本和本来价值，是知性的基础和入门。目的论判断要凭借概念来运行，本应属于理论哲学，但实质上，它的功效和作用是揭示客观事物内在的和外在的合目的性关系。具有这种关系或呈现出这种关系的自然对象就叫作特殊的自然对象。目的论是整体的、统一的，既有客观合目的性也有主观合目的性。主观合目的性要依据特殊的原则，由此构成了批判的特殊部分（所以在判断力批判中既有内隐感性判断力的批判又有目的论判断力的批判）。这一节再次显示出内隐感性判断力的地位和作用，它处于知性认识能力之前，是知性及规定判断力的基础，"没有这种合目的性，知性就会在自然中找不到路径"。（第3段，25）因此是认识所有哲学问题（哲学问题就是自然问题）的入门。由于这里的阐述是导论，是要阐明本书的意图和原因，因此不是在这里研究合目的性的逻辑表象，而是说，为什么要研究表现出逻辑表象客观合目的性的目的论判断力。

九　知性的立法和理性的立法
通过判断力而联结

这句话好像是说，不同的立法可以通过判断力而联结在一起，但这是不合理的。知性和理性在立法方面有巨大的鸿沟，不可相互作用，也不可相互联结。这里应该是说，在各自立法上的知性和理性通过判断力而联结。下面的阐述表明，它们虽然在立法上不可相互联结，但在实践领域中可以相互联结。

［第1段］知性对于作为感官客体的自然是先天地立法的，

以达到在一种可能的经验中对自然的理论知识。自然是有杂多性的，有多种表现，其中有以感官感性的客体为表现的自然，还有以超感性为表现的自然。知性只适用于前者，是以概念来规定感官感性自然中的事物，所以是对于感官自然的立法。所谓给自然立法，不是指创造自然、决定自然；而是指在认识自然时需运用的一种原理、机制。因为所谓的自然或自然的存在就是认识中的自然，没有认识到的就谈不上存在。这也相当于认识机能要在认识自然方面适合自然，适合对自然的认识。知性法则先天地与自然相对立、相适应。这一立法的目的及功能，是取得对自然的经验性认识。将概念与自然对象事物结合在一起了，就是获得知识了。理性对于作为主体中的超感性东西的自由及其固有因果性是先天地立法的，以达到一种无条件实践的知识。"无条件实践"，即理性的存在或成立是先天的，本来如此的，不证自明的，不是被概念条件所规定的。同时，理性知识属于实践领域，不属于感官自然领域。像知性立法适用于感官自然领域一样，理性立法则适用于超感官感性的领域。而这超感官领域也是自然的一种表现形式。自由及自由的因果性（即自由一定要产生后果）作为超感性东西只能以理念的方式存在于主体中，也即等于存在于自然中。但后面提到，客体中也存有超感性东西。这里很重要的一点是，自由及其固有因果性是先天地立法的。即自由概念本来就存在，自由所具有的因果性也是如此。而且，自由固有地就要有因果性，即自由概念必须地、必然地要在实践中即自然领域中产生结果。这一点无须证明，无须条件，是先天的。由于自由的因果性只能表现在实践中，只能在实践中显现出后果，所以是"无条件实践"。关于"知识"一词，一般来说，知识只存在于知性之中，如果这里是"认识"就更通顺了。前一种立法之下的自然概念的领域和后一种立法之下的自由概念的领域，背逆它们独自

（每一方根据自己的基本法则）就能够有的相互影响，被把超感性的东西与显象分离开来的那个巨大的鸿沟完全隔离开来。"背逆"，这一说法似乎意味着自然概念的领域和自由概念的领域本来应该是按照其各自的基本法则而相互影响的，但其实，按照康德的阐述，二者之间并没有这样的相互影响，只是有自由概念在自然概念领域的因果性显现。所以，"背逆……"这句话不意味着它们本来可以有相互影响。对此，"邓译本"的表述是"有可能"有这样的相互影响，但被鸿沟阻断了。（30）"曹译本"则明确说："二者之间完全没有可能有的相互影响。"（378）之所以二者之间不能有相互影响，是因为二者间存有巨大的鸿沟。所谓鸿沟就是区别，也就是超感性的东西与感官感性显象之间的区别。显象是现象界的，可凭感官来感知；超感性的东西则不能凭借感官来感知。这里的"超感性"是"超越感性"之义，完全没有感性。这就好像是两个不同的世界。由于有这样的鸿沟，二者间在立法方面难以沟通。自由概念就自然的理论知识而言不规定任何东西；自然概念就自由的实践法则而言同样不规定任何东西；就此来说，架起一座从一个领域通向另一个领域的桥梁是不可能的。自由概念不能形成关于自然的理论知识；同样，自然概念也不能规定自由的实践法则。就此来说，在立法根据上二者之间是不可能相通的。——然而，即使按照自由概念（以及它所包含的实践规则）的因果性的规定根据未在自然中得到证明，而感性的东西也不能够规定主体中的超感性的东西，但这一点毕竟反过来（虽然不是就自然的知识而言，但毕竟是就出自自由概念对自然产生的后果而言）是可能的，并且已经包含在一种凭借自由的因果性的概念之中，这种因果性的结果应当按照自由的这些形式法则来在世界上发生，自由概念所具有的因果性是无条件地按照自由概念的规则及自由概念规则中所包含的实践规则而成立的，所以它的规定根据不能在自然中得到证明。主体中的超感性的东西同样不是来自感性，因此也不能被感性所规定。虽然感性的东西不能影响到超感性东西，但反过来，超感性的东西却可以影响到感性的东西。这不是说，自由概念可以在知识方面影响到自然概念；而是说，自由概念可以在自然概念的领域产生一定的后果。即从结果上看，自由概念对自然概念的影响是可能的。例如"善""道德"都属于自由概念领域，它们作为价值范畴可以在自然中表现出来，得到实现，这种可能性已经包含在自由的概念之中了。前面讲到过，自由概念固有地就含有因果性的规定，即自由概念先天地就具有或要求有因果性，一定要产生后果。因而，"这种因果性的结果应当按照自由的这些形式法则来在世界上发生"。在世界上发生就是在自然概念的领域中发生。自由的"形式法则"，也许是说不论自由概念的具体内容是什么（公平、正义、永恒等），都在格式性形式上具有实践性、因果性，一定要在实践中产生后果。亦即，按照自由概念的形式法则，固然地具有因果性的自由概念应当在自然领域产生结果。或，自由概念按照自由的形式法则本来就具有这样的因果性，因此这样的因果性就应当在自然概念的领域中发生。这就为自由概念对自然概念领域产生影响提供了根据或理由，也提出了二者相通联的必要性。此点很重要。尽管原因这个词在运用于超感性的东西时仅仅意味着按照自然事物固有的自然法则，但同时毕竟也与理性法则的形式原则相一致地规定"自然事物的因果性"来达成一个结果的那个根据，自由概念在自然领域产生的后果是自由概念固有因果性的"果"。有"果"必有"因"，这个原因不是自由概念的具体价值范畴，如公平、正义，而是更为一般的、基础的超感性的东西。这里有点问题：自由概念本身是超感性的，它又要以超感性的东西为"因"，这是什么情况？是不是有可能，这里的

"超感性的东西"不等同于自由概念的"超感性"？如果是这样，区别何在？按照康德的阐述，作为"作为超感性东西的自由概念"的基础的超感性的东西，即内隐感性判断力所提示的这个"超感性的东西"，可能指"超级感性的东西"，即它仍然是同感性相关联的，不是完全地"超越感性"。这种超感性的东西作为自由概念因果性的原因，造成了自然事物按照自由概念因果性而形成了变化、形成了后果。这一变化或后果既要按照自然事物固有的自然法则，又要与理性法则的形式原则相一致。"规定'自然事物的因果性'"一句不好理解，但提示了自由概念因果性与自然事物因果性的关系。或许是说，超感性（超级感性）东西作为自由概念因果性的原因或根据，造成了自然事物发生变化的后果，等于是规定了自然事物的因果性。这一过程意味着，虽然自由概念可以根据自己的因果性规则而在自然领域产生后果，但其实这一后果的产生不是自由概念任意所为的，而是要依据上述法则的。这样做的可能性虽然看不出来，但关于其中存在着所谓矛盾的反对理由却可以充分驳倒。① 自由概念在自然领域实现其效果的可能性是看不出来的，因为它是先天的，不能在经验中、在

---

① 在自然因果性与凭借自由的因果性的这整个区分中，各种臆测的矛盾之一就是人们责难这种区分时说的矛盾，即如果我谈到自然给按照自由法则（道德法则）的因果性设置的障碍或者自然对这种因果性的促进，那么，我就毕竟承认了前者对后者有一种影响。自然因果性是有条件的，来自不同事物之间的相互作用。例如气温可以将水结成冰。自由因果性是没有条件的、固有的，不被别的事物所影响。在区分这两种因果性时，有各种臆想出的矛盾，即有些人以为康德这样对自由因果性做出界定是含有矛盾的。其中的一种说法是，如果谈到自然可以阻碍或促进按照自由法则（道德法则）的因果性，就等于承认自然可以对自由有影响。但是，只要人们想理解所说的话，那么，误解是很容易避免的。"所说的话"，即上面关于自由因果性的讲述。只要人们想理解即如果理解了上面关于自由固有因果性的讲述，误解就很容易避免了。阻抗或者促进并不存在于自然和自由之间，而是存在于作为显象的前者和后者的作为感官世界中的显象的结果之间；所谓自然对自由的阻抗或促进并不是自然本身对自由本身的阻抗或促进，而是自然的显象对自由在自然（转下页）

感官感性中显现。但是反对这种可能性的那些意见及其理由却可以充分地予以驳倒。康德这里加了个注解，阐述了这样几个要点：自然不可以对自由本身产生影响作用，只可以对自由的感性显现或显象产生作用；自由在自然界的因果性是通过人来实现的；这种因果性是自存的，亦即是不可用其他什么别的方式得知的。——按照自由概念的结果就是终极目的，它（或者它在感官世界中的显象）应当实存着，自由概念是有因果性的，这一因果性就是自由概念一定要显现出结果。自由概念作为理念，是人显意识中思维、观念所含内容的最大值、最大范围，这一范围的终端就是主观意识方面的终极。在主客体之间的合目的性关系中，其结果可能达到的最终极的因果性就是终极目的，即最终的、最根本的合目的性关系。自由作为超感性的东西不能像自然领域的东西那样被感官所感知，但可以并且应当通过感性显象（例如以象征性的方式）而在自然界中存在。象征着自由精神的自然感性的东西就是实存的自由，即所谓自由在自然界的实现。最大的、最终极的自由概念在实践中的实现就是以终极目的为对应点而结

（接上页）感官世界中的显象可以有所阻抗或促进。即自由在自然界中的结果是以自然显象的形式达成的，例如以一些自然显象来象征着自由的东西，或以感性的东西来显现着理念性的东西。这些自然显象能否恰当地、充分地把自由显现出来，就是对自由的阻抗或促进。亦即在自然对自由的显象即感性表现方面，自然可能做得好一些或者不好一些。所谓自然对自由的影响不过如此。甚至（纯粹的和实践的理性的）自由的因果性也就是一种隶属于自由的自然原因（作为人，因而作为显象来看的主体）的因果性，这个说法，这个思想很重要。似乎是表明，自由在自然中的因果性表现是通过人来完成的，由人去对自由加以自然感性的显现。人是自然显象的主体。人是自然的，同时要隶属于自由，即人要遵循自由的法则。在自由之下被思维的理知的东西以一种在其他情况下（正如构成自然的超感性基底的同一种理知的东西一样）无法解释的方式包含着规定这种因果性的根据。"在自由之下被思维的理知的东西"，可能是指自由的因果性。按自由法则进行思维所理知到的自由的因果性，其自身就含有自己的根据。至于为什么是这样，即为什么会有这种因果性，却是不可知的，也是以其他方式所不能得出的。正像自然的超感性基底作为理知的东西，其根据也不可知一样。

成的合目的性关系。为此人们预设了它在自然中的可能性的条件（即作为感官存在者，也就是作为人的那个主体的可能性的条件）。"它"，应该指自由概念的终极目的。自由概念的终极目的要在自然中实现，其可能性需要一定的条件，这一条件就是人，是人的存在。人作为具有感官的存在者，作为实现自由概念终极目的之可能性的主体及条件，是被预设好的。亦即，大自然预先设计好了以人为实现自由概念终极目的的条件。自由概念需要在自然中实现其结果（终极目的），而正好有人的存在可以充当将其付诸实现的条件。就是说，人具有道德等精神，具有自由概念的素质，可以按照自由概念的因果性规则使自由概念在自然界产生后果，所以人是这种可能性的条件。人是自然的存在，人的自然性是自由性的前提。自由的东西之可以在自然界中存在，是通过人来实现的。先天地、不顾及实践而预设这些条件的东西，即判断力，照这句话看来，所谓以人为条件，还不是简单的有了人就有了条件了，还需要人具备一些素质才能成为条件。判断力不能预设人的存在，只可以预设人的素质或人的能力。这种预设是无条件的，即先天的，不受到实践和经验的影响。在自然的一种合目的性的概念中，提供了自然概念和自由概念之间的中介概念，判断力是怎样预设这个条件的呢？就是提供了合目的性概念，以合目的性概念为中介，将自然概念与自由概念相联结，并且以这个概念使得从纯粹的理论理性到纯粹的实践理性、从按照前者的合法则性到按照后者的终极目的的过渡成为可能；因为这样一来，惟有在自然中并且与自然的法则相一致才能成为现实的那个终极目的的可能性，就被认识到了。这句话的意思是说，自然界和自由界有各自不同的立法，在立法方面不能相互影响；但自由概念本身具有因果性的要求，要在自然界实现其终极目的。这就需要有个通道，能将二者相联结，否则自由界的东西就无法进入自然界。幸好自然界中有人这个存在，人既具有自然性又具有自由性，可以成为实现终极目的的条件。在人那里，自然概念与自由概念的相通、相连是可能的，但要经由一定的途径、方式，还要以合目的性为原则。合目的性原则是由判断力所揭示的。至于合目的性怎样地揭示并达成了这种中介、联结，正文中有更详细的阐述。"牟译本"中对这段话做了解释，可以参考。

[第2段] 知性通过它对于自然而言的先天法则的可能性提供了一种证明，即自然只是作为显象才为我们所认识，因而同时提供了对自然的一个超感性基底的指示，但却使这个基底完全未被规定。"它"，应指知性自身。知性在（认识）自然方面具有依据先天法则的可能性，即它自来的就能以概念规定对象。它通过这一可能性证明，我们认识到的自然只是一种显象，不是物自身。这样的自然要有个根据，于是就提示着自然应该有个基底，这个基底是超感性的东西。显然，物自身不是自然的基底，而是自然的基底之上的东西。如果物自身就是超感性基底的话，康德直接指出来应该更好。而且，物自身是已经知道的东西，而这个作为自然基底的超感性的东西则是还不知道的东西。知性不能把握物自身，这是已经论述过了的。现在提出知性同样无法规定的超感性基底，应该是与物自身不同的另一个东西。知性既不能直观这个基底，又不能用概念来说明这个基底。判断力通过其按照自然可能的特殊法则来评判自然的先天原则，使自然的超感性基底（无论是在我们之中的还是在我们之外的）获得了通过理智能力来规定的可能性。判断力也有自己的先天原则（可能指合目的性原则），可以运用这一先天原则按照自然可能的特殊法则来评判（认知）自然。这是否指以合目的性原则来认知自然？这就使理智能力有可能去规定（说明）自然的超感性基底。"理智能力"，不是具体的知性或理性，可能泛指人的认识能力。康德注

明，这一超感性基底可以是在我们（主观）之中的，也可以是在我们（主观）之外的。即超感性基底既可能是主观的，又可能是客观的。而对象的物自身应该是客观的，所以不能等同于超感性基底。"评判"在康德的用法中不同于认识，往往是指心灵内部隐性的认知活动。下面进一步说，但是，理性则通过其先天的实践法则赋予同一个基底以规定；自然只是提示了有超感性基底存在，但不能给予其规定；判断力使超感性基底有可能被规定；而实践理性则确确实实地给予超感性基底以规定。这是怎样的状况？实践理性是通过其先天的实践法则去规定超感性基底的，实践的法则就是按照自由概念先天固有的因果性原则在自然领域中达成自由概念的结果，即在自然领域实现自由概念的价值，或是以自然概念象征着自由概念。这种实现和象征都相当于把超感性的东西感性地展示出来。知性概念对直观的规定是具体的、明确的；理性对超感性基底的规定不是概念性的，而是展示性的。因此是不是说，自由概念之价值在自然领域中的实践、实现或显象，就是对超感性基底的规定？因为显象都是具体的，等于是规定。自由概念是超感性的东西，将其显象出来就等于是以概念性的东西对超感性东西做出了规定。所以，怎样实践就是怎样规定。但是，自由概念的感性显现带有偶然性，这也能算是规定吗？或许，把"规定"理解为"表达""说明"可能更顺通一些。这意味着，对超感性基底的规定或表达与对自然的认知相关，还与自然的显现相关。或者说，对自然的认知或显现、表达可以关联着、影响着对超感性基底的规定。知性对自然显象的规定都是具体的，即有具体概念的，但显然不能用具体概念去规定超感性基底。那就也许是指，要用从自然得来的合目的性去规定超感性基底。此处存疑。这样，判断力就使得由自然概念的领域向自由概念的领域的过渡成为可能。这种过渡是内在逻辑性的关联，并且是人能够认识到的关联。即，将自然界与自由—道德界联结成一个整体。其中的联结、中介是由判断力提供的，因此是判断力使这种过渡成为可能。

[第3段] 就一般心灵能力而言，只要把它们当做高层能力，亦即包含着一种自律的能力来看待，"一般心灵能力"，指知性、判断力、实践理性。它们是高层能力，即具有自律的能力。"自律"，指自己给自己定规则、立根据。前面的阐述曾说过，知性、理性给自然中属于自己领域的立法是"自律"，其实是自然通过知性或理性的方式给自己立法，因此是自然的"自律"。判断力给自己立法，是自然通过判断力的方式间接地给自己立法，是"再自律"即间接自律。但这里只说到自律的能力，没有说到再自律，会不会是这里的一般心灵能力不包括判断力呢？似乎不是，因为下句话中就把判断力包括在一般心灵能力之中了。如果这里判断力也是"自律"的，或许表明康德在这里是以心灵能力为本位的。另一种可能是，这里是把"再自律"与一般"自律"等同看待了。因为不论直接自律还是间接自律都是自律。那么，对于认识能力（对自然的理论认识能力）来说，知性就是包含着建构性的先天原则的能力；对于愉快和不快的情感来说，这种能力就是判断力，它不依赖于能够与欲求能力的规定相关，并由此直接是实践的那些概念和感觉；对于欲求能力来说则是理性，它无须任何一种不论从哪里来的愉快的中介而是实践的，并作为高层的能力为欲求能力规定终极目的，这个终极目的同时带有对客体的纯粹的理智愉悦。"建构性的"，指实际构成的，不是虚拟的、假设的。"这种能力"，似指同知性同样包含着建构性的先天原则的能力，但这是不合理的，因为判断力的原则不是建构性的，而是假定的或设定的。所以，"这种能力"可能指一般心灵能力或高层能力。这里特别把判断力与欲求能力相区别。判断力

中的愉快不是来自欲求的满足，不是来自同实践直接相关的概念和感觉。知性规定着理论性的认识能力（不是反思判断力中的认识能力），判断力规定着形成反思性愉快的能力，实践理性无须经过反思愉快的中介（即不经过反思判断）即可规定着欲求能力，亦即理性不是因愉快而发动的。这里提到的"愉快"有点突然。一般来说，愉快指反思判断中的愉快情感。也许这里是说，理性是同欲求相关，不是同反思性的愉快相关。所谓为欲求能力规定终极目的，意思可能是，欲求不仅是生理性的，还有精神性的即自由的、道德的。欲求能力的终极目的，也许指最高的"善"。"这个终极目的同时带有对客体的纯粹的理智愉悦，"这句话何所指？客体，知性的客体指认识对象，理性的客体也许指概念的价值范畴，如自由、善。终极目的的客体是什么？可能指表现出或象征着终极目的的自然对象。另外，这句话中，"终极目的"是作为主语而对客体带有理智愉悦。但一般来说，只有作为主体的人才能具有愉悦情感，"终极目的"本身不是人，说它带有愉悦情感，在逻辑上说不通。这里也许是说作为终极目的的人对客体带有理智愉悦。但也可能还含有这样的意思：终极目的是要以一定的自然对象来象征或显现的，因此这样的自然对象应该与终极目的有某种关联；人在对终极目的感到喜好的同时，也会对显现终极目的的自然对象物形成喜好；不过，这种喜好不是直接地来自对象物本身的作用，而是来自理智，即来自理性认识。例如康德在后面讲到的例子，人们以磨盘象征大王的权力。人们在对大王的权力产生崇敬之情时，也会对磨盘有某种喜好之情。这种喜好不是直接地来自磨盘，而是来自对磨盘与大王权力之间关联的认识。当然人对磨盘本身也是喜好的，但不同于对大王权力的喜好。——判断力关于自然的一种合目的性的概念还是属于自然概念的，但只是作为认识能力的范导性原则，尽管引起该概念的关于某些对象（自然的对象或者艺术的对象）的审美判断，就愉快或者不快的情感而言，是一个建构性的原则。关于自然的合目的性概念属于自然概念（客观合目的性）。合目的性概念在关于自然的认识能力中的地位和作用只是充作范导性原则，即它不是建构性的、实际构成因素的，而是作为一种原则，规范着、导引着认识，本身不构成知识。在合目的的原则之下概念才能规定对象，由此形成二者间的合目的性关系。不过，对某些对象进行的内隐感性判断可以引发合目的性概念，并且在愉快或不快情感的形成过程中充当建构性的原则。即在这种愉快或不快情感的形成过程中，内隐感性判断是实在的、实际的构成性因素。各种认识能力的协调一致包含着愉快的根据，这些认识能力的游戏中的自发性使得上述概念适用于作自然概念的领域与自由概念在其后果中联结的中介，因为这种联结同时促进了心灵对道德情感的感受性。这里所说"各种认识能力"，应该不是指知性、判断力和理性，而是指反思判断力中的想象力（内在直观力）和知性因素。它们的"协调一致"即想象力在知性因素的框定范围之内活动。也许，在康德的意识中，反思想象力与知性因素的一致就意味着与内隐感性表象的一致。"上述概念"应指合目的性概念，康德在前面曾明确讲过，合目的性概念是两大领域相联结的中介。反思判断的认识能力是自发地活动的。所谓"自发性"，即不受概念制约，不被主观意图所指使。由反思判断认识能力的自发性活动引发的合目的性作为中介造成了一种联结，即自然领域与自由概念在自然领域中显现出的后果之间的联结。不是自然概念领域与自由概念领域在立法方面的联结，也不是在知识体系方面的联结，而是在自然感官感性事物上的联结。例如，当以自然事物象征着自由概念时，这一自然事物就既是被知性概念所规定的自然物，又蕴含着自由概念的内容。这就相当于在一个自然领域的事物中自然概念与自由概念相联结了。这种联结使得抽象的自由概念具有了可感性，心灵对道德情感的感受将会更生动，更深切。康德以一个列表把几种心灵能力及其产物、关系集中地展现出来。——下表可以有助于按照其系统的统一性来概观一切高层的能力。①

心灵的全部能力	认识能力	先天原则	运用于
认识能力	知性	合法则性	自然
愉快和不快的情感	判断力	合目的性	艺术
欲求能力	理性	终极目的	自由

本节要点：由知性立法的自然概念领域是可直观的显象，由理性立法的自由概念领域是不可直观的超感性东西，二者相互隔离，不能在立法方面相互影响。但自由概念先天地具有固有的因果性有必须实现的要求，一定要在显象界即自然领域中表现出来，这就在自然领域形成了自然概念与自由概念相连通的需要。

---

① 有人曾对我在纯粹哲学中的划分结果几乎总是三分的而感到疑虑。但这却在于事物的本性。如果一种划分应当先天地进行，那么，它将要么按照矛盾律是分析的；而在这里它任何时候都是二分的（quocllibet ensest aut A aut non A［任何一个存在者都要么是 A，要么是非 A］）。要么它就是综合的；而如果它在这一场合应当从先天概念出发（而不是像在数学中那样从先天地与概念相应的直观出发）来进行，那么，按照一般综合统一所要求的东西，亦即（1）条件，（2）一个有条件者，（3）从有条件者与它的条件的结合中产生的概念，划分就必须是三元体。针对一些人关于三分划分的疑虑。康德做出解释。之所以有这种划分，是因为事物的本性如此。如果划分是依照先天根据进行的，则或者是分析的，或者是综合的。分析的划分是按照矛盾律进行的，这时就是二分的，即划分为"A"与"非 A"；综合的划分如果是从先天概念出发（不是从直观出发），则必须按照一般综合统一的要求而划分为：（1）条件；（2）有条件者，"曹译本"对此的译文是"被条件所限定者"；(380)（3）从前二者的结合中产生出的概念。因此划分必须是三元体。这种说法有点类似于黑格尔的"正反合"。

这一连通必须有根本性的、作为根据的可能性，即立法方面的可能性。这一可能性是现实的存在：自然中有人的存在，人既是自然性的，与自然概念相关联；又有思维能力，可以把握到超感性东西，同自由概念相关联；同时，人还具有特殊的心灵能力，即反思性的判断力，它可以揭示出自然中普遍存在的合目的性。以此为中介，就可以将自然概念与自由概念相连通。

第三编　正文细读

第 1 节　鉴赏判断是审美的

[第 1 段]为了区分某种东西是不是美的，……"想象力"，指反思判断力中的想象力，即先天的内在直观力。"与知性相结合"，不是与知性的规定性判断相结合，而是与知性因素即知性的概念能力相结合。要看出一件东西是不是美的，不是以知性的规定能力把对象的表象与客体即对象事物本身（这里说的"本身"不是指物自身，而是指包括物自身的对象整体）相联系。即，我们看到事物的外在形式表现时，不是注意到这件事物本身。这里所说的"注意到"，是指注意力集中于此。没"注意到"不等于没看到或没意识到。审美时，人们首先要意识到并且识别出对象事物，但不是专注于对象事物作为一个实体事物的存在，即不是专注于对象事物的客观价值和意义。康德认为，所有在世上存在的事物都是以概念来表示的；把对象事物用概念表示出来，就是形成知识，是认识事物或把握事物的知性方式。所谓不是形成知识，即不是以知性方式去把握对象事物，不是专注于事物本身的意义、价值及其可能对我们的作用或影响。如果在把握对象事物时所采用的认识方式不是形成概念性知识的方式，就可以形成另一种把握事物的方式，即反思的内隐感性判断或鉴赏

判断的方式，也就是我们今天所说的内隐认知方式。这种方式可以通过鉴赏判断的想象力（内在直观力）对对象事物之表象加以内在直观性的认知从而形成愉快或不快的情感。即由于人对客体对象采取了鉴赏判断的态度及认知方式，就达成了对象之表象与鉴赏判断认识能力的一致或契合、匹配，因而引发了愉快和不快的情感。这就相当于通过鉴赏判断的想象力将对象之表象与主体及其愉快或不快的情感相结合。因此，鉴赏判断从认知方式的性质上看，不是知识判断，因而不是逻辑的而是内隐感性的，即内隐认知的。人们把它（鉴赏判断）理解为这样的东西，对其性质的规定只能来自主观的认知方式及愉快和不快的情感。这也是它与逻辑性的、规定性的判断相区别之处。以主观的认知方式及愉快和不快的情感来规定鉴赏判断的性质，是以活动的终端结果来界定活动性质的方法。鉴赏判断与规定性知性判断肯定在主体心灵的运行方面有某种不同，但这一层次上的不同人们无法知晓；人们所能知晓的只是这些活动在终端结果方面的不同。终端结果的不同可以表明这两种判断在构成及活动方式上有根本的、性质的不同，因此愉快和不快的情感就成为确定鉴赏判断性质的根据。一般而言，对象的表象首先是通过感官而与客观因素相关联的，由此形成感官性的感觉。因为感官性感觉是外感觉，只能感觉到对象上外在的即客观的东西。这时，这种客观的关系就意味着在经验中感觉到的东西是对象之表象上的实在（实际存有的、可见的、可表述）的东西。即人通过在经验中与表象的客观方面的关联，可以把握到的对象事物之实体性的存在。例如在经验中到看到花的样子（表象），就知道这是花，是个实际存在的事物。表象的原初的、一般的指向就是客观存在。取得认识，这是人最原初的行为和目的。由于愉快和不快的情感是在主体中发生的、存在的，所以表象与愉快和不快情感的关系是主观的而不是与客观事物的关系。在结成主观关系时，人们不是注意到客观方面的因素，没有标明客体中的任何东西。相反，在这种主观关系中，主体所感觉到的是主体自己的情感，所以像是感觉到自己本身一样。当然，这种情感的发生也要同表象（内隐感性表象）相关，就如同被感官感性表象所刺激的那样。

［第2段］凭借自己的认识能力……"认识能力"，应该指知性能力。这时的规则是事物的客观方面的规则，目的也是客观方面的目的。如建筑物要与客观的特殊法则即自然规律相符合。"清晰的表象方式"，应指表象所显现出来的东西可用感官知觉到并以概念明确地加以表述；"含混的表象方式"，这一说法类似于鲍姆嘉通所说的"模糊性"。一般来说，这应该是指内隐感性的表象方式。如果把这句话理解为知性认识能力既可以在清晰的表象方式中也可以在含混的表象方式中去把握一座合乎规则的建筑物，则清晰的表象方式和含混的表象方式二者间就难以有所区分了。根据康德一贯的阐述，知性按其本来的规定性是不能对含混的表象进行判断的。所以，把这种含混的表象方式作为一种肯定的可能性附着在知性上是不合理的。这句话的意思可能是这样的：暂且先不管这里的表象方式是清晰的还是含混的，如果是以知性能力去把握一座合乎规则的、合乎目的的建筑，则会与凭借愉悦的感觉去意识到这个表象是完全不同的。按康德的阐述，对象之表象可以有两种性状，一种是感官感性的即逻辑的，另一种是内隐感性的。后者直接与内隐感性判断相关联，但要以前者为基础、为载体。这里是笼统地说到"表象"，那就可能是包括着两种性状、两种作用的表象。而凭愉悦的感觉去意识到的表象应该是具有内隐感性性状的表象；这种表象不是可以清晰地以概念来表述的，相对于感官感性表象的清晰度来说是含混的表象。在这种感觉及表象方式中，表象直接与愉快或者不快的情感相联

结，这种愉快或不快的情感是主观的，即与主体的生活情感相关。相比之下，快适性的愉快，感官性的愉快都是客观的。"生活情感"一词的内涵不是很清楚，"邓译本""曹译本"为"生命感"。（38，382）"生命感"的含义也未见有清楚的阐述。大致可理解为主体内在的、原初性的感觉。但且不论其具体含义究竟是什么，反正是一种主体性的情感，同客观感官感觉相区别。即当形成反思性的愉快时，表象的作用是激活特殊的情感，因此只同主体的特殊情感相关。这就建立起一种完全特殊的区分和评判的能力。这种特殊的能力不同于可外在表述的能力，是内在的难以表述的能力，实即内隐认知能力。"第三批判"的核心内容就是要阐述这种能力，这也是导论中所说的区别于知性和理性的另一疆场中的能力。它不是清晰的，不能用概念来表述，没有实存的对象，因此对认识没有丝毫贡献；而是仅仅把主体所认识到、把握到的表象与主体在内隐感性判断状态下产生愉快情感时所意识到的全部表象能力（评判内隐感性表象的认识能力，即作为内在直观力的想象力和知性因素）相对照。所谓相对照，即相对应、相匹配。亦即在内隐感性判断状态下将对象之表象与主体反思判断的认识能力相匹配，使二者结成合目的性关系。一个判断中的被给予的表象可以是经验性的（因而是审美的）；但通过那些表象所作出的判断却是逻辑的，如果那些表象在判断中只是与客体相关的话。这里的"经验性"值得深究一下。一般来说，人的所有经历、活动都是经验，可有外在的，也可有内在的（思维性的活动）。内在的经验现在往往叫作"体验"。这里把经验与内隐感性相关联，很可能指的就是内在的体验。这句话应该理解为：在判断过程中面对的对象虽然可以是经验性的，因而可以是内隐感性的，但如果把这个表象关联到客体对象本身，则这时对那些表象所作出的判断就是逻辑性的、规定性的、知性的。与此相反，如果主体所把握到的对象虽然可以是合理的（即同客观规则相关的，或理智性的），但在判断中却仅仅与主体（主体的情感）相关，那么，它们就此而言就总是内隐感性的。这里，康德强调的是表象与主体或客体的关系；这种关系决定了判断的性质。即使表象可以是内隐感性的（具有内隐感性性状的），但如果此时是同客体相关联，则这个表象及判断就是逻辑性的；即使表象可以是符合客观规则的，但如果此时是同主体（主体的愉快情感）相关联，则这个表象及判断就在此时是内隐感性的。这句话中，"经验的"同"合理的或理性的"相对；"可以是内隐感性的"同"总是内隐感性的"相对。也就是说，给予的对象（人所面对的对象事物），不论是经验性的（感性的）还是理性的，如果仅仅与主观情感相关，那就是内隐感性的。因为这时是内在的、内隐的认知过程。虽然经验性的对象可以同情感（特别是内隐感性情感）相关，但如果对象引发的是知性认识，那就是逻辑判断了。同样，虽然同"理"相关的东西可以同逻辑判断相关，但如果它仅仅同主体情感相关，那就是内隐感性的了。

本节要点：内隐感性鉴赏判断的特点在于，仅仅与主观愉快相关，不与对象的客观素质及知性认识和概念相关。这里表现出，"内隐感性"一定不能理解为"审美"，否则就是自相矛盾了。

第 2 节 规定着鉴赏判断的那种愉悦是没有任何兴趣的

"兴趣"，其他中译本为"利害"。"释义"说：在德文中，形容词"interessant"和"interessiert"（及其名词化的 Interesse）虽然几乎是同义词，却有一点细小的区别，那就是"interssant"

更偏重于"兴趣、关切",而"interessiert"和"Interesse"更偏重于"利益、利害"。所以在康德这个注释中,他可以说纯粹道德判断是完全无利害的,却产生某种兴趣或关切。(212)

[第1段] 被称为兴趣的那种愉悦,我们是把它与一个对象的(同其实存相关的)表象结合在一起的。即人通过对表象的知性知觉而意识到事物(作为一个实存的实体事物)本身的价值。因此,这样一种愉悦总是同时具有与欲求能力的关系。这时的愉悦感同欲求相关,而欲求都是具有一定实用性、利害性的。这样,要么它(指同实存相关的愉悦)就是欲求能力的规定根据,要么与欲求能力的规定根据有必然联系。这里,愉悦感作为"规定根据"不是起始性的而是结果性的,即从最终结果上看,欲求能力是利害性的。要以作为结果的愉快情感的性质来判定此情感形成过程即判断方式的性质。如果是形成了无利害关切兴趣的愉快,则判断力的性质就是内隐感性的;如果是形成了与利害性需要相关的愉悦,则是与欲求能力相关的。但现在,既然问题是关于某种东西是否是美的,人们就不想知道事情的实存对我们或者任何一个人是否有某种重要性,或者哪怕只是可能有重要性。所谓"重要性",指利害需求方面的重要性。美的东西不具有这方面的重要性,因此无关乎美的东西作为一个事物的实存性。这里,不是说美的东西不是实存的东西,而是说人们不关心其实存的性质、价值。例如苹果,当然是个实存的东西。作为实存的东西,苹果可以食用,有营养价值,这是其实存对人的意义。当人以苹果为鉴赏判断的对象时,就会只关注到它是美的,不关注它实存的价值和意义。这就是在纯然的观察(直观或者反思)中评判它。"纯然的",这里是充分意义上或严格意义上的纯然,即不与客观实存、利害性及客观物质性的质料相关的,例如康德下面所列举的事例。与此相关,"纯然表象"即只同纯然主观即纯然

的内隐感性鉴赏判断相关的表象，亦即主体以鉴赏判断力与表象结成的关系。要评判一个东西是否是美的，只需看看人对这个东西的表象（具有内隐感性性状的表象）是否形成了反思性的愉悦感。如果形成了，这个东西就可以说是美的。所以康德说，要说这个对象是美的，并且证明我有鉴赏，这取决于我从我心中的这个表象本身得出什么，而不取决于我在其中依赖于该对象的实存的东西。"我心中的这个表象"不是知觉中的感官感性表象，而是主体意识中的意象性的表象，亦即内隐感性表象。如果由这个表象形成了反思性的愉悦感，就可表明这时的认识或认知活动是鉴赏判断，这个对象物就是美的。鉴赏判断不取决于对象作为实存物所具有的东西（质料性的东西及感官性的东西，例如感官感性的形状、色彩、质地等）。关于美的判断只要掺杂了丝毫兴趣，就会是偏袒的，就不是鉴赏判断。只有排除了由对象物的实存而带来的利害性关切，才能决定自己的判断是纯然鉴赏性的。这种情形即形成了审美活动的无利害性。

[第2段] 但是，对于这个极其重要的命题，……对鉴赏判断的性质这样极其重要的命题，只有将利害性愉悦与无利害性愉悦相对比，才能看出无利害性愉悦的特质。如上段所说，"被称为兴趣的那种愉悦，我们是把它与一个对象的（同其实存相关的）表象结合在一起的"。这样，所谓无利害性的愉悦即是无兴趣的。康德在"无兴趣的"一词后有一个注释：对于愉悦的一个对象的判断可以是完全无兴趣的，但却毕竟是很有趣味的。"有趣味的"，具有某种实用性用途的；它与"无兴趣的"本该是对立的，但康德的表述表明二者有某种关联，似乎是个矛盾。其中的关系可能是这样的：二者在认识过程中居于不同的环节；鉴赏判断的活动过程是无兴趣的（不与任何欲求相关联），是对无利害性纯然表象的认知，所以说，鉴赏判断就其自身而言根本不建

立任何兴趣；但鉴赏判断能力却可以有一定的用途，例如在社交场合，拥有或展现出较高鉴赏力，可以显示出自己的才干，提升自己的地位。人们对这一点的追求就是某种兴趣的表现。这是康德将要在后面阐述到的。二者的区别在于：前者是鉴赏判断自身，后者是鉴赏判断的应用。康德所说的利害性兴趣就是下面几节所阐述的兴趣，不是别的什么兴趣。

本节要点：鉴赏判断的特点是无利害性关切。第 1 节和第 2 节都是对鉴赏判断性质的界定。

第 3 节　对适意者的愉悦是与兴趣相结合的

[第 1 段] 在感觉中使感官喜欢的东西就是适意的。……"使感官喜欢"，即感官感到舒适，例如悦耳悦目。在康德的阐述中，适意区别于愉快。二者都是肯定性的情感，但前者与利害性相关，后者不与利害性相关。如果以适意为标准，那么，感官的那些规定着偏好的印象、理性的那些规定着意志的原理、直观的那些规定着判断力的纯然反思形式，就对快乐情感的作用而言，都完全是一回事。如果以适意为肯定性情感的标准、为规定性，则各不同领域、不同方式的感觉就没有什么根本性的区别了。但其实，其中的差别是很大的。在感官感性方面，有人会有一些特殊的偏好（如有人喜甜，有人喜咸）；在实践理性方面，有来自自由概念的愉悦感（如对"善"的好感）。"直观的那些规定着判断力的纯然反思形式"，这里的"直观"不是知性直观而是内在直观；这种内在直观决定了判断力是纯然的反思判断。这些心灵能力及其活动方式虽然都可引发快适感，但在其根据及性质上大不相同，因此不能以快适感为划分标准而将这些感觉混为一

谈。因为这种作用在对情感状态的感觉中就是适意，作用，指对快乐情感的作用。康德这里区别得很精细——情感状态本身不是感觉，对情感状态的体验才是感觉。即这种感觉不是外感觉，而是对身体内在状态的感觉。上述那些能力都能够使人在体验自身内在状态时感觉为适意的。而既然对我们种种能力的一切探讨最终必然都目的在于实践的东西，并在作为其目标的实践的东西中结合起来，大概是说，这些能力都是主体中的，要在实践中有了对象化表现才能真正显示出这些能力究竟是什么、是怎样的，要在实践中实现其合目的性。结合，必是两种以上因素的关系，单一的因素形不成结合。上面已经点明了主体能力的因素，那么，能够同主体因素相对立并结成合目的性关系的，就应该是客体的因素，即各种主观感觉的客体对应物。对外感官来说，就是对象之表象的外显特征，如色彩、气味；对理性来说，就是自由概念；对反思判断力来说，就是对象之表象的内隐感性性状。这些心灵能力及其活动最终都要形之于实践，在实践中表现出来。"目标"，指最终结局。在这种形成适意感觉的结合中，发挥作用的主体能力只是情感感受能力。借此，人们只能评估它们所预示的欢娱，也就不能苛求这些能力对事物及其价值作出别的估价。事情最终根本不取决于它们如何达到这一点的方式；这些情感感受能力不是用来评估事物在情感之外的其他价值的。如果仅以适意、欢娱为目标，则达到这一目标的方式就不重要了。"方式"，指形成愉悦的具体途径、手段，不是指认识方式或判断力的方式。尽管有的欢娱可能是通过卑鄙、恶意的手段获取的，但不论其手段怎样，其追求欢娱的目标是共同的。而既然以欢娱为目标，就无须指责手段怎样了。

［第2段］如果对愉快或者不快的情感的一种规定被称为感觉，……"规定"，指为这种情感定性，作判断。如果把愉快或

不愉快情感也称为一种感觉，那么它是不同于感官感性所获得的感觉的，后者是属于一种认识能力的感受性的感觉。"感受性"，指特定生理性的感受。如视网膜只能感受光线，耳膜只能感受声波。在这种场合，对象之表象是事物自身客观属性的显现，因而只同客体相关。但在前一场合，表象具有内隐感性性状，与内隐感性判断相对应，因此仅仅与主体相关，并且根本没有任何获取知识的用途。"主体借以认识自己的东西"，大概指主体的对象化显现，类似于马克思所说"人的本质力量对象化"理论。即作为主体的人是什么样的，要通过对象化的客体事物或现象表现出来。这种东西虽然与主体相关，但属于认识的范围，不是内在直观的对象。

[第3段] 但是，我们在上面的解释中把感觉这个词理解为感官的一个客观的表象；……"上面的解释"，指上面对感官感觉的解释，即应该把感觉这个词专用于感官感觉，不用于纯粹内在的愉快情感。作为主体感官感觉，其客体对象是客观的表象。这一客观表象是凭借感官所感觉到的，因此应该把感觉这个词理解为感官的一个对象，即表现在对象上的感觉，同客体相关联的感觉。为了同这种感官感觉相区别，防止被误解，我想用情感这个通常流行的名称来称谓在任何时候都必定仅仅保持为主观的、绝对不可能构成一个对象的表象的那种东西。上面讲到，人们通常把主观的内在感觉即愉快或不愉快的情感也称为一种感觉，这就容易同客观的感官感觉相混同，为了将二者相区别，需要把后者称为情感。我们今天把所有同情绪相关的内在感觉都称为"情感"，但这个词在康德那里是个专指。客观感觉与主观情感的区别可以这样来看：草地的绿色属于客观的感觉，是对一个感官对象的知觉；但这绿色的适意则属于主观的感觉，绿颜色是感官感觉的结果，被视觉能力（辨色力）所决定；由绿颜色引发的适意

是主观的感觉。这种适意不表现任何对象，因为适意不专门相对于某一特定对象。即对客观感官感觉的感觉才是主观的感觉。反过来说，主观感觉是对客观感官感觉的感觉。通过具有感知外在信息之功能的感官（眼耳鼻舌喉）所获得的感觉是客观的感觉（心理感觉），因为这些感觉的刺激信息是客观的；机体对这些感觉信息加以评价所形成的感觉是主观的感觉（认知感觉）。例如嗅到一定气味，这是外感觉；觉得这些气味香而感到适意，这是评价性的主观内感觉。主观感觉的直接对象是客观感觉，不是客观事物（感官以客观事物为直接对象），因此说它不能表现出任何对象。也就是说，它属于对象被视为愉悦（这愉悦不是对象的知识）的客体所凭借的情感。"愉悦"，应该是"适意"的一种，即愉悦性的适意。这样的适意也是一种情感，但这种情感或内在感觉是通过感官对客体的感觉形成的。感官感觉是初级的、外在的、映射性的；主观感觉是复合的、内在的、评价性的。对内在的评价性感觉，康德有时用"判断"，有时用"评判"。似乎"判断"更具有一般性，多以"内隐感性判断"及"规定性判断"等用法出现；而"评判"的用法较具体，多以"鉴赏评判""对崇高者的评判"等用法出现，带有内在的认知活动之义。

[第4段] 现在，关于一个对象，……引发适意感的判断是与对对象的兴趣相关的，这个对象通过感官感觉而激起了人对这样一个对象的欲望，即获取该对象的欲望。因而这种愉悦不是以关于该对象的纯然判断，而是以该对象的实存与我的状态的关系为前提条件的，如果我的状态受到这样一个客体的刺激的话。这句话很重要，要充分重视"对象的实存与我的状态的关系"这一表述。为什么人有时候与对象的实存结成关系，有时不结成这种关系而是与对象的内隐感性表象结成关系？这是同人的需求状态紧密相关的。当人有实际的利害性需求时（包括生理性需求和精

神性需求），就与对象的实存结成关系。因为只有对象作为实存物才能满足人的利害性需求。例如当人处于极度饥饿之时，一旦看到苹果，即等于受到苹果的刺激（苹果作为信息源激发了主体的感觉），首先想到的是以它来充饥。这时就是主体与苹果的实存相关联。而在丰衣足食的无忧无虑状态下，即使看到苹果也不想着吃掉它，这时才可能对苹果的外在样态加以无利害兴趣的知觉，进行"纯然判断"，形成审美欣赏。因此，人的愉悦性适意是以该对象的实存价值与人的利害性需求状态的关系为前提的。如果不是具有这样的前提，就不能形成愉悦性适意。反之，愉悦性适意不是以纯然判断为前提的。康德这里已经点出了事物实存与主体需求状态的关系，只是没展开进一步的深入阐述。使人适意的东西不仅招人喜欢而且使人欢娱。这样说不是在表示纯然的赞许，而是表现出某种偏好。"纯然的赞许"是赋予美者的，偏好是赋予具有实存价值的事物的。以最鲜活的方式而适意的东西甚至不需要关于客体性状的任何判断，这句话的所指不甚明确，也许有什么暗示，但其意思与前述意思一致。下一句中的"免除一切判断"，也是指这种判断。

本节要点：区分出外在的感官感性愉悦与内在的主观愉悦。前者的愉悦是快适性的，依赖于客观对象，因此与一定的利害性相关联。对后者，这里还没有作出更进一步的区分，以后会讲到，后者既可能与对象的质料相关又可能不相关。

第4节 对善者的愉悦是与兴趣相结合的

［第1段］借助于理性而通过纯然概念使人喜欢的东西就是善的。……"善"，是价值范畴，没有一个叫作"善"的实存物，只能有"善者"即善的东西。所以"善"作为概念是没有

实存的所指对象物的，是个"纯然概念"。对这样的纯然概念不能通过知性进行直观性的把握，只能借助于理性加以把握。善的东西可以被人喜欢。例如道德、自由、友爱，都是令人向往的。我们把一些只是作为手段而使人喜欢的东西称为为某事而善的（有用的东西）；一事物作用于另一事物，这一事物就是作为手段，作为工具；对于另一事物来说就是有用的，也就是善的。有用的、善的，就是使人喜欢的。有些事物只是因为这种有用性才使人喜欢。但还有些事物不是因为对别的事物有用（即不是作为手段、作为工具）才使人喜欢，而是其自身就使人喜欢。这样的事物被称为就自身而言是善的。这样的事物往往也是于人有利的，同时又是在感官感性的样式上能愉悦于人的。例如身体健全的动物。在二者之中，都总是包含着一个目的的概念，对别的事物有用，是相对于这一别的事物的有用性。有用，就是在用途方面符合另一事物的需要，二者之间就在这方面相互符合、相互一致；这种符合、一致就是合目的性，亦即包含着目的的概念。这是事物外在的有用性、对外的合目的性。如果事物自身就使人喜欢，表明它与人之间在喜欢和被喜欢这方面是相互符合的，也就是在这方面是具有合目的性的，也包含着目的的概念。这种喜欢和被喜欢其实就是理性与（至少可能的）意欲的关系，所以包含着对一个客体或者一个行动的存在的愉悦，亦即包含着某种兴趣。人对事物或行动的愉悦，是对这一事物或行动自身实体存在的愉悦。其实是因为这一事物或行动对于人有用，有价值。人对这种事物的态度就叫作有"兴趣"，即出自某种实用性需要的关注、向往。因此，善者是同事物的存在即利害性相关的。

[第 2 段] 为了认为某种东西是善的，……人就必须知道对象应当是一个什么样的事物，因为善同事物的实存相关，即同这个事物自身相关。事物都是被概念所规定的，知道对象事物是什

么，就是知道对象概念是什么。把概念与对象对应起来就是认识。其实，仅仅知道对象事物是个什么还不够。要认识到事物是不是善的，需要在实践中评价，要看事物本身的价值。因此，善是关联于事物的实存的。而为了在某种东西身上发现美，或觉得某个东西美、是美的，人就不需要这样做，不需要专注于这个事物本身的价值。花朵、自由的描画、无意图地相互缠绕而名为卷叶饰的线条，它们没有任何含义，不依赖于任何确定的概念，却毕竟使人喜欢。康德认为这样的东西是纯粹的"美的东西"，但其实它们也是与实存事物相关联的，只是这种关联不很直接，不很明显。对美者的愉悦必须依赖于导向某一个（不定是哪一个）概念的、关于一个对象的反思，这句话，几个中译本之间有所不同。首先在概念上，"宗译本"为："对于善的愉悦"，（44）这也许是误译。在思路上，"邓译本"与"李译本"基本一致；而"曹译本"为：对于美的愉悦必须独立于导致任何一种概念（不管是哪一种）的关于对象的反思，同时也因此与完全基于感觉的舒适区别开来。（386）"牟译本"为：愉悦于美必须依据于对于一对象之反照；此所反照之对象乃是先行于某一（非确定地决定的）概念者（意即在有概念以前就有的）。这样说来，"愉悦于美"亦不同于"〔愉悦于〕适意"，"〔愉悦于〕适意"完全基于感觉。（127）这几种译文中，如按照"李译本"，则概念与反思对象是相关联的，愉悦也同这样的对象相关联；如按照"曹译本"，则只是概念与反思对象相关联，但愉悦不与这样的对象相关联。即，导向概念的对象不能引发美者的愉悦。如按照"牟译本"，则是把概念与反思的对象分离开来，愉悦只同不与概念相联的对象相关联。相比之下，"牟译本"较易理解也最符合康德的逻辑和文脉。即，美的愉悦来自对某一对象的反思判断，这时的对象应该是呈现为内隐感性表象的对象，因此不与概念相关并形成于概念之前。但"李译本"也不是不通，可以这样来理解：与对善者的愉悦不同，对美者的愉悦不是直接关联于事物本身的实存价值，而是关联于对某一个对象事物的反思；这个对象事物本身可以用概念来表达，但在进行鉴赏判断时，主体并不专注于概念；正因如此，对美者的愉悦就由此而不同于对适意者的愉悦，适意者是完全基于感官感觉的（言外之意，对美者的愉悦不是基于感官感觉的，因此不是专注于概念）。如此，这几个译本的表述及意思虽然不尽相同，但思路都符合康德的逻辑。

[第3段] 虽然，适意者与善者在许多场合看起来是一回事。于是，人们通常将说：一切欢娱（尤其是持久的欢娱）是就自身而言善的；这差不多就是说：是持久适意的或者是善的，这是一回事。"持久适意的"，即总是适意的，不是偶然适意的，这差不多就相当于说其本性是适意的，因此与"善的"是基本相同的。但这是一种错误的语词混淆，因为与这些表述相关联的概念是绝对不能互相代换的。即虽然在内在情感的感觉上似乎是相同的，但引发情感的原因（概念）却是大不相同的。适意者本身惟有与感官相关才表现对象，它必须通过一个目的的概念才被置于理性的原则之下，以便把它作为意志的对象称为善的。这是讲适意者作为善的东西的情形。能引发适意感的东西本身要具有某种感性属性，例如形状、色彩、气味等，这样才能与感官相关，也才能作为感官的对象被表现出来。如果适意者同一个作为目的的概念相关联，即如果适意者与一个概念结成合目的性关系，就是具有合目的性的东西，符合目的的就是善的。这时就处于理性原则之下。此时的目的带有意志性，目的的对象就是意志的对象。但是，如果我把使人欢娱的东西同时称为善的，这就是与愉悦的一种完全不同的关系，如果将适意者与善者相等同，那就要看到，其实它们与愉悦相关联的方式是不同的。这一点可以从以下情况

看出来，即在善者那里总是有如下问题：它是仅仅间接善的还是直接善的（是有用的还是就自身而言善的）；与此相反，在适意者这里根本不可能有这方面的问题。善的，可以区分为间接的和直接的。间接的是与其他事物的关系，直接的是自身内部的关系。适意者不涉及同其他事物的间接关系，总是直接地与主体内部感觉相关。适意者这个词在任何时候都意味着某种直接招人喜欢的东西。适意者造成的愉悦只能表现在这一直接关系中，不能表现在另外的场合。同样，被称为"美的东西"的东西也是直接地使人感到愉快，这种愉快也不能表现在别处。以此为标准，则适意者与善者是不相同的。下面有进一步的阐述。

[第4段] 甚至在最平常的言谈中，人们也把适意者与善者区别开来。……康德以饮食为例来说明适意者与善者的区别。某些饮食可以直接地使感官中意，但可能于健康不利。感官感受只关注当下，理性则要考虑到后果。如果虽然当下的感官感受令人中意，而后果不利于健康，那理性就要参与进来，认为这不应该是令人中意的。即便要说健康是善的，人们还必须通过理性使它指向各种目的。即只在健康有利于从事有益事务、有益事业这一理性的目的方面才可以说是善的。如果坏人很健康，这不是件好事。最后，就幸福而言，毕竟每个人都相信，可以把生活之适意的最大总和（无论在量上还是在持久上）称为一种真正的，甚至是最高的善。可能这是指对生活整体上感到满足。然而，就连这一点理性也反对。理性有自己的评判准则，不能无条件地把幸福看作适意，进而把适意看作最高的善。因为，适意就是享受。但实际生活中，人为了享受，需要采用种种方式、手段。如果一个人活着仅仅是为了享受，为此目的也许他还要服侍别人。虽然对这个别人来说他是有益的，可具有某种价值，但理性并不认为这是善的、有价值的（因为这也许是"异化"现象）。惟有通过他

不考虑享受而完全自由地、不取决于自然有可能创造出来使他承受的东西就做的事情，他才给予自己的存在作为一个人格的生存以一种绝对的价值；而幸福则连同其全部充沛的适意还远远不是一种无条件的善。"不考虑享受……"，可能指摆脱了物质享受的限制。"自然有可能创造出来使他承受的东西"，也许是指自然中产生的某种后果。从正面理解，这是说人要不受自然物质限制地、自由地活动，才能作为一个有人格的生存者而具有绝对的价值，这种价值才是善的，单单只是由适意构成的幸福还不构成无条件的善。康德这里有个注释，从略。

[第5段] 但是，即便在适意者和善者之间有所有这些不同，二者毕竟在这一点上是一致的，即它们在任何时候都是与对其对象的一种兴趣相结合的，康德的用意不是对适意者和善者作出精细的区分，而是要把它们同美者相区别。这里点出了关键之处，它们都是与对于对象的一种兴趣相关联的。适意者、间接善的东西、绝对善的东西都是如此。自身带有最高兴趣的道德上的善，"最高兴趣"，即最高的、最大的利害性关切。社会生活中，道德之善往往表现为"义"，例如民族大义、国家大义，而"义"就是"大利"。因为善是意志（亦即一种由理性规定的欲求能力）的客体。欲求能力的客体，指欲求能力所追求的东西。在这方面，善与意欲同样都是对事物的存在有兴趣的。意欲的东西一般是具体的，同生理性需求相关联；善的东西往往不是具体的，同精神性的需求相关联。但在实用性、利害性方面二者是相同的。

本节要点：兴趣，指对事物具有一定实用价值的存在本身有关切，有意图或意欲。适意者和善者既有区别，又在利害性关切即兴趣方面相一致。由适意者和善者而来的愉悦感不是愉快情感即美感。

第5节　愉悦的三种不同方式的比较

[第1段] 适意者和善者都与欲求能力有一种关系，而且就此而言，前者带有一种生理学上有条件的愉悦（通过刺激，stimulos），后者带有一种纯粹的实践的愉悦，"有条件的"，一个可能是指带有特异性、选择性，如对声波、光波的选择，不是所有生理性刺激都能一般地引发愉悦；另一个可能是指主体的状况各不相同，同一事物不是在所有主体那里都可以成为适意者。"实践的愉悦"，区别于生理性愉悦，是社会性、精神性的。这不仅是由对象的表象，而且同时是由主体与对象的实存被表象出来的联结来规定的。这里表现出主客体对象性的合目的性关系。要形成实践的愉悦，仅有客体还不够，还需有相应的主体，而且须在主体实用性需求与对象实用性价值之间结成对应性（合目的性）的联结关系，它规定了愉悦的性质。这种联结关系可以在有主体意识参与的前提下通过对表象的知觉而被主体所觉察。在这种关系中，不仅是对象的表象，而且对象的实存都让人喜欢。表象同感官感觉相关联，是生理性的；实存与思维相关联，是价值判断性的。与此相反，鉴赏判断纯然是静观的，也就是说，是一种对一个对象的存在漠不关心、仅仅把对象的性状与愉快和不快的情感加以对照的判断。"对象的性状"，指对象的内隐感性性状或情状，是对象之表象上相对于主观内隐感性判断才具有的属性、作用，不是对象的感官感性形式。主体对对象的认知仅只停留在这种性状上，不关心对象的实际存在，这就叫作静观的。因此，鉴赏判断的这种静观本身不是集中于概念上的；因为鉴赏判断不是认识判断（既不是理论的认识判断，也不是实践的认识判断），不是基于概念或以概念为目的的。这种性状只与内隐感性

判断的愉快和不快情感相对应、相匹配。

[第2段] 因此，适意者、美者、善者表示表象与愉快和不快的情感的三种不同的关系，……在对象以其表象与情感结成关系时，因联结方式的不同而呈现出不同的性质，分别呈现为生理性的关系、实用的实践性关系、对具有内隐感性性状之表象的静观性关系。这里有本质性意义的是实用性、利害性。适意者和善者二者间虽然有所区别，但其表象都把主体的关注引向对象的实用性价值，即引向对象的实存，而唯有美者不是这样。由于这种联结方式的不同，我们把对象或者表象方式彼此区别开来。人们用来表示这些关系中的中意的那些与每一种关系相适合的表述也不是一样的。在康德的阐述中，所谓对象就是对象事物的显象或表象，显象或表象与主体的关系就是表象方式，表象方式表现出对象相对于主体的价值和意义。这点须特别注意。由于关系上的区别，人对由关系引起的中意及愉悦感的表述也是不同的。对于某个人来说，使他欢娱的东西就是适意的；仅仅让他喜欢（喜欢是与实用性需求无关的情感）的东西就是美的；受赏识、被赞同，亦即其中被他设定了一种客观价值的东西则是善的。适意也适用于无理性的动物，即动物也可有生物性的满足感；美（即美的东西）则仅仅适用于人，人是既有动物性又有理性的存在者。正因具有动物性，所以有感性，能形成对美者的愉悦情感。但是，善者却适用于任何一般的理性存在者；这是一个惟有在后面才能得到完全的辩护和解释的命题。这里可能是暗指一种区别，即美者不可能适用于所有人，而善者却可以适用于所有的理性的人。在愉悦的所有这三种方式中，惟有对美者的鉴赏的愉悦才是一种没有兴趣的和自由的愉悦；因为没有任何兴趣，既没有感官的兴趣也没有理性的兴趣来强迫作出赞许，所以对美者的鉴赏的愉悦是自由的。感官感性是有偏好的，如口味上的不同；理性即

实践方面也是有价值方面的区别的；对这部分人有利的，可能对另一部分人来说是有害的。这种偏好或价值区别具有制约性，在这种制约之下，兴趣及愉悦就不能是自由的。所谓自由，就是指不受这些因素的制约或限制。因此，关于愉悦可以说：它在上述三种场合与偏好，或者惠爱，或者敬重相关。因为惠爱是唯一自由的愉悦。一个偏好的对象和一个由理性法则责成我们去欲求的对象，不能使我们形成对某种东西产生纯然愉快的自由。一切兴趣都以需要为前提条件，或者是产生一种需要；这句话很重要，点出了对象与人之间不同联结关系的实质，同前面关于人的状态的阐述很相关。人对对象的态度，取决于人的需要状况。这一点，以往的美学研究不太关注，而其实重要至极。需要决定了人对对象的赞许态度，因此是一种规定根据。只要有实用性需要，就会不再让关于对象的判断是自由的。

[第3段] 至于在适意者那里的偏好的兴趣，……适意是同人的生理性需求相关的。而生理性需求会由于每个人生活经验的不同而形成一定的偏好。就此来说，适合其偏好的东西就是最好的。人在这方面的喜好是一种利害性的兴趣。类似地，人在饥饿时，对食物就不会很挑剔。生理性需求得到满足之后的愉悦，往往不具有品鉴的成分。即，这样一种愉悦并不证明是按照鉴赏来选择的。唯有当需要满足之后，消除了偏好的因素，才可能对味道有客观的评判。康德认为这种品鉴或评判也属于鉴赏。至于还有缺乏德性的风尚（品行）、缺乏好意的客套、缺乏正直的体面等行为，也是出于社会风尚规则的需要，不能在客观上进行自由的选择。而在自己的举止中（或者在对别人的举止的评判中）显示出鉴赏，这与表现出自己道德上的思维方式是某种完全不同的东西；因为后者包含着一个命令并产生一种需要，而与此相反，风尚的鉴赏却只是拿愉悦的对象做游戏，并不眷恋一个对象。

"命令",可能指道德方面的要求,"需要"也可能指道德方面的需要。命令和需要都带有制约性,类似于适意者的偏好,不具有自由性。在举止方面显示出鉴赏,可能指行为举止是优雅的、可被鉴赏的。"风尚的鉴赏",也许指对时尚的追随。如果在这方面没有道德的约束,就可以像做游戏一样有随意性,不必执着于某一个特定对象。这句话的"曹译本"为:"因为在道德规则行使权力的地方,对于应该做什么客观上没有选择的余地;在一个人执行道德规则的方式中来展示他的鉴赏力与表现他的道德情操是完全不同的。因为道德情操里包含着一种律令,并产生出一种需要,而道德的鉴赏却只是与愉快的对象游戏,并不依附于一个对象。"(388)

本节要点:详细讲述三种愉悦相互间的区别。

从第一契机推论出的对美者的解释

鉴赏是通过不带任何兴趣的愉悦或者不悦而对一个对象或者一个表象方式作评判的能力。这样一种愉悦的对象就叫做美的。"对象"应该是呈现出内隐感性性状的对象,不是其他样式的对象。"表象方式"指以内隐感性判断力去对对象加以表象的方式。最后一句话在译法上有点分歧。"宗译本"没有这句话,其他各本都有。"邓译本"为:"一个这样的愉悦的对象就叫作美。""美者"和"美",意义大不相同。"美者",表示美的东西,"美"字在这里作形容词。"曹译本"也译为"美的"。若是译作"美",则"美"字是名词("牟译本"也译作名词性的"美"),表示叫作"美"的东西。这种东西不仅生活中看不见,两千多年来的"美是什么"研究也找不见。不过,"邓译本"虽译作名词"美",但作者在《释义》中还是如实解释说这个词是形容词,本应译作"美的"。所以的确应该译为"美的"。

第6节　美者是无须概念而被表现为一种普遍的愉悦之客体的东西

"美者",其他各本皆译作"美"。如前面所述,译作"美者"是合理的。"客体",与主体愉悦情感结成主观合目的性关系的对象一方,相对于主体而言是客体。美的东西是与概念无关而被表现为引发主体具有普遍性愉悦的东西。

对美者的这种解释可以从上面对美者的解释,……上面对美者规定性的解释强调了无利害性,即美者是不带任何兴趣的愉悦的对象,由美的东西的无利害性中还可推论出美者的普遍性。这一推论建立在另一个条件上,即如果人意识到自己对于某个东西的愉悦是不带任何兴趣的,他就应该这样来评判这东西,即这东西必定包含着使每个人都愉悦的一个根据。如果康德认定,"某人"的这个看法——认为事物自身具有某种根据,是引发无利害愉悦感的原因——是合理的,就与自己的一贯逻辑相违背了。按康德一贯的逻辑,无利害性和普遍性都应该是在主客体关系中形成的。如果把普遍性的根据放在事物上,有可能引发"客体决定论"的误解。但好在,康德是假设这只是"某人"的看法。康德还为鉴赏的普遍性设置了一些前提条件,即摆脱所有同实用性需求相关的束缚而达到自由状态。在这种条件下他就必须相信有理由指望每个人都有一种类似的愉悦。这种对普遍性的指望来自对个人实用性需求的摆脱。这就间接地表达出这样一种意思:只有在主体处于无利害关切的自由状态时,才能形成无利害关切的愉悦并具有普遍性。此点很重要。鉴赏愉悦的普遍性不是无条件的。于是,他将这样来谈论美者,就好像美是对象的一种性状,而判断是逻辑的(通过客体的概念构成对客体的一种知识的)似的；这句话表明，康德自己肯定的是"美者"。"美者"与"美"截然不同。"美是对象的一种性状"这种说法，意味着有一个独立存在的、客观的叫作"美"的东西。这是不可能的，也是康德所从不认可的，因此是"好像"，并且只是某人的不正确的看法，不是康德的看法。要是依照某人的不正确的"美是对象的一种性状"的看法，则必将会把这时的判断误认为是逻辑的。而其实对美者的判断是内隐感性的，其中仅仅包含对象的（具有内隐感性性状的）表象与主体（内隐感性判断力）的一种关系。为什么某人会误以为这种判断是逻辑判断呢？这是因为内隐感性判断与逻辑判断有相似性，即人们能够在这方面预设它对每个人的有效性。就是说，由于在普遍有效性方面内隐感性判断与逻辑判断相似，人们就可能误以为内隐感性判断与逻辑判断是一样的，从而以为美的东西中存有"美"或美的性状。但其实，虽然逻辑判断中的概念是普遍的，但从概念中不能引出内隐感性愉悦，因此概念的普遍性不是内隐感性判断的普遍性。因为不存在从概念到愉快或者不快的情感的任何过渡。当然，在纯粹的实践法则中，概念也可能同愉快情感有关联。但这些法则带有一种兴趣，这样的东西并不与纯粹的鉴赏判断相结合。对实践法则的兴趣不能掺入纯粹的鉴赏判断中。即对实践法则的兴趣同鉴赏判断中的兴趣不是一回事。在主观意识中脱离了一切利害性兴趣的鉴赏判断所具有的普遍性及对每个人都有效的要求，不是置于客体之上的，即不是由于客体（概念）的普遍性而具有普遍性，它是一种主观的普遍性。对事物进行无利害关切的内隐感性判断并产生愉快情感，这种判断及情感具有普遍性，对每个人都有效；这种普遍性不是来自事物客观的属性，而是来自主观方面判断力的属性。

本节要点：鉴赏判断具有主观的普遍性，不是客观的普遍性。内隐感性判断力作为一种心灵能力是人所普遍具有的，由这种能力而造成无利害的愉悦情感的过程和结果也是普遍的。这种普遍性并不是说，面对某一事物，所有人无条件地都要形成美感；而是说，如果对某一对象之表象是以内隐感性方式加以表象的，就会形成愉快的情感，这一点是普遍的。

第7节　通过上述特征把美者与适意者和善者加以比较

"上述特征"，即上一节所说的无利害关切的普遍性特征。

［第1段］就适意者而言，……对于适意的感觉及对象来说，每一个人都满足于出自个人生理特性的喜好，无可争辩。因此，就适意者而言适用的是如下原理：每一个人都有他自己的鉴赏（感官的鉴赏）。在适意感方面，个人凭自己的感官进行品鉴是一个基本的原理、原则。同时可看到，鉴赏一词包括感官的鉴赏和内隐感性的鉴赏。这一点要注意避免混淆。

［第2段］美者的情况则完全不同。……与上述适意的情况不同，在与美的东西的关系方面，如果以为对象只能对自己是美的，那就会是可笑的。因为如果只是他喜欢这东西，他就不必把它称为美的。"喜欢"，康德在使用这个词时，往往指不带有利害性即不带有欲念的主体态度。如果在这里"喜欢"一词的确具有这种意义，则似乎是把审美的普遍性绝对化了。事实上，审美是可以有个人特性的，人可以出于自己的特性而对某一对象形成审美即产生美感，其他人则不一定也是如此。康德的表述似乎是否认审美的个性，说，如果某人认为某种东西是美的，那么，他就在指望别人有同样的愉悦，他的这个判断不仅是他自己的，而且具有代表性，意味着别人也会有这种判断。但其实，"喜欢"是有条件的，这时的普遍性也是有条件的，即其他人也可对这个对

象形成内隐感性判断。这里表现在主观判断中的普遍性，类同于客观判断的普遍性，因而在这种情况下谈论美，就好像它是事物的一个属性似的。而且，他之这样以为，还不是因为别人也曾赞同他的判断。这意味着不需要参考别人的判断，只凭自己的判断就可以得出具有普遍性的判断。如果别人作出与他不同的判断，即如果别人不认为这个东西是美的，他就可以指责别人并否认别人有鉴赏，而他可以要求别人具有与他同样的鉴赏意见。就此而言，人们不能说：每一个人都有自己特殊的鉴赏。鉴赏不同于口味、偏好，不是个人的。如果承认鉴赏的个人性，就等于否定了具有普遍性的鉴赏，即认为不存在任何能够合法地要求每个人都赞同的内隐感性判断，这是不正确的。大概，康德所说的普遍性，特指存在于内隐感性判断与对象之表象二者间关系中的普遍性，即以这种关系为条件的普遍性；不是指对象与主体之间关系的普遍性。即这种普遍性不是指同一对象可引起所有人的美感，而是指：对同一对象，凡是以内隐感性判断方式结成合目的性关系的，都能产生美感。如果的确是这样，那就不违反审美的共同性和差异性。

［第3段］尽管如此，人们就适意者而言还是发现，……对适意者的评判也可以有一致性，即有一定的普遍性。但这种一致性是相对的，有些人可能有一致性，被承认为有鉴赏；另有一些人没有一致性，被认为没有鉴赏。这时的一致或不一致，不是就感觉器官而言的，而是就对于一般适意者的评判能力而言的。感官感觉也可以有一致性。如人们对圆形的感觉、对色彩的感觉是基本上一致的（色觉异常者例外）。但这种感觉不是评判性的（不是鉴赏判断）。在针对适意者的评判能力的意义上，如果某人善于运用可使多种（或各种）感官感到舒适的方式来为自己的客人助兴，使他们皆大欢喜，人们就说这人懂得鉴赏。但在这里，

普遍性只是比较而言的、相对的；而此时只有总体性的规则（正如所有经验性的规则都是总体性的规则一样），而不是关于美的鉴赏判断所采取或者所要求的全体性的规则。"总体性"和"全体性"这两个词在中文中的含义很相近，难以见出二者间有什么区别。"邓译本"的表述是"大体上的"和"普遍性的"；（52）"曹译本"的表述是"一般的"和"普遍的"。这句话大致是说，社交场合中使客人们感到适意的那种普遍性只是一般的，即只是相对多数的，不是像对美者进行鉴赏判断时的那种普遍性。所以这只是就社交基于经验性的规则而言，是一个与社交相关的判断。这是普遍性在适意者方面的表现。在善者方面，对善者的判断也是普遍的，也要求对每个人都有效。然而，善者却只是通过一个概念而被表现为一种普遍的愉悦的客体，善者是通过概念被表现的，对善者的愉悦虽然是普遍的，却是同概念即同客观相关联的，适意者不是这样的，美者更不是这样的。

本节要点：更进一步阐述在愉快情感的普遍性问题上美者与适意者和善者的区别。

第8节　愉悦的普遍性在一个鉴赏判断中只被表现为主观的

鉴赏判断中的愉悦，其普遍性只表现在主观方面。如果是客观事物，人人都会有同样的感知，这是客观的普遍性。主观的情感一般而言是个人性的体验，不具有普遍性。但鉴赏判断虽然是主观的，其愉悦情感却是普遍的。

[第1段] 在一个鉴赏判断中能够遇到的对一个审美判断的普遍性的这种特殊规定，……这句话中同时用到"鉴赏判断"和

"审美判断"两个词,显得重复而矛盾。但如果把"审美判断"理解为"内隐感性判断"就很顺通了。鉴赏判断具有内隐感性判断的性质,是内隐感性判断的一个种类。内隐感性判断具有主观的普遍性,这种普遍性集中而突出地表现在鉴赏判断中。说它对于逻辑学家不重要,即逻辑学家无法阐释它,不需要阐释它。但对于先验哲学家来说就是值得注意的事情,它要求先验哲学家付出不小的努力去发现它的起源,即发现它的根据,但为此也揭示出我们的认识能力的一种属性,"认识能力",是指人类包括知性和理性在内的一般认识能力,还是专指内隐感性判断这种认识能力,显示得不清楚,但后者的可能性要大一些。"属性",可能是指内隐感性判断的普遍性,也可能指内隐感性属性。下面说到,没有这一分析,这种属性就会依然不为人所知。是普遍性不为人所知还是内隐性不被人所知?后者的可能性更大一些。这里的分析,是要找到内隐感性判断之普遍性的根源。

[第2段] 首先,人们必须完全确信:……在分析内隐感性判断之普遍性的根源时,必须首先确信,人们通过关于美的事物的鉴赏判断而要求每个人都在某个对象上感到愉悦,这种要求并不基于一个概念(因为这样的话就会是善了),而且是仅只属于鉴赏判断。这里再次表现出,仅只是在对对象进行鉴赏判断方面要求有普遍性。普遍性不是要求所有人都对某一对象进行鉴赏判断,而是要求于所有对某一对象进行鉴赏判断的人(凡是对某一对象进行鉴赏判断的人都会产生愉快情感)。所谓鉴赏判断,就是认为某种东西是"美的"时所借助的判断。也就是说,主观的普遍性只存在于鉴赏判断中,而是否是鉴赏判断,要看是否形成了对象事物是"美的"的判断。如果觉得对象事物是美的,那就是进行了鉴赏判断。须注意,这里是"觉得"对象事物是美的,强调的是主体内在的感觉,这种感觉必须伴以愉快情感即美感,

不是强调界定或规定对象事物是美的。如果不是这样来考虑到这种普遍有效性，就不会有人想到运用这一表述，"这一表述"，可能是指主观的"普遍性"，具有主观普遍性的情感才是同美的事物相关联的愉快。之所以做这样的表述，是因为适意者也是不与概念相关联的。如果没有普遍性这一特征，则美者和适意者就难以区分。其实，普遍性方面的区分是现象性的，美者和适意者之间根本性的区分应该来自机体内在神经活动的方式，这是需要由实验加以证明的。如果一切无须概念就让人喜欢的东西都会被算做适意者，那美者就混同于适意者了。就适意者而言，人们让每个人各有各的头脑，没有一个人指望别的人赞同自己的鉴赏判断。而指望别的人赞同自己的鉴赏判断，这在关于美的鉴赏判断中毕竟是随时发生的。我可以把前者称为感官的鉴赏，把后者称为反思性的鉴赏；对适意者的判断也可称为鉴赏，但那是感官的鉴赏；对美者的鉴赏才是反思性的鉴赏。有两种鉴赏，这需要注意。康德所要深入阐述的是后者。这两者的区别在于，前者仅仅作出私人的判断，而后者则作出所谓普适性的（公共性的）判断。但二者都是仅仅在一个对象的表象与愉快和不快的情感的关系方面对该对象作出了审美的（不是实践的）判断。对美者的判断和对适意者的判断都表现在这种"关系方面"。虽然关系是相同的，但形成关系的方式不一样。一个是通过外在的、具有生理性的感官，因此是私人性的；一个是通过内在的心灵能力，因此是普遍性的。如果把对适意者的感官鉴赏也称作"审美的判断"，那就明显地不合理；"审美的判断"一定要理解为"内隐感性的判断"才顺通。下面接着说：而如今令人奇怪的是，既然对于感官的鉴赏来说，不仅经验表明它的判断（对某种东西愉快或者不快的判断）不是普遍有效的，而且每个人也都是自发地如此谦虚，不那么要求别人的赞同（虽然即便在这些判断中，也确实经常出现一种很广泛的一致），而反思性的鉴赏即使像经验教导的那样，其对自己（关于美者的）的判断对于每个人都普遍有效的要求也足够经常地遭到拒绝，却仍然会感到有可能（它实际上也这样做）设想有一些判断是能够普遍地要求这种赞同的，而且事实上对它的每个鉴赏判断都指望每个人给予这种赞同，作判断者并不为了这样一种要求的可能性而发生争执，而是仅仅在特殊场合为了这种能力的正确应用不能达成一致。对鉴赏判断普遍性的可能性人们不发生争执；在这种能力的正确应用方面则可以发生争执。"特殊场合"，所指不明。"正确应用不能达成一致"，可能指是不是在运用鉴赏判断。"争执"，也可能指分歧。即在对某一对象是否运用鉴赏判断的问题上是有分歧的或有所不同的。

[第3段] 这里首先要注意的是，……主观的、不是基于客体之概念（哪怕只是经验性的概念）的普遍性根本不是逻辑的，即不是客观的，而是内隐感性的。也就是说，它不包含判断的一种客观的量，而只包含一种主观的量，对于后者来说，我也使用普适性这个表述，这个表述并不表示在一个表象与认识能力的关系方面对每个主体的有效性，而是表示这一表象与愉快和不快的情感的关系对每个主体的有效性。这里做出一种区分，可能是：表象与认识能力的关系即对象客体与主体的关系；意味着，某一对象未必普遍地与所有人都结成鉴赏判断关系（某一对象未必被所有人都看作美的）；但只要是运用了鉴赏判断方式，则表象与愉快和不快的情感的关系就是有普遍性的。"认识能力"，一般而言指鉴赏判断中的认识能力（想象力和知性）；知性和理性能力往往用"心灵能力"来表述。再言之，一个表象未必普遍地与主体鉴赏判断的认识能力结成主观合目的性关系，亦即人未必普遍地都以鉴赏判断的认识能力去看待一个对象之表象。如果不以这种认识能力去看待对象，就不能形成具有普遍性的愉快情感。看

来康德并不否认生活中审美的差异性。(但是,人们也可以把这个表述用于判断在逻辑上的量,只要人们再加上客观的普遍有效性,以有别于纯然主观的普遍有效性,后者每次都是审美的。)"这个表述",可能指"普遍性",即也可以用普遍性来表示判断在逻辑上的量。但这时,就要注明是在客观的普遍有效性的意义上。客观的普遍有效性不同于主观的普遍有效性,后者总是内隐感性的。

[第4段]于是,一个客观上普遍有效的判断也在任何时候都是主观上普遍有效的,……这句话把客观的普遍有效性同主观的普遍有效性相等同,似乎与前面的阐述是矛盾的,容易引发理解上的混淆。但其实,这里所谓的"主观上普遍有效",并没有改变此种判断的客观性质,而是表现出具有客观普遍性的判断所具有的主客体关系。就是说,如果判断对于包含在一个被给予的概念之下的一切都有效,那么,它也对于每个通过该概念表现一个对象的人都有效。包含在概念之下的一切,指概念所包含的具体事物,或称概念的外延。例如"树"概念,包含了各种树以及具体的每一棵树。树作为客观对象,其样态、属性对所有人的判断来说都是一样的,所以具有客观的普遍性。反过来说,每个作为主体的人,都会对这样的对象有同样的判断,这就是所谓主观上普遍有效的,实际上是主体上普遍有效的。但是,从一种主观的普遍有效性,也就是说,从不基于任何概念的审美的普遍有效性,不能够推论到逻辑的普遍有效性,这句话中的"主观的普遍有效性"就是本来意义上的、反思判断的主观普遍性了。从具有内隐感性判断性质的主观的普遍有效性,不能推论到逻辑的即客观的普遍有效性,因为二者有根本的区别,内隐感性判断根本不关涉客体。正因如此,内隐感性判断具有的普遍性不同于逻辑判断的普遍性,所以是特殊种类的。为什么是特殊的呢?因为它不

是把美这个谓词与完全在逻辑的范围内来看的客体的概念联结起来，但却同样把该谓词扩展到作判断者的整个范围。如果我们说"花是美的""这片风景很美"，那么"美"字作为谓语或谓词就是对"花""风景"这些概念的说明，是与客体相联结，属于逻辑判断。与此不同，人一看到花和风景就感到"美"，此时的"美"字是形容词，只与主体相关，不与以概念来规定的事物相关，而且所有人都可有这种感觉。这一"感"的过程或认知的过程就是内隐感性的鉴赏判断过程，每个做内隐感性鉴赏判断的人都会产生美感，感到对象是美的，这就是把"美"字扩展到作判断者的整个范围。这两种判断的区别是：形成美感的"感"的过程是内隐感性判断，具有主观的普遍有效性；先有了这种美感，然后把这种美感作为一种性状或说明加到客观对象（概念）上，就等于把对感觉的形容同对象（概念）相联结，这一过程是逻辑判断。还可以这样来理解：每个概念都有自己的外延，面对作为概念外延的具体对象，所有人的认识和判断都一样。例如马概念，包含了所有个体的马，所有人看到这些具体的、个体的马都可做出同样的判断，这是客观的普遍性。"美"字没有固定的外延，不是与某个概念及其外延相结合，所以没有客观的普遍有效性。所有在内隐感性判断中形成愉快的人都会用"美"字来表述自己的感觉，这就是主观的普遍有效性。

[第5段] 就逻辑的量而言，……一切鉴赏判断都是单称判断，即是个人做出的判断，个人的感觉。个人不是通过概念，而是通过自己愉快和不快的情感而直接掌握对象，所以，这样的判断就不可能具有客观普遍性的判断的量。虽然在鉴赏判断的客体的单个表象按照规定该判断的那些条件通过比较而被转变成一个概念时，从中是能够形成一个逻辑上普遍的判断的，例如，我通过一个鉴赏判断，宣布我所看到的这朵玫瑰花是美的。**鉴赏判断**

的对象及其表象也是单个的，这个表象可以在符合鉴赏判断规定的条件下，即按照鉴赏判断的机理，通过与主体心灵状态（认识能力）的匹配（比较）而被表述为美的。这时，表象就被表述为一个概念即形成"美"字。用这个"美"字就可以形成具有客观普遍性的逻辑判断。例如先是通过对玫瑰花的鉴赏形成了对于玫瑰花的美感，然后就可以宣布说"这朵玫瑰花是美的"，这句话就属于逻辑判断，而感到玫瑰花美的过程是鉴赏判断。与此相反，通过比较许多单个的玫瑰花而产生的判断，即玫瑰花一般而言都是美的，从此就不仅仅被表述为审美判断，而是被表述为一个基于审美判断的逻辑判断。这句话的"邓译本"译文是："玫瑰花一般地是美的"这一判断，从此就不再单纯被表述为一个审美［感性］判断……（53）"曹译本"与此相似。即当说玫瑰花一般地是美的时，就已经不是内隐感性判断，而是以内隐感性判断为基础的逻辑判断了。"与此相反"，可能上句说的是对单个表象的判断，这里说的是对许多表象的判断。"不仅仅被表述为……"，指不限于内隐感性判断，或从内隐感性判断基础上转到逻辑判断。从中可见判断性质的区别：产生愉快情感的认知活动是鉴赏判断，表述愉快情感的活动是逻辑判断。现在，还要再次强调一下美者同适意者和善者的区别。"这朵玫瑰花（在气味上）是适意的"这个判断虽然也是一个内隐感性的单称判断，却不是一个反思的鉴赏判断，而是一个感官的鉴赏判断。这里再次见出，内隐感性判断不能理解为审美判断。对适意者的判断与对美者的判断，其区别在于：鉴赏判断带有普遍性，亦即对每个人的有效性的一个内隐感性的量，这个量在关于适意者的判断中是找不到的。从现实情况看，康德以普遍性来区别美者与适意者也许并不具有根本性，因为对美者的鉴赏也可以是有个性的；是否具有利害性关切才可以作为二者之间的分水岭。至于关于善者的判断，虽然它们也在一个对象上规定愉悦，却具有逻辑的、不仅仅是内隐感性的普遍性；因为它们适用于客体，在客观普遍性的意义上对每个人都有效。善者也是同客体相关联的，所以不具有主观的普遍性。

[第6段] 如果人们仅仅按照概念来评判客体，那么，美的一切表象就都丧失了。按照概念来评判客体，即从概念出发去评判客体。"美的一切表象"不能理解成"'美'的一切表象"，因为这意味着有一个客观的、独立的"美"。而是要理解成"'美的'一切表象"，即美丽的表象，"美"字是形容词。还可以理解为："美者"的一切表象。愉快情感即美感的形成是自然而然的，不能强迫，无须说理。尽管如此，当人们在这种情况下称对象是美的时，他相信自己会获得普遍的同意，并要求每个人都赞同，与此相反，那种私人感觉只是被观看者个人及其愉悦所决定的。鉴赏判断可以要求人人都有相同的感觉，感官判断则只能要求个人的感觉。

[第7段] 这里应当看到，在鉴赏判断中没有假定别的任何东西，只是就愉悦而言无须概念的中介的这样一种普遍的同意；对于鉴赏判断，所设定的是不经过概念性的判断而形成愉悦的普遍可能性，因而是一个能够同时被视为对每个人都有效的内隐感性判断的可能性。这样说来，鉴赏判断的普遍性就是无利害关切愉悦感的普遍性。这是从可能性上说，所有人都可以形成无利害关切的愉悦感；并不是说，所有人对同一个对象事物一定都形成无利害关切的愉悦感。所以，鉴赏判断本身并不假定每个人都赞同（因为只有一个逻辑上普遍的判断才由于可以举出理由而这样做）；它只是要求每个人都作出这种赞同，这句话的意义不很明确，似乎是说，鉴赏判断并不设定每个人都真的形成了赞同（对同一个对象事物形成愉快情感），而只是要求或期望每个人都作

出这种赞同。因为只要是无利害关切的鉴赏判断，就可普遍地形成这种愉快情感。这里的前提是对对象进行鉴赏判断。如果不是对对象进行鉴赏判断，当然不会形成这样的愉快情感。但是，某人对一个对象进行了鉴赏判断，不等于其他人也对这个对象进行鉴赏判断。所以在现实审美活动中，面对同一个对象，有人可形成愉快情感，这是由于他进行了鉴赏判断；有人不形成愉快情感，这是由于他没有对此进行鉴赏判断。康德所说的鉴赏判断及愉快情感的普遍性，是以内隐感性判断为前提条件的普遍性。脱离了这一条件，当然就不具有普遍性了。康德并没有无视审美活动的差异性。作为规则的一个实例，就这实例而言它不是期待概念，而是期待别人的赞同来作出证实。因此，普遍的同意只是一个理念（这个理念基于什么，在这里尚未研究）。普遍的同意或赞同是在每个人的内心中存在的，不能以概念来表示。某人对某物进行鉴赏判断而形成愉快情感时，如果别人也是这样形成愉快情感，就相当于对某人的愉快情感加以同意或赞同。这种同意或赞同只能存在于人的心灵中，因此是理念性的。后面的阐述表明，这个理念是内隐感性理念。这个理念基于什么，还有待研究。相信自己作出一个鉴赏判断的人，事实上是否在按照这个理念作出判断，这一点是不能肯定的；但是，他毕竟使判断与之发生了关系，从而这应当是一个鉴赏判断，这一点，他是通过美这种表述来宣布的。只要形成了愉快情感，就表明判断同这个理念相关，就应当是鉴赏判断。这里所说"不能肯定"是否在按照这个理念作出判断，好像是说人也可以不按照这个理念作出判断。这是不合理的。因为，根据后面的阐述，鉴赏判断就是以这个理念为根据、为标准的。所以这里所说的"不能肯定"，是指当事人本人不能觉察到这个理念及其作用。对于当事人来说，虽然意识不到内在的理念，却可以意识到这种愉快不同于属于适意者和善者的愉悦，据此就可以肯定自己是进行鉴赏判断了；他之所以指望每个人的同意，就是因为他所进行的是鉴赏判断。他在这些条件之下，有权利提出每个人都同意的要求。这里有个需要辨析的问题：康德是要求对同一个具体的对象所有人都有普遍的愉快情感，还是要求一般地在对对象进行鉴赏判断时有普遍的愉快情感？若是前者，则忽略了实际审美中的差异性，使康德阐述的正确性、合理性大打折扣；若是后者，则充分具有合理性。从上面康德的阐述来看，他强调的是鉴赏判断的条件。即只要是鉴赏判断，就都能够形成反思性的愉快情感，都能把对象看作美者。由于鉴赏判断、愉快情感及与之相对应的表象都是发生在心灵中的，因此其普遍有效的可能性是主观的。

本节要点：将主观鉴赏判断的普遍性与客观逻辑判断的普遍性相区分。要注意到，鉴赏判断的普遍性是有条件的，是在对对象进行鉴赏判断时才有愉快的普遍性。如果对对象不形成鉴赏判断，就不可能产生愉快。

第9节 对如下问题的研究：在鉴赏判断中是愉快的情感先行于对象的评判还是后者先行于前者

［第1段］这个课题的解决是鉴赏批判的钥匙，……"鉴赏批判的钥匙"，说明这一问题非常重要，是认识鉴赏批判性质、作用的线索、抓手。不过，学界对此论点有不少争议，也有不少误解。

［第2段］如果对被给予的对象的愉快先行，而且在该对象的表象的鉴赏判断中只应当承认愉快的普遍可传达性，那么，这样一种处理方式就会陷入自相矛盾……在鉴赏判断之前发生的愉

悦，这时的鉴赏判断不是对美者的鉴赏判断而是对适意者的鉴赏判断。这样的鉴赏判断是个人的，没有普遍可传达性；因此如果认为这时的愉快具有普遍可传达性，那就是自相矛盾。在适意的鉴赏判断之先的愉快只能是感官感觉中纯然的适意，是直接来自对象之与存在相关联的表象的，是同对象的实用性相关联的，因而按照其本性只能具有私人的有效性。这里重要的是把对美者的鉴赏判断同对适意者的鉴赏判断区分开来，要特别注意前一个鉴赏判断的性质。

[第3段] 因此，正是被给予的表象中心灵状态的普遍能传达性，……这种心灵状态的普遍能传达性作为鉴赏判断的主观条件必须是这个判断的基础，并以对该对象的愉快为后果。"普遍能传达性"，是对美者的鉴赏判断的一种特性。因此这句话的含义是：具有普遍能传达性的鉴赏判断是判断主体的主观条件，也是进行判断的基础。即要以对美者的鉴赏判断的方式进行判断，只有这样进行的判断才能产生特殊的愉快情感。但是，照一般人们所熟知的情况来说，即在只知道规定性判断（知性）的情况下，不存在主观的普遍有效性。因为就知性认识而言，唯有知识才是客观的，也只有客观的才是普遍的，并仅仅因为这种客观性才具有一个普遍的关联点，即依靠客观知识关联到普遍性。所有人，只要是关注客观的对象，或只要是关注对象的客观属性，其表象力都不得不与这个关联点相一致。即主体的认识能力（表象力）要正确地认识到客观对象，要以对象的客观的普遍性为联结点而将主体和客体关联起来。现在，如果关于表象的这种普遍可传达性的判断的规定根据应当纯然主观地、亦即无须关于对象的一个概念来思考，那么，这个规定根据就无非是在表象力的相互关系中所遇到的那个心灵状态，这是就这些表象力把一个被给予的表象与一般的知识联系起来而言的。表象力，一般而言指直观

及概念规定的能力，已经在"第一批判"中阐述过了。这里讲的表象力，应该是内隐感性判断中的情形，因此应该指作为先天内在直观力的反思想象力和与之相联的知性。"牟译本"的译文是：这心灵状态就是那"呈现其自己于诸表象力（想象与知性）之相互关系中"的心灵状态。（138）明确点出表象力的相互关系就是反思想象力与知性因素的关系。这句话，似乎是为上一句的"规定根据"设定的条件，但要把"知识"理解为"认识"，"曹译本"此处即为"认识"，（394）"牟译本"为"认知"。（138—139）。即在表象力把一个表象与一般的认识联系起来之时所呈现出来的心灵状态就是鉴赏判断的规定根据。为什么需要理解为"认识"呢？因为这里明显讲的是对美者的鉴赏判断，这种鉴赏判断中的关系是由内隐感性表象与认识能力（反思想象力与知性的一致）相对应而结成的，由此形成特有的心灵状态；而"知识"是知性认识的结果，不能同内隐感性表象结成主观合目的性关系。

[第4段] 被这个表象发动起来的认识能力，在这里处于一种自由的游戏中，因为没有任何确定的概念把它们限制在一个特殊的认识规则上。这里就明确显示出是"认识"能力了。这种认识能力专指反思判断力中的想象力和知性因素，不是指知性的规定能力。这里须注意的重要之点是，康德指明，这种认识能力是被表象发动起来或刺激起来的。这就肯定了客体对象的作用，应该是现实鉴赏判断活动及主客体之间鉴赏判断关系的起点。这里的所谓自由，仅只是指没有概念的约束，不具有社会的、政治的含义。因此，这个表象中的心灵状态必定是各种表象力在一个被给予的表象上要达成一般知识而进行的自由游戏的情感状态。"表象中的心灵状态"，心灵状态显然不能处于表象中，因此这句话应该是指面对表象或形成表象时的心灵状态。"各种表象力"，

如前所述，可能指鉴赏判断中的反思想象力和知性因素。"一般知识"，一般来说应指知性的知识，由知性概念表示。但这里讲的是自由游戏的情感状态，这是只有内隐感性判断才有的，所以似乎还是应该把这里的"知识"理解为"认识"。现在，属于一个对象借以被给予，以便一般而言由此形成知识的那个表象的，有为了直观的杂多之复合的想象力和为了结合各表象的概念之统一的知性。这句话我们在"导论·七"中做过一定解读。如果是形成"知识"的表象，那应该指规定性判断的知性。但康德显然无须对这样的表象展开论述，而且这句话的上下两句都是明显地在讲鉴赏判断主观普遍性的情形，因此这里所要论述的表象应该是内隐感性表象。这一表象所引发的应该是认识。如果当作"知识"，则可以解读为：虽然被给予的表象一般而言是可以形成知识的，但在这里却是不同一般的；言外之意是，这里不是为了形成知识。这两种理解都不影响后面的阐述。属于这个表象的想象力和知性，即与这个表象相关联的想象力和知性。具体可能指想象力和知性造成了这个表象或被这个表象所发动、所激活。造成表象和被表象所激活，其实是同一种关系，只是运动的方向不一样。但这里强调的应该是表象的形成，或表象被想象力所造成。因为下面紧接着说："为了直观的杂多之复合的想象力。"这是指想象力把杂多的个别直观复合为一个整体的直观。康德在第17节中讲到肖像原型的形成过程。依此过程，直观经验中众多各不相同的个别相貌相互叠加，会在心灵中形成属于相貌中间值、平均值的模态、模像，即内隐感性的基准理念。它与内隐感性表象是对应关系，是同一个样式。即内隐感性理念就是内隐感性表象。因此，这一表象中含有着诸多的分表象，每一分表象都对应着一个直观，形成诸多的直观即"直观的杂多"。但每一个直观都不是清晰的，不可以用概念去规定，也不可以表示整体的内隐感性表象。内隐感性表象既然是由这些分表象构成的整体，就需要把分表象所对应的"直观的杂多"整合、复合起来。这一工作是由反思想象力完成的，是想象力的复合工作造成了内隐感性表象，因此反思想象力是属于内隐感性表象的。下一句"为了结合各表象的概念之统一的知性"是同样的道理。每一个分表象即"各表象"都对应着一个概念；这个概念也不是清晰的、有确定现实对象物的。要把诸多分表象的概念结合成统一的概念，形成与内隐感性表象相对应的概念，这需要知性的作用。知性对"结合各表象的概念"的统一工作也是造成内隐感性表象的必要条件，因此知性也是属于内隐感性表象的。各认识能力在对象借以被给予的表象这里的自由游戏的这种状态，必须是能够普遍传达的；在自由游戏状态中的判断应该是对美者的鉴赏判断。"各认识能力"指反思想象力和知性。这两种认识能力在鉴赏判断中是自发活动的，就像是处于自由游戏状态。这种自由游戏状态也是能够普遍传达的、具有普遍性的。这是相对于逻辑判断的客观普遍性而言的。因为知识作为对被给予的诸表象（无论在哪个主体中）都应当与之相一致的那个客体的规定，是惟一对每个人都有效的表象方式。"知识"作为……规定，其实就是概念作为规定，因为知识是以概念来表示的。知识（概念）规定了呈现为一定表象的对象。即客观对象事物都要呈现为特定的表象，这个表象无论在哪一个主体中都是同样的；表象与将其给予出来的对象是一致的，而呈现出特定表象的对象事物是什么，要被概念所规定；对象被概念所规定了，就是形成知识了。因此知识（概念）作为对于客体的规定，相当于对象的表象方式，或对象的表象是用概念来标示的。这种客观性具有普遍性，对每个人都有效。

[第5段]一个鉴赏判断中表象方式在主观上的普遍可传达性，……鉴赏判断中的表象方式就是内隐感性的表象方式。由于

它应当不以一个确定的概念为前提条件而发生，因此就不能是别的任何东西，而只能是想象力（作为内在直观力）和知性（知性因素）的自由游戏中的心灵状态。这里还有个条件，即（只要它们像一般知识所要求的那样相互一致），知识所要求的相互一致是直观到的表象与知性概念的一致。这里是以此来类比鉴赏判断中想象力与知性一致的情形？如果把这里的"知识"理解为"认识"，则"相互一致"就是指反思想象力与知性像通常（一般）一样相互一致。在鉴赏判断中，在面对内隐感性表象时，内在直观到的东西要处于概念规定的范围内。这一点我们在"导论·七"的解读中讲述过了。我们意识到，这个适合于一般知识的主观关系，必须对每个人都有效，因而是普遍可传达的，"知识"，"曹译本"为"认识"。（395）"知识"属于知性的逻辑判断，这里讲的是鉴赏判断，因此"认识"比较恰切。如此看来，上一句的"一般知识"也可理解为"一般认识"。适合于一般认识的主观关系也是普遍可传达的，在这一点上，鉴赏判断的认识同任何一个逻辑判断所确定的知识是相同的。任何确定的知识毕竟总是基于作为主观条件的那种关系的。逻辑判断及其确定的知识基于内隐感性判断之上，即等于基于内隐感性判断的主观条件之上。

［第6段］对于对象或者对象借以被给予的表象的纯然主观的（审美的）评判，如今先行于对该对象的愉快，并且是对诸认识能力之和谐的这种愉快的根据；这里不说"判断"而说"评判"，显见出二者有所区别。可能，前者是一般性的认知，后者是带有体验性感觉的评价性认知。人在面对一个对象及其表象时，先要对其加以内在直观（反思性的想象，同时这一内在直观是符合知性概念的）；在这一过程中就形成了与内在体验相关联的评价性的认知判断；如果对象的表象与这种认知判断和谐一致、相互匹配，就会形成愉快情感。由于内隐感性评判

是造成愉快情感的心灵活动过程，当然要先于愉快情感。内隐感性评判是造成愉快情感的原因，因此是这种愉快的根据。即只在这种认知方式下才能形成愉快情感即美感。这里所说的根据是原因性的，评判和愉快的先后关系讲得很明确。此点很重要。惟有在评判对象的主观条件的那种普遍性之上，才建立起我们将之与我们称为美的那个对象的表象结合在一起的愉悦的这种普遍的主观有效性。内隐感性判断是此时主客体关系的主观条件，这种主观条件的普遍性即人人都有这种心灵能力，能形成这样的评判活动，它的普遍性决定了愉快情感的普遍性。这种愉快情感是同对象的内隐感性表象相结合、相对应的，这种结合不是客观的关系，而是主观的关系，所以其普遍性是主观的，是来自主观的。

［第7段］能够哪怕是仅仅就认识能力而言传达自己的心灵状态，这会带有一种愉快，对此，人们可以从人对社交的自然倾向出发（经验性地和在心理学上）作出解释。但这对于我们的意图来说是不够的，对内心想法或状态的表达本身就是愉快的，但这不是这里所要探求的，这里是要找出愉快的先天根据。我们指望每一个别人都把我们感觉到的愉快当做是必然的，正好像我们称某种东西是美的时，这可以被看做是对象的一种在其身上按照概念得到规定的性状似的；须注意，这里的"美"字是形容词，因此是"美的"，不是"'美'的"。被形容为"美"的愉快，只是主观的感觉，不是对象上可被概念规定的客观性状。但由于美的感觉在一定条件下的必然性和普遍性，人们容易把它当作客观的、物质性的性状。因为美毕竟不与主体的情感相关自身就什么也不是。其实美的感觉只能是主观的，离开了主观感觉，人们一般所说的"美"根本不存在。虽然这里的"美"字是名词，但不表示康德肯定有个叫作"美"的东西。康德大概是采用了一般

生活中的用法，把"美"字当成了"美的事物"或"审美价值"等的代名词。但是，我们必须把这个问题的讨论留待回答如下问题时进行：先天审美判断是否以及如何可能？"这个问题"可能指"美不与主体的情感相关自身就什么也不是"。但要回答这个问题，首先要回答先天内隐感性判断的存在是否可能以及如何可能的问题。

[第8段] 现在，我们所研究的还是较低级的问题：我们是以审美方式意识到鉴赏判断中诸认识能力彼此之间相互在主观上的一致的，是通过纯然的内感官和感觉而在审美上意识到的，还是通过我们借以发动那些认识能力的有意能动的意识而在理智上意识到的？"我们是以审美方式意识到……"这句话，"邓译本"和"曹译本"分别为"我们是以何种方式意识到……"（53）和"我们是怎样意识到"。（395）这句话的下面，作为可选择的方式分别是内隐感性方式和知性方式。如果以肯定的语态表明是以内隐感性方式意识到，则下面的话语就是重复了。这句话是说，现在进行的研究还是比较初步的，仅只是将内隐感性方式与知性方式相区分；提出，要以内隐感性方式意识到鉴赏判断中诸认识能力相互之间在主观上的和谐一致。

[第9段] 假如促成鉴赏判断的那个被给予的表象是一个把知性和想象力在对于对象的评判中结合成为客体的一种知识的概念的话，……这句话像是假定的肯定句，但其实应该是设问句，应该是"假如可以促成……概念的话"。因为如果已经促成了鉴赏判断，则此表象就是内隐感性表象了；而这里说的表象是促成知性判断的表象，那就仍然还是一般的感官感性表象，但它可以成为内隐感性表象并促成鉴赏判断。如果可以促成鉴赏判断的表象在这里是作为感官感性表象而关联于关于客体的知识性的概念的话，那么，对这种关系的意识就会是理智的（就像在《纯粹理

性批判》所探讨过的判断力的客观图型法中那样)。"理智的",是否包含知性和理性?总之这里不是内隐感性判断的。"客观图型法",是知性直观所形成的内在意象,但又不同于"实例"。实例是具体对象事物所呈现出来的样态,而客观图型法是对实例的抽象、综合、聚合。这两者都是以感官感性来对对象事物之表象加以直观性映照。只不过,实例是直接的、即时感知的,图型是长时感知所积淀的。在这种情况下,判断就会是不与愉快和不快相关而作出的,因而不是鉴赏判断。但现在,鉴赏判断不依赖于概念而在愉悦和美这个谓词方面规定客体。因此,关系的那种主观统一就惟有通过感觉才能标明。在进行鉴赏判断时,"愉悦"和"美"这两个词不表示可以用概念加以规定的客体,因为它们表示的是主体的感觉,客观物质世界中不存在叫作"愉悦"和"美"的东西。"关系",可能指表象与认识能力的关系,因为"主观统一"的说法意味着有作为客体的东西(表象)存在。激活这两种能力(想象力和知性),使之成为不确定的、但毕竟凭借被给予的表象的诱因而一致的活动,亦即属于一般知识的那种活动,这就是鉴赏判断假定了其普遍可传达性的那种感觉。这里的"知识",仍应为"认识"。什么东西能激活这两种能力?应该是对象的内隐感性表象。说明内在的内隐感性判断的活动是需要自下而上的刺激信息的。这对我们的理论很重要,康德多次这样表述过。内隐感性表象不是概念性的、感官感性的,因此是不确定的,具有模糊性,但毕竟同感官感性表象有一定的关联,因此可以成为激活两种能力的诱因,造成两种能力协调一致的活动。这种协调一致的活动是具有认识功能的心灵活动;在这种活动中形成的感觉就是鉴赏判断所假定的具有普遍可传达性的感觉。为什么说是假定的?因为这种普遍性是主观的,不能像客观普遍性那样加以证明;此外,普遍性表现在人的内在感觉中,没有实例，只能按逻辑来设定。一种客观的关系虽然只能被思维，但就它按照自己的条件来说是主观的而言，毕竟是能够在对心灵的作用中被感觉到的；而在一种没有概念作基础的关系（就像表象力与一般认识能力的关系那样）那里，也不可能对它有别的意识，除非通过对作用的感觉，这作用就在于两种通过相互协调一致而被激活的心灵力量（想象力和知性）变得轻松了的游戏。"客观的关系"，具体所指不明，可能指上述主观统一的关系。但它为什么是客观的？可能指主观统一的关系也是客观存在的，因此是一种客观的关系。不论怎样，可以明确的是："关系"不是结构性的，不能直观，只能在思维中被掌握。"它"，指上述"客观的关系"。它的主观的条件，可能指在主观方面的条件或具有主观性的条件。这样，所谓"客观的关系"大概率指可以作为客观存在的主客体关系，即表象与认识能力的关系。"在对心灵的作用中被感觉到"，如果这里的心灵与认识能力是同一的，则对心灵有作用的是表象；如果这里心灵与认识能力（反思想象力与知性一致的活动）不同一，则可能是认识能力对心灵的作用。毕竟，表象是通过认识能力而作用于心灵感受的。这里讲到想象力和知性也是"心灵力量"，可能意味着心灵与认识能力是同一的，所以心灵可以感觉到这种能力及其活动。"对它不可能有别的意识"，因为这种关系是内隐的，所以意识不到或觉察不到，只能通过对作用的感觉才能意识到，即通过其作用的结果而感觉到、察觉到。这个结果就是"……游戏"。这里也清楚地表现出鉴赏判断的内隐特性，很重要。一个表象，作为单个的并且不与其他表象作比较却仍然与构成知性的一般工作的那种普遍性的诸条件有一种协调一致，就把诸认识能力带入了我们为一切知识所要求，因而也认为对每个注定要通过知性和感官相结合来作出判断的人（对任何人）都有效的那种合乎比例的相符之中。这句话挺深奥。不与其他表象作比较的表象应该指内隐感性表象,所以这里说的是鉴赏判断。鉴赏判断中的表象是相对独立的,不与其他表象(概念)相关联,但也要符合知性概念,即处于具有普遍性的知性概念能力的框架之下。这就使鉴赏判断中诸认识能力(内在直观力即反思判断的想象力和知性因素)处于适宜的比例关系中。这种认识能力对任何人(包括注定要通过知性和感官相结合来作出判断的人)来说都是有效的。即所有人都可以有这种认识能力,包括注定有知性判断的人。认识能力的比例可能指想象力和知性要各占一定的适宜比例。这种比例的量是多少,还不好说。大致来说,在逻辑判断中,知性应该占据有主导地位的比例;在鉴赏判断中,想象力占据有主导地位的比例。这时要看"是知性为想象力效力"还是"想象力为知性效力"。(71)这一阐述与实际审美活动和一般认知活动中的情形是一致的。

本节要点:进一步对鉴赏判断及愉快情感的主观普遍性做出阐释。所谓主观的普遍能传达性是鉴赏判断时心灵状态的特点。即在以鉴赏判断认识能力知觉到内隐感性表象时所形成的愉悦性心灵状态是人人都可有的。这种具有普遍性的心灵状态是鉴赏判断的主观条件和基础,以产生出对于对象的愉快为后果。主观的普遍性不是结构性的、实体的存在,而是一种主体感觉。这节中提出重要思想:鉴赏判断先行于愉快。在"第一导论"中也曾多处讲到此点。表明,鉴赏判断即内隐认知过程。在玫瑰花的表象中感到愉快,这个过程是鉴赏判断,是内在"感"的过程,发生在愉快之前。以愉快的感觉为根据而说玫瑰花是美的,这个过程是逻辑判断。即先要有内在的"感"(评判)的过程,然后才能有外在的"说"的过程。此节还有很重要的一点是,讲到鉴赏判断时心灵活动的内在机理,即想象力与知性一致的自由游戏。

第 10 节 一般的合目的性

[第 1 段] 如果人们要按照目的的先验规定（不以某种经验性的东西为前提条件，这类东西是愉快的情感）来解释目的是什么，那么，目的就是一个概念的对象，……这里不是"先天规定"而是"先验规定"，可以提示我们思考先天和先验的区别。似乎，如果就目的的存在或存在地位而言，可以说目的在经验之前就先天地存在着；而说到目的的规定性，则这个规定性本身是先验的。此时，目的的规定性不是仅仅作为已然存在的东西出现，还要作为一种原则、规则被操作。而且，这一规定性只有在操作中才能显现出来。那么，"先验的"可能就是：先天地存在着，又要在经验操作中显现的东西。这里的"经验性的东西"指愉快的情感。显然，情感是可经验的，不能作为条件成为目的的先验规定；目的的规定性是先验的。先验的就是预设好了的。按照预设，目的就是一个概念的对象，只要这概念被视为那对象的原因（它的可能性的实在根据）；康德在前面曾说，概念是目的；(14) 这里却说，概念的对象是目的。但这不是矛盾，而是表现出"目的"概念的实际内涵。即目的就是关系中的相互对应点。以哪个对应点为目的，要看以哪个对应点为本位。目的可以表现在诸多方面，这里所说，是在知性方面就概念与对象（概念的所指对象）的关系而言的。在康德看来，知性为自然立法，这种立法就是以知性概念去规定对象。概念是先验的，先于对象而存在；有了概念，对象才可被人认识到。因此概念被视为那对象的原因，是对象之可能性的实在根据。概念作为原因，其对象就是结果。原因是要实现为结果的，因此原因要以结果为目的；对象是概念的结果，也就是概念的目的。可见，这里所说的"目的"，

不是人为追求的、意志性的目标，而是两者关系中的对应点，两者互为目的。而一个概念在其客体方面的因果性就是合目的性（forma finalis［目的性的形式］）。既然概念以对象为目的，很自然地就会具有对应于、适合于这一目的的性状，这种性状就具有"合目的性"。目的与合目的性是相互对应、相互匹配的两极。因此，在绝不仅仅是关于一个对象的知识，而且作为结果的对象本身（这对象的形式或者实存）都被仅仅设想为通过这结果的一个概念而可能的地方，人们就设想有一个目的。对象被赋予概念，就是形成了知识。这里所说的对象，不仅指对象的外在表现形式，还指对象作为实际物的存在。"通过这结果的一个概念"，即"通过可以造成结果的概念"。"曹译本"的译文是：不仅是对一个对象的认识，而且对象本身（对象的形式或者对象的存在）作为一种结果，只有通过它的一个概念才被设想为可能的时候，人们便是在思考一种目的。（397）即是说，概念不仅仅可以使对象成为知识（或成为认识的对象），还使对象的形式或实存具有可能性；就此，人们就设想这一对象是相应概念的目的。可见，这种所谓目的，是按照目的论的原则假定的、设想出来的。在这里，结果的表象就是这结果的原因的规定根据，并且先行于它的原因。"结果的表象"就是概念之对象的表象，即概念所表达的事物的表象。表象，是对象事物之显象在主体思维、观念中的映象。但结果（对象）的表象怎么可以成为原因的规定根据呢？难道是结果决定着原因？"曹译本"在这里有注释说，就呈现于意识中的次序而言，人们是先看到作为结果的表象，然后再反思与表象相对应的概念；因此就具体的经验而言，是表象先于概念而出现。（398）按照这个解释，这种情况就等于是表象调出了概念，而且概念必须对应于这个表象，即相当于对象规定了概念。从这个意义上讲，作为结果的表象就是作为原因的概念的规定根据。还可以从另一个角度来理解：概念是抽象的，不可直观；因此概念是什么，是不清楚、不确定的；当概念有了结果，即概念显示为对象之后，就可以知道这个概念是什么了；因此概念是什么，要被结果所展示，即等于被结果所规定。一个关于主体状态的表象，其把主体保持在同一状态之中的因果性的意识，在这里可以普遍地表明我们称为愉快的东西；与此相反，不快则是包含着把诸表象的状态规定成它们自己的反面（阻止或者取消它们）的根据的那种表象。"关于主体状态的表象"，可能指主体内部形成的有关此时主体状态的表象，这个表象表现为意识，即对这种主体状态的意识，这种意识的明显表现就是此时的愉快。"因果性的意识"，由于因果性而形成的意识，即由表象所引发的意识。"同一状态"，即同样的主体状态；这里具体所指是主体的内隐感性判断的状态。当主体处于内隐感性判断状态时，主体内部形成的表象所引发的具有普遍性的主体意识就是我们称为愉快的东西。即这时在主体意识中所能意识到的，或在主体意识中所形成的东西就是具有普遍性的愉快情感（是内隐感性判断对于美者的愉快情感，不是对于感官感性或善的愉快情感）；与此相反的"不快"，其实是指对崇高者的情感不同于对美者的愉悦情感。对崇高者的情感也是在主体内隐感性判断状态下形成的，并在这种主体状态下显现为崇高者的表象。"它们自己的反面"，"它们"指关于美者的愉快。对崇高者的愉快不是对美者的愉悦，因此是美者愉快的反面。"不快"即崇高感决定了相应对象表象的性质。亦即，对象之表象引发了崇高感，因此说这时的对象之表象是崇高的，相当于崇高感（不快）决定了对象之表象的性质，是其性质的根据。

[第2段] 欲求能力，……欲求能力所涉及的对象都是实存的、有实用价值的事物，可以用概念来标示并加以规定。这样的

对象及其表象作为目的就是规定性的。这种规定性的对象之表象所引发的欲求是意志性的。即人想要得到这个对象，或从中获得欲求的满足。但是，一个客体，或者一个心灵状态，或者一个行动，尽管其可能性并不必然以一个目的的表象为前提条件，却也被称为合目的的，这仅仅是因为我们惟有把一种按照目的的因果性，亦即一个按照某种规则的表象来这样安排它们的意志假定为它们的根据，才能解释和理解它们的可能性。不必然以一个目的的表象为前提条件，这里的"目的"指前面所说概念性、规定性的目的。鉴赏判断中的客体或心灵状态或行动，不以作为目的的规定性的对象之表象为前提条件。即鉴赏判断没有规定性的目的。之所以把鉴赏判断中的内隐感性表象设定为目的，是解释和理解它们（客体、心灵状态、行动）的可能性。因此，合目的性可以没有目的，"合目的性"指鉴赏判断中主观的合目的性，"没有目的"指没有规定性的目的。这句话构成了我们常说的"无目的的合目的性"，实即"无客观目的的主观合目的性"。这一是就我们并不把这个形式的诸原因设定在一个意志中，但毕竟只能通过从一个意志推导出对这形式的可能性的解释来使我们理解这种解释而言的。目的与合目的性的关系，本来具有意志性；鉴赏判断虽然没有意志性，但也要按照从意志性中推导出的目的原则来加以解释。对鉴赏判断这种特殊的现象不能以知性和实践理性去认识，即我们并不总是必须通过理性（按照其可能性）去认识我们所观察的东西。按照一般的理性，目的都是实在的，但在内隐感性的鉴赏判断中，没有这种实在的目的关系，因此不能按照一般的理性去解释这里的目的。我们即使不把一个目的（作为 nexus finalis ［目的的联系］的质料）当做合目的性的基础，也至少能够按照形式考察合目的性，在对象身上哪怕只是通过反思而发现合目的性。鉴赏判断的合目的性关系不是以质料性的目的为基础，而是脱离了实用的、质料性内容而仅只在逻辑形式（格式性的形式）的意义上考察合目的性，是通过反思判断在对象身上发现合目的性。即鉴赏判断中的对象本来不具有规定性的目的，也不能有相应的合目的性；但经过反思判断可以设定它有主观的目的，可以同主观的认识能力、愉快情感相关联，这就构成了不同于一般规定性合目的性的主观合目的性。此点很重要。

本节要点：一般合目的性概念的内涵实即相对应的两者之间的关系。合目的性除存在于客观对象之间以外，还存在于客体与主体之间的关系中，这就形成了主观的合目的性。

第11节　鉴赏判断仅仅以一个对象（或者其表象方式）的合目的性的形式为根据

鉴赏判断中，主体面对客体对象及其表象时，不是关注其具有实用价值的自身存在，而是关注其内隐感性表象方式。这种表象方式仅仅相对于主体的鉴赏判断才成立，因此是与主体结成主观的合目的性关系。这种关系不是实质性的、质料性的，而是格式性形式的，不是感官感性形式的。因此对象的表象就表现为合目的性的形式。主体要感知到作为这种合目的性形式的对象之表象（先是感官感性表象，继而是内隐感性表象），并在这一表象的范围内形成相应的鉴赏判断及愉快情感。例如在见到孔雀之感官感性表象的基础上，内心中形成了关于孔雀的内隐感性表象，由此进行鉴赏判断并愉快情感。在这个意义上，表象作为合目的的形式就相当于鉴赏判断的根据。但其实，内隐感性表象和鉴赏判断是同时形成的。以表象为鉴赏判断的根据是从逻辑上讲的。对此，还可有两个参照点。一是导论第 7 节中说：现在，如果在这种比较中，想象力（作为先天直观的能力）通过一个被给予的表象被无意地置于与知性的一致之中，那么，对象在这种情况下就必定被视为对反思性的判断力来说合目的的。知性是做什么用的？是规定概念、认识对象的。与知性相一致，就是与知性所认识到的对象相一致。也就是说，鉴赏判断的内在直观要符合知性对于对象的认识，对象在这里起着制约内在直观的作用。二是正文第10节中说：在这里，结果的表象就是这结果的原因的规定根据，并且先行于它的原因。在鉴赏判断的过程中，如果以客体表象为本位，则对象的表象是引发鉴赏判断的因素；这一表象制约了内在直观和愉快情感，所以具有规定根据的作用。

［第1段］一切目的，……与上面的表述相关，在一般的规定性判断中，如果目的（对象）被视为愉悦的根据，即如果是对象物本身引发了愉悦，就会是带有某种兴趣的，这种同兴趣相关联的愉悦就决定了对这个对象物进行的判断是规定性的、利害性的，即成为规定这一判断性质的根据。这时的对象是实存的事物，同实用性相关联，由此产生的愉悦和进行的判断都是同实用性即利害性相关联的。与此相对比，鉴赏判断中的目的（对象之内隐感性表象）是虚拟的、假定的，不是实存的事物，因此没有任何主观的目的能够像实存事物那样作为鉴赏判断的根据。但是，也没有一个客观的目的的表象，亦即对象本身按照目的联结原则的可能性的表象，"对象本身"，是强调对象作为实存事物而存在，具有实用性、利害性。这时的对象按照客观目的的联结原则所结成的目的关系是规定性的，该对象的表象同具有客观目的关系的对象相关联，不是内隐感性表象，因此不能规定鉴赏判断。因而，也没有善的概念能够规定鉴赏判断。因为鉴赏判断是一个内隐感性判断，不是知识判断。这里也能看出，内隐感性判断不能理解为审美判断。否则就是在说，（审美的）鉴赏判断是

一个审美判断。康德不会说这样无意义的话。所以它不涉及任何关于对象的性状以及对象通过这个或者那个原因而有的内在的或者外在的可能性的概念，而仅仅涉及诸表象力相互之间的关系，只要它们通过一个表象被规定。"它"，指鉴赏判断。"对象的性状"，指对象事物作为实存事物的性状。"诸表象力相互之间的关系"，指反思的内在想象力与知性因素之间的关系。总之，鉴赏判断不涉及任何实存对象的具有利害性的性状，也不涉及这种对象通过多种可能性而具有的概念。它被一个（内隐感性）表象所规定，即同这样的表象结成主观合目的性关系，这种关系决定了此时认识能力或诸表象力之间的关系。

[第2段] 于是，在把一个对象规定为美的对象时的这种关系，……"规定为美的对象"，有点像是规定性判断了。但这里不是以概念来做规定，而是依据鉴赏判断及内隐感性表象来做界定。这时，对象与人的关系就是与人的一种愉快的情感相结合的。但此时的对象不是以其客观属性（性状）而是以其内隐感性性状与人的愉快情感结成关系的。这种愉快通过鉴赏判断同时被解释为对每个人都有效的；对于康德所说的鉴赏判断的普遍性，可以有两种理解：一是对同一对象人们普遍地都有愉快的情感；二是内隐感性表象与愉快情感的关系在人们那里是普遍地具有的、能感觉到的。即只要是形成了鉴赏判断，所有人都会结成内隐感性表象与愉快情感之间的关系。康德所说，应该主要指后者。现实审美中，对同一个对象，有人可形成鉴赏判断，有人不形成鉴赏判断，这里就不存在普遍的相同性。康德并不强求在同一个对象上的普遍性，而是期待着这种普遍性。但对于一般而言的内隐感性表象与愉快情感的关系，则肯定地说具有普遍性。即只要是对对象之内隐感性表象进行鉴赏判断，就都会形成无利害关切的愉快情感。这点须加注意。鉴赏判断具有独特的规定性，

不同于知性和理性，也不同于生理感官的适意。所以说，一种伴随着表象的适意，即由表象引发的适意感，正如对象的完善性的表象和善的概念一样，不可能包含着这种规定根据。因此，惟有一个对象的表象中不带任何目的（无论是客观的目的还是主观的目的）的主观合目的性，因而惟有一个对象借以被给予我们的表象中的合目的性的纯然形式，就我们意识到这种形式而言，才构成我们评判为无须概念而普遍可传达的那种愉悦，因而构成鉴赏判断的规定根据。表象是认识的对象、客体，其本身不能带有目的或具有目的。这句话实际上是说，对象的表象不与任何实用的、利害性的意识、观念、思维构成合目的性关系，无论是在客观方面还是在主观方面都是如此。于是，这样的表象就只是与处于鉴赏判断状态的主体构成主观的合目的性关系。一切自然事物都只是显象，因此对象都是借助于表象被我们认识到的，而表象也标示着对象。在与主体的主观合目的性关系中，表象的作用不是引发人对对象本身的思维，即人不是通过表象而对对象（其存在）进行思维。没有了与对象的关联，就等于没有了实质性的内容，这时的表象就成为与主体构成主观合目的性的纯然的形式。当主体以鉴赏判断的状态面对这种表象时，这种表象就可引发主体不与概念相关而又普遍可传达的那种愉快。由于鉴赏判断中的愉快是由这种表象所引发的，表象作为具有主观合目的性的纯然形式就成为鉴赏判断的规定根据。这是在肯定鉴赏判断中客体对象对主体愉快情感的影响作用。但对象之表象的这种作用不是绝对的，也不能认为这表明是对象中的"美"引发了美感。对象之表象要能具有这种规定根据的作用，必须具备必要的前提，即"就我们意识到这种形式而言"，这是强调此时的主客体关系及主体的评判方式。如果人不能以鉴赏判断的状态意识到对象之表象的内隐感性性状，即如果人意识不到表象的纯然形式，就不能与表象结成主观合目的性关系，表象也就不能成为鉴赏判断的规定根据了。

本节要点：内隐感性判断不是概念性的认识判断，也不涉及对象的客观性状，而是仅仅涉及诸表象力相互之间的关系。鉴赏判断中，内在表象力与愉快情感的关系也是一种合目的性关系，但不是客观的、由质料构成的实质性关系，而是主观的、只存在于内隐感性判断中的关系，因此是无客观目的的主观合目的性。这种关系具有普遍性。

第12节　鉴赏判断基于先天的根据

［第1段］先天地澄清一种愉快或者不快的情感作为一个结果与作为其原因的某个表象（感觉或者概念）的联结，……鉴赏判断力的获得是先天的。即人先在地就可以进行内隐感性判断活动。把愉快的情感与某个特定的表象（对某个对象事物或其概念的表象）以因果关系的方式固定地联结起来，这是绝对不可能的。因为如果是这样，将会是一种必然的因果关系。而其实，愉快情感与某个对象之表象结成鉴赏判断的主观合目的性关系，因而形成一种因果关系，只能是任何时候都后天地并且借助于经验本身来达成。就是说，虽然人是天生地具有鉴赏判断能力的，但对哪个事物形成鉴赏判断，不是固定的、天生的，而是要在后天经验中确定。这里以表象为愉快的原因，虽然表象不是固定的、必然的，但说明了表象与愉快情感的关系。下面康德以道德为例，说明在愉快方面先天理念与后天经验的关系，指出：要从作为一种纯然知识的概念中推导出与该概念相结合的愉快来，就会是白费力气了。这与鉴赏判断中的情形是一致的。

［第2段］现在，审美判断中的愉快以类似的方式就是这种

情况：……虽然鉴赏判断与实践理性有类似之处，但二者的愉快有不同的性质。在鉴赏判断中，愉快纯然是静观的，不造成对客体的兴趣；与此相反，在道德判断中的愉快是实践的，其愉快来自具有利害性的事物。在显示一个对象（对象被给予）的表象那里，对主体诸认识能力的游戏中纯然形式的合目的性的意识就是愉快本身，一个对象事物的具有内隐感性性状的表象与主体鉴赏判断中活跃的认识能力（内在直观和知性因素）之间具有对应的、纯然格式性形式的合目的性，这种合目的性不是凭借知性和理性可以意识到的，只有凭借此时产生的愉快情感才可以意识到。即形成了愉快情感了，就是意识到其中的合目的性了。所以这种意识就是愉快本身。由于这种意识（愉快情感）在一个内隐感性判断中包含着主体就激活其认识能力而言的能动性的规定根据，这里讲，这种意识（愉快情感）作为鉴赏判断的规定根据；而前面讲，对象的纯然形式是鉴赏判断的规定根据，是不是矛盾、混乱呢？其实，是两种规定根据的着眼点不同。前者是从活动的结果着眼的。形成了无利害性的愉快情感，就是完成了鉴赏判断的活动过程，鉴赏判断之不同于规定判断的独有性质，就是被这种愉快情感所规定（所展示）的。后者是从活动过程即原因着眼的，鉴赏判断要从对于对象之内隐感性表象的内在直观开始，这一表象作为主观合目的性的纯然形式，规定着主体形成什么样的无利害性愉快情感。纯然形式、鉴赏判断的认识能力、愉快情感这三者是互为条件的，缺一不可，因此都可以在不同角度称为鉴赏判断的规定根据。从现实审美活动的机理和过程看，对象的外在形式（纯然形式）是激活主体内在认识能力的起点，但这种纯然形式只能在鉴赏判断中被愉快情感意识到，所以康德把纯然形式与这种意识视为一体，表述为这种意识激活了内在的认识能力。这里就表现出一种内在的因果性（这种因果性是合目的的)，而且是关于一个表象的主观合目的性的纯然形式的因果性；不是一般知性认识的因果性，也不是局限于一个确定的知识（概念）的因果性。这种愉快不以任何方式是实践的，即不是与实用性相关联的，既不像出自适意性的生理学根据的愉快，也不像出自被表现为善的理智根据的愉快。鉴赏判断的因果性是在自身中的，不是与其他事物之间的，所以不需要有进一步与他物相关联的意图，只是凭借这种内在的因果性而保持表象本身的状态和诸认识能力的活动。鉴赏判断是自身内部几种因素（纯然形式、认识能力、愉快情感）相互关联、相互作用、相互促进的结果，是出自内在的因果性，因此其活动就是在加强自己、再生自己。这和对象的表象中的一种魅力反复唤起注意时的那种流连是类似的（但毕竟与它不是一回事），在后一种流连中，心灵是被动的。"魅力"，指一种吸引力，一般多用在艺术性方面。在这里，是指同质料及感官感性相关联的吸引力，不同于鉴赏判断。"邓译本"译为"刺激"。(58)"心灵是被动的"，指心灵状态是被客体对象调动或刺激起来的。而在鉴赏判断中，心灵不是被动地被外界对象所调动。相反，作为客体的纯然形式要以主体的心灵能力和状态为条件。但其实，也不能说鉴赏判断中的心灵绝对不是被动的，因为鉴赏判断也是因为对象的出现才被调动出来的。只不过，此时需要心灵处于一种特定的、可进行鉴赏判断的状态之中。大概，康德是把这种心灵状态视为前提，视为对象出现之前就存有的状态，因此以为它不是被动地被刺激出来的。

本节要点：愉快或不快的情感与作为其原因的某个表象之间的联结不是先天的、固定的，而是经验中的。这一阐述再现了康德的一贯思想，排除了"美本质"的可能性。即事物美不美，不是由于事物中存有"美"属性，而是由主体鉴赏判断状态下的经验所决定。鉴赏判断状态不是由感官感性的表象或善的理智所刺激而生，因而只能是先天的。

第13节　纯粹的鉴赏判断不依赖于魅力和感动

"魅力"，同实用性需要、欲求相关的吸引力。"感动"，康德在后面有说明：适意在其中仅仅凭借瞬间的阻碍和接踵而至的生命力更强烈的涌流而被产生出来的一种感觉。（55）大概相当于机体内的"激动"。

[第1段]一切兴趣都败坏着鉴赏判断，并使它失去自己的不偏不倚，尤其是在它不像理性的兴趣那样把合目的性置于愉快的情感之前，而是把合目的性建立在这种情感之上的时候；"兴趣"，指带有利害性的关切。鉴赏判断是无利害性关切的，不带有任何兴趣。带有兴趣的判断不是纯粹的鉴赏判断（指对美者或崇高者的鉴赏判断）；只有纯粹的鉴赏判断才能不被个人偏见所左右而不偏不倚。这句话中的"它"是相比于"理性的兴趣"而言，因此似乎指同感官刺激相关的兴趣。怀有理性的兴趣时，是把合目的性置于愉快的情感之前，即由于理性的合目的性得到实现了才形成愉快情感。"这种情感"可能指与感官刺激相关的兴趣性情感。当合目的性建立在这种与兴趣相关的情感之上时，尤其是对鉴赏判断的败坏。这后一种情况总是发生在就某种东西使人快乐或者使人痛苦而言对它的审美判断中，使人产生快乐和痛苦情感的东西不是鉴赏判断的对象，而是与适意之类情感相关联的。它也可以发生在内隐感性判断中，说明这种情感的形成也是内隐的。这里也表明不能把内隐感性判断理解为审美判断。但这种内隐感性判断不同于对美者的鉴赏判断。这是怎样的关系？大致可能是：反思判断中包含着目的论判断和内隐感性判断，内

隐感性判断中包含着纯粹的鉴赏判断和掺杂兴趣的鉴赏判断。即虽然鉴赏判断是最能代表内隐感性判断及反思判断性质的，但并不是内隐感性判断的全部，而是既包括对美者和崇高者的鉴赏判断又包括对掺有兴趣者的鉴赏判断。因此，如此被刺激起来的判断对于普遍有效的愉悦要么根本不能提出任何要求，要么能够提出的要求如此之少，正如上述方式的感觉处于鉴赏的规定根据中间一样。被刺激，应指被同快乐或痛苦相关的东西所刺激。这样的判断是客观的、外在的、质料性的，与个人喜好相关的，所以不具有普遍有效的愉悦；但又说：就算是有，也是非常之少，表现出立场上的有所松动。"上述方式"，大概指"把合目的性建立在这种情感之上的时候"的方式。可能，这里所说的是与鉴赏判断相近或相类似的一种鉴赏，是带有某种兴趣的鉴赏或称品鉴。它可能带有微小的普遍有效性，也可以具有少量的鉴赏的规定根据。因为有时对美者的鉴赏与对适意者的鉴赏是混杂在一起的，难以区分。在它为了愉悦而需要混有魅力和感动，甚至把它们当做自己的赞赏的尺度的地方，任何时候都是未开化的。"它"，指这种带有某种兴趣的鉴赏。这种鉴赏所形成的愉悦感带有兴趣，混有利害性的东西。如果混有这种魅力和感动，特别是如果把这种魅力和感动当作赞赏（愉悦）态度的尺度（标准），那这种鉴赏就是"未开化的"。所谓"未开化的"，大概指与现代不同的状态，可能带有原始性，是不充分、不完全、不彻底的。康德这里没有明确说出这种鉴赏是什么鉴赏。从今天的审美实际来看，可能是指同感官愉悦相混融的审美。现代的例如"4D电影"，带有强烈的声光等感官因素，还加入了味觉、触觉、体位感觉等体感因素，形成更为强烈的刺激，使人产生更为强烈的兴奋感。如果说对电影内容本身的观赏是审美（鉴赏判断）的话，其余的感官因素就都属于"魅力（刺激）"和"感动"。这一意味在下面的阐述中表现得更为明显。

[第2段] 然而，魅力毕竟常常不是仅仅作为对审美的普遍愉悦的贡献而被算做美（但美真正说来却只应当涉及形式），……如上所述，同感官相关联的魅力常常作为辅助因素而加入鉴赏判断中，因而是对鉴赏判断普遍愉快的贡献，并且也被算作鉴赏判断的构成因素，虽然鉴赏判断真正说来只应当涉及形式。但是，它们甚至就自身而言被冒充为美，因而是愉悦的质料被冒充为形式；人们的确常常把这些鉴赏判断中的感官因素当作鉴赏判断本身，因而是把引发愉悦情感的质料性的东西当作真正具有鉴赏判断价值的纯然形式。显然，这是一种误解，它与其他一些毕竟还总是有某种真实的东西作为根据的误解一样，可以通过对这些概念的细心规定和辨析来加以消除。

[第3段] 一个不受魅力和感动任何影响（即使它们可以与对美者的愉悦相结合），因而仅仅以形式的合目的性为规定根据的鉴赏判断，就是一个纯粹的鉴赏判断。"它们"，指魅力和感动。即便魅力和感动可以掺杂进对于美的东西的愉悦之中，但只有排除掉这些因素，仅仅以纯然的、格式性形式的主观合目的性为规定根据的鉴赏判断，才是一个纯粹的鉴赏判断。即鉴赏判断是较为复杂的，其中有一些虽然与对美者的愉悦相关、相近，但不真正具有鉴赏判断性质的其他外来因素，只有排除掉这些外来因素，才是真正的鉴赏判断。康德的分析很精细、很深刻，把纯粹的鉴赏判断与鉴赏判断中混杂的因素相区别，可以给我们以启发。这些混杂因素，学界现在称为"亚审美性"。

本节要点：这一节，《释义》只是笼统地讲讲，卡斯拉的《康德〈判断力批判〉解义》①（以下简称《解义》）中则完全没

---

① ［德］卡斯拉：《康德〈判断力批判〉解义》，《韦卓民全集》第四卷，华中师范大学出版社2016年版。

有讲到这一节，似乎都不大重视。但其实这一节很重要，指出了一种常见而复杂的现象：鉴赏判断可能混杂有某种刺激性、感官性因素，但只有排除了这些混杂的因素才是纯粹的鉴赏判断。即，真正的、纯粹的鉴赏判断是对对象之表象的内隐感性性状的内隐认知；但在具体的经验活动中，鉴赏判断可能同感官感性混杂在一起，这些感官感性因素可以对纯粹的鉴赏判断起到某种强化作用。对我们今天的启发是，审美中可能掺杂有亚审美的因素，这可能对审美感受来说是有益的，但要把纯粹的审美因素与亚审美因素区分开来。

第14节 通过例子来说明

[第1段] 审美判断可以如同理论判断（逻辑判断）一样，……这一段阐述表明，内隐感性判断可分为两类，一类是经验性的、感官性或质料性的、陈述适意或者不适意的判断；另一类是纯粹的、格式性形式性的、陈述一个对象或者该对象的表象方式"是美的"的内隐感性判断。唯有后者（作为形式的内隐感性判断）才是真正的鉴赏判断。此点很重要。这就很清楚地表明，不能把内隐感性理解为现代意义上的审美。否则，已经在无利害关切意义上被康德否定掉的适意就与真正意义上审美的鉴赏判断混为一谈了。

[第2段] 因此，一个鉴赏判断只是就没有任何纯然经验性的愉悦混入其规定根据而言，才是纯粹的。"经验性的愉悦"，指感官感性经验的愉悦。为什么是"纯然的"？可能指其只有经验性，没有先天性或先天根据。"其规定根据"，指经验性活动所形成的情感结果，作为结果的情感的性质表明了经验活动的性质，因此是经验活动性质的规定根据。如果某种东西的确应当在鉴赏

判断中被看作美的，而魅力和感动却混入了这时的判断，就是把经验性的愉悦混入了本来纯粹的鉴赏判断。

［第 3 段］于是，又出现了一些异议，……这些异议以为，魅力不仅仅是美的必然成分，而是甚至单凭自己就足以被称为美的。即当魅力混入鉴赏判断时，有人就误以为魅力不仅是美的东西的必然成分，而且其本身就足以被称为美的。这是把亚审美性等同于审美性了。康德举例说：一种纯然的颜色，例如一片草坪的绿色，一种纯然的音调（不同于声响和噪声），例如一把小提琴的音调，被大多数人宣布为自身就是美的。但实际上，对二者的这种感觉都是以表象的质料、亦即仅仅以感觉为根据的，因此只配被称为适意的。颜色、音调是与感官相对应的，因此其引发的愉悦感应该属于适意，是悦耳悦目的，却被大多数人认为其本身就是美的。但这里还有另外一种情形，人们毕竟将同时注意到，无论是颜色还是音调的感觉，都惟有就二者是纯粹的而言，才认为自己有资格被视为美的；这是一个已经涉及形式的规定，也是这些表象中惟一可以确定地普遍传达的东西；康德认为，如果这种感官感觉及其愉悦具有纯粹的形式性，则可以确定其表象中含有可普遍传达的东西。即对颜色或音调的感觉除了具有感官感性之外，还可具有纯粹的形式性；正是这种纯粹的形式性可以是普遍传达的东西。纯粹的感觉，指不涉及内容的对纯粹形式的感觉。例如无标题音乐、不表现任何对象的颜色，虽然是从感官感性方面感受到的颜色和音调，但仍可从内隐感性判断方面感受到其中的内隐感性性状，这就是所谓纯粹的东西。因为不能假定感觉本身的质在所有的主体中都是一致的，既然感觉本身的质在所有主体中不是一致的，就谈不上普遍可传达性了。因为不同人对颜色和音调的感觉可能是不一样的，人对一种颜色的适意性优于另一种颜色，或者对一种乐器的音调的适意性优于另一种乐器

的音调，这是很难在每个人那里都以同样的方式评判的。只有纯粹的东西才是可普遍传达的。

[第4段] 如果人们和欧拉一样假定，……心灵并不仅仅通过感官而知觉到它们对激活器官的作用，而且还通过反思知觉到诸印象的合规则的游戏（因而知觉到不同的表象的结合中的形式）——对此我毕竟没有丝毫怀疑——，那么，颜色和音调就会不是纯然的感觉，而已经是对感觉之杂多的统一的形式规定，在这种情况下就也能够单凭自己被算做美了。"印象"，"曹译本"注释说：印象，Eindrucke，指感官所获得的声、色等感觉材料。（401—402）这样看来，可以说印象是个别感觉的结果，表象是整体知觉的结果。"对器官的激活"，可能指具体的感官。颜色激活了眼睛等视知觉系统，音调激活了耳朵等听知觉系统。"不同的表象"，指具体不同对象的表象还是指逻辑表象和内隐感性表象？大概是前者。因为"诸印象"就是对具体质料的印象，同时也没有见到过逻辑表象与内隐感性表象相结合的情形。"合规则的游戏"，大概指诸印象在规则内的活动。所谓"规则"，大概指知性规则，即对象要符合概念的规定。在鉴赏判断中的合规则，大概指内隐感性表象要处在知性概念的范围之内，即与知性因素相一致。"由不同表象相结合而构成的形式"，既然是在反思中知觉到的，这里的形式就不能是感官形式，而是逻辑性的、格式性的形式。心灵不仅可以通过感官而知觉到个别感性质料（颜色、音调）对器官的激活，还可以通过反思而知觉到由此种印象构成的合规则的游戏，并经过这一环节而知觉到由不同表象相结合而构成的形式。如果是这样，感官感觉就不是单纯的感觉了，而是对所有感官感觉之感觉方式的抽象，即形成其逻辑形式（格式）的规定。就是说，人对颜色之类东西的感官感觉是具体的感觉，但不论具体感觉到什么样的颜色，感觉方式（或感觉能力，

心灵能力）是一样的。这就是升腾于具体感官感性形式之上的格式性的形式。同样，由不同表象相结合而构成的形式也是这样的形式。颜色和音调作为这样的东西才可以是美的。康德肯定了这种假定。这里有个编者的注释，解释为什么说康德肯定了这种假定。但这只是假定，不一定是现实。本书从略。

[第5段] 但是，一种单纯的感觉方式的纯粹的东西意味着，这感觉方式的齐一性不被任何异类的感觉所干扰和打断，而且这种纯粹的东西仅仅属于形式，"齐一性"，"邓译本"为"一律性"，(60)"曹译本"为"一式性"。(402) 大概指单纯的感觉方式是稳定的、恒定的。因为人们在这里可以抽掉那种感觉方式的质（即它是否表现和表现着哪一种颜色或哪一种音调），也就是抽掉其具体的内容，只留下单纯的格式性的形式。因此，一切单纯的颜色，就它们是纯粹的而言，都被认为是美的；混合的颜色就没有这种优点，这恰恰是因为，既然它们不是单纯的，对于应当把它们称为纯粹的还是不纯粹的，人们就没有任何评判的尺度。单纯的颜色是什么样的，我们无从得知，康德也没有讲述。现实中，所有色彩都要表现在具体物体上，没有抽象的颜色。所以，所谓单纯的颜色，可能也是一种假定。

[第6段] 但是，至于由于对象的形式而被赋予对象的美，……"对象的形式"，不是感官形式，而是逻辑性的、格式性的形式。对于这种由于其格式性的形式而被看作"美的"的对象，如果人们认为能够通过魅力而使其鉴赏得到提高，这是一个常见的而且对纯正的、不受诱惑的、彻底的鉴赏十分有害的错误；"不受诱惑的"，即没有偏好，不与利害性关切和兴趣相关的。真正的、彻底的鉴赏是不能掺杂进魅力等外来因素的。尽管人们在鉴赏的愉悦之外还通过对象的表象使心灵产生兴趣，这里的"对象的表象"，不应是内隐感性表象而应是逻辑表象，这种逻辑表象可以

关联到具有实用性的对象本身,所以能使心灵产生与质料相关联的兴趣。如果是这样把魅力用于赞扬和培养鉴赏,尤其是当鉴赏还是粗糙的和未经训练的时候,即当鉴赏还不具有纯粹的、完整的形态,还没有被严格地限定或阐述的时候,当然是可以在原本的鉴赏之上再加上魅力的。但是,它们实际上损害着鉴赏判断,如果它们作为美的评判根据把注意力吸引到自身上来的话。"它们",指魅力等附加的东西。如果把掺杂进鉴赏判断的魅力等作为对事物美不美的评判根据,以为它们对事物的鉴赏价值会有贡献,那是大错特错的。其实它们是附加于鉴赏价值之上的外来因素,而且只是就它们不干扰那种美的形式而言,在鉴赏还不充分强大和未经实践磨炼的时候,才被接受下来的。

[第7段] 在绘画、雕刻中,甚至在一切造型艺术中,在建筑艺术、园林艺术中,就它们是美的艺术而言,素描都是根本性的东西。素描,在一般的理解和认识中,指事物基本的感官感性形状、形式。康德可能认为,这种感官感性形式与内隐感性表象及性状相关联。按照康德的逻辑,只有作为内隐感性的表象才能成为美的东西,所以这里的"素描"可能指内在直观中的与对象形状相关的表象,是内在想象力描绘出来的。因此,在素描中,不是在感官感觉中使人快乐的东西,而是仅仅通过其形式而使人喜欢的东西,才构成了鉴赏的一切素质的基础。感官感觉中的东西,是感官感性的形状;不是这样的东西,那就是内在直观中获得的内隐感性表象的性状。康德认为,颜色是同感官感觉相对应的质料性的东西,它引起的愉悦属于魅力。造型艺术中的"素描",可能不是指画出来的图像,而是在头脑中由先天内在直观力、想象力勾画、描绘出来的样式,因此不是与特定的感官相对应,而是需要以内隐感性心灵能力加以掌握的,可以形成与心灵能力之间的主观合目的性关系,可产生无利害关切的愉快。魅力

因素附加在美的对象之上，可以使对象在感官感性方面更加生动，但并不造成使其成为美的东西的价值；在成为美的形式的构成因素方面，魅力是非常有限的；即使魅力可以掺杂到美的事物的组成因素之中，也是因为美的事物自身具有的可被感受为美的形式才变得更有价值。

［第8段］感官对象（不仅外部感官的对象，而且间接地还有内部感官的对象）的一切形式，……到此为止，"内部感官"都是指内隐感性的内在直观。这里所谓作为内部感官对象的形式，也应该是内在的、同内隐感性内在直观相对应的形式，而从"可感"的意义上讲，就应该是内隐感性性状。因此这里所说的"感官对象"，既可以指外在感官的对象也可以指内在感官的对象。作为这样的感官对象，要么是形象，这是静止的，一般而言只能是感官感性的对象；要么是游戏，这是活动的。康德常常以"游戏"来表称内隐感性判断力的内在活动，但也可能指感官感性的游戏。下一句就可能带有这样的意味：在后一种场合要么是形象的游戏（在空间中表情和舞蹈），要么只是感觉的游戏（在时间中）。这里做出一个很有意思的区别：空间的游戏和时间的游戏，可能具有外在的和内在的意义。在时间中的感觉的游戏，不是在空间中具有可见形象的游戏，因此不能是外部感官的对象，只能是内部感官的对象，即只能是在思维中、在想象中存在的活动。这大概是指内隐感性判断的情形。颜色或者乐器使人感到适意的音调可以作为魅力加入进感官对象之中，但只有前者即颜色中的素描和后者即乐器中的作曲可以构成纯粹的鉴赏判断的真正对象。这里的"素描"和"作曲"都应该不是感官感性的，而是思维中的。至于无论是颜色还是音调的纯粹性，"纯粹性"，同前面所说的纯粹性是一致的，但我们不知其具体所指是什么样的。下面的阐述仍然是讲什么是纯粹的鉴赏判断以及亚审美因素

对纯粹审美的辅助作用。

[第9段] 甚至人们称为装饰（附件）的东西，……这种东西如果也要成为美的，也只能通过它的感官感性形式。装饰可以作为辅助鉴赏价值的形式，而修饰则损害纯正的美的东西，例如像金制的画框那样喧宾夺主，这是为了通过它的魅力来让油画博得喝彩而安装上的。

[第10段] 感动，即适意在其中仅仅凭借瞬间的阻碍和接踵而至的生命力更强烈的涌流而被产生出来的一种感觉，根本不属于美。这种感动的感觉指崇高感，它不同于面对美的对象时所形成的愉快情感，所以不属于美的感觉。但崇高（感动的情感与它结合在一起）要求另一种评判尺度，不同于鉴赏以之为基础的；对崇高者加以评判的活动也是鉴赏判断，只是评判的尺度不同于对美者加以评判的尺度。这里的"崇高"，可能指引发崇高感的对象或关于崇高的表象。而这样，一个纯粹的鉴赏判断就既不是以魅力也不是以感动为规定根据的，一言以蔽之，不是以任何作为审美判断之质料的感觉为规定根据的。纯粹的鉴赏判断属于内隐感性判断的以美者为对象的判断，不以任何质料性的鉴赏判断感觉为规定根据，不与之相关联。内隐感性判断既包含对美者的鉴赏判断（现代意义上的审美），又包含对质料性东西的鉴赏判断。

本节要点：以一些具体的事例说明哪些是非纯粹的鉴赏判断。一个纯粹的鉴赏判断既不是以魅力也不是以感动为规定根据的，即不是以任何作为内隐感性判断之质料的感觉为规定根据的。

第15节　鉴赏判断完全不依赖于完善性的概念

[第1段] 客观的合目的性惟有借助于杂多与一个确定的目

的的关系,"杂多",可能指某一事物的多种表现或多个个体。例如"树"的概念,包含有许许多多具体个别的树。事物都是被概念所规定、所标示的。"确定的目的",指明确的、可以知晓的相互关系。例如,阳光与树叶光合作用之间就是确定的、客观的合目的性的关系。客观合目的性的特性反衬出主观合目的性的特性。因此仅仅凭借客观合目的性的特性这一点就可以说明:其评判以一种纯然形式的合目的性,亦即一种没有目的的合目的性为基础的美者,完全不依赖于善者的表象,因为善者是以一种客观的合目的性,亦即对象与一个确定的目的的关系为前提条件的。"没有目的的合目的性",这是一种简要的说法。完整地说,应该是"没有客观目的的主观合目的性"。同时要注意,此处的"目的",不是主观的意图和目标,而是"标的""靶的"之义,是两个相关因素之间相互对应的关系。如果像日常生活中的那样把这里的"目的"理解为主动追求的目标,就会误解康德的阐释。善者都是具有客观合目的性的,所以美者不同于善者,不能由具有善者意味的表象而形成。

[第2段] 客观的合目的性要么是外在的合目的性,亦即对象的有用性,要么是内在的合目的性,亦即对象的完善性。客观的合目的性有两种表现:一种是外在的,即该对象事物与其他事物的关系;如果对象事物对于其他事物有用,就是具有相对于这个事物的客观的合目的性。另一种是内在的,即对象事物自身是完善的而不是残缺的。例如马都应该有四条腿,三条腿的马就不完善,也不能是美的。前面的阐述表明,把一个对象称为美的那种对该对象的愉悦不能基于该对象的有用性的表象。因为如果是那样,对美者的愉悦就不是对该对象的一种直接的愉悦了,而这种直接的愉悦是关于美的判断的根本条件。所谓"直接",是指不经过客观合目的性的中介,即不由客观的有用性或完善性而产

生。但是，一种客观的内在的合目的性，即完善性，已经很接近于美这个谓词了，"美这个谓词"，即以"美"字对主词（主语）加以说明、界定。例如说某物是"美的"，"美的"这个词在这句话中就是谓词。显然，有人以为说某物是完善的就相当于说某物是美的。"完善"的确可以大致等同于"完美"，但"完美"不等于"美"（形容词）。由于"完善"与"美"这两个词的意义很相近，因而也被一些著名的哲学家们认为二者是一回事，但却有一个附言，如果这完善性被含混地思维的话。即有人以为在含混地思维的条件下，完善性与"美的"是一回事。"含混地思维"，不是指思维模糊、混乱，而是指概念或内在的表象很模糊，不确定。这与鲍姆嘉通对"内隐感性"的界定相关。康德认为，虽然内隐感性表象是模糊的，但模糊性不是根本性的规定，不能决定对美的事物的判断。然而，在一个鉴赏批判中断定美是否也可以实际上化解在完善性的概念中，这是非常重要的。康德显然是很重视这一问题，即完善性这一概念是否可以与美者相关。

[第3段] 要对客观的合目的性作出评判，我们在任何时候都需要一个目的的概念和（如果那个合目的性不应当是一种外在的合目的性[有用性]，而应当是一种内在的合目的性的话）包含着对象的内在可能性之根据的一个内在目的的概念。客观的合目的性分为两类：外在的和内在的。这里所说"一个目的的概念"，应该是相对于外在目的的概念而言的内在目的的概念。也就是说，对客观的合目的性的判断有两个维度：或者是对外在的客观合目的性做判断，或者是对内在的客观合目的性做判断。内在的合目的性包含着该对象事物内在的可能性之根据，即该对象事物之所以可能的根据，亦即对象属性、性状与概念之间的相符合。就像一般目的是其概念可以被视为对象本身的可能性根据的东西一样，为了在一个事物上想象一种客观的合目的性，关于该

事物应当是怎样一个事物的概念就将走在前面；在康德哲学中，概念是先验的，存在于概念所指对象之前。例如在生活中，我们看见一个头上长角的动物，就说"这是牛"。为什么能知道这个对象事物是"牛"呢？因为我们头脑中已经先天地存有"牛"概念，此时就是用"牛"概念来规定眼前所见到的这个对象事物。在"牛"概念与"牛"对象的关系中，概念是对象之可能性的根据（因为是先有了概念才能以概念来规定对象）；对象是概念的目的（概念要得到显现，对象就是概念显现的目的）。概念与对象之间是客观的内在的合目的性关系。而在该事物中杂多与这个概念（它给出该事物上杂多之联结的规则）的协调一致就是一个事物的质的完善性。"杂多"，如前所述，可能指某一事物的外延。例如"牛"这一事物，其概念是对许多个体表现的牛的整合，具体的、个体的牛就是牛的杂多表现。把一个对象事物的杂多统合联结起来并以一个概念来整体地表述这个对象事物，就是概念所体现的知性的规则。该事物的杂多与概念的相符相合，就是一个事物的质的完善性，即在该对象"是什么"这一性质方面的完善性。例如"牛"概念要能够完全地包容所有个体的牛。完善性不仅表现在质上，还表现在量上，量的完善性不同于质的完善性。量的完善性纯然是一个量的概念（全体性），这个"量"，不是概念外延上的数量，可能指对象自身在各个方面的"量"，即对象自身在量的方面的完善性。其所问的只是对象身上是否有为符合概念所需要的一切。在量的方面为符合概念所需要的一切，也许是指某一事物自身的完善性或"全体性"。康德的意思可能是，概念不仅规定了对象的质，还规定了对象的量，即对象要具有被概念所规定的全部特征、全部因素。但康德下面的阐述突然地有所转移。一个事物的表象中形式的东西，亦即杂多与一（它应当是什么尚不确定）的协调一致，独自根本不能使人认识到任何客观的合目的性；因为，既然作为目的的这个一（该事物应当是的东西）被抽掉了，在直观者心灵中所剩下来的就无非是表象的主观合目的性了，"一"，可能指抽象的完整统一的事物或统一的性质。"邓译本"为"一个东西"，（63）"曹译本"为"统一性"。（405）因为这个"一"具体应当是什么是不确定的、被抽掉具体内容的，同时下句讲到这个"一"又是"该事物应当是的东西"，所以有可能是泛指对象的抽象的"应当所是"的性质。即一般而言所有对象都要按照概念之规定而应该具有的完善的性质。由于这种抽象性，这里的"杂多"和"一"的关系其实是"事物的表象中形式的东西"（不是感官感性形式，而是格式性的形式），不是现实的、具体的、有确定内容的。这种形式性的关系抽掉了其具体的、现实的、经验性的内容，只留下抽象的、形式性的关系。所以，在形式性的杂多与一的关系中，显现不出具体的客观合目的性。例如在现实中，具体的作为对象的树（杂多）与"树"概念（一）之间具有客观的合目的性关系（但在这里，是概念作为目的，对象作为合目的性，概念和对象都是确定的、具体的）。如果不问具体对象和概念是什么（抽掉其内容）而只保留其关系，就可见到抽象的、形式的"杂多与一的合目的性关系"。不论什么事物，都能抽象出这种关系。即个体的东西要与整体的东西相吻合。这种抽象的、形式的合目的性关系不能在现实中显象，只能在主观思维中存在，因此是主观的合目的性。后者虽然表明了主体中表象状态的某种合目的性，并在这种状态中表象了主体把一个被给予的形式把握进想象力的一种惬意，但并不表明在这里不通过一个目的的概念就被设想的某一个客体的完善性。"后者"，指主观合目的性。在主观合目的性的关系中，主体可凭借反思想象力（内在直观力）对表象加以格式性形式的把握（达到表象与想象力之间的和谐一致）并形成一种惬意。这种惬意与表象相关。但这一过程和惬意并不与要通过目的概念而被设想的客体的完善性相关。例如，我在森林中发现一个周围环绕着树木的草坪，而且我在这方面没有设想一个目的，即它也许应当用来开一个乡村舞会，此时就没有丝毫关于完善性的概念通过纯然的形式被给予。这里的潜台词是，草坪使我感到愉快，表明我与草坪之间有和谐一致的主观合目的性关系；这里我并没有设想一个实用的目的，也就没有丝毫关于完善性的概念，只有纯然的形式。康德这里为什么一定要关联上完善性？设想一个形式的客观的合目的性但却没有目的，亦即设想一种完善性的纯然形式（没有任何质料和关于与之协调一致的东西的概念，哪怕它仅仅是一个一般合法则性的理念），这是一个真正的矛盾。"没有目的"，指没有实际的客观目的。"纯然形式"，逻辑性、格式性的形式。"合法则性"，符合知性法则的属性。由于主观合目的性是形式的、纯然的，就不与任何质料相关，也没有与对象事物相对应的概念或一般理念性的东西。而这在知性看来，就是矛盾的。

[第4段] 于是，鉴赏判断就是一个审美判断；……"鉴赏判断"是一个内隐感性判断。如果把内隐感性判断理解为现代意义上的审美，就会形成"审美的鉴赏判断是审美判断"这样不合理的同义反复。内隐感性判断是一个基于主观根据的判断，而且其规定根据不能是概念，因而也不能是一个确定的目的的概念。"确定的目的"是以概念来表述的目的，因此是客观的、以具体对象为内容的。所以，通过美这样一个形式的主观合目的性，绝对没有把对象的完善性设想为所谓形式的、尽管如此却还仍然是客观的合目的性；"美"，指美的事物的性状。这里的"对象的完善性"应该指内在的完善性，所以才是"所谓形式的"。在具有美的性状的对象上表现出来的是主观合目的性，不是与对象的

内在完善性相关的客观的合目的性。而在美者的概念和善者的概念之间作出的这种区别，就好像二者只是按照逻辑形式被区别开来，前者只是完善性的一个含混概念，后者则是完善性的一个清晰概念，曾有人把美者与善者相等同，以为它们除在含混和清晰方面的区别外，在内容上和起源上是一回事。为什么以为美者是含混的概念？因为人们的确说不清它，同时又以为美者的根本规定是完善，这就把美者与善者相混淆了。所以，以完善性的清晰与否为美者和善者的区别，这种看法是没有意义的。……不过，我已经指出过，一个审美判断在其种类上是惟一的，并且绝对不提供关于客体的任何知识（哪怕是一种含混的知识），这句话很重要。在种类上是唯一的；什么种类？大概指认识方式的种类。它是唯一不提供关于客体知识的判断。与客体知识相关的判断是知性和理性；知识可以用概念来表述；可用概念来表述的才是的可言说的、可意识到的。内隐感性判断不能用概念来表述，也不能提供概念性的知识。所以，内隐感性判断不是我们现代意义上的审美判断，也不是感官感性判断。现代意义上的审美和感官感性判断都是可以形成概念并用概念来表述的。这种不能用概念来表述的认识正是内隐认知的特点。康德显然是看到了内隐感性判断具有的内隐认知的特性。能提供客体知识的这后一种情况唯有通过逻辑判断才发生；与此相反，内隐感性判断使一个客体借以被给予的那种表象仅仅与主体发生关系，并且不是使人注意对象的性状，而是仅仅使人注意在规定致力于对象的表象力时的合目的的形式。即内隐感性判断是将显现出客体的表象仅仅联结于主体的主观意识（不联结于客观），并且不是使人注意到对象的感官感性性状，而是仅仅使人注意到反思表象力与对象之间的主观合目的的形式。这种主观合目的性关系之所以结成，是由于：当以反思表象力来认识对象之表象时，对象之表象就会呈现出内隐感性性状从而与反思表象力结成主观的合目的关系，这就相当于是反思表象力规定了对象之表象。所谓注意到……形式，不一定是清楚地注意到；感觉到表象与愉快的关系就相当于注意到主观合目的性的形式。判断之所以叫作内隐感性的，正是因为它的规定根据不是概念，而是诸般心灵能力的游戏中那种一致性的（内部感官的）情感，只要那种一致性被感觉到。"诸般心灵能力"，即反思的想象力（内在直观力）和知性因素。"一致性"，即反思想象力与知性的一致，也许还应包括二者之间适宜的比例和与表象之间的吻合、匹配。内隐感性判断的规定根据不是概念，而是那样的情感——反思判断中诸心灵能力在活动中协调一致并且与表象相对应、相匹配，这时所产生的愉快感觉就是构成内隐感性判断规定根据的情感。这里所说的规定根据是从结果上讲的，结果的特殊性赋予内隐感性判断以特殊的性质。与此相反，如果要把含混的概念和以之为基础的判断称为内隐感性的，人们就会有一种感性地作判断的知性，或者有一种通过概念表现自己的客体的感官，这两者都是自相矛盾的。对含混概念的判断仍是逻辑的判断，把逻辑判断说成内隐感性的，就会形成自相矛盾。知性的判断才是逻辑的。此点很重要。感官对客体之表现的掌握靠的是直观，不是概念。而概念无论是含混的还是清晰的，把握概念的能力都是知性；尽管作为内隐感性判断的鉴赏判断也像一切判断那样需要知性，但鉴赏判断之需要知性，却毕竟不是把它当做对一个对象的认识能力，而是当做按照判断与主体及其内部情感的关系，确切地说，就这个判断按照一个普遍的规则是可能的而言，来规定判断及其表象（无须概念）的能力。"普遍的规则"，指知性的规则，即以概念来规定对象或限制对象的规则。这里讲到知性的两种能力。一种是认识能力，即以概念规定对象的能力；另一种是无概念地规定判断及其表象（不是对象本身）的能力。对这个区别的界定很重要。如我们前面所述，鉴赏判断中的知性只是知性因素，其作用是限定具有内隐感性性状的对象，或限定心灵能力的性状。因为，在鉴赏判断中，面对对象之表象，心灵能力（内在直观）所勾画、描绘出的表象或样态不是确定的表象，因此不是可以用概念加以表述的；但这样描绘出的表象或样态虽然不确定，却必须是以感官表象为依据的，而感官表象作为客体、作为对象是可以作为概念而被知性所规定的。在感官表象基础上形成的内隐感性表象虽然不能成为概念，却也要被知性所框定。例如在马的感官表象基础上形成的内隐感性表象仍然要处在马的范围之内。这种范围是模糊的、笼统的、不同于马概念的，因此，鉴赏判断虽然不以知性形成概念，但仍需要知性概念的作用，即需要知性框定对象的能力。

本节要点：同第13节、14节相关，纯粹的鉴赏判断不仅不依赖于魅力和感动，还不依赖于完善性概念。完善性分为外在的和内在的两种。外在的完善性指一事物同它事物之间的对应和谐关系；内在的完善性指事物自身属性与概念之间的对应符合关系。这节提到知性的两种能力，值得重视。

第16节　在一个确定的概念的条件下宣布一个对象是美的所凭借的鉴赏判断不是纯粹的

［第1段］有两种美：自由的美（pulchritudo vaga［飘移的美］），或者纯然依附的美（pulchritudo adhaerens［附着的美］）。这里中文的"美"字似乎是名词，但其实应该是"美的"或"美者"。因为，名词都应该有其所指对象，即与该名词相一致的事物，不论这一事物是真实的还是假定的、虚拟的，是具体的还

是抽象的。在现实生活中，作为名词的"美"字常常是作为代名词而指代美的东西、审美属性、审美价值、真善美范畴中的美范畴，等等。在美学研究领域中，本体论美学观把生活中的代名词"美"字转用到理论层面并使之成为名词，用以表示抽象的"美本身""美本质"。其实这是一种误见，这种东西根本不存在，"美是什么"命题的提出没有任何可靠的根据。康德没有这种误见。在真实的、实际存在的意义上，康德从来没有阐述过叫作"美"的对象，从来都是表述为"美的"对象。康德在这一节的标题中仍然使用着"一个对象是美的"的表述，而不是说"一个对象是美"。如此看来，所谓"自由的美""依附的美"之类的表述，其"美"字仍然不是表示抽象的"美本身"，而是表示"美的东西""审美属性"或"审美价值"。因此我们可将"美"字看作"美的东西""审美属性"或"审美价值"的简称。这样，所谓自由美和依附美，就是自由的（纯粹的）和依附的美的东西（美者）。但当然，美的东西是具体的，康德这里所说的"美"具有抽象性，可能指美的东西的内在属性。但这种属性绝不能是"美"，应该是指"自由美""依附美"（自由的或依附的美者）的内在原因或根据。在美学研究中，自由的美者和依附的美者都被抽象化了，似乎是一个独立存在的东西，但其实仍然是现实对象事物的性状。例如所谓依存美就应该是作为性状而被赋予隶属于一个特殊目的的概念的那些客体。这一性状必须相对于主体的特定状态而成立，即在主体特定身心状态和认知方式的条件下而成立。

［第2段］花是自由的自然美……在他通过鉴赏对花做判断时，也并不考虑这种自然目的。"通过鉴赏"，即以鉴赏的方式。对象物作为美的对象物，其形成方式是否是自由的或依附的，主要是看主体是否有需要依附的意识、注意。任何自然事物都是与

其他事物结有客观合目的性关系的，也就是必然要同概念、客观目的相关联。但只要主体不关注到这些概念或客观目的而单就对象本身进行鉴赏，那就是自由地产生了愉快情感，这样的对象事物就可称为自由美或纯粹美。因此，这个判断并不以某个物种的完善性，不以杂多的复合与之相关联的内在合目的性为基础。"这个判断"，指纯粹的鉴赏判断。"物种的完善性"，可能指事物种类上外在的完善性；"内在的合目的性"则是指事物内在的完善性。"杂多的复合"及"与之相关联"，指事物诸多个体都要符合统一的质，并且与概念的规定性相符合。下面康德以一些实例表明什么是自由的纯粹美，从略。其实这些所谓纯粹美并不是绝对纯粹的。

[第3段] 在（按照纯然的形式）对一种自由的美的评判中……对"自由的美"的评判，应该是对含有"自由的美"的对象事物的评判。这时的鉴赏判断是纯粹的。它不以关于某个目的的概念为前提条件，让杂多为了这个目的而服务于被给予的客体，因而对这个客体有所表现，那样的话只会限制在观赏形态时仿佛在做游戏的想象力的自由。概念是指向客观目的的，以概念为前提就是以客观目的为前提，这将使判断与客观目的即利害性相关联。"服务于"即"有用于"或"归属于"，在这里大概是指杂多出于合目的的原则而构成客体。因为作为客体的对象事物是由众多个体所构成的，杂多之构成对象事物就相当于服务于客体；同时杂多还是这个客体的表现；客体要通过具体的杂多而显象出来。杂多与目的及客体的关系是概念内在完善性的表现。鉴赏时，对象即使没有外在的有用性，但如果以内在的完善性为条件，也会使处于观赏形态时本该像游戏一样自由活动的想象力（内在直观力）被限制住自由。

[第4段] 然而，一个人的美（而且在这个种类中有一个男

人的美，或者一个女人的美，或者一个孩子的美）、一匹马的美、一座建筑（教堂、宫殿、军械库或者花园小屋）的美，都以关于目的的一个概念为前提条件，"关于目的"即指向目的、符合目的、与目的相关联。前面说过，概念以对象为目的，即概念要实现为对象。例如"马"概念，要具体地实现在实际的"马"事物上。"以关于目的的一个概念为前提条件"，即如果这些事物是美的，都必须符合相应的概念，因为具体的对象物是被概念所规定的。所以人要像"人"、马要像"马"才能是美的。如果马是残缺不全的，就不像"马"，不能是美的。此时，这个概念规定着该事物应当是什么，因而规定着它的完善性的概念，所以纯然是附着的美。"它"，指上述具体美的事物。具体对象物是不是美的，在进行鉴赏判断时，必然受到规定这一对象物的概念的影响。因为概念规定了这一对象物应当是什么，应当是怎样的。这就既规定了对象物的完善性，又规定了对象物之美的完善性。如果我们面前一匹叫作"马"的对象物只有三条腿，那按照"马"概念来说就是不完善的；不完善的就不能是美的。因此，马的美与不美要受到概念的制约，要以概念为前提条件。这就等于说对象之美要依附于概念，所以叫作"依附美"。在实际生活中，美的事物基本上都是这样的。这就像适意者（感觉）的条件与真正说来仅仅涉及形式的美相结合就妨碍鉴赏判断的纯粹性一样，适意者来自感官的愉悦，不是纯粹的愉快。如果引发适意感的因素与引发纯粹愉快感的因素结合到一起，就会妨碍鉴赏判断的纯粹性。同样，依附美由于其依附性（依附于客观的完善性的目的），也会妨碍鉴赏判断的纯粹性。与此相同，善（也就是说，为此杂多对于事物本身来说按照事物的目的是善的）与美相结合也将损害鉴赏判断的纯粹性。"善"，完善的也是"善"。杂多（对象物的个体表现）如果是符合概念的，就是符合目的的，即按照目的而形成、而具备的；也就是完善的、善的。美者如果同善相关联，也不是纯粹的鉴赏判断。

[第5段] 人们可以把许多直接在直观中让人喜欢的东西安装在一座建筑上，……下面是说，教堂是神圣的、庄严的，不能随意地如器具一样被当作喜好物；一个有地位、有尊严的人不能被随意打扮；一个本应刚阳、威武的男人或武士，不需要更讨人喜欢的、更温柔的脸型轮廓。

[第6段] 于是，与规定着一个事物的可能性的内在目的相关对该事物中的杂多的愉悦就是一种基于一个概念的愉悦；……如上一段所表明的那样，事物的杂多与规定着事物可能性的内在目的相关（事物能否成立，即事物是否具有成立的可能性，取决于是否符合事物的内在目的。这里指杂多［具体事物］与概念的关系），对这种杂多的愉悦感是基于一个概念（被概念所规定、所限制）的愉悦感，但对美的愉悦却是不以任何概念为前提条件，而是与对象借以被给予（而不是对象借以被思维）的那个表象直接相结合的这样一种愉悦。康德明确显示出"被给予"和"被思维"的区别。"被给予"，是被表象显象出来的，这个表象可以呈现出内隐感性性状而在内隐感性状态中与愉悦直接地相结合；"被思维"是思维的对象，即知性和理性的对象。这里的"美"仍应是"美的东西"。现在，如果就后一种愉悦而言的鉴赏判断被变成依赖于前一种作为理性判断的愉悦中的目的，并由此受到限制，如果后一种不以任何概念为前提的鉴赏判断被变成前一种那样依赖理性判断的目的，那么，那种鉴赏判断就不再是一个自由的和纯粹的鉴赏判断了。

[第7段] 尽管鉴赏由于审美愉悦与理智愉悦的这种结合而在它被固定下来这一点上，以及在它虽然不是普遍的，但人们毕竟能够就某些合目的地被规定的客体而言给它颁布规则这一点上

有所收获。内隐感性性的愉悦与理智性的愉悦二者的结合，即通常所说美与善的结合，形成的是"依附美"。这种鉴赏因为有所依附，所以不像纯粹的鉴赏判断那样具有普遍性。"它"，指这种不纯粹的鉴赏。"规则"，由于是同"合目的地被规定的客体"相关的，因此这种规则可能是指与客观概念、客观目的相关的规则，但具体是怎样的还不明确。这句话的意思是，不纯粹的鉴赏获得了美善相结合的存在方式，还获得了某些客观的规则。须注意，这里是把内隐感性愉悦同理智愉悦相对比而言。即将内隐感性同理智相对立。理智，指清楚的、同理解和逻辑相关的智慧能力或思维方式；相对立的内隐感性则是模糊的、未能理解的、非逻辑的心灵能力或认知方式。从中可看出内隐感性的属性，很重要。然而，这些规则在这种情况下也不是鉴赏的规则，而纯然是些鉴赏与理性，以及美者与善者相一致的规则，"相一致的规则"，联系到下一句，似乎是指美者适用于善者。那么，这里所谓"规则"，就是指美者要适用于善者，美者应该或可以被善者所用。"鉴赏的规则"，指鉴赏判断自有的规则，可能指内隐感性判断的内隐感性属性决定了鉴赏判断的方式、特点及愉快的情感。通过这种一致，前者可以被用做就后者而言的意图的工具，以便把这种自己维持并具有主观的普遍有效性的心灵情调配给惟有通过艰难的决心才能维持，但却客观地普遍有效的那种思维方式。由于美者按照规则可以被善者所用，美者就成为实现善者意图的工具。其用途是把心灵情调配给善者的思维方式。这一配给大概指：美者的心灵状态是轻松而愉快的，善者进行的思维是艰难的；把美者的东西配给于善者，可以使对于善者的思维轻松一些，容易一些。不过，把美者的心灵情调配给于善者的思维方式，这是怎样的情形和过程，还不清楚。如果是以审美的方式来表述抽象的理性内容，例如以艺术宣扬佛教，那倒可以理解。但美者与善者的这种一致,并不是二者都受到对方的补益而各自得到发展、充实。即真正说来,既不是完善性通过美者而有所收获,也不是美者通过完善性而有所收获;而是由于当我们把一个对象借以被给予我们的那个表象通过一个概念与客体(就它所应当是的东西而言)作比较时,不能避免把这表象同时与主体中的感觉放在一起相对照,所以,有所收获的是表象力的整个能力,如果这两种心灵状态协调一致的话。"表象"是由直观得出的初始的、未被规定的东西,表象被概念所规定,就成为知性的客体。把表象与客体作比较,就是以概念按照客体(客体应当所是)的标准去判断对象。在对对象及其表象做客观判断时,"主体中的感觉",大概指鉴赏判断时主体中具有主观合目的性的感觉。"表象力的整个能力",即客观的表象力和主观的表象力这"两种心灵"。这一段的意思似乎是,进行鉴赏判断时,首先要面对一个对象及其表象,这时要按照由概念所规定的客体的标准来判断这个表象,而同时也能引起主体中的鉴赏判断感觉;所以,人的全部表象力都能在协调一致的条件下被调动起来、活跃起来。康德在导论·七中曾经说道,"在一个客体的表象上纯然主观的东西,亦即构成这表象与主体的关系、而不构成其与对象的关系的东西,就是该表象的审美性状;但是,在该表象上用做或者能够被用于对象的规定(知识)的东西,则是该表象的逻辑有效性。在对一个感官对象的知识中,这两种关系一起出现"。由于这两种关系一起出现,所以也能同时引发主体的两种应对方式。这里所说的,应该只是可能性。现实中,如果主体没有特定的状态,客体就不能呈现出特定的性状。因此,把表象与主体感觉相对照的前提是:人处于可进行鉴赏判断的状态中。否则,在对对象之表象作客观判断时,不一定能同时引发主体中具有普遍性的、内隐感性的感觉。这里可思考一个问题:是否美者与善者的关系不等同于依附美中纯粹美与善的关系？

[第8段] 一个鉴赏判断，就一个具有确定的内在目的的对象而言，惟有当判断者要么对这个目的没有概念，要么在自己的判断中抽掉了这个目的时，才会是纯粹的。确定的内在目的的对象，即与主体鉴赏判断形成主观合目的性关系的对象，亦即对象的内隐感性表象。抽掉目的，不能是有意为之的，所以等于是没有概念或没有意识到概念、目的，这才能对这样的对象形成纯粹的鉴赏。纯粹的鉴赏区别于依附性的鉴赏，二者的鉴赏方式不一样：……一个人是按照他在感官面前所拥有的东西，另一个人是按照他在思想中所拥有的东西。这里有点令人疑惑。按照康德在这段阐述中的顺序，这句话的前后句都是先说到纯粹的鉴赏，后说到依附性的鉴赏，因此这句话中的顺序似乎也应该是如此。如果是这样，则"在感官面前所拥有的东西"似乎应该指纯粹鉴赏判断的自由的美。但是，在"感官"（不是内在感官）面前的东西意味着同感官性相关，那就不能是纯粹的，因此可能是依附性的、应用的鉴赏判断。而思想中的倒是完全内在的，更可能是纯粹的鉴赏判断。此处存疑。

本节要点：承认鉴赏判断的复杂性，承认在纯粹鉴赏判断之外还存有不纯粹的即同客观概念或善相关的鉴赏判断。但是，依附到什么程度才能算是或不算是鉴赏判断，似乎有个"度"的问题，即量变与质变的关系。

第17节 美的理想

[第1段] 不可能有任何客观的鉴赏规则来通过概念去规定什么是美的。因为出自这一源泉的一切判断都是审美的；也就是说，它的规定根据是主体的情感，而不是一个客体的概念。"鉴

赏规则",可能与下句所说为美者制定普遍标准的"鉴赏原则"基本相同。即事物是不是美的,只能凭借主体处于内隐感性状态下的感觉,不能有客观的、机械性的规则。从今天的视点看,鉴赏即审美活动既然是人的一种心灵活动,既然有相当的普遍性,就表明应该有一定的客观机理,认知神经美学也证明审美认知确有内在的机理。但这里所说的鉴赏规则不是指这种客观机理,因此说这种规则不能是客观的。对美者进行的鉴赏判断是内隐感性的,这种内隐属性决定了鉴赏判断的特性和方式,所以是内在的规则。"这一源泉",可能指作为根据的鉴赏原则。"它的规定根据是主体的情感",即按照主体情感的性质来为鉴赏判断定性。这里的根据不是原因性的,而是结果性的。正如今天,使人产生美感的事物就被称为美的事物。这就相当于说,美感是美者的根据。美感是主观的情感,不是客观的概念。因此说,不可能通过确定的概念来指出美者的普遍标准的鉴赏原则。感觉(愉悦或者不悦)的普遍可传达性,确切地说这样一种无须概念就发生的主观的普遍可传达性,可能的话一切时代和一切民族就这种情感而言在某些对象的表象中的一致性,就是那个经验性的,尽管微弱而且不足以猜测出来的标准。这里,鉴赏判断的普遍性落到具体的对象上,明显地把鉴赏的普遍性与具体对象关联起来。对于一个对象之表象,在可能的条件下,一切时代和一切民族都会形成相同的情感。这种一致性来自从经验中得出的标准。即,人们心灵中都存有某个相同的标准,以这个标准看待对象就能取得情感的一致性。但这个标准隐藏得很深,显现得很微弱,以至于不足以猜测出来它是什么,是怎样的。这个标准就是下面所说的"原型"或"内隐感性基准理念"。即一个如此通过种种实例所证实了的鉴赏从评判对象在其下被给予人们的诸形式时的那种一致性的根据中起源的标准,虽然不足以猜测出这个标准是什么,但它肯定是存有的，这可以被种种实例所证实。"其下"，这个标准之下。"诸形式"，可能指诸对象的形式（格式性的），不应该指同一表象的多种形式（例如形状、色彩）。在这个标准之下，人们看到某一对象的形式就能形成具有一致性的评判；这一标准起源于鉴赏一致性的根据。即鉴赏的一致性造成了鉴赏的标准，这种一致性是在经验中获得的。由于是人人都有的，人人也都要依此去评判对象，所以就相当于鉴赏评判的标准。这就提出了很有意思的问题：鉴赏是不是真的有美者的标准，这样的标准可能是什么，它是怎样形成的？从目前的阐述及鉴赏判断直观性的特点看，这个标准可能是认知结构中类似于模板的东西。

[第2段] 因此，人们把鉴赏的一些产品视为示范性的；这并不是说，好像鉴赏可以通过模仿别人来获得似的。但却惟有在他自己能够评判这一典范的时候才表现出鉴赏。鉴赏的产品，可能不是指鉴赏的对象而是指鉴赏的表现，即在鉴赏中表现出来的能力。按照下面的讲述，这种能力就是鉴赏所依据的内隐感性理念。这种理念具有示范性，可以显现出来。但这种作为理念的鉴赏能力不是可以通过模仿而获得的，必须是主体在自己心中形成。以评判表现出鉴赏（表现出鉴赏能力），说明评判是依据鉴赏能力（理念）进行认知的过程。模仿是外在的行为，鉴赏理念的获得是机体内在的活动。何谓"典范的人"？按照下面典范是原型、理念的说法，典范的人不是实例的人，也不是实例的艺术人像，而是具有典范性鉴赏理念的人。对典范的人的模仿，不是模仿其行为，而是模仿其典范性的鉴赏理念。即要像他那样去鉴赏。如果是对实例的典范的人的模仿，就完全脱离开这里的语境了，不顺通。以此观之，评判这一典范，应该也不是评判实例的人，而是按照这一典范（理念）去评判。当然，按照中文译文，这种解读缺少文本支持。但它符合逻辑，文脉顺通。此处存疑，

但很重要。原文这里有个注释，本书从略。但由此得出，最高的典范，即鉴赏的原型，是一个纯然的理念，每个人都必须在自己里面产生出这个理念，而且他必须依据它来评判一切是鉴赏的客体，是借助鉴赏进行评判的实例的东西，甚至评判每个人的鉴赏。"最高的典范"，可能不是指水平、价值的高下，而是指最根本的、最原初的型范，即最初的"原型"，这是理念性的东西。从其作用看，人可以依据它来评判鉴赏的客体对象，那就大致相当于人的审美眼光或审美观念，这是存在于主观意识中的，所以称其为"纯然的理念"。人依据它来评判作为鉴赏对象的客体。它是借助鉴赏进行评判的实例的东西，这是说，它作为内在的理念，借助于鉴赏评判而在实例的东西上显现出来。亦即，原型作为内在的理念是什么样的，我们不知道，但通过鉴赏评判，它可以在实例上表现出来；这时的实例就是内在理念的感性表现。在科学的意义上，原型理念大致相当于认知神经美学"认知模块论"所说的"形式知觉模式"。朱光潜先生把这里的"理念"翻译为"意象"，[①] 虽然容易同一般所说的形象性的"意象"相混同，但确实表达出这一理念即原型的特性——它必须是有"型"有"象"的、与可感的实例相类似的，同时又是观念意识中的，但不同于实践理性的理念。"评判每个人的鉴赏"，似乎是对每个人的鉴赏加以评判，那就是要评判每个人的鉴赏是不是合理了。但这是不应该的，因为这样做就等于是规定性判断了。而且鉴赏只涉及对象之表象，不涉及人的能力或活动。这句话的意思应该是：原型理念决定着每个人进行鉴赏时的评判。理念真正说来意味着一个理性概念，而理想则意味着一个个别的存在者，作为与某个理念相应的存在者的表象。这里突然提出了理想概念。原型

[①] 朱光潜：《西方美学史》（下），人民文学出版社 1979 年版，第 387 页。

理念就其本身而言，是理性概念性的东西，即类似于理性概念。但原型理念不等同于实践理性的理性概念，是伴有感性的表现的。当它在实例上表现出来时，即在一个个别的存在者上表现出来时，就可称为理想。这里，原型理念与个别存在者是相对应的；个别存在者（实例）是原型理念的感性显现。可见，这里的"理想"概念，其内涵同我们今天语汇中的"理想"不一样，不是我们日常生活中所要实现的目标，而是"原型理念的显象或表象"，既同内在的理念相关联又同现实世界中的对象之表象相关联。这种表象是通过想象力完成的，按照中文的字义来套，就是"对于理念的想象出来的表象"。因此，鉴赏的那个原型固然是基于理性关于一个最大值的不确定的理念的，但毕竟不能通过概念，而是只能在个别的描绘中被表现出来，更确切地说被称为美者的理想，原型本来是个理念性的东西，基于理性。"最大值"，即最广大范围。原型是对现实对象事物具体样貌的高度抽象，抽象度越高就越不能确定它是哪个具体的对象物。因此，作为理念的原型是什么样的，不能用概念来表述，只能在具体的描绘中表现出来。这个"描绘"，似乎是艺术创作时的行为，但康德把想象力（内在直观力）的能力也称为描绘。由于这里说的是鉴赏，不是创作，因此可能是指主观意识中的描绘，即通过对对象物的鉴赏而在思维、意识中把原型描绘（表现）出来。这样形成的表象就是美者的理想，即在美者上表现出的内隐感性理念的表象。人对哪个对象物的表象能形成鉴赏判断并产生愉快情感，就表明哪个对象物是美者，它符合并表现出人心灵中的原型。即，原型在具体美者上的表现，就是原型的实现，也是对原型的描绘。美者的表现对应于、符合于原型的理念，就是理想的美者。这类东西我们不能在现实中把握到。即现实中只有知性概念所规定的对象，没有原本就是理想的对象。努力在我们心中创造出它来，即美者的理想只能在内心中被把握。准确说，只能在内心中把握的，不是作为概念规定对象的物，而是这个物所承载的、所显现的理念。但是，它将仅仅是想象力的一个理想，这正是因为它不是基于概念，而是基于描绘；但描绘的能力就是想象力。想象力的理想，即被想象力描绘出的理想，亦即基于原型理念的、想象出来的表象。符合鉴赏原型之理念的美者的表象，只能依靠想象力（内在直观力）的内在描绘能力才得以实现。想象力就是描绘的能力，还应该是展示的能力。这是对反思想象力功能的说明，很重要。康德在这里提出问题：我们如何达到美的这样一个理想呢？先天地还是经验性地？此外，美者的哪一个类能够成为一个理想呢？这是关于鉴赏判断机制的思考，非常深刻。提出美者的哪一个类能成为一个理想，意味着不是所有的美者都能成为理想。后面康德说，唯有人是这样的理想。

[第3段] 首先一定要注意：应当为之寻找一个理想的那种美，必须不是一种飘移的美，而是一种由一个关于客观合目的性的概念固定下来的美，"飘移的美"，即不固定的、有偶然性的美者。固定在某处就是依附在某处。飘移的美不是依附美。理想的美是与具有客观合目的性的概念捆绑在一起的，不是纯粹鉴赏判断的对象，而是同理智相关的鉴赏判断的客体。也就是说，一个理想应当以哪一种评判根据而产生，这里必须有某种理性理念按照确定的概念来作为基础，这理念先天地规定着对象的内在可能性所基于的目的。鉴赏判断的理想的产生，要以表示理性理念的概念为基础。"理性理念"，可能不是指实践理性理念，而是指内隐感性判断中的理性理念，其内涵及具体所指还不明确。但既然是按照确定的概念来作为基础，那就可能是同客观合目的性相关的，或直接的就是某个理性理念，如"善"。"哪一种评判根据"，其种类根据可能不是指类似于适意者的评判或美者的评判

这样的类别，而是指纯粹主观的评判和依照概念的评判之间的区别。这种理性理念规定着目的，即含有着目的。概念都含有目的，这目的就是客体；概念依据目的把对象规定为客体。即对象之成为客体，其可能性是被概念的目的规定好了的，所以目的中蕴含着对象的内在可能性。目的是内在可能性的基础，被概念所规定。内隐感性判断中的理性理念的目的应该也是这样。理性理念规定着目的，指理性理念含有目的，并且是特定的目的，这种特定性也相当于规定。理性理念的目的就是理性理念所对应的东西，即具有内在可能性的对象，亦即这个对象可以是理性理念的目的（显现出理性理念）。含有目的，这是先天的。为什么美的花朵、美的家具、美的风景都不能成为美的理想？因为它们不基于理性理念。但即便是对于依附一个确定的目的的美，例如一幢美的住房、一棵美的树、一个美的花园等，也不能想象任何理想；这也许是因为这些目的未因其概念得到足够的规定和固定，因而合目的性几乎像在飘移的美那里一样自由。美的理想所依附的目的即概念必须是明确的、稳定的，即对象与其目的之间的联系必须是确定的、固定的，这才算是得到足够的规定。就是说，理想的美者必须是、只能是形成自这个概念，不能形成自别的概念。否则，其合目的性就是飘移的、自由的（随意的）。这样，惟有在自身中就有其实存的目的的东西，即能够通过理性自己规定自己的目的的人，或者在必须从外部知觉中取得这些目的时，毕竟能够把它们与本质的和普遍的目的加以对照，并在这种情况下也能够在审美上去评判与那些目的协调一致的人；因而惟有这人，才能够成为美的一个理想，"实存的目的"，客观地实际存在的目的。还是要注意，这里的"目的"，不是有意追求的目标，而是二者间相互对立、相互吻合的关系。即相互对立、相互吻合的双方各以对方为自己的目的，形成合目的性关系。"自己规定自己的目的"，同样不是给自己设定要达到的目标，而是意识到自己同其他对象的关系，这种意识是理性的、经过思维的，不是直观的。从外部知觉中取得的目的，可能指感官知觉与外部事物之间的对应和谐。例如感官与事物之间悦耳悦目的关系就是二者间目的相符的关系，也即从中获得的目的。这种外部知觉的合目的性要符合的人之本质的和普遍的目的，应该是人与自然整体上和谐一致的关系，当然包含了感官知觉与具体对象事物之间的和谐一致。以外部知觉取得与自然的和谐一致并且符合人与自然本质的、普遍的和谐一致，这是以内隐感性判断加以评判（认知）的。这种协调一致只能在内隐感性判断中形成，只能由人的思维意识到，只能在人这里实存。只有能够这样做的人，才能成为理想的美者。人作为理想的美者，作为有理智的自然物，能够成为世界上一切对象中在完善性方面的一个理想。就是说，只有人能达到这种完善性并成为具有这种完善性的理想的美者。其他事物中也可以有理想的美者，但都不像人这样完善。

[第4段] 但是，为此就需要两个成分：第一，是审美的基准理念，它是一个把对人的评判的尺度作为一个属于某种特殊动物物种的事物的尺度予以表现的个别直观（想象力的直观）；第二，是理性理念，它使人类的那些不能被感性地表现出来的目的成为评判人的形象的原则，通过作为其结果的人的形象，那些目的在显象中显现出来。这是一段非常重要的阐述。人（具体的、个别的人）要成为理想的美者，需要符合两个标准。一个是内隐感性的基准理念，它是按照人的自然属性（作为特殊动物物种）形成的，即在人的自然性方面表现出来的标准，是通过反思想象力的直观呈现出来。另一个是理性理念，可能是同实践理性相关但又不是实践理性的。这里所说作为评判人的原则的目的，一个可能是社会价值方面的。当人具有着符合道德价值理念的内心

时，其形象就可能会以气质、举止、行为谈吐之类的形态显现出来；另一个可能是指与客观合目的性相关的价值性的理念，如完善等。理想之人的外在形象就是健康、健全而符合道德、自由、完善等概念之目的的表象。我们先看看基准理念是怎样形成的。基准理念必须从经验中取得其成为一种特殊种类的动物之形象的要素；但是，在形象的建构中适合于作为对该物种的每个个体的审美评判之普遍尺度的最大合目的性，即仿佛是有意被奠定为自然之技术的基础、惟有整体上的类却没有任何个体特别与之相符的肖像，毕竟仅仅存在于评判者的理念中，"从经验中取得"，即从对人的形象的知觉经验中取得，例如下文谈到的对男子样貌形成这种基准理念的过程和方式。"形象的要素"，人之形象的具体样态，如身体比例、五官布局等。"形象的建构"，在头脑中即在认知系统中对人之形象的勾画、描绘，亦即头脑中对于人之形象的主观意象性的建构。"普遍尺度"，具有普遍性的尺度，在很多人那里都相同的标准。"最大合目的性"，可能是指表现出最宽泛、最广大范围的表象。头脑中作为评判尺度的肖像是理念性的，存在于评判者的头脑中（观念中）。这一肖像仿佛是大自然在生产人时的技术性基础，即以这一肖像为底版而生产出人。这一肖像适用于人的整体的类（一类人群），既然是适用于类的，就不能是适用于个体的，因此没有任何一个个体能完全与之相符。虽然如此，但这理念连同其比例作为审美理念却可以在一个典范肖像中完全具体地展示出来。"这理念"指关于肖像的理念或理念性的肖像，它是内隐感性的，内隐地存在于主观中。"其比例"，含有比例关系的实例性的内在形象或意象（观念性、理念性的形象或意象）。"典型肖像"，下文所说构成平均值的肖像。但，典型肖像是指生活中具体人的肖像，还是指艺术作品中的肖像，或是指头脑中关于肖像的观念"审美眼光"，还不清楚；

也可能三者兼而有之，都可构成对内隐感性理念的展示。但从可能性上看，第一者不太可能是现实的；第二者可以是第三者的表现，所以第三者的可能性最大。下面康德难得地举一些例子加以心理学的说明。

[第 5 段] 要注意的是：想象力以一种我们完全不理解的方式，不仅善于偶尔地，甚至是从久远的时代唤回诸概念的标志；"想象力"指反思想象力（内在直观力）。"诸概念的标志"，即诸概念的表现或标志性表现，指以概念来表达的具体事物。为什么是我们完全不理解的方式？这正是内隐感性判断内隐性的特点。内隐认知是大脑自动形成的，当事人自己难以觉察，所以人对其方式完全不能理解。亦即，大脑中的理念性的意象是怎样形成的，我们完全不知道。此点很重要。康德把这一过程看作反思想象力的功用。不仅如此，而且也善于从说不清数字的不同种类乃至同一种类的对象中再生产出对象的肖像和形象；"再生产"，指想象出或不自觉地形成关于对象的肖像和形象。这似乎是说，基准理念的形成有两种方式，一种是直接存在于记忆中的，另一种是由反思想象力再生产出来的。肖像指相貌，形象指整体身形。康德非常超前地意识到，内隐感性判断力善于根据一切猜测（推测、想象）实际地，尽管不充分有意识地（有意或无意地）让一个肖像仿佛是叠加在另一个肖像上，并通过同一种类的多个肖像的一致而得出一个平均值，来用做一切肖像的共同标准。例如，某人看见过上千的成年男子，如果他现在对能够以比较的方式加以估量的基准身材作出判断，那么，（在我看来）想象力就可以让大量肖像（也许就是所有那些上千的成年男子）相互叠加；而且如果允许我在这里使用光学描述的类比的话，在大多数肖像合并起来的那个空间中，以及在显示出涂以最浓重颜色的位置的那个轮廓之内，那个平均身材就将清晰可辨，它无论是按照

高度还是按照宽度都与最大体形和最小体形最外面的边线等距离远；而这就是一个美男子的体形。康德的这一阐述非常准确，基本符合现代认知神经科学的相关理论和实验。在当时，还没有充分的脑科学知识，但康德已经看到，是内在想象力通过从对这样一些形象的多种多样的把握在内部感官的官能上产生的动力学效果来做到这同一件事的。"内部感官"，就是美学史传说中的"第六感官"，实即内隐感性的认知能力。内部感官的"官能"即内隐认知结构的功能。"动力学效果"，可能指在动态经验中形成的效果。按照这个机理，如果现在以类似的方式为这个平均的男子寻找平均的头，为这个平均的头寻找平均的鼻子等等，那么，这个形象就是进行这种比较的那个国度中美男子的基准理念的基础；因此，一个黑人在这些经验性的条件下必不可免地具有另一种不同于白人的形象美的基准理念，而中国人则有另一种不同于欧洲人的基准理念。（某个种类的）一匹美的马或者一只美的狗的典范，也会是同样的情况。以上讲述完全符合现代认知神经科学关于知觉特性的发现，而基准理念则与认知神经美学所说的"形式知觉模式"大致相当。这样形成的基准理念或原型，在生活经验中，往往被表述为标致的相貌。"标致"其实就是平均值。康德以反思想象力完成的工作，现在可以通过计算机来完成了。例如韩国美容界把众多女性影视明星的相貌照片相叠加，最终形成的最浓重的线条就被当作标准的美女相貌。欧洲以同样的方式显示出欧洲标准的男子相貌。这就验证了康德阐述的科学性，同时表明，康德哲学性的概念阐述背后，是具有科学性的实际过程。——这个基准理念并不是从取自经验的比例亦即确定的规则推导出来的；而是惟有根据它，这些评判规则才是可能的。这里有个相辅相成的关系。人们在现实生活经验中形成了关于比例的一些观念例如"黄金比例"，这些观念就成为设计、构图的比例规则。但是，基准理念不是被这种规则决定的，而是相反，只有当人形成了关于比例的基准理念之后才能提取出比例规则。康德的见解非常正确，完全符合现代科学原理。它是在一切个别的、以诸多方式各不相同的个体直观之间飘浮着的整个类的肖像，关于肖像的基准理念的形成过程，是在众多个别直观中抽象出来的，就像是飘浮在个体直观中一样。作为基准理念的肖像已经不是具体的、确切的相貌了，而是综合了众多具体相貌之特征的整个类的肖像。所以，自然将这肖像奠立为在这个物种中类的产生的原型，但看起来在任何一个个体中都没有完全达到它。康德认为，作为基准理念的肖像就是相关类的原型，每个个体都会有原型的因素，但不能完全达到原型。基准理念绝不是这个类中全部的美的原型，而只是构成一切美的不可忽视的条件的那种形式，因而仅仅是类的描述中的正确性。基准理念作为原型是事物外形的类上的平均值，但不一定是所有美的肖像的原型。就是说，美的肖像要以原型为基础、为必要条件，但二者不能相等。实际生活中，美的肖像除了具有原型的基础，还可能有其他的重要因素，例如时代性、社会性、民族性，这就要同理性理念判断标准相关了。由于基准理念是综合性的、抽象性的平均值，因此具有最大的普适性。按照基准理念勾画出来的图型、样貌往往能适应大多数人的鉴赏眼光，就像是一种标准一样。正因为这一点，基准理念也不能包含任何物种特有的东西；因为若不然，它就会不是类的基准理念了。把基准理念当作"规则"，即当作评价、衡量的样板。"不能包含任何物种特有的东西"，如果是指物种自身所特有的东西，则有不合理之处。因为，如果是作为物种而特有的，则是相对于其他物种而言的；相对其他物种而言是特殊的东西，对该物种自身则是普遍的东西，这种东西可以被综合进关于该物种的基准理念之中。因此，这里应该是指相对于该物种而言的特有的东西，即这个特有的东西不为该物种中普遍的个体所具有。对此，"邓译本"为"不能包含任何表现特别性格的东西"；（70）"曹译本"为"它也不可能包含着任何具有特殊性的东西"。（411）对它的描述也不是因美而令人喜欢，而只是由于它不与这个类的一个事物惟有在其下才能够是美的那个条件相矛盾。"它"，指荷矛者之类符合基准理念的形象。"描述"，不仅是"述"，还可以包括"绘"。说荷矛者之类的塑像不是因为它是美的而令人喜欢，可能是因为它没有固定的美的本质或美的属性，因此不能以"美"为根据，而是应该以基准理念为标准，以符合基准理念为条件；符合基准理念条件的东西要成为美的，还需要其他因素，如内在心灵。所以，缺少心灵的肖像就是平庸的，呆板的。这种描述仅仅是循规蹈矩的。"循规蹈矩的"，指仅仅符合基准理念规则的，没有特性，没有创造，没有心灵。原文在这里有个注释，讲述了循规蹈矩的表现，本书从略。

[第6段] 然而，美者的理想与美者的基准理念还是有区别的，……"美者的理想"指美者的符合内隐感性理念的表象，是感性显现出来的东西；美者的基准理念是内心中的东西，尚未被感性显现。出自已经提到的理由（唯有这人，才能够成为美的一个理想），人们唯有在人的形象上可以指望美者的理想。这是因为：在人的形象上，理想就在于道德的表达，没有道德，这对象就不会普遍地而且为此积极地（不仅仅是在一种循规蹈矩的描述中消极地）让人喜欢。道德关联于理性理念，可见在美的理想方面，基准理念与理性理念的关系——基准理念是自然方面的基本条件，理性理念是人文即社会价值方面的条件，但这一方面却常常具有决定性的作用。此点很重要。"理想就在于道德的表达"，即表达出道德的人之形象才是理想的。也就是说，人中的理想的美者不仅要符合基准理念，还要符合理性理念，这样才能普遍地

让人喜欢。这里表明，前面讲述的理性理念的目的，包括与道德的关系。对内在地统治着人的道德理念的明显的表达虽然只能取自经验；但是，要把这些道德理念与我们的理性在最高的合目的性的理念中与道德上的善联结起来的一切东西的结合，即心地善良，或者纯洁，或者强大或者宁静等等，在身体的表现（作为内心的作用）中变得仿佛清晰可见，这就需要理性的纯粹理念和想象力的巨大威力在只是想评判它们的那个人身上结合起来，更别说还有谁想描述它们了。"明显的表达"，可能指感性的表现。"曹译本"为"视觉表现"；（411）王维嘉译为"可见［sichtbare］的表达"。[①]（118）这两种译法的意义很明显，是说，道德理念是在人的心灵内部起统治作用的，对它的凭感官感知的可视表达则要在可经验的外在行为中达成。"表达"，意味着主动性的显现，即一个人的内在道德理念可在可视形象中显现出来。下一句话的句子成分有些复杂。道德理念与什么结合？应该是与"一切东西的结合"；这些东西是通过理性而在最高的合目的性的理念中与道德之善相联结的，具体表现为心地善良、纯洁、强大、宁静等人格、性情、气质。"最高的合目的性"，可能指与道德—自由概念相符合的合目的性。要使内在道德理念与这些东西的结合能在身体的表现上变得仿佛是清晰可见，即如果其他人要能从其身体表现上看出这个人身上的这种结合或表达，必须是鉴赏者本人也拥有理性的纯粹理念和强大的想象力，即需要将纯粹理念和想象力结合在自己身上，否则就看不出来。此点很重要，充分表现出主客体之间合目的性关系得以形成的条件。其决定性的因素在主体，主体具有怎样的素质，就能同对象结成怎样的关系，

[①] 王维嘉：《优美与崇高——康德的感性判断力批判》，上海三联书店2020年版。

或从对象中看出什么来。对于评判这个人的人来说是如此的，对于想要描述这个人的人来说更是如此。美的这样一个理想的正确性表现在：它不允许任何感官刺激掺杂进它对自己的客体的愉悦，但仍可以对这客体有巨大的兴趣；而这也就表明，按照一个这样的尺度作出的评判绝不可能是纯粹审美的，而且按照一个美的理想作出的评判不是纯然的鉴赏判断。按照康德理论的逻辑，"美的理想"应该指符合理念的美者，"它"即理想的美者。"自己的客体"，即呈现为理想的美者的对象事物。鉴于康德说，唯有人才能成为美的一个理想，因此这里的"客体"指的就是人。对人的内隐感性愉悦不允许任何感官刺激的掺杂，即没有同利害性关切相联结的兴趣，这是鉴赏判断的基本特性。虽然如此，却可以对人本身有巨大的兴趣。即人作为一般客体可以引发利害性关切，但对人之外形相貌的鉴赏不能掺杂进兴趣。"这样的尺度"，指与人的可关切性、可感兴趣性相关的标准。即人是由于具有着德行及合目的性而成为理想的美者的，所以对人的鉴赏评判不是纯粹内隐感性的，因此不是纯然的鉴赏判断。虽然如此，人的相貌却是最符合理想的。其原因不在于基准理念方面，而是在于理性理念方面。自然物体虽然可以象征着、表征着理性理念，但不能直接地、有意识地形成合目的性关系，即不能有充分的善。

本节要点：提出"美的理想"，即在原型理念基础上想象出来或描绘出来、展现出来的表象，亦即完美地、充分地显示出原型理念的美者。要达到这一点，需要满足两个标准：内隐感性的基准理念和理性理念。前者同自然属性相关，是主体意识中关于某一物体外在样貌的平均值，即认知结构中的知觉模式或模板、范型、标模；后者同客观合目的性及社会价值相关，是具有利害性的观念。所以只有人才能是最完善的理想的美者。前者特别表现出内隐感性判断的特点,是自然的、经验的、不知不觉中形成的。后者其实涉及利害性在内隐感性判断中的关系及作用问题,但在本节中没有做出更深入的阐述。

从第三契机推论出的对美者的解释

美是一个对象的合目的性的形式,如果这形式无须一个目的的表象而在对象身上被感知到的话。在一个对象的表象上感知到不与客观目的相关而具有主观合目的性的形式,并因这种关系而形成愉快情感,具有这样形式的对象就称为美的。这里的"形式"仍然不是感官感性形式,而是逻辑性的、格式性的形式。这里的"美是……形式",不意味着有个独立的叫作"美"的形式或东西,而是说这样的形式可被评判为美的。对象的表象可能具有两种作用:一种是引发主体具有客观合目的性的思维,例如看到树的表象,由此想到树的生态价值,这时树的表象就具有客观目的,即与主体结成客观的合目的性关系;另一种作用是引发人的内隐感性判断,这时就与主体结成主观的合目的性关系。以树的感官感性外形为基础、为载体,当主体处于内隐感性判断状态时,就可在主体内形成与内隐感性认识能力(内在直观力和知性因素)相符合、相对应的内隐感性性状。所谓内隐感性性状,虽然被表述为对象之表象的性状,但其实是在主体心灵中形成的。或许是因为内隐感性性状毕竟要以感官感性表象为载体,所以把它视为主体心灵能力的对象,视为客体。内隐感性的主体心灵及与其相对应的对象,二者可在格式性形式方面结成主观合目的性关系。这个所谓的合目的性的形式并不是客观上具有的,不是对象及其表象的结构性的组成因素,而只是在主体形成了愉快情感从而表明形成了内隐感性判断时才赋予对象之表象的。也就是说,在形成了无利害关切的愉悦情感时,就说对象之表象具有合目的性的形式，并由此称该对象为美者。把美者所具有的（被设定的、假定的）合目的性的形式称为"美"，并不意味着有个叫作"美"的东西，无论这个东西是具体的还是抽象的。原文这里有个注释，其中说道：一朵花，例如一朵郁金香，则被视为美的，因为在对它的知觉中发现有某种合目的性，这种合目的性如我们对它的评判根本不与任何目的相关。"这种合目的性"指主观的合目的性，"任何目的"指客观目的。对郁金香花的评判是对其主观合目的性的评判，不与任何客观目的相关。

第18节 什么是一个鉴赏判断的模态

关于任何一个表象，我都能够说：它（作为知识）与一种愉快相结合，这至少是可能的。"作为知识"，即作为被概念所规定的对象，这是指客观存在的对象的表象，它也可能引发愉快。如果一个东西被称为适意的，则意味着它在主体心中现实地造成了愉快。适意者是将可能性变为现实性。但关于美者人们却想到，它与愉悦有一种必然的关系。一般的对象事物只是可能引发愉快，美者则是必然引发愉快。这个关系可以倒过来看：所谓美者，是与主体结成内隐感性判断关系时以其主观合目的性的形式引发主体愉快情感的对象。美者本来就是愉快情感的产物，没有愉快情感就谈不上美者，所以美者当然地与愉快情感有必然的、天然的联系，这是其"出生"过程所决定的。"必然"有两类，一类是客观上的必然性，另一类是主观中的必然性。美者与愉快情感的必然关系属于后者。因此说，这里的必然性是特殊类型的：不是一种理论的客观必然性，在那里可以先天地认识到，每个人在被我称为美的那个对象上都将感到这种愉悦；美者没有客观必然性。"在那里"，不是在客观必然性那里，而是在主观必然性那里。如果有个概念（对象事物）能够使每个人都先天而客观地感到愉快，那就不是内隐感性判断而是知性的规定判断了，而规定判断的对象就不叫作美者了。内隐感性判断的对象不是先天地认识到的，而是在先天原则基础上，在经验中由美感证实的。同时，也不是一种实践的客观必然性，在那里通过充当自由行动的存在者们的规则的一种纯粹理性意志的概念，这种愉悦就是一个客观法则的必然结果，纯粹理性意志的概念为依照规则而自由行动的存在者们（人们）提供了规则，例如道德之善在实践中的实现必然引发人的愉悦，这是被理性概念所规定的。而且除了人们绝对地（没有别的意图地）应当以某种方式行动之外，没有任何别的意思。相反，与美者相关的必然性作为在一个内隐感性判断中所设想的必然性（假定的）只能被称为示范性的，亦即所有人都赞同一个被视为某个人们无法指明的普遍规则之实例的判断的必然性。康德承认，内隐感性判断的普遍规则（内在机理）是目前所无法指明的，因此只能以实例示范性地表现出来。而这个实例会得到所有人的赞同。这里是说所有人都会对某一个人的愉快判断加以赞成，还是所有人都会对内隐感性判断的结果加以赞成，还不明确。不过，下文谈到，必然性不是从经验中得出的，那么后者的可能性就更大一些。即在内隐感性判断原则之下，必然会有美者出现；美者的出现是一个实例，也显示了其中的必然性，这是所有人都会赞同的。也就是说，康德所说的必然性，不是无条件地对某个人判断结果的必然赞同，而是有条件的，要以内隐感性判断为前提，是对内隐感性判断与美者二者之间关系之必然性的赞同。既然一个内隐感性判断不是一个客观判断和认识判断，所以这种必然性不能从确定的概念中推导出来，因而从客观规则上讲不是无可置疑的。它更不能从经验的普遍性中（从关于一个对象的美的诸判断无一例外的一致性中）推论出来。鉴赏判断的必然性不是从经验中得出的。虽然实际生活经验中存在着许多人都对同一对象产生愉快情感的事例，但这不足以证明其中的必然性。因为不仅经验会很难为此提供足够多的证据，在经验性的判断之上，也不能建立起这些判断的必然性的概念。鉴赏判断是经验的，但鉴赏判断的必然性却不是从经验中得出的，而是从逻辑中得出的。

本节要点：美者与愉悦有一种必然的关系，这个必然性不是客观的，而是特殊的，范例性的。其前提是：美者已经被确定为美者了。由于美者本来就是鉴赏判断愉悦的对象，只有能引起鉴赏判断愉悦感的才是美者。所以，只要是美者，当然是必然地会引起美感。

第19节　我们赋予鉴赏判断的那种主观必然性是有条件的

鉴赏判断要求每个人的赞同；而谁宣布某种东西是美的，他就想要每个人都应当赞许面前这个对象，并同样宣布它是美的。按这种阐述，似乎鉴赏判断的必然性是所有人对同一个对象的要求，但事实上不是这样的。康德应该不会看不到这里的差异性，所以马上就提出了条件：这样说出或要求的内隐感性判断中的这个"应当"，是在具备内隐感性评判全部所需条件的前提下才能成立的，因此这个"应当"只是有条件地说出的。即如果别人也同我一样，处在进行内隐感性判断所需的全部条件之下，那他就应当是在进行内隐感性判断，从而必然地与我一样也宣布这个东西是美的。反过来说，如果不是处于这种条件之下就不会有鉴赏判断的必然性。要求别人的赞同，是现象性的表现，其内在的原因是有共同的根据。人们追求每一个别人的赞同，因为人们对此有一个对所有人都共同的根据；人们也能够指望这种赞同，只要人们总是能够肯定，该事例是被正确地归摄在作为赞许之规则的那个根据之下的。所有人都能进行内隐感性判断，所有在内隐感性判断之下的对象都会被看作美的。这是形成赞许态度的一种规则。因此，只要能肯定地宣布某一对象是美的或赞同这一宣布的确是以这种赞许之规则为根据的，人们就能够指望这种赞同。可见，康德所说的普遍性和必然性，都是有条件的，都要以是否处于内隐感性判断的关系中为条件。这一点很重要，与现实审美中的共同性和差异性相符合。

本节要点：鉴赏判断一致性的必然性，要以"作为赞同规则的那个根据"为条件。即只要处于内隐感性判断所需充分条件之下，就会存有这种必然性。

第20节 一个鉴赏判断所预先确定的必然性的条件就是共感的理念

[第1段] 假如鉴赏判断（与认识判断一样）有一个确定的客观原则，那么，根据这原则作出这些判断的人就会要求他的判断具有无条件的必然性。客观的必然性是无条件的，因为对客观性状的认识和感觉对所有人来说都是同样的，不必设定条件。如果鉴赏判断也是这样有一个客观的原则，那就不会要求必然性有什么条件。事实上，鉴赏判断是没有确定的客观原则的，因此，它们必须有一个主观的原则，这原则只通过情感而不通过概念，但却毕竟普遍有效地规定着什么是让人喜欢或者讨厌的。"它们"，指鉴赏判断。鉴赏判断的原则是在主观中存在的，通过情感表现出来；但这一原则虽然是主观的，却同样具有像客观原则一样的普遍有效性。这种普遍有效性不是表现在对概念的认定

上，而是表现在对喜欢或讨厌之情感的认定上。但这样一个原则只能被视为共感，它与人们有时也称为共感（sensus communis）的普通知性有着本质的不同；因为后者不是按照情感，而是任何时候都按照概念，尽管通常只是按照被模糊地表象出来的原则来作判断的。"共感"，"邓译本""曹译本"为"共通感"。（74，413）鉴赏判断的共感是情感方面的，知性的共感是概念方面的，二者有本质的不同。共感不是一种感觉，而是一个原则，大致是指内隐感性判断在情感感觉方面的共同性。

[第2段] 因此，惟有在存在着一种共感（但我们并不把它理解为任何外部感觉，而是理解为我们的诸认识能力的自由游戏的结果）的前提条件下，我是说，惟有在这样一种共感的前提条件下，才能作出鉴赏判断。说共感是鉴赏判断诸认识能力的自由游戏的结果，这个界定很重要。诸认识能力指反思想象力（内在直观力）和知性因素，二者在不受概念制约的条件下自发地进行的活动就是自由游戏，这种活动的结果叫共感。那是不是说，共感是在这种活动中形成的呢？字面上看似乎如此，但这是不合理的。实际过程中，这种活动中形成的是愉快情感。把愉快情感称作共感，等于说二者是一回事。共感并不是与愉快情感相对立的另一种情感，它们是同一个东西。说它是愉快情感，是在表明其本质方面的属性；说它是共感，是在表明其本质属性所具有的共同性的特点。愉快情感是一种具有共同性的情感。共感作为自由游戏的结果，是共感的现实表现，即在自由游戏中表现为具有共同性的愉悦情感。

本节要点：鉴赏判断一致性的必然性来自知性因素和反思想象力（内在直观力）自由自发活动所造成的具有共同性的愉快情感。这种感觉是"每个鉴赏判断都一定要进行的自由活动"所必然产生的，所以鉴赏判断的结果是必然的。这种必然性与诸认识能力自由活动所形成的感觉的必然性是一致的。这种必然性是共同的，也可表述为必然而共同的感觉。鉴赏判断的必然性不是说，面对一个对象时所有人对它的鉴赏判断都必然是一致的；而是说，如果采取了鉴赏判断的态度，形成了鉴赏判断的条件，则愉快情感的产生就是必然的。这一必然性要以共感为条件，即以愉快情感的共同性为条件。共感是理念性的，存在于主体的思维、意识中。

第21节　人们是否能够有根据来以一种共感为前提条件

知识和判断必须能够连同伴随着它们的那种确信被普遍地传达；"确信"，指对知识和判断的肯定和赞同。这里所说，是客观的知性判断。若不然，就会没有任何与客体的协调一致应当被归于它们，"与客体的协调一致"，指知识和判断与客体对象相对应。例如，被叫作"马"的动物作为客体是与"马"概念相对应的，也就是协调一致的。这种对应关系必须得到普遍认可（确信）。只要说到"马"（作为概念、知识），必须是指叫作"马"的客体；反之，只要是见到"马"（作为客体），必须将其判断为"马"（作为概念、知识）。如果不是这样的普遍确信和认可，它们就会全都是诸表象力的纯然主观的游戏，恰如怀疑论所要求的那样。"诸表象力"，指直观和知性。如果客体与知识之间没有普遍确信的对应关系，人对对象的判断就会没有客观性，没有一致性，形成"指鹿为马"。例如，看到别人都叫作"马"的客体但不认为它是"马"，看到别人都叫作"牛"的客体也不说它是"牛"，这就是一种纯然主观的游戏了。但是，如果知识应当被传达，那么，心灵状态，亦即诸认识能力与一种一般知识的那种相称，确切地说对于一个表象（一个对象由以被给予我们的表象）

来说适宜于从中产生出知识来的那种比例，必须可以普遍地传达；这里是以知性判断的普遍性比拟地说明鉴赏判断的普遍性。如果知识是应当普遍传达或普遍认可的，那么，因对象的表象而产生出知识的心灵状态也应该是普遍传达或普遍认可的。这里特别提出心灵的比例问题，大概是说，心灵中含有诸种要素，这些要素按照一定的比例关系可形成不同的组合方式，由此造成不同的认识结果。各种比例关系具体是怎样的，康德没有说，只说了比例与结果的关系，即一定的比例造成一定的结果；反之，一定的结果表明一定的比例。对于知识来说，形成知识的心灵所呈现出来的比例是适宜于产生出知识来的那种比例。像知识具有普遍可传达性一样，心灵状态以及心灵中的比例（或表现为一定比例的心灵）也应该是具有普遍可传达性的。因为没有这个作为主观的认识条件的比例，就不可能产生出作为结果的知识。主观的认识条件的比例，大概指内在直观力暨反思想象力与知性因素之间的比例。知性判断以知性为主，直观力为辅，形成的结果是知识；鉴赏判断以反思想象力（内在直观力）为主，知性为辅，形成的结果是愉快的情感。这件事实际上任何时候都在发生，如果一个被给予的对象借助于感官而推动想象力把杂多复合起来，而想象力又推动知性达到杂多在概念中的统一的话。但是，诸认识能力的这种相称要根据被给予的客体的不同而有不同的比例。这里的讲述很重要，说明了内隐感性表象及理念的形成过程和机理。"任何时候"，不是无条件的，而是有条件的，即下句话所讲述的条件。这里所说的"杂多"是以往知觉经验中形成的众多个别表象，在这里成为"分表象"，它们是同一类别的。想象力的功能是描绘，可把众多个别的分表象描绘似地勾画成一幅复合的表象；每一个别表象都对应着一个概念，在这里就成为"分概念"；想象力的复合工作要形成一个结果，即推动知性能力把这些分概念统一为一个整体的概念，即形成表示复合表象的概念。根据"客体的不同"，应该不是指具体对象物的不同，例如树和草的不同，而是指客体类型的不同。即是概念的客体还是鉴赏判断的客体。客体类型不同，主体的应对方式就会不同，因而心灵中的诸要素会形成不同的比例关系。但不论面对哪一类型的客体，都必须在心灵中呈现出一定的比例。但尽管如此却必须有一个比例，在其中这种内在的关系对于激活（一种能力被另一种能力激活）来说就是在一般知识（被给予的对象）方面最有利于两种心灵能力的相称；而这种相称也只能通过情感（不能按照概念）来规定。从上句说要根据被给予的客体的不同而有不同的比例开始，似乎就转到了这不同的客体方面。从最后一句话"通过情感（不能按照概念）来规定"可看出，这是在讲鉴赏判断。"内在的关系"，可能指心灵诸要素之间的比例关系。"一种能力被另一种能力激活"，这种说法往往用在对鉴赏判断的阐述中，大概指反思想象力和知性因素之间的相互激活。"一般知识"（被给予的对象），既然这里的"知识"是一般的并且是指"对象"，则应该表示概念与概念所指对象之间的关系，那就是在说知性判断了。这里有点令人疑惑：这句话到底是在说鉴赏判断还是在说知性判断？这句话的意思可能是：在不同于知性比例关系的新的比例关系中，即在鉴赏判断中，反思想象力和知性因素之间的相互比例关系（内在关系）在二者相互激活方面是最有利、最相适配（相称）的关系；这就像知性判断中知识（概念）与对象之间的适配关系一样。亦即心灵中一定的、适宜的比例，有利于反思想象力与知性因素的相互触发，有利于形成这两种心灵能力的和谐相称。而至于是否达到了和谐相称，要靠情感来确定。形成无利害关切的愉悦情感了，就说明是和谐相称的。既然现在这种相称本身必须能够普遍传达，因而这种（在一个被给予的表象那里）的相称的情感也必须能够普遍传达。但是，一种情感的普遍可传达性是以一种共感为前提条件的，所以，这种共感就将能够有理由被假定，共感是按照逻辑假定出来的。前面说到，共感是理念性的，可以成为鉴赏判断的前提条件。由于共感不是按照现象中赞同人数的多少来确定的，因此就无须立足于心理学的观察，而把它假定为我们的知识的普遍可传达性的必要条件，这种普遍的可传达性在任何逻辑和任何非怀疑论的认识原则中都必须被当做前提条件。"它"，指共感。"这种"，如果是指"知识"，则这句话似乎是说，共感是知识的普遍可传达性的必要条件，而知识的普遍可传达性是认识原则的前提条件。反过来说，知识原则以知识的普遍可传达性为前提条件，而知识的普遍可传达性以共感为必要条件。此解似乎可通，但略有不妥。因为这节主旨是讲鉴赏判断的共感，而知识的普遍可传达性是前面已经讲过的。把讲过的拿过来再讲一遍，虽然不是完全不可能，但总有点不像康德的风格。"这种普遍的可传达性"一句，"曹译本"为"这种条件"，即上一句所说共感作为知识的普遍可传达性的必要条件。"牟译本"与之相似，译为"此一共感"。（164）也就是说，共感是知识的普遍可传达性的必要条件，这一必要条件（即共感）在任何逻辑的和非怀疑论的认识原则中都必须被当作前提条件。亦即在所有正常的、非怀疑论的认识原则中，都要以共感为前提条件。对于共感的根据，康德是以逻辑的方法逐步推导出来的：先是讲到知识的普遍性，再讲到产生知性的心灵的普遍性，继而由形成认识时心灵的不同比例转到鉴赏判断情感的普遍性；也就是说，知性和鉴赏判断都是心灵能力的表现，只是其中诸要素的比例不同；既然知性是普遍的，以共感为前提，而鉴赏判断也是普遍的，就也要以共感为前提；最终表明，共感应该是所有正确认识原则的前提条件。既然鉴赏判断和知性都要以共感为前提，说明共感不是鉴赏判断或知性所独有，而是共同具有，而这两者是根本不同的。说明，共感本身并不是有具体实质性内容的某种感觉或感受力，而是感觉或感受力的一种特性。无论是知性还是鉴赏判断，都要以人在特定能力方面的共同性为前提条件，这样才能有相同的认识或相同的情感。以往人们以为，鉴赏判断的共感是审美活动的基础，因此努力要找出这一共感是什么，似乎唯有这样才能解释审美。但这是不合理的，是把共感当作审美活动所独有的东西了，而其实共感是一种属性。

本节要点：共感本身是假定的，因此其根据只能推论出来。实际上是说，既然人的感觉是普遍的，则表明人的感觉具有共同性。"共感"的说法容易使人以为它是一种独立存在的东西，但其实并不是在鉴赏判断愉悦情感之外另有某种叫作"共感"的感觉或情感，而是说愉悦情感有共同性。

第22节 在一个鉴赏判断中所设想的那种普遍赞同的必然性是一种主观的必然性，它在一种共感的前提条件下被表现为客观的

"被表现为客观的"，即显得好像是客观的。

[第1段] 在我们宣布某物是美的所借助的一切判断中，我们不允许任何人有别的意见；"一切判断"，其实就是鉴赏判断，不可能有其他性质的判断，这是鉴赏判断必然性的表现。但这种必然性不是建立在概念之上，而是仅仅建立在我们的情感之上，"情感"，在康德的使用中主要指带有情感的主观意识。鉴赏判断的性质是由愉快情感规定的，所以说鉴赏判断的必然性建立在情

感之上。因此，不是把这种情感作为私人情感，而是作为一种共同的情感而奠定为基础的。现在，这种共感为此目的不能被建立在经验之上；因为它要授权人们作出包含着一个应当的判断：它所说的不是每个人都将与我们的判断一致，而是每个人都应当与我们的判断一致。"经验"，具体的鉴赏判断经验，即各个人性质相同的鉴赏判断及情感。共感的根据和可能性不是从个人经验中得出的，不是统计出来的，而是从逻辑中推论出来的。"它"，指把共感作为基础的要求。这一要求所说的不是鉴赏判断经验上所有人实际上的一致，而是应当的一致，即从鉴赏判断原则及必然性上讲的一致。"都将与我们的判断一致"，这是就对象与人的关系而言，不是每个对象都能引发所有人的愉快情感；"应当与我们的判断一致"，这是就以鉴赏判断为条件而言的。意即如果是在鉴赏判断中，则应当与我们一致。审美的机理或内隐感性（内隐认知）的机理是相同的。只要是出于这种机理，其判断就是一致的。我在这里把我的鉴赏判断说成是共感的判断的一个实例，因而赋予它以示范性的有效性，共感就是一个纯然的理想基准，"实例"，具体的一次鉴赏判断活动及其结果。我的鉴赏判断的结果是共感性判断的一个具体表现，具有示范性的有效性。即这次鉴赏判断的结果既是个别的、经验的，又是具有共感性的判断的实例表现。"共感就是一个理想基准"，是说鉴赏判断要以共感为前提条件，在这一条件下才可形成理想。在它的前提条件下人们就能够有理由使一个与它协调一致的判断以及在该判断中表达出来的对一个客体的愉悦对每个人都成为规则，"它的前提条件"，指以共感构成的理想基准。这里所说，是以这一理想基准为前提条件，还是理想基准自身的前提条件？如果是后者，则有所不妥，因为共感作为理想基准已经是基础了，是全部认识原则的前提条件，它自身没有直接的前提条件；所以这里所说应该是前者，即以由共感构成的理想基准为前提条件。在这个前提条件下，就有理由要求每个人的普遍有效性。"成为规则"，即每个人都必须如此的。个人的鉴赏判断以共感为前提，即以愉快情感的共同性为基础。因为原则虽然仅仅是主观的，但却仍然被假定为主观上普遍的（一个对每个人都必然的理念），在涉及不同的判断者的一致性时，就能够像一个客观的原则那样要求普遍的赞同；只要人们肯定已正确地将之归摄在这个原则之下了。"原则"可能指前面所说的"规则"。这个原则是主观的，但要假定它具有主观的普遍性，是每个人都必然要与之相符合的理念。为什么是"假定"？因为这是推论出来的，不能以实际现象、实际经验来证实。当不同的判断者都应当有一致的判断或情感时，就能够像一个客观的原则所要求的那样，要求不同的判断者普遍地表示赞同。但这是有条件的，就是要肯定这些判断者已经正确地处于这个原则之下。即只有在人们的判断符合由共感构成的理想基准的条件下，才可以要求这些判断者的赞同。但由于共感是假定的，所以所谓符合共感也是假定的。事实上，人的心理结构及认知结构在自然机理上的确大致相同，当由经验决定的信息也大致相同时，作为判断（认知）的结果，情感就可能是大致相同的。共感的根据应该在这里。

[第2段] 一种共感的这种不确定的基准实际上已经被我们当做前提条件：我们自诩能作出鉴赏判断就证明了这一点。"不确定"，不是指基准本身或基准的内容不确定（基准可以是这样的也可以是那样的），而是指对基准的表述不像概念那样清楚。即对共感的结构或根据把握得还不确切，显现得很朦胧。鉴赏判断是以共感为前提的，所以只要是做出了鉴赏判断，就证明是以这一基准为前提条件的。随后，康德提出了对共感加以界定的几种可能性：至于是事实上存在着这样一种作为经验可能性的建构

性原则的共感,还是有一个更高的理性原则使它对于我们来说仅仅成为范导性原则,即为了更高的目的才在我们心中产生出一种共感;因此,鉴赏是一种原初的和自然的能力,或者仅仅是一种还需要获得的和人为的能力的理念,"它",指共感。"需要获得的",即在后天经验中获得的,不是先天具有的。这里提出共感本质属性的两种可能,一种是作为可经验的、实有的、建构性原则的,一种是作为不可经验的、理性的、范导性原则的。在后者,共感还要有一个由更高理性原则提出的更高的目的。即共感不是原初的,也不是最终的,而是理性合目的性关系链条中的一环。前面是对共感的阐述,这里却是对鉴赏的阐述,可能是因为,鉴赏与鉴赏的前提条件(共感)紧密相关,如果共感是建构性原则,则鉴赏就是一种自然的能力;如果共感是范导性原则,则鉴赏就可能是一种理念。如果是这样,则以至于一个鉴赏判断连同它对一种普遍赞同的要求事实上只是一种理性要求,即要产生出性情的这样一种一致性,"性情",内涵不明确,"曹译本"为"感性方式",即感性方式的一致性。(415)而应当,即每个人的情感与每个他人的特殊情感相汇合的客观必然性,仅仅意味着在这里达成一致的可能性,鉴赏判断则只是提供了这个原则的运用的一个实例。"应当",指这种客观必然性。客观必然性也是客观的可能性,鉴赏判断的普遍性、必然性只是一个实际经验中的事例。这等于说,鉴赏判断的必然性及共感不是先验的,因此不是主观的。对上述几种可能的情况,康德没有下定论,而是说,我们在这里还不想也不能作出研究,而是现在仅仅把鉴赏能力分解成为它的诸要素,并最终把这些要素结合在一种共感的理念中。虽然如此说,这节的标题已经明确说这里的必然性是主观的必然性,似乎是在展示加以辨析的必要性。

本节要点:共感(鉴赏判断中具有共同性的愉悦情感)是假

定的、主观的、纯然理念的；鉴赏判断的普遍性、必然性需要有这个假定，并以此假定为鉴赏判断的理想基准。这种假定其实是反证出来的：因为有鉴赏判断，所以表明有共感；以共感为前提，鉴赏判断普遍赞同的必然性就好像是客观的。因为一般而言，普遍性和必然性都是客观的。

对分析论第一章的总附释

[第一段] 如果人们从上述剖析引出结果，那么出现的就是，一切都归结到鉴赏的概念：鉴赏是与想象力自由的合法则性相关的对一个对象的评判能力。"想象力"，指反思想象力即内在直观力。"想象力自由的合法则性"，指想象力符合于知性法则，即在知性概念规定的范围内直观、想象（勾画、描绘）。鉴赏作为运用这种反思想象力评判对象的能力，不同于我们今天所说的"鉴赏"。在我们今天的语言中，"鉴赏"指一种艺术品鉴活动，不仅仅是与想象力自由的合法则性相关，还同感官感性、生活经验、概念认识、艺术观念和社会价值观等诸多因素相关，是可明确意识到的、行为性的活动。而康德所说的鉴赏主要是内在的，是主体鉴赏判断诸认识能力与对象之表象的内隐感性性状相匹配（结成主观合目的性关系）的活动，实即一种内隐认知活动。如果这里在鉴赏判断中想象力必须在其自由中被考察，那么，它首先就不是被设想为再生的，如同它服从联想法则那样，而是被设想为生产的和主动的（作为可能直观的任意形式的创造者）；"在其自由中被考察"，即认为反思想象力是自由的；自由，指不被概念所规定。反思想象力既要合法则又是自由的，那就应该是在概念框架内的自由。"它"，指反思想象力。"再生的"，原原本本地把直观到的对象之形象、样貌描绘出来，复制出来；"生

产的",带有主动性、创造性的形象描绘,但要在可能的范围内。这个"可能",大概指由概念限定的范围。这里显现出知性直观同内在直观的不同。知性直观是再生的,是对直观对象的映射性的反映;内在直观做不到这一点,但又要在大致框架中符合直观对象,是在框定条件下的"生产的"。这是二者间重要的区别点。而且尽管它在把握一个被给予的感官对象时被束缚在这个客体的一个确定形式之上,"它",仍指反思想象力。这里明确地讲到了,反思想象力要被对象的外形所制约,即反思想象力要在对象外形的基础上进行描绘。此点很重要。虽然说就此而言没有任何自由的游戏(就像在作诗时那样),因为此时不是完全自由的,但却毕竟还可以很好地理解:对象能够恰好把这样一种形式交到它手上,这形式包含着杂多的一种复合,就像是想象力在自由地放任自己时,与一般的知性合法则性相一致地设计了这形式。反思想象力所面对的对象之表象是一种既不是确切的感官感性形式又大致与感官感性形式相一致(与知性合法则性相一致)的形式。就是说,在具体的样貌上,感官感性所感到的样貌是什么样的,反思想象力所勾画出的样貌就大致是什么样的。只不过,前者是确切的,可用概念表述的;后者是朦胧的,不可用概念表述。在存在性质及合目的性关系上,前者与感官感性结成合目的性关系,是知性对象;后者与反思想象力结成合目的性关系,是鉴赏判断的对象。所以,就具体的样貌而言,就好像是反思想象力在知性概念的范围内设计了这形式,从而使这一形式同反思想象力相吻合。从认知神经美学的角度看,这种情形的出现,来自内隐感性的表象和理念的形成过程。鉴赏判断以表象和理念为抓手,表象和理念本来就是在对外在对象的外形加以知觉的过程中形成的,所以对象的形式与鉴赏判断之间天然地就具有相互对应的关系。如果不了解这一内在的、事先的过程,就可能会觉得像是被设计出来似的。"形式"，这里应该还是指逻辑的、格式的形式，但总之是具体对象的形式。然而，说想象力是自由的，却又是自发地合法则的，亦即说它带有一种自律，这是一个矛盾。"自律"，自己给自己立法。自发地合法则即相当于自律。自由的和合法则的，貌似矛盾。但其实自由指不被知性概念所规定；合法则指被知性概念所框定。二者所指不同，因此不矛盾。但是，如果想象力被迫按照某个确定的法则来行事，那么，它的产品在形式上就像应有的那样，是由概念来规定的；"它的产品"，反思想象力所描绘出来的内在表象，也许还有愉快情感。这是就产品的形成方式而言的。如果按照确定的法则（知性法则）行事，就是由概念来规定产品，即在概念的规定下形成相关意识。在这种情况下，愉悦就不是对美者的愉悦，而是对善者（完善，或许仅仅是形式上的完善）的愉悦，而判断也就不是通过鉴赏的判断。因此，一种合法则性而没有法则，以及想象力与知性的一种主观的协调一致而没有在表象与关于一个对象的确定概念相关时的客观的协调一致，就将是惟一能够与知性自由的合法则性（这种合法则性也被称为合目的性而没有目的）以及与一个鉴赏判断共存的。在鉴赏判断中存在的合法则性是主观的，是在主观中形成的反思想象力（内在直观力）与知性因素的协调一致，是在知性概念的范围内形成的主观表象或意象。例如，知觉到马，就会形成关于马的意象，不应该形成对于花的意象，这就叫合法则性。反思想象力（内在直观力）的作用是形成可与鉴赏的标准、原型相适配的表象，最终是形成愉快的情感；而外在知性直观的作用是将表象与关于该对象的确定的概念相适配，最终是形成知识。所以说，鉴赏判断中，反思想象力与知性因素的协调一致是主观的，是在主观中实现的；而知性中直观与表象的协调一致是客观的。因此，所谓"合法则性而没有法则"，是说：有主观的合法则性而没有客观法则。主观的合法则性也被称为有合目的性而没有目的，即有主观合目的性而没有客观目的。

[第2段] 于是，几何学上合乎规则的形象，……它们之所以被称为合乎规则的，乃是因为人们只能这样来表现它们，即它们被视为仅仅是一个确定的概念的展现，这些几何形象是按照概念而合乎规则的，即合乎客观的规则。这个概念为那个形象指定规则（该形象惟有按照这规则才是可能的）。在康德的哲学中，概念先于事物。所以，圆形之所以为圆形，是因为先验地存有"圆形"概念，圆形形象被"圆形"概念所规定，即"圆形"概念为圆形形象指定规则。因此，二者必有一错：二者，一者是批评家把几何图形当作美的实例，二者是康德的阐述，美者不与概念相关。即要么是批评家把美赋予几何图形的判断有错；要么是认为对于美来说需要无概念的合目的性的判断有错。显然，应该是前者有错。

[第3段] 没有人会轻易地认为，……感官上的舒适只需要普通的知性，根本不需要鉴赏。感官舒适性的愉悦是由完善而形成的适意性的愉悦，不是无利害关切的愉快情感。至于一切对于对称性的损害，无论是在动物的形象上（例如独眼）还是在建筑或者花卉画的形象上，之所以都是不讨人喜欢的，因为这是违背目的的，这里所说的"目的"指由概念显现出来的内在的完善。按照概念，房间的墙壁应该是规整的，斜角的墙壁不牢靠，不适用，不符合客观的内在的合目的性，是不完善的。动物的形象同样如此。按照概念的规定，公鸡应该有两只眼，如果只有一只眼，那就是不完善的，也是不好看的。不仅是实践上就对这些事物的一种确定的应用而言，而且对于在各种各样的可能意图上作出的评判来说亦是如此。而在鉴赏判断中就不是这种情况，鉴赏判断如果是纯粹的，就不考虑应用或者某个目的，而把愉悦或者

不悦直接与对象的纯然观赏结合起来。鉴赏判断不与"善"相关，因此不与任何应用和意图相关，只是对对象物的表象进行格式性形式的纯然观赏。

[第4段] 导向关于一个对象的概念的那种合规则性，对于通过特定的对象之表象来把握对象并对该对象的杂多做出规定而言是必不可少的条件，是就知识而言的目的，与概念性知识相关，因此是客观的。与这种规定相结合的愉悦就仅仅来自目的性的赞成，……而不是各种心灵能力以我们称为美的那种东西所作的一种自由的、不确定地合目的的娱乐，"各种心灵能力"，应该指鉴赏判断中的反思想象力和知性因素。在面对我们称之为美的那种东西时，这两种心灵能力可以不受概念规定地自由活动，形成主观的合目的的娱乐，这时的愉悦才是鉴赏判断的。而且在后者中，是知性为想象力效力，而不是想象力为知性效力。在鉴赏判断中，是以反思想象力（内在直观力）为主，知性只是按照概念提供了对象的框架、范围，不能决定内在直观所勾画出的表象；在规定的判断中，是以知性为主，想象力（主要指外在的直观力）对对象之表象的直观或勾画所形成的表象是为知性提供材料。此点很重要。

[第5段] 在一个惟有通过某种意图才有可能的事物上，"意图"，一般来说是主观的，同实用性的目的相关。例如在一座建筑上，甚至在一动物身上，存在于对称性之中的那种合规则性，必须把直观的那种伴随着目的概念并同属于知识的统一性表达出来。这里的"合规则性"仍然应该指知性的合规则性，即要符合"对称"概念。"知识"，"曹译本"为"认识"。（417）一般来说，概念属于知识，直观本身不构成知识，但指向着知识。直观和概念都直接地关联着认识，二者也可在认识方面达成统一。即，认识的结果是知识，以概念加以规定；直观直接关联着认

识,但不直接关联着知识。这里,"知识"或"认识"都可成立。直观到的东西与具有目的的概念是相一致的,它们同属于知识或认识。但是,在只应当让各种想象力的自由游戏(但却是在知性此时不受任何阻碍的条件下)得到娱乐的地方,……那预示着强制的合规则性就被尽可能地避免;说知性不受任何阻碍,有点费解。"曹译本"是:但在只有表象能力的自由游戏(当然要在知性不受强制的条件下)持续进行的地方。(417)按照康德一贯的阐述,想象力之所以自由地游戏,是由于不受概念的限制,也就是不受知性的阻碍;因此一般来说应该是不受知性的阻碍,这与"强制的合规则性被尽可能地避免"是一致的。如果这里的确说的是知性不受任何阻碍或不被强制,那就有可能是指知性概念的能力不被取消,亦即知性概念的框定作用不受阻碍。此处存疑。"得到娱乐",可能是指各种想象力的自由游戏达到了和谐状态、满足状态,像游戏取得娱乐效果一样。……都宁可把想象力的自由一直推进到接近于怪诞的地步,而在对规则的一切强制的这种摆脱中,正好确立了鉴赏能够在想象力的设计中展示其最大的完善性的场合。如果这里的想象力仍然是指反思想象力,则其自由应该是来自对象事物的奇特造型。由于这些造型近于怪诞,所以对这些造型的内在直观也近于怪诞。摆脱规则的强制,这里的"规则"好像不是鉴赏判断认识能力中的规则,而是应用的、机械性的规则。如建筑、设计的规则。在想象力的自由的设计中展示出最大的完善性,可能是指,想象力功能的本性表现就是生产性、创造性,摆脱机械性规则的束缚;充分地达到了这一点,就是充分实现了其功能,也即达到了完善性。此处存疑。

[第6段] 一切呆板地合乎规则的东西(它接近于数学上的合规则性),本身都有违背鉴赏的成分:它并不以对它的观赏提供长久的娱乐,而是如果它并不明确地以知识或者一种确定的实

践目的为意图的话，就将造成无聊。"接近于数学上的合规则性"，说明这里及上段所说的"规则"是应用性的、机械性的。"违背鉴赏"，指不合乎鉴赏，但康德似乎没有完全否定这类东西的鉴赏性。这类东西由于呆板，所以容易引起心理疲劳，不利于长时间的观赏。如果不是另有价值和作用的话（以取得知识或实践目的为意图），就将是无聊的，也就是没什么意义的。但其实如果真的有了确定的目的，就不是鉴赏了。康德在这里及下面事例中讲的是鉴赏中的一种现象——鉴赏的对象要有新颖性，否则就失去了吸引人的价值。

[第7段] 还要把美的对象与对对象（常常是由于遥远而不再能被清晰辨认的对象）的美的眺望区别开来。"美的对象"，应该就是美者，这里可能是在强调其作为对象的地位。眺望，本身是种知觉活动，知觉活动自身不能是美的；因此"美的眺望"可能是对美者的眺望或可能产生美者的眺望，可能是指鉴赏性的知觉活动。康德这样区分，意在表示鉴赏性眺望的对象还不是美的对象。康德的分析非常细致入微，对美者和鉴赏的规定也非常严格，这倒有助于我们了解康德对鉴赏的界定。康德下面说，在后者中，鉴赏显得不仅不是附着于想象力在这一领域所把握的东西，反倒是附着于想象力在这里有机会去虚构的东西，亦即附着于心灵在连续地被触目所见的多样性所唤醒时用以自娱的真正的想象；就像在注视一团壁炉的火焰或者一条潺潺小溪那变化无常的形象时一样，这二者都不是什么美，但毕竟对想象力带有一种魅力，因为它们使想象力的自由游戏得到娱乐。这样看来，康德似乎是认为，美的东西应该是与鉴赏判断力直接结成合目的性关系的对象，而由该对象引发的联想出的形象则不是美的，因为它是虚构的，不是对象自身（这里没有物自身的含义）。一个事物的变化的形象可以视为该对象的性状，性状本身不是对象物，所

以不能作为美者。但这种性状有利于想象力的自由游戏。

本节要点：试图解决内隐感性判断的合规则性与客观合规则性的区别。但我们觉得其阐述还显得比较笼统。对内隐感性判断来说，客观规则是前提、大框架，不是具体的概念限定，因此是在规则大框架中的自由。所以，知性服务于想象力，以想象力为主，并可在规则实物的基础上，再创造出不是具体事物形式的该类事物的形式模板。

第一章小结：这一章对美学研究非常重要，集中表现出康德对美者及鉴赏判断的分析，须特别做一下整理：鉴赏判断是内隐感性的；其特点是，不是以知性将表象同对象本身及其附有的知识、概念和实用性连在一起，而是以想象力为主来关联着一定的知性从而将表象与主体特殊的心意活动及愉快情感连在一起。愉快情感的对象就是美者。内隐感性愉悦区别于欲求性、完善性、道德性的愉悦。这一判断的性质只能被愉悦感的性质所阐明，因此等于是被其所规定，以其为规定根据。这时，对象的表象由于不是同感官感性相对应，而是同内隐感性即内感官感性相对应，所以相当于形成了感官表象的内隐感性性状或形成为（扩展为、变相为）对象的内隐感性表象。因此，没有一个客观的物体性的美事物，鉴赏活动的对象就是美者；非知性、非概念、非实存、非意图的认知才是纯粹的内隐感性判断即鉴赏判断。是不是鉴赏判断，要看是不是形成了美感。人在面对外界时，看到的都是表象，表象来自对象。如果表象引导主体的注意力指向实存对象，即主体的关切、注意由表象指向实体对象，那就是利害性的、概念的、有客观目的的、知性的；只有停留在表象上，形成此表象下的内隐认知活动——不是完全运用知性而是部分地运用知性来与反思想象力形成和谐状态，由此所形成的感觉才是内隐感性愉悦即美感，这一过程才是内隐感性的鉴赏活动。鉴赏判断不同于以个人口味为根据的欲求性判断,所以不是私人性的而是共同性的、主观的普遍性,区别于概念的、客观的普遍性。纯粹的即完全的鉴赏判断是自存的(自由美),可形成纯粹鉴赏判断的愉悦感。内隐感性表象与美感的关系(不是感官感性表象与美感的关系)是必然的,因此是普遍的。这一联结需要一定的根据或前提条件,即内隐感性表象与心灵能力之间的对应性、合目的性关系。是否具有这种主观合目的性,也要被美感所证明。即,在内隐感性表象与主体心灵能力和愉悦之间,三位一体地结成主观合目的性关系。同时,事物客观的完善性虽然不造成内隐感性愉快,却可以是引发内隐感性判断愉悦的一个前提条件。这时,同一主体的愉悦感觉中可有两种因素,一是由完善性所产生的愉快因素,二是由内隐感性表象所产生的愉快因素,二者并存于同一主体的感觉中。这样的愉快虽然不是纯粹鉴赏的,但也是于鉴赏有益的,并且可能使主体的感受更生动、更强烈。这就造成不同于自由美的依存美。完善性的概念在此是鉴赏判断的前提,不是直接的参与。知性与想象力的融合只是一种心灵能力,它的运用需要一定的工具、方式。即要凭借一种理念性的模板来与表象相匹配。这一理念性的模板由两种因素构成。一是自然外形的,即知觉的中间值、平均样态,也叫范例、规准、基准理念。二是内在的、与某种目的相关的,如道德,可能还有生物性的进化性的东西,又叫作理性理念,但不同于知性和实践概念的理性理念。由最佳比例的样态(基准理念)与最高道德理念(理性理念)相结合而形成的表象是"理想",也可理解为最理想的表象,是按照内隐感性理念想象出来的表象。世间最高的理想的美的表象是人,即人的包括内在气质、道德思想在内的外在样貌。只要是进行鉴赏判断即结成主观合目的性关系,则鉴赏判断及内隐感性表象与愉悦之间的关系就是必然的。其形成过程决定了其结果的必然性。从结果上看，或从现象上看，这种必然的联系以愉悦情感的共同性为基础，为根据。这种具有共同性的愉悦情感又叫作共感。作为具体的经验感觉，它是内隐感性判断的结果；作为一种心灵能力，它是内隐感性判断的前提。

第23节　从对美者的评判能力到对崇高者的评判能力的过渡

［第1段］美者与崇高者在这一点上是一致的，即二者都自身就让人喜欢。自身就让人喜欢，指对象没有外在的客观合目的性，不受其自身之外因素的影响，主体是在这种状态下对这一对象形成喜欢的感受。这样，这二者都既不是来自感官判断也不是来自逻辑的规定性判断，而是来自反思判断或鉴赏判断。所以，二者所引发的愉悦既不有赖于生理性感觉，如对适意者的感觉，也不像对善者的愉悦那样有赖于一个确定的概念，但却仍然与概念相关，虽然未确定是哪一些概念；"与概念相关"，美者是与知性的概念能力相关；崇高者是与实践理性的概念相关。同时，鉴赏的对象都是被概念所规定的，与概念相关就是与对象相关。鉴赏的对象不是固定的，不能先验地确定哪些对象是鉴赏对象，所以是不确定的。因此，愉悦是与纯然的展现或者展现的能力紧密相连的，"展现"，"邓译本"为"表现"；（82）"曹译本"为"表象"。（418）大致意义差不多。纯然的展现能力，应该是指内隐感性反思想象力对对象之表象的内隐感性性状的呈现，即在主体意识中呈现出或展现出内隐感性表象（意象）。由此，展现的能力或者想象力在一个被给予的直观那里就作为对理性的促进，被看做与知性或者理性的概念能力协调一致。之前一直讲的是鉴赏判断同知性因素的协调一致关系，没有讲到鉴赏判断同理

性的关系。现在讲到崇高，就与理性相关联了。这句话，"曹译本"为：因之那愉快是与单纯表象或表象能力相关联，并使一给定直观中（所蕴含）的表象能力或者说想象力与知性的概念能力或理性的概念能力——在前者促进后者的意义上——协调一致。（418）这里的"前者"可能指想象力。按照"曹译本"，鉴赏判断的想象力不是单只促进了理性，而是促进了知性和理性，并在这个意义上与知性和理性的概念能力协调一致。"牟译本"为：这所谓相谐和其意即是"前者"（即作为具体展现之能力的"想象力"）可以有助于"后者"（即属于知性或理性的"概念之能力"），意即是说，前者可以促进后者。（170）"牟译本"也是明白地显现出，想象力促进了或有利于知性或理性的概念能力，不是仅只促进了理性。康德下面的阐述表明，对有形式的美者的想象促进了知性，对无形式的崇高者的想象促进了理性。因此想象力可以促进知性和理性，并达到与二者的协调一致。所谓协调一致，应指想象力与知性或理性的无缝衔接。但，像"李译本"和"邓译本"那样挑明是想象力对理性的促进，也是可通的。因为鉴赏判断同知性的关系在前面已经讲述过了，现在单只讲述同理性的关系也无不可。这里还要注意，展现的能力就是想象力。下面几句话从略。

[第2段] 不过，二者之间显著的区别也是引人注目的。自然的美者涉及对象的形式，这形式就在于限制；"形式"，在"第三批判"中一般而言都是指抽象的、格式性的形式。我们现在所说的感官感性形式，康德一般称之为表象。但由于具体对象的格式性形式都是依赖于感官感性形式的，所以也不排除"形式"一词含有感官感性形式之义。即，这里的"形式"虽然可能是抽象的，但可能也要与具体的感官形式相关，因此才能有限制作用。"这形式就在于限制"可理解为：这种形式有限制的作用。

限制了什么？直接看是限制了对象的种类，而按照后面的阐述，似乎还限制了思维方式，限制了思维向理性进展。限制，也可看作规定，即以形式规定了对象。对象物都有一定的感官感性形式；反过来看，一定的感官感性形式表现出对象物，即等于限制了对象物。这里暗示，崇高者没有具体的感官感性形式，当然就没有形式的限制。下面就讲到崇高者。崇高者也可以在一个无形式的对象上发现，只要在这个对象上，或者通过这个对象的诱发而表现出无限制，"无形式的对象"，这里的"形式"仍然可能与感官感性形式相关；相对于崇高感来说，没有相对应的、表现为具体感官感性形式的对象，但还要有个对象为诱因，这样的对象就是无形式、无限制的对象。这个无形式是相对于主体中的崇高者而言。主体意识中、思维中的崇高者没有相对应的对象及其形式。这是一个很重要的表述，表明：虽然崇高者是无形式的，但也要被有形式的对象所诱发。究竟是先有无形式对象再有崇高者，还是先有崇高者再有无形式对象，或二者同时形成，还要再斟酌。"表现出无限制"，表现出超越对象形式（感官感性的和格式性的形式）的思想、思维方式。这是相对于美者来说的。美者作为反思性愉悦的对象，显现出了具体的表象，即我们今日所说的感官感性形式，这种形式引发的想象和思维方式也是同形式相关的，即属于自然领域；崇高者作为崇高感的对象，没有这种形式。康德把这种形式视为对思维方式的限制。超越这一限制，就进入非自然对象、非自然概念的思维，即进入超感性的、自由概念的领域。但毕竟还给这种无限制联想到总体性；由具体的无限制崇高者联想到它所具有的总体性，即联想到无限制领域的总体。亦即经由崇高者而超越了美者所代表的有形的自然领域，进入无形的非自然领域即自由领域。可见，崇高者非常重要，是从感官感性领域过渡到超感性自由领域的中介环节。美者被当作一个不确定的知性概念的展现,而崇高者则被当作一个同样不确定的理性概念的展现。因此,愉悦在前者是与质的表象相结合,在后者则与量的表象相结合。"质"指无利害关切的性质;"量",指后面阐述的数学和力学意义上的量。但这种量也应该在质的基础上成立,即如前面所说,都是自身就让人喜欢的,都是无利害关切的。甚至后一种愉悦在种类上也与前一种愉悦有很大的区别,美者的愉悦和崇高者的愉悦在基本性质上没有差别,只是在种类上有差别。因为前者(对美者的愉悦)直接带有一种促进生命的情感,因而可以与魅力和一种游戏着的想象力相结合;而后者(崇高者的愉悦)则是一种间接地产生的愉快,也就是说,这使得它乃是通过一种对生命力的瞬间阻碍,以及接踵而至的生命力更为强烈的涌流的情感而产生的,因此它作为激动显得不是游戏,而是想象力的工作中的认真。"游戏",指不受概念限制的自发的活动,带有不自觉性或偶然性。崇高者同理性概念相关,是严肃认真的。所以,崇高者也不能与魅力相结合,并由于心灵不仅被对象所吸引,而且也交替着一再被对象所拒斥,它应当被称为消极的愉快。被对象拒斥,可能指由对象的巨大而产生的恐惧感,恐惧感是负面的情绪,使人形成拒斥对象的态度。因此,对崇高者的愉悦就与其说包含着积极的愉快,倒不如说包含着惊赞和敬重。"消极的愉快",相对于正常的即积极的愉快,由相反的(非对美者的)方式形成的愉快。这是崇高感与美感在种类上的不同。

[第3段] 但是,崇高者与美者的最重要的和内在的区别也许是这种区别:……这是指在合目的性上的区别。在考察自然中的崇高者时,合理地首先要考虑自然客体上的崇高者,因为这是本然的存在,而艺术上的崇高者总是被限制在与自然的协调一致的那些条件之上的,即艺术是建立在自然基础上的,依附于自

然，带有主观的因素，不是原始的、本来的。为了得到确切可靠的结果而避免不纯粹因素的干扰，就应该首先只考虑自然客体上的崇高者。自然美（独立的自然美）在其显得仿佛是预先为我们的判断力规定对象所凭借的形式中就带有一种合目的性，于是就独立地构成愉悦的一个对象；"形式"，指格式性的形式。"自然美"，美的自然物。从现代认知神经美学角度讲，之所以就好像这种合目的性是为鉴赏判断力预先就准备好了的，是因为主体在对于客体的经验中已经内隐地形成了相对应的认知结构，这种认知结构本来就是在客体基础上与客体相适合而形成的。相对于后来的具体经验而言，这种认知结构是先在的，认知结构同对象的匹配关系也是先在的。从这一角度看，二者间的合目的性关系的确是预先就准备好了的；不过，这个预先准备不是有意图的，也不是来自别处的，而是来自这种关系自身的。但康德不认为主体认知结构是因客观对象而生成的，而是认为客观对象是因主观而被规定的，所以觉得好像是自然为了适合于主观而预先生成的。"独立地"，自然物自己就构成愉悦的对象，不是因另外的因素而成为愉悦的对象。与此相反，在我们心中无须玄想仅仅在把握中就激起崇高者的情感的东西，尽管在形式上可能显得对我们的判断力来说是违背目的的、与我们的展现能力不相适合的、对想象力来说仿佛是粗暴的，"无须玄想"，"曹译本"为"未经理性的深思熟虑"，(419) 大致是指未经过类似于理性的思考、思辨。这里的"把握"有特殊含义，参考卡斯拉的《解义》，是把几个分开的表象放在一起，即结合起来、复合起来。(418) "违背目的的"，大概不是指硬性的、针对性的违反，而是指不与判断力结成合目的性关系。"展现能力"，感性地表现出来的能力；与展现能力不相适合，指不是可以感性地展现出来的。"粗暴的"，指巨大的、令人恐怖的。这种通过知觉直接引发崇高感的东西就被判断为崇高的，或形成崇高的判断；但这种崇高者不与鉴赏判断形成合目的性关系。即所谓的崇高者，不在主体方面存有相对应的结构；或主体没有同崇高者相对应的结构。似乎是，美者的形式直接与具有内隐感性理念的鉴赏判断力相对应、相匹配，因此是合目的性的，美者的表象可以通过主体的感性表现能力展现出来；崇高者没有形式，因此不像美者那样具有对象形式与主体内隐感性理念相对应的合目的性关系。就这一点而言，崇高不与鉴赏判断力相对应、相匹配，所以不是合目的性的，其表象所激发的情感也不能以感性表现能力展现出来。这是二者间最重要的内在区别。

[第4段] 但是，人们由此马上就看出，当我们把某个自然对象称为崇高的时，我们表达得根本不正确，尽管我们能够完全正确地把很多自然对象称为美的；所谓表达得不正确，是指不能用一个赞许的表述来称谓自身被把握为违背目的的东西。这里所谓的"不正确"，可能不是指"崇高"这个词用错了，而是说这种用法与在美者中的用法不一致，即不能把某个自然对象称为崇高的，因为崇高只能表现在心灵中。所谓"赞许的表述"，可能指肯定某个自然对象为崇高的。即如果把某个自然对象看成崇高的，就等于赞许或肯定了这种说法。我们所能够说的仅仅是，对象适用于展现一种可以在心灵中发现的崇高；崇高不能是某个自然对象，或自然对象本身不能是崇高的，但自然对象却可以通过特定的展现而使主体在心灵中发现崇高，即启发或促进主体在心灵中形成崇高感。因此严格来说，崇高者不是对象，而是主体内心。因为真正的崇高者不能包含在任何感性的形式中，而是仅仅涉及理性的理念：虽然不可能有任何与这些理念相适合的展现，但这些理念却正是通过这种可以感性地予以展现的不适合性而被激活，并被召唤到心灵之中的。"展现的不适合性"，感性形式的

展现与所激发理念之间的不对应，即二者间不是合目的性关系式的对应。崇高者是唤起理性理念的东西，其自身没有独具的感性形式，所以不能以感性的形式加以展现；但这里的特殊之处在于，正是通过这种不适合的感性展现，那些心灵中的理念才能被激活。看来，崇高感也需要一个感性对象，需要它做感性展现，只是这个感性对象及其感性展现不能同崇高感和理念在形式上相对应。所以一般而言，我们往往就把对象的这种感性的展现看作为崇高现象，亦即等于崇高者。但康德的阐述并非如此，而且对于这种"感性的展现"没有赋予称呼。但反正它不是崇高者。于是，辽阔的、被风暴所激怒的大洋作为对象，其自身就不能被称为崇高的，因为它的景象是恐怖的。恐怖是负面的情绪，不能用赞许性的词汇表达。但这种现象在今天是被称为崇高的。而且如果要通过这样一种直观，通过心灵受鼓励离开感性而专注于包含着更高的合目的性的理念，而使心灵具有一种本身崇高的情感，那么，人们就必须已经用各种各样的理念装满了心灵。从感官的直接对应关系上讲，感性形式只能表现对象自身，表现不了理念性的东西。康德关于崇高的概念主要指思想性的狂飙感觉，可能同社会性、道德性更相关。人们从这些现象中看出的，实际上是意识中所想到的，不是形式本身所能蕴含的，因而必须是观念中的。只有已经在观念中存在的理性理念才能被感性的东西所激活，所以必须用理念装满心灵。这里存有相较于美者的同与不同，即由"同"进到"不同"，开始了由感性鉴赏判断向理性判断的转换。"同"是感知方式和情感性质的相同，都是无利害关切的；"不同"是所依据及所感到的东西不同。对美者的鉴赏停留在对象的具有质的含义的形式上，使之与内心中的内隐感性理念形成合目的性关系，从而产生愉快情感；对崇高者的鉴赏则是不局限于感性形式中，而是被这个形式的量所触动、所激发，使之同内心中的理性理念（这个理性理念可能还不是严格意义上的实践理性理念，也许还有内隐感性理念的性质）形成对应关系，由理性理念产生出崇高性的情感。即对美者的鉴赏判断已经连接到内隐感性的基准理念和理性理念，崇高判断进一步上升到或指向着正规严肃的（实践）理性理念，从而打通了由感性到理性的连接。初级的理性理念在对美者的鉴赏判断中通过对基准理念的连接而连接到原型观念及对象的感性形式，继而在对崇高者的鉴赏判断中连接着正规的理性理念（其实是通向与正规理性理念的连接）。鉴赏判断由此成为联结自然领域和自由领域的中介环节。此点很重要。

［第5段］独立的自然美给我们揭示出自然的一种技巧，这种技巧使自然表现为一个依据法则的体系，"技巧"，操作性的技术、方式，是与人相关的，不是自身结构性的东西。这是说合目的性原则不是自然中机械的、物理的存在，而只是在与人的关系中才存在的。所以，这些法则的原则是我们在自己的全部知性能力中找不到的，也就是说，它所依据的是就判断力在显象上的应用来看的一种合目的性的原则，使得这些显象不仅必须被评判为在自然的无目的的机械性中属于自然的，而且也必须被评判为属于与艺术的类比的。合目的性原则只是对于判断力在显象上的应用才存在的。即，"显象"是事物之感性的、现象性的显现，区别于物自体、理念，这里指事物或知觉对象；以显象显现出来的事物既是自然的，又是类同于艺术的；"与艺术的类比的"，泛指同人相关的；事物之类比于艺术，是说事物的显象与人相关。显象本身无所谓合目的性，只是在内隐感性判断中才具有合目的性。这一表述颇有辩证精神。既看到事物的客观自然性，又看到其显象的主观人类性。因此，它实际上虽然并不扩展我们对自然客体的知识，但毕竟把我们关于作为纯然机械性的自然的概念扩

展成为关于作为艺术的自然的概念，鉴赏判断不是知性判断，所以不扩展对于自然客体的知识或认识，但扩展了自然概念的含义，使之不仅是机械性的，还是人类性的、带有主观性、观念性的。这不是说自然事物自身带有主观性，而是说人对自然的认识或自然相对于人的显象带有主观性、观念性。同时意味着，人的因素，包括人的技术、艺术、主观性、观念性等也是自然的一部分，表现出整体自然观。这就吸引我们深入地研究这样一种形式的可能性。这里表现出康德写作"第三批判"的意图，即研究自然具有人文性的可能性。但是，那在自然中我们经常称之为崇高的，其中却根本没有任何东西导致特殊的客观原则以及符合这些原则的自然形式，引发崇高感的对象自身并不能提供可以发现特殊客观原则的东西，也不能提供与这些特殊客观原则相符合的自然形式。崇高感的对象不具有客观原则和与这原则相对应的形式。以至于自然在大多数情况下激发起崇高者的理念，毋宁说是在它的混乱中，或者是在它的极其野性的、极无规则的无序和破坏之中，只要可以看出伟大和威力。由此我们看到，自然的崇高者的概念远远不如自然中的美者的概念那样重要和富有结果；它所表明的根本不是自然中的合目的的东西，而只是其直观的可能应用中的合目的的东西，为的是使一种完全不依赖于自然的合目的性在我们自己心中能够被感觉到。这是仅就能否提供客观原则而言的。崇高判断中，对象所引发出来的情感与主体理性理念之间是对应的，因此也是一种合目的性关系，但不是自然的、构成性的，而是主观的。是主观的情感对应着主观的理性理念，因此这种合目的性关系只能是在主体心中感觉到的。对自然的美者来说，我们必须在我们之外寻找一个根据，但对于崇高者来说，我们则仅仅在我们心中，在把崇高带入自然的表象之中的那种思维方式中去寻找根据；在我们之外的根据，指作为鉴赏对象的自然物。对美者的鉴赏要以相应对象的存在或出现为条件，相当于根据。与此不同，要以特殊的思维方式才能从自然物的表象中形成崇高感，因此说崇高者的根据存在于这种思维方式中。这是主体在自身思维方式中寻找崇高感的根据，不是像美者那样在主体之外寻找根据，这里的根据是原因性的。这个说明很重要。它把崇高者的理念与自然的一种合目的性的理念完全分开，这是两种类型的理念，自然的合目的性的理念是客观的，体现在实有对象与主体思维之间的关系上，相对确定、稳定；而崇高者的理念是附属的、不确定的，是使崇高者的理念成为对自然的合目的性的内隐感性评判的一个纯然附录，因为由此并没有表现出自然中的任何特殊形式，而仅仅是展示了想象力对自然的表象所作的一种合目的的应用。前面说崇高者没有合目的性，是指没有像美者那样的普遍的、主观的合目的性；现在可见，崇高者在想象力与自然对象之表象的关系方面仍然要有应用性的合目的性。即只要是相对应的关系就是有合目的性；崇高者不像美者那样与对象结有直接的对应关系，所以没有美者那样的合目的性；但在对象引发的情感与理念之间可有合目的性。或者说，崇高者不是直接与对象结成合目的性，而是在应用中经由对象激发的情感间接地结成合目的性。"应用"，类同于"经验"，即不是先验的，而是经验应用的。

本节要点：这一节非常重要，阐述了判断力起中介作用的过程和机理。依靠对崇高者的鉴赏判断相较于对美者的鉴赏判断的同与不同（由"同"进到"不同"），开始了由感性美者的鉴赏判断经由感性崇高者鉴赏判断而向理性判断的转换。"同"是感知方式相同，都是无利害关切的纯粹感知；"不同"是所依据及所感到的东西不同。对美者的鉴赏判断需要有个外在的对象，此时心灵能力停留在对象的具有质的含义的形式上，使之与内心中的内隐感性理念（包括基准理念和理性理念）形成合目的性关系

（这时就有理性理念渗入了），从而产生愉快即美感。美的理想即想象出的内隐感性理念的感性表象，是鉴赏判断的最高阶段，初步蕴含了理性理念，只是还不完全，不纯正。由美的理想再向前发展，就进入崇高领域。对崇高者的判断也需要有个对象，但这个对象只是起到触发作用，崇高感的直接内容，不是局限于对象这个特定质的形式中，而是被这个形式的量所触动、所激发，同内心中更多不是基准理念而是较为完全意义上的理性理念形成对应关系，进而由理性理念产生出愉悦情感。即对美者的鉴赏判断已经连接到基准理念和不充分的理性理念，对崇高者的鉴赏判断进一步深入正规而充分的理性理念，从而打通了连接路径，实现了从感性到理性的连接。亦即在美者判断的理性理念和崇高者判断的理性理念这个点上，达到了重叠、交融，从而形成过渡。这点须注意。对崇高者的鉴赏判断中，对象与主体想象力的对应关系似乎不构成一种先验原理，只是合目的的应用，即在应用时构成合目的性的关系。

第24节　对崇高者的情感所作的一种研究的划分

［第1段］从略。

［第2段］但是，崇高者的分析论必须有美者的分析论所不需要的一种划分，亦即划分为数学的崇高者和力学的崇高者。对美者的量的分析没有类别的划分，而对崇高者的量的划分则有类别的划分。

［第3段］因为既然崇高者的情感自身带有一种与对象的评判相结合的心灵感动作为其特征，而对美的鉴赏则把心灵预设和维持在宁静的沉思中；这里是在心灵状态方面比较崇高者与美者

的不同。美者的心灵状态是静态的，保持在自身的状态中；崇高者的心灵状态是非宁静的，感动的。这里所谓"感动"，大概指因受到对象的激发而处于跃动状态。这样看来，"心灵感动"一词尚不足以充分凸显出这种与美的鉴赏相对立的状态。"邓译本"为"内心激动"，（85）"曹译本"为"心意的波动"。（420）崇高者所引发的情感带有一种特征，它是与对对象评判相结合的心灵振荡状态，而对美者的鉴赏则以进入静观的心意状态为前提并加以维持。这种心灵振荡应当被评判为主观上合目的的（因为崇高者让人喜欢）。所以，这种感动就通过想象力要么与认识能力发生关系，要么与欲求能力发生关系，"认识能力"，从下句所说认识能力作为数学的情调来看，可能既包含知性的又包含内隐感性判断的。但在两种关系中，被给予的表象的合目的性都只是就这两种能力而言（没有目的或者兴趣地）被评判的；这两种关系，即同认识能力的和同欲求能力的关系。出于什么样的能力就会有什么样的关系，从而有什么样的合目的性，没有其他的目的或兴趣。这里的合目的性是主观的合目的性。表象经过想象力同认识能力相关，这是表象与认识能力之间的合目的性；表象经过想象力同欲求能力相关，这是表象与欲求能力的合目的性关系。在这种情况下，前者就作为想象力的一种数学的情调、后者就作为想象力的一种力学的情调被加给客体，因而客体就以上述两种方式被表现为崇高的。客体可以通过这两种方式被表现为崇高的，这两种方式分别连接着自然概念和自由概念，大概也是判断力中介作用的一种机制。

第 25 节　崇高者的名称解说

［第 1 段］我们把绝对地大的东西称为崇高的。但是"是大

的"和"是一个大小",这是两个完全不同的概念(magnitudo[大]和 quantitas[量])。同样,直截了当地(simpliciter[简单地])说某种东西是大的,这也完全不同于说它是绝对地大的(absolute, non comparative magnum[绝对地、并非相比地大的])。后者是超越于一切比较之上的大的东西。"绝对地",即没有任何单位可加以表述的(没有体积、数量、速度等单位)、无法比较的、没有形式的、感官无法感受的。"直截了当地",可能指不经过复杂的思维或什么中介环节而直接地、直感地做出判断。"是大的",指大本身,应该是绝对的东西。"是一个大小",指数量或具有数量的东西。"简单",指一般的思维,没有进入深刻的、辩证的程度,不是内隐感性式的思维。而按照一般的思维,说某种东西是大的,总是同另一个物体相对比较而言的;绝对地大的,不是这样比较的,也是无法比较的。这是说,在谈到数量时,有两个概念、两个意义。一个是绝对的大小,一个是相对的大小。人们日常生活中所见到的、所说的大小,都是相对意义上的大小。——但是,说某种东西是大的,或者是小的,或者是中等的,这种表述想要说的是什么呢?由此所表示的并不是一个纯粹的知性概念;更不是一个感官直观;同样也不是一个理性概念,因为它根本不带有任何知识原则。因此,它必定是一个判断力的概念,或者是起源自这样一个概念,并以表象与判断力相关的主观合目的性为基础。知性概念都是有单位的,有局限性的;感官直观,理性概念等同样是有局限性的。这里说的大的、小的、中等的,应该是抽象意义即绝对意义上的。因此表示的不是感官感觉,也不是客观事物,所以不能应用知识(认识)原则。但同时,绝对意义上的大的、小的这些表述仍然是主观可意识到的,只不过这种主观意识是非知识(认识)性的评判,属于判断力。即归属于、来自判断力。绝对意义上的大小这种表述及主观意识，也要有客观对象物，这种客观对象物就是对象的表象。此种表象与主观意识之间的合目的性关系是主观的。有了这种主观的合目的性关系，即以这种关系为基础，才能形成绝对意义上大的、小的的表述和主观意识。我们由此可以窥见康德所说判断力的含义，它实际上是一种内在感知力或内在认知力。说某种东西是一个大小（quantum［量］），这可以从事物本身中无须与其他事物作任何比较就认识到，也就是说，如果同质的东西的多一起构成一的话。但它有多大，这在任何时候都需要本身也是大小的某种别的东西来作为它的尺度。从量上说一个东西是一个大小，不需要同其他事物相比较，仅就这一事物本身可以认识到，因为这一事物是由其自己各个相对数量的部分构成的（由多构成一）；但如果要说它的大小是多大多小，这就需要同别的东西相比较了。这个"大小"之量是绝对的还是相对的？可能是相对的。但它为什么不需要同其他事物做比较呢？似乎是：大小作为量，不需要比较，这是其性质所在；但作为相对的量就需要比较。因为在对大小作出评判时，不仅取决于多（数目），而且也取决于单位（尺度）的大小，而单位的大小总是又需要它能够与之比较的某种别的东西来作为尺度；于是我们看到，对显象的一切大小的规定完全不能提供关于一个大小的任何绝对的概念，而是永远只能提供一个比较的概念。对于事物相对意义上的大小来说，单位比数量更为重要。表示大数的单位可以涵盖许多小数的单位。例如在时间方面，小时单位大于分钟单位，日、年的单位又大于小时单位。如此继续比较下去，永无止境。所以，相对意义上的大小始终被限制在一定范围之中，永远达不到绝对。

［第2段］如果我现在绝对地说某种东西是大的，……尽管比较的尺度是纯然主观的，绝对地大的东西至少是没有客观的比较尺度的；所谓纯然主观的比较的尺度，不是真的同另一个东西

相比较，而是因为：既然说一个东西是大的，就应该来自比较；既然是比较，就要有比较的尺度，但对绝对地大的东西的判断是纯然主观的，所以如果要说这里的尺度，那也是主观的，即主观上认为是大的那就是大的，不需要实际的、客观的比较，也不需要证明。这种判断虽然是主观的，但也依然要求普遍的赞同。用"这个人是美的"和"这个人是高大的"这两个判断都并不仅仅局限在作判断的主体上，而是和理论判断一样要求每个人的赞同。按照一般的生活经验，这种看法似乎有点难以成立。但既然康德这样说，一定有他的道理，可能是有条件的。

[第3段] 但是，由于在把某种东西绝对地称为大的所借助的一个判断中，并不仅仅是要说该对象具有一个大小，而是要说这个大小同时是优先于许多其他的同类对象而赋予该对象的，"优先于"，也就是只赋予这个对象而不赋予别的对象。为什么是这样，这里就应该有个标准的问题。但这里没有明确地指明这种**优先性**；于是，当然就为这种优先性奠立了一种尺度来作为基础，人们预设这种尺度对于每个人来说都可以当做同样的尺度来采用，预设的，就是先验的，似乎是不言自明的，因此也是具有普遍性的。但它却不能用于对大小的逻辑评判（数学上确定的评判），而只能用于对大小的审美评判，因为它是纯然主观地为对大小作出反思的判断奠立基础的尺度。判断优先性的尺度，即对哪些对象形成绝对大的判断，这仍然是内隐感性的，即内在的、主观的，不是逻辑的。此外，它可以是经验性的，例如我们熟悉的那些人、某个物种的动物、树木、房子、山岭等诸如此类的事物的中等大小；或者它是一个先天地被给予的尺度，这尺度由于作评判的主体的缺陷而被具体地限制在展示的主观条件上，例如在实践上某种德性或者一个国家里公共自由和正义的大小，或者在理论上所作出的一种观测或者测量的正确性或者不正确性的大

小，诸如此类。"主体的缺陷"，或许指主体的条件不够充分。而康德所谓绝对的大小，不仅是物理性的，还是社会性的。社会中公共自由和正义的大小，可能指其是多还是少，或完善与否、合理与否。

[第4段] 这里值得注意的是：即使我们对客体根本没有任何兴趣，亦即客体的实存对于我们来说是无所谓的，但仅仅客体的大小，哪怕它被视为无形式的，也就能够带来一种愉悦，这里所说"客体的大小"，可能指主观感觉中客体自身固有的量。在这样的客体上可以形成无形式的思维。但即使不计这种无形式的思维，单是客体的大小也可以令人愉快。不过，这种愉快应该不是崇高感。到此为止，康德所说的"大小"仍是不易把握的。它不是物理的、空间的，因此似乎仅只是主观思维性的；但它又与客体相关，似乎还是需要有个对象物。这里，也许类似于立普斯的移情说：主体把感觉赋予客体，好像这感觉是个客体，所以由它就能够带来一种愉悦。而且，这种愉悦是可以普遍传达的，因而包含着在我们的认识能力的应用中所具有的一种主观的合目的性的意识；但绝不像在美者（因为它可以是无形式的）那里一样是对客体的愉悦，而是对想象力自身的扩展的愉悦。"它"，指崇高者，崇高者是无形式的。这里说得较明确了，崇高的对象所引发的愉悦不是来自客体，即不是被对象所引发，而是被想象力自身的扩展所引发，这就基本上等同于移情说了。这里有个问题：人对哪些对象可以形成崇高感？其实这就要与对象的客观属性相关了。在美者那里，反思性的判断力则是与一般知识相关来合目的地调整的。这里的"知识"，"邓译本"和"曹译本"都是"认识"。（87，422）美者是对客体的愉悦，客体属于知识，也关联着认识。所以就对客体的愉悦而言，似乎"知识"或"认识"都说得通。"合目的地调整"，大概指按照合目的性调整认

识能力，例如想象力与知性的比例。

［第5段］如果我们（在上述限制之下）关于一个对象直截了当地说它是大的，那么，这就不是一个数学上的规定性判断，而只是关于该对象的表象的一个反思判断，"直截了当地"，第1段也用到这个词，可能指内在直观的。"数学上的规定性判断"，可用具体单位、具体量进行的判定。按照前面所述的规定性（限制），对表象加以反思判断即内在直观，可以形成对象"是大的"的判断。这种判断是否构成崇高判断？这表象对于我们的认识能力在大小估量上的某种应用来说是主观上合目的的；在大小估量这种应用上，即在关于量的判断上，表象与我们的认识能力是相符合、相匹配的；而且这种合目的性是主观的。即如果我们一见到某个事物的表象就对这一表象形成了大小的估量，就表明主体与此一表象之间具有主观的合目的性关系。而且在这种情况下，我们就在任何时候都把一种敬重与这个表象结合起来，就像把一种轻视与我们直截了当地称之为小的东西结合起来一样。这里引入"敬重"这种情感或态度，或许这是崇高得以形成的必要环节。显然，大的东西同敬重感相关联，小的东西同轻视相关联。这其实会使得对象具有象征性。此外，事物或大或小的评判，关涉一切东西，甚至关涉事物的一切性状；对所有的东西都可以进行大小的评判，连事物的性状也不例外。因此，我们甚至把美也称为大的或者小的，对此应当到这里来寻找根据，即但凡我们能够按照判断力的规定在直观中展示（因而在审美上表现）的东西，全都是显象，因而也是一种量。当我们对美的东西进行大或小的评判时，其根据就在于对一切事物都可以有大或小的评判。这就回答了一个重要问题：对美者的判断和对崇高者的判断是怎样连接的，或者说为什么美者同崇高者相连接？原来，这种连接来自量之存在的普遍性、必然性。只要是显象就是一种量，

这是一种定论，也是根据。大小性状作为一种量是一切事物都具有的，美的事物也要具有；在对美的事物进行内隐感性判断的同时，就能感到量，从而自然而然地要进行量的评判；此时就会按照量的发展逻辑由相对的量进入绝对的量，从而形成崇高感。这也显示出由美者向崇高者过渡的中间环节。这种阐述有点牵强，康德可能是煞费苦心地寻找自然与自由的联结方式，但也表现出康德所认为的机理，此点很重要。这里的"直观"应该是内隐感性的直观，它所形成的显象应该是内隐感性表象。

[第6段] 但是，如果我们不仅仅把某种东西称为大的，而且完全地、绝对地、在一切意图中（超越一切比较）把它称为大的，亦即把它称为崇高的，被"称为大的"的东西是自然界的东西，因此是有局限性的，区别于后面所说的绝对的大。"一切意图"，可能指所有的应用。"曹译本"为"一切方面"，（422）"牟译本"为"每一方面"，（177）这同上一段所说"但凡……全都是显象"一句相吻合，指量的普遍的存在，即超越所有的相对量的比较（不做任何相对量的比较）而称为绝对的大，这就是崇高的了。"在一切意图中"，或"在一切方面"不是实指，其意思是指"超越一切比较"。这句话是说，如果一个东西不仅在实物上是大的，在一切意图中（在主观思维中）也是大的，那它就被称为崇高的。这样，引发主观中崇高感的那个自然的大的东西也就可称作崇高的东西了。前面"全都是显象"这句话的意思是指大小可存在的范围，即在所有事物上都可表现出大小；这里进而说的是大小的内在根据。即既然一切事物都必然表现为量，这种必然性就成为一种根据。由此，那么人们马上就会看出，我们不允许在该事物之外，而只允许在该事物之中去为它寻找与它相适合的尺度。"它"，可能指绝对大的东西。它不是相对的量，所以没有外在的可相对比较的尺度。即说其是大的，这就是一种

尺度（不是相比较的），这种评判是由主观思维进行的，等于说其尺度要凭借主观思维去寻找或确定。这种思维带有评价大小的作用或意向，这大概也是"意图"之义。这是说，如果在一切主观思维（意识）中把某种东西评判为大的、崇高的，那确定其大、其崇高的尺度就存在于该事物中（实即存在于主体之中）。即主体不是对这个事物进行外在的、物理空间上大小的比较，而是通过思维直感地由事物本身而评判其大和崇高。这是一种仅仅与自身相等的大小。大小是在事物自身中的，因此是与自身所有相等同的。因此，说崇高者不应当到自然的事物中，而只应当到我们的理念中去寻找，就是由此得出的；崇高者，这一说法似乎意味着它是个客观的东西。但其实不是，它存在于人的思维（理念）中，是人把主观理念中的东西当作客观的东西，即主观理念客观化。可见，所谓崇高者，其实是理念性的崇高感，既然是理念性的东西，当然不存在于自然事物中。这一阐述很重要，点出了所谓崇高的实质。但它存在于哪些理念中，这却必须留给演绎去谈。"哪些理念"，即什么类型的理念。看来，理念是有不同类型的。例如内隐感性理念就不同于实践理性理念。关于崇高的理念是怎样的，要由后面的演绎即对于它的合法性的证明来展示。

[第7段] 上面的解说也可以这样来表达：与之相比别的一切都是小的，这种东西就是崇高的。这句话本是自不待言的，因为既然崇高是绝对大的，当然非崇高的东西与之相比都是小的。但这里相比较的层次、单位是不同的，是以绝对的东西与相对的东西相比。这里很容易看出：在自然中不可能给出任何东西，即便被我们评判得如此之大，也不会在另一种关系中来看时被贬低到无限小的东西；而反过来，也没有任何东西如此之小，不会在与更小的尺度相比时对于我们的想象力来说被扩展到一个世界的大小。这句话的表述很绕口，意思应该是，自然界中的东西，如

果被感觉为是大的，那在别的场合也会是大的（至少是比较大的），不能是无限小的；反之亦然。因此，没有任何能够是感官的对象的东西，立足于此来看可以被称为崇高的。承接前面的阐述，崇高感的对象为崇高者，崇高者是思维中、观念中的存在，是精神性的东西，要靠理性来把握。而感官的对象都是相对的、可比较的，不能是绝对的，因此不能是崇高的。崇高者不能是任何感官感性的对象。但正因为在我们的想象力中有一种无限前进的努力，在我们的理性中却有一种对绝对的总体性亦即对一个真实的理念的要求；所以甚至我们对感官世界的事物作出大小估量的能力对于这个理念的不适应性，也在我们心中唤醒着一种超感性能力的情感；想象力（可能包括知性想象力和内隐感性想象力）的本性是无止境的，自然而然地要无限地扩展，无限地想象下去；同时理性也要追求最终的、总体性的、绝对的理念。这两者在这一发展趋势上是相同的，正好可以配合上。对事物之大小（相对的量）进行估量的感官感性能力本是不能把握到绝对理念的，因此不适应于理念；但由于它具有一种无限前进的努力，就可能在心中唤醒一种超感性能力的情感。超感性能力的情感似乎是情感的新的类型，或者是感性情感基础上的新感觉，这种新感觉应该具有理念的性质了。就是说，在大小估量方面，感官感性能力在达到一定程度（感官感性之极限处）之时，就会有一种欲望或冲动，要进入超感性领域。或，在感官感性世界中估量大小的能力（感官感知能力）感知不到这个理念，但想象力有无限前进的本性，于是想要超越感官感性而进入心灵的理念领域。这些对于崇高感形成机制的阐述很有意思，很重要。而且，是判断力为了后者（超感性能力的情感）起见自然而然地在某些对象上的应用，而非感官的对象是绝对地大的，但与这种应用相比任何别的应用都是小的。判断力具有进入超感性领域的能力。"在某些对象上的应用",可能指在同崇高理念相关的对象上的应用。这样的对象本是感官的,但可以被感觉为崇高的。这并不是说这一对象本身是绝对地大的,而是判断力的这种应用使其显得是绝对地大的。由于这种应用能造成绝对地大的,相比之下,其他的应用就都是小的。即当感官感性不足以把握事物之量的绝对大时,判断力就会自然而然地发挥作用,在某些对象上形成应用,即对某些对象进行大小之量的内隐感性判断,这时就评判(内在地感觉)出绝对的大,形成崇高感。虽然判断力可以形成绝对大的评判,但不是因为感官的对象是绝对地大的(一来,感官感受不到绝对的大;二来,感官的对象也不能是绝对大的),而是因为判断力的特殊应用。因此,是因某种使反思性的判断力活动起来的表象而来的精神情调,而非客体应当被称为崇高的。崇高感的形成,需要被对象事物所引发。如按我们今天的理解,这就形成主观的崇高感与对象事物之间的对应关系。康德把这种对应关系表述为合目的性的关系,要求目的与合目的性之间是完全对应的。这样,同崇高感相对应的就应该是崇高者。但对象之表象本身不是崇高者,所以客体不能被称为崇高的。崇高者实即想象出来的或假定的精神情调,即一种精神状态。但当然,这种精神情调也要由表象所引发,但不是被表象所直接引发出来,而是:表象引发了反思性的判断力,在判断力中形成这种精神情调,继而引发崇高感。这与我们今天的崇高话语完全不同。这里表现出崇高的形成过程和机理,很重要。

[第8段] 因此,我们还可以给解说崇高者的上述语式再加上如下语式:哪怕只是能够设想地表明心灵有一种超越感官尺度的能力的东西,就是崇高的。"设想",设定、假定。假想地设定心灵中具有一种超越感官尺度的能力,而能够表明或证明这一能力的东西就是崇高感的形成。崇高者是与超感官能力相对应的,

是省悟到自己心灵中具有超感官尺度之能力的精神情调性的感觉，不是我们一般所说自然现象。我们一般以为，某个东西使我们领悟到心灵中存有的超越感官尺度的能力，那这个东西就是崇高的。但其实这个东西本身不是崇高者。毋宁说，它只是引发了主体的崇高感，主体以崇高感而假定地想象出对象中存有一种与崇高感相对应的东西，这个想象出来的东西才可以称为崇高者。但这个东西还是存在于对象中的，因此还是容易使人以为对象本身就是崇高的。

本节要点：对崇高者和崇高感进行辨析。崇高者不是对象及其形式，而是与主体心灵中的一种感觉状态（崇高感）相对应的东西。崇高感是对心灵中超感官能力的一种精神性的感觉状态，所以可以超越所有感官感性所感觉到的大小，不是自然的、物理的大。其实它也应该需要一种主观理念为对应模板，也是一种主观合目的性的应用或表现。

第 26 节　崇高者的理念所要求的对自然事物的大小估量

[第 1 段] 通过数目概念（或者它们在代数中的符号）所作的大小估量是数学的，但在纯然直观中（根据目测）所作的大小估量则是审美的。数学的估量是概念的、可表述的，因此是外显思维；通过纯然直观进行的估量是内隐感性的，不可用概念加以表述。这是二者的基本区别。"纯然直观"，指不关联概念、完善等质料性的东西，但可能既包含了内在直观又包含了外在感官感性直观；如果仅是内在直观，就应该是反思想象力了。但这里即使包含感官感性直观，也仅是一种中间过程，不是决定性的作用。纯然的、内在的估量才是内隐感性的。如今，我们虽然只能

通过以其单位为尺度的数目（必要时通过由延伸至无限的数目系列而来的接近）来获得某种东西有多大的确定概念；就此而言一切逻辑的大小估量都是数学的，即按照数学原理进行的计算。一个事物在有特定概念的数量方面有多大，要以具体的数量单位为尺度；而所谓数学性的，不仅仅是计算方面的意义，还包括所有逻辑性的、可表述、可比较的大小之量。既然尺度的大小毕竟必须被假定为已知的，所以，如果它现在又应当只是通过另一个尺度为其单位的数目来估量，因而在数学上来估量的话，我们就会永远也不能拥有一个第一的或者基本的尺度，因而也不能拥有关于一个被给予的大小的任何确定概念。数是无限的，数目之间、数目单位之间的比较也是无限的，而康德想要的是绝对的尺度，即第一的、基本的尺度。这里第一句话所说的"尺度"，可能指绝对的尺度，它并不客观地存在，只能假定其存在，或假定出一个尺度。因此，对基本尺度的大小的估量必定仅仅在于，人们能够在一个直观中直接把握它，并通过想象力把它用于展示数目概念，也就是说，对自然对象的一切大小估量最终都是审美的（亦即主观上确定的，而不是客观上确定的）。假定的尺度即以内隐感性直观为尺度。因为客观上没有一个固有的、固定的值，所以这个值只能是主观的、内在的。这似乎也可以表述为：在内隐感性判断中，我觉得它大，那它就是大。

[第2段] 如今，虽然对于数学的大小估量来说没有任何最大的东西（因为数目的权限延伸至无限）；但是，对于内隐感性的大小估量来说，却当然有一个最大的东西；而关于这个东西我要说：如果它被评判为绝对的尺度，主观上（对于评判主体来说）不可能有更大的尺度超过它，那么，它就会带有崇高者的理念，这是就具体的内隐感性判断而言的，如果在面对这个对象的这一次这样的知觉中，评判对象是最大的，就会引发崇高的理

念。最大，不是数量方面的，而是量的尺度方面的。相比于数学的各种尺度，崇高的理念作为尺度是最大的，并且是绝对的。如果理念中还有个尺度问题，就会进入比较之中，将永无止境。而且康德没有讲到理念中大小量的比较。因此所谓最大的尺度，就是理念本身。理念在同大小之量发生关系时，就成为评判的尺度并激发出崇高感。这一点很重要。并且产生出没有一种通过数目所作的数学的大小估量（除非那个审美的基本尺度此际被生动地保持在想象力之中）所能够造成的感动；"除非"这个词在这里是表示，如果不是内隐感性判断的基本尺度被保持在想象里，就会有一种数学的大小估量；反之，正因为想象中存有内隐感性的基本尺度，所以不能有由数学上大小估量所造成的感动。言外之意，只能有内隐感性的感动，即崇高感。

[第3段] 直观地把一个量接纳入想象力，以便能够把它用做尺度，或者作为单位用于通过数目所作的大小估量，这就需要这种能力的两个行动：把握（apprehensio [把捉]）和总括（comprehensio aethetica [审美的总揽]）。把握没有什么困难，因为它是能够无限进行的；但是，把握推进得越远，总括就越变得困难，并且很快就达到其最大值，亦即其大小估量在审美上最大的基本尺度。……"直观"，可能指同感官感性直观相关联的内隐感性直观。把一个量接入想象力，即在想象力中引入直观的量。"它"，指这个直观的量，以内隐感性直观到的量为尺度来用于大小估量。"这种能力"可能指这时的想象力或估量能力。这两个行动——"把握"和"总括"，前面曾讲到，把握是想象力将杂多表象复合起来，这一含义用在这里显然不合适。韦卓民译的卡斯拉《解义》中将这两个词分别表述为"领会"和"掌握"，并根据这两个词的拉丁语词义解释说：领会就是对于一个个别的表象的直接觉知，而掌握就是把几个分开的表象放在一

起，或者说结合起来。(418)"曹译本"对"把握"解释说：此处是指想象力摄取对象的直观表象。(424) 据此，把握是对具体直观表象的把握。把握（领会）因为是对个别表象的直观，所以其推进没有什么问题；但它推进得越远（直观到、知觉到的东西越多），则起复合作用的总括（掌握）就越困难，以致达到极限（最大值）。这时的大小估量就是内隐感性的基本尺度。亦即感官感性直观基础上的内隐感性内在直观可以把握（领会）到对象的一个个具体的大小，同时主体在心灵中对把握到的这些大小的表象进行内隐感性式的总括、复合；随着把握到达一定程度，总括会达到极限；即便这时还会有新的直观、知觉，但掌握能力所能容纳的量已经充满，再进来多少新的直观，同时就会相应地失去多少原有的直观。这时的大小就是内隐感性上的基本尺度，即此时量的基本样态。

[第4段] 由此就可以解释萨瓦里在他关于埃及的报道中所说明的东西了……这里列举了一些实例，从略。即对于一个整体的理念来说他的想象力不适合于展示它，在这里想象力达到了它的最大值，而在努力扩展这最大值时就降回到自身，但却因此被置入一种动人的愉悦之中。整体的理念，鉴于前面讲的是对于金字塔的表象，而康德将理念与表象相等同，所以可能是说，由于想象力有限，不能把握金字塔的整体表象，因此不能形成关于金字塔的整体理念。"扩大这最大值"，扩大对表象总括的容量。"降回到自身"，可能是指想象力虽然努力向前扩展（进入理念），但进入不到理念，只能停留在想象之中。这就形成一种既要突破感性又没能突破，或即将进入理性理念又没能进入的状态，恰恰是出于这种状态，参观者就"被置入一种动人的愉悦之中"，即形成崇高感。可见，崇高感是对对象之表象进行知觉及内隐感性想象时，要达到理念却还没达到理念那一时刻的评判性

感觉。这点很重要。

[第5段] 我现在还不想就这种愉悦的理由列举任何东西，这种愉悦是与一个人们最不应当有所指望的表象结合在一起的，因为这表象使我们察觉到表象对于判断力在大小估量方面的不适合性，因而也察觉其主观的不合目的性；"最不应当有所指望的表象"，即指望不上的并不客观存在的表象。对崇高感来说，没有相对应的内隐感性表象。"这表象"，好像是肯定有这样一个表象，但不可能有这样的不存在的表象；因此这里应该是说："如果有这样的表象，则……"接下来的表述是在说明为什么不能指望这个表象：判断力看不到这样的表象，也不能借这样的表象进行大小估量。就内隐感性判断来说，不能与这种表象结成主观合目的性关系（因为没有相对应的表象），所以说是不合这种主观目的性的。相反，我仅仅说明，如果审美判断应当纯粹地（不与作为理性判断的任何目的论判断相混淆地）给出，而且就此应当给出一个完全适合审美判断力批判的实例，"实例"，具体的、经验的实际事例。如果纯粹的内隐感性判断应当恰如其分地做出，那么，人们就必须不是去指明艺术产品（例如建筑、柱子等）上的崇高者，那里有一个属人的目的既规定着形式也规定着大小，也不去指明自然事物上的崇高者，它们的概念已经带有一个确定的目的（例如具有已知的自然规定的动物），而是去指明未经加工的自然（而且只是就它不带有任何魅力，或者不带有出自现实危险的感动而言）上的崇高者，这仅就它包含着大小而言的。不去指明，即无法指明，不能在这样的事物上找到崇高者。因为这些对象事物具有与人相关的目的，被概念所规定，不属于理性理念；这一概念既规定着其形式，又规定着其相对量的大小。"未经加工的自然"，可能指不受到人工影响的自然现象，如台风、雷暴等。"魅力"，自然事物对人的价值和作用。"现实危险"，

对人的安全构成的危险，例如洪水、火山。这是要排除一切同利害性关切相关的因素，即排除掉一切限制性的因素而仅仅指明纯粹的即绝对的大小。康德推崇的是自然中不与任何人为目的相关的崇高；一旦同人为目的相关，就要同概念相关，同客观合目的性及利害性相关。在这种方式（仅只包含着大小）的表象中，不包含任何过大的东西，因为过大了就无法总括了；也不包含可怖的东西，可怖的将使人没有安全感，也不能实行内隐感性判断。把握到的大小可以增长到任意的规模，只要它能够被想象力总括在一个整体中。这里的"大小"，可能指存在于主体知觉及想象中的事物表象的大小。增长到任意的规模，按照总括能力的容量，对具体表象的把握（领会）没有固定的限制。如果一个对象消除了构成它的概念的那个目的，该对象就是过大的。概念的目的即对象事物，消除了概念的目的，就是消除了对象事物，或者说超出了概念的内涵及范围。即是说，如果一个对象物（概念）使主体形成崇高感，那么这一对象相比于其概念而言所具有的大小之量就是过大的。"过大的"，不仅是按照一般量的比较方式而表示大于此概念所能展示的量，即大得不是原来的概念所表示的东西了，还表示它是另类的、奇异的大。所以这个"过大"不是空间性的、体积或数量上的大，而是理念性的大。但庞大的却只是指称某种概念的展示，该概念对于一切展示来说都几乎太大了（接近于相对过大的东西），因为展示一个概念的目的由于对象的直观对于我们的把握能力来说几乎太大而变得困难。"庞大的"不是"过大的"，具体指什么，没有明确的实例。这样的概念虽仍可展示，但由于太大而使直观变得困难。"展示"，即表现出来，显现出来，指与概念相对应的对象或概念所表示的对象。概念表现在直观中，就是概念的展示。例如"马"概念，我们直观到生活中实际存在的叫作"马"的动物，就是"马"概念的展示。如果一个概念（对象事物）可以引发崇高感，那么这一概念相对于原本的目的（对象）来说就是庞大的，这一庞大的部分是无法展示的，即无法以直观加以把握。如此看来，"庞大的"可能指具有"过大的"可能性的概念。某些概念不可能是过大的，就不是庞大的概念。此处存疑。但是，一个关于崇高者的纯粹判断必须根本不以任何客体的目的为规定根据，如果它应当是审美的并且不与任何一种知性判断或者理性判断相混淆的话。关于崇高者的判断是内隐感性的、主观的，因此不能以客观目的为根据。这一点与鉴赏判断相同。

*　　　*　　　*　　　*　　　*　　　*

[第6段] 由于一切应当使纯然反思性的判断力不带兴趣地喜欢的东西，都必然在其表象中带有主观的，并且作为主观的而普遍有效的合目的性，但尽管如此这里却没有对象的形式的合目的性（就像在美者那里）作为评判的基础，**能够引发纯然反思判断力的对象之表象，不与任何兴趣性的喜欢相关，所以没有客观的合目的性而只能具有主观的合目的性，并且是普遍有效的。**这与对美者的鉴赏判断相同。但对崇高者的判断不同于对美者的判断。对美者进行的纯然反思性的判断力可以同美者结成格式性形式的合目的性关系，即美者存有相对于反思判断力的格式性形式的合目的性，崇高者不像美者那样存有格式性形式的主观合目的性，所以不能以这种合目的性为评判的基础。尽管如此，崇高者却依然与纯然反思判断力结有合目的性关系，所以这里问题是：这种主观的合目的性是什么东西呢？而且，它是通过什么被预先规定为基准，以便在纯然的大小估量中，确切地说在一直被推进到我们想象力的能力在展示一个大小的概念时的不适合性的那种大小估量中，充当普遍有效的愉悦的一个根据呢？这里提出了新的问题，可能是由自然概念

向自由概念转移的根据。

[第7段] 想象力在大小表象所需要的那种总括中自行无限前进，这里的"想象力"，根据下一句所说是被知性引导并提供图型的，因此可能指一般的知性直观想象力。这种想象力可以在有形式的范围内持续地想象下去；但是，知性通过数目概念来引导它，那个大小表象则必须为它提供图型；而在这种属于逻辑的大小估量的行事方式中，虽然有某种按照关于一个目的的概念客观合目的的东西（每一次测量都是这类东西），但却没有任何对于审美判断力来说合目的的和让人喜欢的东西。"通过数目概念来引导它"，即按照相对的量而去想象。在这样的想象中，相对量的大小之表象必须是有形式的（感官感性的），并且要提供出图型。图型虽然有抽象性，但也是有形式的。"这种"行事方式，可能指上述知性的大小估量。这种行事方式是具有客观合目的性而不是具有相对于内隐感性判断力的主观合目的性和让人喜欢的东西。即便在这种有意的合目的性之中，也没有任何东西强迫尺度的大小；因而强迫把多纳入一个直观的那种总括的大小一直推进到想象力的能力的界限，推进到想象力在展示中哪怕能达到的地步。"有意的合目的性"，"曹译本"为"有目的的合目的性"，（426）即有客观合目的性的。在知性的、逻辑的、相对量的大小估量中，是按照数学规律向前推进的，没有另外的强迫力量使之达到想象力的极限。这个另外的强迫力量可能是指内隐感性判断的思维方式。因此下面说，相对量的大小估量不能形成内隐感性式的总览，只能形成逻辑性的总览。这里说的是知性的量。以下从略。

[第8段] 但现在，心灵在自身中倾听着理性的声音，理性对所有被给予的大小，甚至对那些虽然永远也不能完全把握，尽管如此却（在感性表象中）被评判为完整地被给予的大小，都要

求总体性，因而要求总括进一个直观中去，并为一个日益增长的数目序列的所有那些环节都要求作出展示，甚至也不把无限的东西（空间和流逝的时间）排除在这一要求之外，反倒是不可避免地导致把它设想为完整地（按照其总体性）被给予的。心灵中的理性意识在发出声音，它是自发地活动并产生作用的。所有东西，包括美的东西都要有量的大小，掌握这一必然规律的是理性。同时，理性的东西总要在实践中、在自然界中得到展现；绝对的大小不可能个别地、分别地展现出来，必定是作为一个总体性的东西展现出来，这就要求理性把绝对的大小总括进一个直观（只能是内隐感性的）中去。绝对的大小在这样的直观中才能得到总体性的展现。"永远也不能完全把握"的大小，可能指数列无限的东西。"在感性表象（即内隐感性表象）中被评判为完整地被给予的大小"，应该类似于崇高判断的绝对的大小。不把无限的东西排除在外，即这个大小包括着无限的东西；把所有东西都总括到一起，这就构成绝对的大小。

[第9段] 但是，无限的东西是绝对地（而不是比较地）大的……这是当然的，有限的东西总是相对的。但最重要的是，哪怕只是能够把它设想为一个整体，这也表明心灵有一种超越感官的一切尺度的能力。"它"，指总括到一个直观中的所有东西，或总括了所有东西的直观。心灵能够形成这样的直观，形成这样的整体性的设想，表明心灵具有一种超越所有感官感性尺度的能力。超越感官一切尺度的能力，是不是指抽象的、理论理性的能力？但如果是这样，就没有新意了。理性本来就是超感性能力，康德早已经看到了、阐述过了。所以这里可能是在讲内隐性的超感官感性能力，只有这样才值得作这样复杂的阐述。因为这就会要求一种总括，它提供一个作为单位的尺度，这尺度要与无限的东西有一种确定的、可以用数目来说明的比例关系，这是不可能

的。超越感官尺度的总括也提供一个作为单位的尺度，但这个单位的尺度不是确定的、可以用数目来表示的，因此是无数目限定的，是用来总括无限的东西的。哪怕只是能够设想被给予的无限者而不矛盾，这也就要求心灵中有一种能力，它本身是超感性的。一般来说，凡是尺度都是确定的，可用数目来表示的；如果既是无限的又是有尺度的，就要求有一种特殊的心灵能力，即超感性的心灵能力。这种超感性不是一般的实践理性。因为惟有通过这种能力及其一个本身不允许有直观，但却给作为纯然显象的世界直观奠定基底的本体的理念，感官世界的无限者才在纯粹理智的大小估量中被完整地总括在一个概念之下，尽管它在数学的大小估量中通过数目概念永远也不能被完整地思考。"直观"，指感官感性的还是内隐感性的？可能是后者。不能直观而为直观奠定基底的本体性的理念，应该指内隐感性判断力的理念，只有这种理念才能够把感官世界的无限者总括在一个概念之下。即，感官世界的数目是无限的，要对感官世界的无限加以把握即完整地加以思考，需要超感性的心灵能力。"它"，可能指感官世界的无限者。以下从略。

[第10段] 因此，自然在它的这样一些显象中是崇高的，这些显象的直观带有其无限性的理念。"显象"，是感官感性对外在事物所感到的形象或表象。当怀着无限性的理念对自然显象形成内隐感性直观时（此时不能是知性直观），评判性的感觉就是崇高的。反过来说，崇高是在怀有理念的条件下呈现为对显象的直观。可见，崇高感还是需要有个知觉对象，有一定的显现形式，这点很重要。只不过，在对这种显象（形象、形式）的直观中，带有理念的思维、思考。这后一种情况，只是由于我们的想象力在一个对象的大小估量中即使作出了最大努力也不适合，才会发生。带有理念、形成崇高感的情形只能发生于相对量的评判达到

极限之时。现实中的情形可能是,人们面对一定的现象(形象、形式)时,不是停留在可感的形式上,而是想到了理念性的观念。康德所说想象力达到了极限,理念继而产生的状况大概就是这种情形。……因此,必定是审美的大小估量,在其中人们感觉到超越想象力的能力而将累进的把握包括到一个直观整体中去的这种总括努力,而与此同时也察觉到这种在进展中不受限制的能力不适合于领会以秩序的最小消耗适宜于大小估量的基本尺度,不适合于用于大小估量。能触及理念并形成崇高感的直观不能是知性的,只能是内隐感性的,这才能具有超越想象力的可能(知性直观不可能形成超越)。"秩序的最小消耗",有点费解。这句话"曹译本"为"知性的微小的努力",(427)似乎是指,与崇高状态相比,知性想象的能力或努力是很微小的,达不到崇高的。现在,自然的真正不变的基本尺度就是它的绝对整体,它在自然那里就是被总括为显象的无限性。"它",指这种尺度。所有相对量的尺度都是可变化的,只有绝对量的尺度才不会变化,而这种尺度就是自然整体。自然整体是无限的,所以也是绝对的。自然的尺度可以总括所有的显象。但是,既然这个基本尺度是一个自相矛盾的概念(因为一个无终点的累进的绝对总体性是不可能的);"自相矛盾",这是用相对量来衡量时会出现的矛盾。尺度本来是相对量中的概念,尺度意味着累进,意味着没有终点。而这里把自然整体的绝对总体性当作尺度,因此显得是个矛盾。所以,一个自然客体的这种大小,即想象力徒劳地把自己全部的总括能力运用于其上的大小,必然把自然的概念引导到一个超感性的基底(这基底既是自然的基础,同时也是我们的思维能力的基础),自然客体这种大小之量,不是想象力所能总括得了的。要思考或寻找这种大小之量(作为概念)的根据,就必然会引出超感性的基底这样一个东西。即只能以一个超感性的东西为基底。可能康德认为，应该有个东西为崇高判断的基底，这样的东西只能是超感性的，这是从其功能、作用角度作出的推测。超感性是种性状，不是实体，基底则应该是实体性的，这才能有实际的作用。所以，"超感性"应该是对"基底"的修饰或说明。这个"基底"是什么？这是非常重要、非常艰难的问题。超感性基底的提出，其语境、背景，都是在探寻人的心灵能力，应该是人的心灵中处于非常基础地位的能力，也许是指潜意识。"超感性"，容易被理解为超越感性，似乎是在感性基础之上的，而其实是感性要以超感性为基础。这一超感性可理解为"超级感性"，是感官感性之前的感性，所以是内隐的、潜意识中的。它具有感性的特性，但还不是感官感性。由于自然是思维的结果，所以超感性基底是自然的基础，也是思维能力（理性能力）的基础。这基底大得超越感官的一切尺度，因而不是那么让人把对象，而反倒是让人把估量对象时的心灵情调评判为崇高的。这句话很重要。崇高的属性不是对象可具有的，而是估量对象时的心灵所具有的。崇高之为大，源自大得超越感官一切尺度的基底。"大得超越感官的一切尺度"，似乎是比感官尺度要大，即在感官尺度之上的大。但其实，这里无法进行大小的比较。感性无法表达超感性的东西；超感性的东西也无法表达感性的东西。如果超越感性之大是更高的意思，则按照逻辑判断，这样的超感性就应该是知性基础上的理念、理性。但在这里的阐述中，这种理念、理性不是逻辑性认识中的理念、理性，反而是作为逻辑性理念、理性之基础的理念、理性。因此，这里所谓"大的"，既不是范围的更大，也不是程度的更高，而应是作为基础的"更广"。即应该是"广得超越感官的一切尺度"，而这里的"广"是作为基础的意义上的。超感性基底作为广阔的基础，承托着感官感性和自由理性。这里表达的意思可能是，随着可感的知性判断及内隐感性判断逐渐深入、提升，将进入非可感的抽象理性领域；这一理性领域实即逻辑判断的自由理性领域，但由可感领域进入不可感领域的能力则是一种超感性能力。这种超感性能力既不是感官感性的，又不是实践理性的，而是内隐感性判断力之高级阶段的（相比较来说，对美者的鉴赏判断是内隐感性判断力的初级阶段）。人之能意识到这种能力，是在对某些对象之表象进行内隐感性判断的过程中感受到一股力量，对这股力量的评判性感受被表述为"崇高"。可见，所谓崇高，不是人们一般感官感性意义上的崇高，而是对特殊心灵能力有所察觉时的评判性感觉。

[第11段] 因此，就像审美的判断力在评判美者时把想象力在其自由游戏中与知性联系起来，以便与知性的一般概念（无须规定这些概念）协调一致那样，它也在把一个事物评判为崇高的时把同一种能力与理性联系起来，以便主观上与理性的理念（不确定是哪些理念）协调一致，也就是说，产生出一种心灵情调，这种情调是与确定的理念（实践的理念）对心灵的影响所会造成的那种心灵情调是相称的，也是能够与之共容的。"它"，指同对美者的判断相对的对崇高者的判断。对美者的内隐感性判断是反思想象力与不具规定性的知性概念相关联；对崇高者的内隐感性判断则是反思想象力同理性相关联。此时的理性大概还不是实践理性，或不是充分意义上的实践理性，如同对美者的鉴赏判断中的知性不是充分的知性一样。这种理性的理念同一般的实践理性是怎样的关系，其实际表现是怎样的？都不清楚。但其作用是引发内心的活动并产生一定的情感（即心灵情调）。即在对崇高者的判断中是这种理性理念引发了心灵情调性的情感，这种情调与可用概念确切表述的实践理性所引发的情调是一致的，所以二者是共容的。这里的"共容"之说很重要，是否意味着重要的机理，即内隐感性判断与实践理性判断在此相重合，像一个焊接点

一样将二者结为一体？经此，内隐感性判断由可感的领域进入不可感的理性理念领域，也就是完成了由自然领域向自由领域的过渡。但是，康德对这一过程的阐述比较笼统，在实际生活中也难以见到。

[第12段] 人们由此也看出，真正的崇高必须只在判断者的心灵中，而不是在对其评判引起判断者的这种情调的自然客体中去寻找。崇高指一种心灵情调，不是指引发心灵情调的客体，所以不能从自然客体中寻找到崇高。……但是，心灵在它自己的评判中感到被提高了，如果它在观看它们的时候不考虑它们的形式而委身于想象力，并委身于一种尽管完全没有确定的目的而与之相结合、只是扩展着那个想象力的理性，却发现想象力的全部威力仍然不适合于理性的理念的话。心灵在对对象之表象进行内隐感性评判时会逐步提升，终于达到了感性想象力的极限而需要进入理性领域，但想象力又无力于掌握理性，处于这种想象力顶端时的评判性感受，就是崇高感。此处之"形式"，可以笼统地理解为感官感性形式和格式性的形式。

[第13段] 自然在纯然直观中的数学崇高者的例子，全都是这样一些场合提供给我们的，"纯然直观"即内隐感性性的直观。"场合"，即心灵状态的场合。崇高的情调在心灵中发生时，即，在这些场合里，被给予我们的与其说是一个更大的数目概念，倒不如说是作为想象力的尺度的大单位（为的是压缩数的序列）。"想象力的尺度"，内隐感性想象力作为总体性的直观，其自身相当于一个绝对量的单位；绝对量的单位不同于相对量的单位。相对量的单位是可以无限递进的，永无止境。……现在，在对一个如此无法测量的整体的审美评判中，崇高者与其说在于数目的大，倒不如说在于我们在这一进展中总是达到越来越大的单位；"无法测量的"，指相对量的测量无法达到整体性。这里，虽然是

数学的评判，但崇高者的大不是数量之大，而是单位之大，即以内隐感性直观为单位，这才能达到总体性，形成绝对的量。有助于此的是对宇宙大厦的系统划分，它把自然里面一切大的东西都一再对我们表现为小的，但真正说来是把我们完全无边无际的想象力，以及与它一起把自然表现为对于理性的理念来说微不足道的，如果想象力要作出一种与这些理念相适合的展示的话。对宇宙大厦的系统划分，大概是指把宇宙分为自然的领域和实践理性的领域。自然领域中一切大的东西相比于实践理性都是小的。逻辑性的想象力虽然可以无边无际，但对于实践理性的理念来说是微不足道的，即它不足以展示理性的理念。

本节要点：崇高感的形成也需要有个对象或现象，有一定的形式显现（可能是感官感性形式即表象及抽象的格式化的形式）。但这一形式显现本身不具有崇高性。崇高感即崇高者只能在主体观念中产生。这一对象与崇高感之间也要形成主观合目的性关系。但不像鉴赏判断那样有个与内隐感性基准理念相对应的合目的性。崇高判断中的主观合目的性是什么与什么的关系？可能是想象力与理性理念指向之间的合目的性关系。崇高感作为一种心灵情调、心灵状态，应是内隐感性判断面对数学意义上的巨大之物时，想象力虽然产生巨大的扩张、联想，但仍不足以展示出理性理念时的评判性感觉。这里的过程是这样的：先是从感官感性进到内隐感性判断（内隐感性），此时超越了感官感性形式，达到了以基准理念为基础的理念性形式评判；由于所有对象中都存有量，主体也能感受到这种量并且对量的感受是必然向上进展的，即必然地要从一个较小的单位进展到较大的单位，如此进展直到最大，即达到想象力的极限；再往前走就该进入理性理念领域了，这时就达到了绝对的大；而对此，想象力再也无法展示，在这种即将碰到理念又掌握不了理念的状况下，心灵就形成了一种特殊的情调，即产生了崇高感。这时，主体心灵中所形成的状态及对这种状态的感觉就是崇高感，构成崇高感的状态和感觉就是崇高者。所以所谓崇高者，实即主体心灵中的东西。与崇高者结成主观合目的性关系的，即应是这样的一种心灵感受能力。但康德的这种描述，在现实生活中很难形成。大多数人恐怕都难以有这种情感体验。如果是说人们从具有感官感性形式的对象上联想到或形成了理念性的意识，这倒是容易理解的。从现代脑科学上讲，这其实应该是同理性认识相联结的认知模块的作用。康德是真的由这种过程推论到理念阶段，还是特意构建出这种连接过程，尚不得而知。需要鉴别的是，绝对量所要达到的理性理念虽然是超感性的东西，但不是超感性的基底，使心灵形成这种过程的能力才是超感性基底。数学的崇高，不是相对量的、客观的、可测量的，而是心灵的、内隐感性的、无形式的。崇高不是大自然可以具有的，只能是可进行这种过程的心灵所具有的。对崇高者的判断是自然与自由相联结的最后环节，形成自然与自由相联结的完整链条。其中主要有三个连接点：第一个连接点是自然对象与对美者的鉴赏判断的连接；自然对象可呈现出逻辑表象和内隐感性表象，后者与内隐感性判断力相对应并形成对美者的鉴赏判断；这是与自然的连接；第二个连接点是美者与崇高者的连接，它们都是鉴赏判断的，在心灵能力上相一致，而且所有事物都有数量，美者也如此，对量的直观和想象要由对崇高者的鉴赏判断进行，这是内隐感性判断力自身的连接；第三个连接点是崇高判断与实践理性的连接；在对崇高者的鉴赏判断中，想象力与理性相结合形成的情调同实践理性所形成的情调是一致的，由此构成共容点或重合点，这是与理性的连接。内隐感性判断力的中介作用是在这种机制下完成的。

第27节　在对崇高者的评判中愉悦的质

［第1段］感到我们的能力不适合于达到一个对我们来说是法则的理念，这种情感就是敬重。这里说的"能力"，应该主要指内隐感性判断的想象力，不包括理性能力。"理念"，在主观意识中存在的观念性东西都是理念，但有的理念可能还没达到实践理性的程度。想象力极力推展，达到极限，就要触碰到理性理念却又掌握不住，这时的情感或心灵情调就是敬重或敬畏，可形成崇高感。此界定很重要。现在，把每一个可能被给予我们的显象都总括进一个整体的直观中去的理念，就是这样一个由理性法则托付给我们的理念，它除了绝对整体之外，不知道还有别的什么确定的、对于每个人来说都有效的和不变的尺度。整体的直观是内隐感性式的，不能是知性的。形成整体直观，要靠理念的作用，这意味着，理念在此时已经加入到内隐感性判断中。但这时的理念是范导性的作用，即要形成整体直观，而整体直观不是理念本身。问题是，整体直观与绝对整体、绝对之大的关系是怎样的？抑或内隐感性整体直观本身就是绝对的大（这时，它身兼二任，既是形式的、想象力的，又是理念的、绝对的），抑或经由内隐感性整体直观而达到绝对的大？似乎整体直观本身是绝对的，也是绝对的大、绝对的尺度。能达到这种状态，靠的是依循理性法则的理念。这等于说，达到绝对大的状态，就已经开始进入理念领域了。想象力的极限程度，要触碰理念却掌握不了的状态，是在这种状态之前还是之中？或者说，绝对之大是自然领域和自由领域相连接过程中的最后环节？这些问题有待深入探讨。每个人的心灵进程都是这样的，因此是普遍有效的；这种状态作为心灵的标识就是尺度。但是，我们的想象力即使作出了最大的

努力，就它所要求的把一个被给予的对象总括进一个直观整体中去（因而是为了展示理性的理念）而言，也表现出它的局限和不适合性，但毕竟同时表现出它的使命，即造就与这个作为法则的理念的适合性。"把一个被给予对象总括进一个直观整体中去"，可能是指，人知觉到某一对象物（给予的对象），但不是就这个对象物的感官感性外形加以把握，而是内在地领悟到其绝对的大小，即内在直观地感到其绝对的量，这种感觉就是理念性的东西，也叫整体直观。想象力的本性就是要努力去伸延、扩展，直至达到极限，即达到理性理念的边缘。所以想象力虽然不适合表现理性理念，但使想象力达到这个程度就是完成了自己的使命。因此，对自然中的崇高者的情感就是对我们自己的使命的敬重，我们通过某种偷换（用对于客体的敬重替换对于我们主体里面人性理念的敬重）对一个自然客体表现出这种敬重，这就仿佛把我们的认识能力的理性使命对感性的最大能力的优越性对我们直观化了。"偷换"，不是贬义，实即内中置换之义。这种置换具有客观化、直观化的意义，可以使人更明确、更感性地感悟到理性使命相对于感性能力的优越性。即，自然的崇高现象把这种对内在能力的敬重直观化、感性化了。

［第2段］因此，对崇高者的情感就是由于想象力在审美的大小估量中不适合于通过理性进行的估量而产生的不快情感，在内隐感性式的大小估量中，想象力感到自己不适合把握理性，由此形成的情绪性感觉即为不快情感。这种不快情感，不是人的整体情感中的不愉快，而是专指面对崇高现象时的非美者愉悦的不快感。即相对于对美者的愉悦来说是不快的，但在整体情感中仍是属于愉快感，即是一种与此同时被唤起的愉快，它是出自恰恰对最大的感性能力的不适合性的这个判断与理性理念的协调一致，如果对理性理念的追求毕竟对于我们来说是法则的话。崇高

感相对于美者的愉悦是不快感,但对崇高感自身而言,也是一种愉快感,是在面对崇高者时的愉快感。内隐感性能力虽然不适合于掌握理性,但它是趋向于理性理念的,这恰恰符合理性法则,因为按照理性法则就是要追求理性理念,因此是与理性理念的协调一致,因此可以引发愉快感。即从根本上、本性上、自然规则上讲,人的心灵要追求理性理念,理性理念是最高的。适合于这一点也能形成愉快感。……因此,对一切感性尺度不适合于理性的大小估量的内在知觉,就是与理性法则的协调一致,而且是一种不愉快,它在我们心中激起我们的超感性使命的情感,按照这种使命,发现任何感性尺度都与理性的理念不适合,这是合目的的,因而是愉快。人一定要将感觉中最大的东西同理性理念相比,并在这种比较中显得是小的。之所以感觉中最大的东西同理性理念相比是小的,是由法则决定的;人一定要去进行这样的比较,这种必然进行比较的行为就成为一种使命。人一定要与这种法则相符,即人一定要按这种法则行事,而按照这种法则行事就能引发在遂行这一超感性使命时产生敬重的情感即崇高感。在展示"评价大小的单位"方面,想象力所极力做出的努力关系到某种绝对大的东西,进而把这个绝对大的东西关系到"采用对于大小的最高尺度"的理性法则。因此,在内心知觉到所有感性尺度都不适合于依据理性的大小来进行评价,就正是符合理性法则的(在理性法则面前正是应该这样的)。这种符合就能在我们内心中唤起我们超感性使命的感情,这种感性不同于对美者进行内隐感性鉴赏判断时所形成的愉快,因此相比较而言是一种不愉快。大小的估量要根据单位,如公斤单位之大比不过吨的单位。但感性的最大的单位也比不过理性理念。从超感性的使命上看,发现感性的所有尺度都不适合于理性理念,正是符合理性法则的,按照理性法则,理性的就是高于感性的,因此二者间构成合目的性的关系。这种合目的性关系又能引发愉快。言外之意是，排除了感性的不适合，才带来了理性的适合，即经由整体直观的想象力而形成了这种特殊的内在知觉与理性理念的合目的性。由于崇高感与理性法则之间构成了合目的关系，所以是愉快的。"超感性使命"，努力形成绝对的大并与理性法则相适合，这一使命超越了感性的能力。感官感性和内隐感性的最高发展阶段就是进入超感性。

[第3段] 心灵在自然里面的崇高者的表象中感到激动，而它在对自然的美者的审美判断中则是处在平静的静观中。人在面对自然现象时产生了崇高感，就可以说这个现象中有崇高者。这里与前面的阐述相比较貌似有些矛盾。前面说崇高者不能是客观的，而"自然里面的崇高者"应该是指客观的现象。但也许这里所说的"崇高者的表象"是心灵中的，崇高者其实是虚构的，是相对于崇高感而设定的，其实应该说是自然对象的表象引发了崇高感，这个表象不是崇高者，崇高感才是崇高者。崇高感是对引发崇高感的对象之表象所感到的激动。把对崇高者的崇高感与对美者的美感相对比较，前者是激动性的，即有震撼之力的；后者是静观性的。崇高感的激动，具体来说就是：这种激动可以（尤其是在它开始的时候）比作一种震动，亦即对同一个客体的迅速变换的排斥和吸引。对于想象力来说越界的东西（想象力在直观的把握中一直被推进到这种东西）……但毕竟对关于超感性东西的理性理念来说，产生出想象力的这样一种努力，却不是越界的，而是合乎法则的；因而它对纯然的感性是排斥的，但在同等程度上又是吸引的。越界即超越感性的界限，达到超感性的东西。这似乎表明，想象力之努力要达到理性，来自理性的范导作用。所以，它不是越界的而是呵护法则的。即理性一方面排斥纯然的感性（即理性高于感性），另一方面又吸引这一感性（引导

感性向自己靠拢）。但是，判断本身在这里总还只是审美的，因为它并不把关于客体的一个确定概念作为基础，而只是把心灵力量（感性和理性）本身的主观游戏通过它们的对照表现为和谐的。"主观游戏"，在主体心灵内部按照自己的规则（不是按照人为的设定）而活动。"对照"，不是并列式的相互比较，而是合目的性的相匹配。在这一阶段，即在想象力达到极限，马上要进入到理性理念之中时，仍然还属于内隐感性判断，它不以可确定的知性或理性的概念为基础，而是在不确定中，即在内隐活动中将感性和理性适宜地、和谐地相匹配。因为就像想象力和知性在对美者的评判中通过它们的一致性产生出心灵力量的主观合目的性那样，想象力和理性在这里则通过它们的冲突产生出这种主观合目的性，这里的比较很重要。在对美者的评判中，内隐感性想象力（内在直观力）在知性概念的限定框架内进行活动，这样的活动就表现为想象力与知性的一致。而在对崇高者的评判中，想象力（内在直观力）与理性是相互不能包容的，亦即是冲突的，但这种冲突却符合理性的法则（使感性向理性发展），这种符合也造就了一种主观合目的性。亦即对我们拥有纯粹的、独立的理性或者拥有一种大小估量能力的情感，这种能力的优越性只能通过那种在展示（感性对象的）大小时不受限制的能力的不足才能被直观化。这段阐述回答了不少问题：崇高判断也需要以对象的表象为刺激源，这里是想象力（内在直观力）与理性相关并形成冲突（因为想象力是感性的，而感性的把握不了理性）；想象力作为感性能力对理性理念无法把握，从而在感受到大到极限的表象时又感到了理性理念的呼之即出，由此形成了敬畏性的崇高感。此时，虽然大到极限的想象力及表象是不适合表现理性理念的（这种不适合即所谓冲突），却是符合理性法则的（使感性向理性发展），由此形成想象力及表象与理性理念之间的主观合目的性关系（这也是一种合目的性关系）。想象力在这里的状态或表现是，竭尽努力但却无奈。这种努力和无奈反衬出的理性理念的优越感，反倒造成一种愉快。而对象的表象就成为主观中敬畏感、崇高感的直观显现。此时的想象力仍是内隐感性的，但已经直接贴到理性边缘。

[第4段] 对一个空间的测量（作为把握）同时就是对它的描述，因而是想象中的一种客观运动和一种累进；与此相反，把多总括进一中去，不是思想的一，而是直观的一，因而是把相继把握到的东西总括进一个瞬间中去，这却是一种回归，它又取消掉想象力的累进中的时间条件，使同时存在直观化。"测量"作为把握，以知觉、想象力去把握空间的大小。这里的"把握"可能也是指对直观表象的把握。"描述"，形成知性概念或表象。这里所说，可能是知性的测量和描述，是可以清楚意识到、讲出来的。与此相反的是内隐感性判断的情形，要把众多个体（多）总括为一个整体（一），就是把相继直观到的东西总括成整体的表象，相当于把同时存在的众多直观整合进一个瞬间中去，等于取消了时间。人对某一自然现象的感觉、知觉可能是逐渐的、相继的。比如先看到某一部分，再看到某一部分，这是知觉或想象的一种客观性的活动。人的记忆可以保持先后相继的知觉，并将此形成整体印象（意象），这一整体性的意象就不是相继的、累进中的了，而是使相继把握到的东西"同时存在"。"回归"，可能是说，世界本来是一个整体，但知性认识和想象都是面对个别的、具体的对象，相当于把整体世界拆散了，现在的整体意象又回到世界的整体样态。这种回归相当于认识的反向过程。因此，这种总括（由于时间序列是内部感官的一个条件，而且是一个直观）就是想象力的一个主观运动，通过这个运动，想象力对内部感官施加强制力，把相继知觉到、想象到的表象总括起来，是内

隐感性想象力（内在直观力）的功能，不是具体想象力可以自然而然就达成的，因此带有强制力。想象力总括进直观中去的量越大，这种强制力就越是显著。因此，把一个大小尺度纳入个别的直观，把握这一点需要可察觉到的时间，面对的现象越是量大，就越是需要想象力的功能强大。个别的直观所纳入的大小尺度是相对的量，对相对量的把握在时间上是相继的，也是主体可意识到的。而这种努力则是一种主观上看与目的相悖、客观上却是大小估量所需要的、因而是合目的的表象方式；但在这里却正是通过想象力而使主体遭受到的这种强制力，对于心灵的整个规定来说被评判为合目的的。把众多相对量的表象纳入一个整体印象中，要靠内隐感性想象力的努力。"主观上看与目的相悖"，可能是指，在主观上想象力要力图把握到理性却又把握不到，二者间不能形成合目的性关系，因此是相悖的。在客观上，对大小估量的整合、总括符合理性法则。相对于这一理性法则来说，对大小估量的整合和总括作为一种表象方式是与理性法则相符合的。因此，单就想象力而言是被强制的、不合目的性的，而就心灵的整个规定而言则是合目的的。

［第5段］崇高者的情感的质就是：它是在一个对象上关于审美评判能力的一种不快的情感，这种不快在其中毕竟同时被表现为合目的的；对崇高者的情感从质上看，也属于内隐感性评判能力，并且相对于对美者的评判情感而言是不快的；虽然如此，这种不快情感在与理性法则相符合方面却是合目的的，因而又是愉快的。这一界定很重要。这之所以可能，乃是由于这种特有的无能揭示出同一个主体的不受限制的能力的意识，而心灵惟有通过前者才能对后者作出审美的评判。对理性理念的把握，感性想象力是无能为力的；但正是经过这一阶段，才能进入理性能力的阶段。即心灵只有在内隐感性评判中，才能经由感性想象力而意

识到自己不受限制的理性能力。所谓不受限制，是指不受知性概念限制，也不受感性（主要指内隐感性）限制，亦即可以突破感性。或许还可这样说：人的认识要由感官感性开始，感官感性可连接到内隐感性判断，内隐感性判断经由大小估量而达到绝对的大，从而与理性相连。只有经过绝对大的想象（这种想象无力把握理性，在这方面是无能的），才能意识到心灵的理性能力并进入到理性阶段。还可这样看：知性下沉到作为基础的内隐感性判断力中，寻求对感性的突破或超越；内隐感性判断力虽然具有超感性的属性，但还达不到理性的程度；它努力上升，经由崇高判断阶段而触摸到理性，最终达到理性。

[第6段] 在逻辑的大小估量中，通过在时间和空间中测量感官世界的事物的累进在某个时候达到绝对的总体性的不可能性，被认做是客观的，也就是说，是不可能把无限者设想为被给予的，而不是认做纯然主观的，亦即没有能力把握无限者；逻辑的大小估量是相对的量，要依靠知性，是客观的，它再怎么累进也不能达到绝对的总体性。"被给予的"，即在感官感性中呈现出来的。绝对的无限者不能在客观的感性直观中呈现，只能在主观中呈现。所以，逻辑的大小估量能力不能把握无限者。因为这里所留意的，根本不是把总括进一个直观的程度当做尺度，而是一切都取决于一个数目概念。"这里"，指的是逻辑的大小估量，它不能形成绝对的大，即不能形成绝对的尺度，只能受制于相对量的数目概念。然而在一个审美的大小估量中，数目概念必须去除或者被改变，而惟有把想象力总揽到尺度的单位上（因而避开大小概念相继产生的某种法则的概念），才对它来说是合目的的。在内隐感性的大小估量中，不是运用相对量的数目概念，而是以自己的想象力（内在直观力）形成总览性的尺度。按照前面所述，这是符合理性法则的，因此相对于这种理性法则，是合目的

的。——现在，当一个大小几乎达到了我们总括进一个直观中的能力的极致，而想象力却由于数目大小（对于这种大小，我们意识到我们的能力是不受限制的）而被要求在审美上总括进一个更大的单位中去的时候，我们在心灵中就感到审美上被封锁在界限之中了；这里说的可能是在达到总括性直观之前的状态，即相对量的大小估量达到极点，再向前就应该是总括性的直观了，即将形成绝对大小的尺度或单位。"这种大小"，应该是指绝对量的大小。对于这种大小，我们知道我们有一种能力可以不受到相对量大小的限制，或不受到感性的限制。这其实就是理性阶段了。内隐感性想象力还不是理性能力，因此也不能掌握这一大小的单位。内隐感性想象力只是要把大小推进到绝对之大的单位，或推出绝对尺度的单位。也就是说，内隐感性判断力可以把大小推到呈现为绝对大小的理性面前，使数目的大小尺度被总括成超越感性的理性的尺度。理性尺度是比感性尺度更大的单位。内隐感性判断力只能到此为止了，进入不到理性中去，也就是被限制（封锁）在感性的界限之中。但是，就想象力必然扩展到与我们的理性能力中不受限制的东西，亦即绝对整体的理念的适合性而言，这种不快，因而想象力的能力的不合目的性，对于理性理念及其唤醒来说就被表现为合目的的。想象力是必然要扩展的，可一直扩展到理性边缘，这种扩展符合理性法则，符合绝对整体的理念，因此是与之相适合的。"这种不快"，仍是指相对于美者愉快情感的不快。感性的（内隐感性判断也是感性的）想象力不能掌握绝对整体，因此不与绝对整体结成合目的性关系。但感性想象力可以与理性法则结成合目的性关系。理性法则就是：经由感性而唤醒理性。此点很有意思，也很重要。但正是由于这一点，审美判断本身对于作为理念源泉的理性，作为这样一种理智总括的源泉的理性来说，就成为主观合目的的，对于这样一种理智总括来说，一切审美的总括都是小的；而对象也就作为崇高的，被以一种愉快接受，这种愉快惟有凭借一种不快才是可能的。正是由于内隐感性判断力可以唤醒理性理念，所以可以同理性结成主观的合目的性关系。"理智总括"，"理智"一词既不是知性也不是理性，可能统指人的智慧能力。理智总括不是内隐感性的总括，但显然是高于内隐感性总括的。内隐感性的总括已经达到感性的极限，但又达不到理智的总括，即达不到理性的绝对整体，所以相比于理智总括来说是小的。虽然如此，却可以显现出达到绝对整体的可能或前景，显现出进入理性的必然性。这时的对象就被称为崇高的。崇高感是对绝对整体的敬畏感，不是美者愉快，因此是相对的不快；经由这种伴随着不快的心灵活动，符合了理性法则，又因此而形成另一类的愉快。

本节要点：崇高判断也需要对象的表象为刺激源，这里是想象力与理性相关并形成冲突。因为想象力是感性的（内隐感性），而感性的能力把握不了理性。想象力因感性能力的不逮从而在表象与理性理念之间感到了敬畏，此即崇高感。感性想象力在这里的状态或表现是，竭尽努力但却无奈，由此凸显了理性理念的优越性，这种努力和无奈反衬出理性理念的优越感，由此反倒造成一种愉快。而对象的表象就成为主观状态的直观显现。这里表现出来的法则是，人一定要将感官感性同理性理念相比较，由此构成一种使命，并一定会感到感官感性小于理性理念。在美者的分析论中，康德的讲述是发现性的，阐述的是客观的过程，与现实活动相吻合。而崇高者的分析论，其阐述很难同现实活动过程相吻合，似乎是为了体系的需要（要找到知性与理性相连接的通道）而建构出来的，不如美者的分析论那样有科学性。

第28节　作为一种威力的自然

[第1段] 威力是一种胜过大的障碍的能力。正是这种威力，当它也胜过那本身就具有威力的东西的抵抗时，就叫做强制力。大，是数学的、外在的、可感性感知的；威力则是内在的，内在的力大于外在的力。大于自然威力的内在威力叫强制力。自然，在审美判断中作为对我们没有强制力的威力来看，就是力学上崇高的。自然中非强制力的威力就一般地叫作威力。即在内隐感性判断中，自然在作为"对我们不具有强制力"的威力而被考察时，就是力学上崇高的。

[第2段] 如果自然应当被我们在力学上评判为崇高的，……因为在（无概念的）审美评判中，对障碍的优势只能按照阻抗的大小来评判。"对障碍的优势"，指能够克服障碍的具有优势的力。阻抗越大，优势力的表现越大。但现在，我们努力阻抗的东西就是一场灾祸，而且如果我们发现我们的能力不能对付这种东西，它就是一个畏惧的对象。因此，对于审美的判断力来说，自然惟有就它被视为畏惧的对象而言，才能被认为是威力，因而是力学上崇高的。可成为内隐感性判断力在力学方面之评判对象的东西，是自然中令人畏惧的对象。令人畏惧的对象是人努力要阻抗但又不能对付的东西。这是威力，是崇高的。

[第3段] 但是，人们可以把一个对象视为可畏惧的，并不是面对它感到畏惧，这一自然段较费解，参考"曹译本"（432），其大意是："可畏惧的"不是真的畏惧，即对可畏惧的并不真的感到畏惧。也就是说，如果我们这样来评判它，即我们仅仅设想这种情况，我们也许要阻抗它，而且此时一切阻抗都会是绝对徒劳的。只有在这样的情况下才能对可畏惧的东西并不真

的感到畏惧,即我们可以设想到,如果我们对令人畏惧的对象加以阻抗的话,那将是徒劳的,而且将招致惩罚,这是真的可畏惧的;但如果我们不对可畏惧的对象进行阻抗,就不会招致惩罚,这时就不必畏惧了。于是,有德之人畏惧上帝,并不是面对上帝感到畏惧,因为他把要阻抗上帝及其命令设想为他并不担忧的情况。但是,根据任何这样一种他设想为就自身而言不可能的情况,他都把上帝认做可畏惧的。有德之人只是在意识中知道上帝是可畏惧的,但在实际上并不真的感到畏惧,因为他知道自己不会阻抗上帝。最后一句,关于是否阻抗上帝一事,"李译本"为肯定性的不可能阻抗上帝;与此不同,"邓译本"为"如果他设想为自身并非不可能的",(100)即有可能阻抗上帝。"曹译本"为"但他又设想这种情况在他身上并不是不可能的"。(432)按照后两种译法,有德之人也可感到自己不是不可能去阻抗上帝,即感到自己有可能违背上帝的旨意,做出上帝不允许的事,这时对上帝的畏惧就是真的畏惧了。

[第4段]谁感到畏惧,他就根本不能对自然的崇高者作出判断,就像被偏好和食欲所支配的人不能对美者作出判断一样。与对美者的内隐感性判断相同,对崇高者的判断也应该是无利害关切的。如果真的感到了畏惧,就是在实际上形成了利害性关切,就不能对崇高者进行内隐感性判断了。前者逃避去看一个引起他胆怯的对象;而在一种认真说的恐怖上找到愉悦,这是不可能的。"前者",指真正感到畏惧的情况。如果真的感到了畏惧,就是进入到具有利害性的情境之中,不可能形成愉悦感。因此,出自不再有重负的适意就是快活。但是,这种快活由于释去一种危险,而是一种带有永远不再遭受这种危险的打算的快活;"重负",有可能指精神性、心灵性的负担,即如上句所说,如果感到胆怯、恐怖,就会背上沉重的精神负担。而不再有重负的适

意，就是从这种精神状态中解脱出来。当人不去阻抗上帝的威力时，就不会感到恐怖了。这时的适意就是一种带有利害性的快活。"曹译本"把"重负"理解为身体性的，表述为"从辛苦劳累中解脱出来的舒适是一种快乐"。（432）但康德下句紧接着说，"这种快活由于释去一种危险"，所以"重负"的所指更可能是精神性的。人不仅是暂时性的要摆脱恐怖的重负，还要永远不再遭到这种恐怖的危险。人所冀求的快活就是这种永久的快活。

[第5段] 险峻高耸的、仿佛威胁着人的山崖，……而我们乐意把这些对象称为崇高的，乃是因为它们把灵魂的力量提高到其日常的中庸之上，并让我们心中的一种完全不同性质的阻抗能力显露出来，这种能力使我们鼓起勇气，能够与自然表面上的万能相较量。欣赏美者需要处身于安全之中，欣赏崇高者同样如此，这是一种现实的前提条件。在这种现实前提条件之下，尽管人的自然力量不足以阻抗这些灾害性的自然现象，但仍然可以不畏惧。这时，就相当于把灵魂的力量提高到超出日常普通自然力量之上，从而显露出一种"完全不同性质的阻抗能力"。所谓不同性质，指不是自然性质的而是精神的、灵魂的性质，实即理性的、道德的力量。理性能力胜于所有自然能力。

[第6段] 因为就像我们虽然在自然的不可测度性上，以及在我们的能力不足以采用一个与对自然的疆域的审美大小估量相匹配的尺度这一点上，发现了我们自己的局限，"我们的能力"应该仅指感性能力，不包括理性能力。我们的感性能力是有限的，不足以掌握能够对整体自然进行内隐感性大小估量的尺度。即不能以一个足够的单位、尺度去把握整体世界。正是因为发现了感性的不足，才能但也毕竟仍然在我们的理性能力上同时发现了另一种非感性的尺度，……在此之上建立起一种性质完全不同

的自我保存，不同于可能受外在于我们的自然攻击并被其置于危险之中的那种自我保存，此时虽然人不得不屈服于那种强制力，但我们的人格里面的人性依然未被贬低。人作为物理性的人，难以抵抗物理性的自然危险。但人可以建立起另一种性质的自我保存，实即精神性的自我保存。人虽然不得不在物理上屈从于自然性质的强制力，但仍可以保存精神性的人格。以这样的方式，自然在我们的审美判断中被评判为崇高的，并非就其是激起畏惧的而言的，而是因为它在我们心中唤起了我们的力量（这力量不是本性），把具有威力的自然现象称为崇高的，不是因为这些现象的巨大威力和令人畏惧，而是因为人在面对这些威力时，想要抵抗又无法以物理方式抵抗，于是在心灵中唤起了精神的力量，这种力量不是属于自然本性的，而是属于理性的，为的是把我们所操心的东西（财产、健康和生命）看作渺小的，因而把自然对于我们和我们的人格性的威力（我们就上述东西而言当然是屈服于这种威力的）尽管如此也不视为这样一种强制力，这种强制力，假如事情取决于我们的最高原理以及对它们的主张和放弃的话，我们本来是得不屈从于它的。"这样一种强制力"，指自然的、物理性的强制力。"最高原理"，所指不明确，可能是指自然性的最高原理，即生存，这是所有生物的最高原理。无论是要坚守还是放弃生存这一最高原理，人都是不得不屈从于自然强制力的。因此，自然在这里叫作崇高的，只是因为它把想象力提高到对如下场合的展示，在这样一些场合中，心灵能够使它自己超越于自然之上的使命本身的特有崇高成为它自己可以感到的。这句话的"曹译本"为："在那些场面里心灵能够使自己感觉到自己使命的崇高甚至超过了自然。"（433）"使命"，指心灵的使命。可能是说，心灵从本性上看是要不断进展的，因此要超越感性（亦即超越自然现象）而指向理性。人只有靠理性才能把握整体自然，包括阻抗自然威力。理性虽可超越所有的感性，但只在感性不足以把握对象时才会出场。当感性在把握自然之大并达到极限时，就会显露出把握力的不足，从而感到理性的必要。在感性已尽，理性即将到来的那一时刻，对自然威力之大和理性之必要的领悟，就是崇高感。此点很重要。

［第7段］这种自我评价并不因为下面这种情况而失去任何东西，即我们为了感受这种令人鼓舞的愉悦，就必须看到自己是安全的；要形成崇高感，需要身体处于安全保证之下，这才能形成无利害关切的状态。因而，由于危险不是认真的，我们的精神能力的这种崇高也（就像可能显得那样）同样可以不是认真的了。当身体处于安全地带时，自然威力现象就不能真的伤害到人了，这种危险就是不认真的。但是，作为精神能力的崇高感并不因为实际危险的不认真而同样是不认真的。即虽然自然威力并不真的对人造成危害，但人的崇高感并不因此而失去真实价值。因为愉悦在这里仅仅涉及我们的能力在这样的场合里被揭示出来的规定，心灵自我评价或崇高感之所以仍然是真实的，是因为这时的愉悦不涉及客观自然而仅仅表明主体能力在这时的规定性，愉悦的这种规定性是真实的，如同这种能力的禀赋就在我们的本性之中那样；……而真理就在这里，哪怕人在把自己的反思一直延伸到这里时如此会意识到他当前现实的软弱无力。心灵的这种进展和感受是符合真理的，即是符合规则、法则的。"当前现实的软弱无力"，可能是指感性能力在面对自然威力时无法阻抗、无法把握的状况。

［第8段］这个原则虽然看起来太牵强附会和玄想了，因而对于一个审美判断来说是过分的；康德似乎也感到这种阐述有些牵强，这的确很难说是人们的实际心灵过程。在现实生活中，面对威力巨大甚至可怕的自然现象，人们的确可以在安全状态下加

以欣赏。这种欣赏同时伴随着对自然威力的惊叹，可能还伴随着对该威力危险性的意识（包括意识到这种危险不是认真的）。大致来说，伴随着惊赞的无利害关切愉悦就是崇高性的美感。但似乎其过程和机理仅此而已。人大概不会意识到心灵的使命，也不会形成由对心灵使命的意识而生成的愉悦（崇高感）。但康德要从哲学体系的建构方面寻找原因，因此也许是有意地建构出、设想出其中的原则。当然，康德并不真的认为自己的阐述是牵强的，所以在下面进行了辩解。而我们对康德阐释的解读，是依循着人的实际认知活动即心灵活动过程的，要将康德的阐述同实际心灵活动相对比。这样，一方面可以理解康德哲理化阐述的实际所指，另一方面也可以科学化地评价康德阐述的合理性。但如卡斯拉《解义》所说，"康德哲学的基本学说之一，就是没有验前的判断是能得自经验性的观察的"。（432）即在康德看来，验前（先天）原则不是来自对当前实际经验的抽取，因此似乎不能以人的现实认知活动来理解康德阐述。不过，人的经验可大致分为两类，一类是当前的具体经验活动，另一类是以往的经验活动。前者才是康德所说的经验；而后者的活动的确可以凝练出一定的规则、框架、模式，现代认知神经科学已经证明了这一点。这一过程中形成的原则、框架、模式其实就是所谓的"验前"（先天）及"先验"原则。康德对验前原则之经验途径的否定，只是否定了当下经验对验前原则的决定作用，但不能否定过往经验的作用。不过，对过往经验功能的认识，只是近代才明确起来。在康德的时代，人们还没有这样的认识。所以，我们不能因为康德关于验前原则与当下经验关系的见解而放弃科学化的评价。康德辩解说，然而，对人的观察却证明了相反的东西，证明它可以是最普通的评判的基础，尽管人们并不总是意识到它。这既是康德的坚持己见，又是实事求是之语，人们的确难以意识到这些东西。但康德下面的举例说明（从略）仍然不足以充分地证明其原则的合理性。人的勇敢，临危不乱，是见解不凡、经验丰富的结果，似乎与对心灵能力的反思无关。康德对这些举例的讲述也只是表明其中有崇高性，并没有表明与心灵能力的关系。

[第9段] 从略。

[第10段] 因此，崇高不是包含在任何自然事物中，而是包含在我们的心灵中，只要我们能够意识到对我们里面的自然，并由此对我们外面的自然（如果它影响到我们的话）有优势。崇高就是崇高感，所以只能包含在人的心灵中。当然，要形成崇高感需要一定的条件，这个条件就是意识到崇高感相较于内在自然和外在自然的优势。所谓内在自然，可能指内在感性能力；所谓外在自然，可能指自然现象。崇高感临近理性，是感性的最高阶段。由于人有了这样的意识（理念），就可以在人身安全的条件下藐视自然威力，亦即显示出崇高感的优势。在这种情况下，凡是在我们心中激起这种情感——为此就需要自然的威力，它激励着我们的种种力量——的东西，就都叫做（尽管是非本真地）崇高的；只有威力巨大的自然现象才可以激发出崇高感，这些现象因此被叫作崇高的，但其实自然现象本身并不本真地是崇高，只是因为我们内心中理念性的崇高感才被称为崇高的。而惟有在我们心中的这个理念的前提条件下，并且与它相关，我们才能够达到这个存在者的崇高的理念，这个存在者不仅通过它那在自然中表现出来的威力，并且还更多地通过置入我们心中的、毫不畏惧地评判那种威力以及把我们的使命设想为被提高到那种威力之上的那种能力，而在我们心中造成内在的敬重。这里有个小问题：是不是说，我们已经有了理念，并在这一前提下才有了崇高的理念？但是，既然我们已经有了理念，怎么又达到这同一个理念？这样的矛盾显然是不应该的。因此，作为前提的"在我们心中的

这个理念",应该是作为可能性而潜在的,以潜在的可能性为前提,并且与它相关,人才能达到崇高的理念。"这个存在者",应该是指崇高理念。即康德把崇高理念看作一种存在者,它有独立的表现和作用,因此不仅能在自然中表现出威力,还能通过我们心灵的能力而造成敬重感。

本节要点:力学上的崇高指自然界的威力现象,能克服威力的是强制力。威力本身是可怕的,但如果不去抗拒这个威力,或不处于威力之下,就不必担心后果,因此可以不害怕。与此相关的现象是,当人们身处安全之处时,就可以观赏自然的狂暴现象。在这种知觉中,一方面对自然力量感到敬畏,另一方面对自己一定程度上掌控自然现象(包括躲避)的能力,对自己具有超越感性的理性能力而感到优越。所以崇高本身不是自然所具有的,而是人内心中的,是关于"人评判自然威力的能力的优越性"的自觉。这种见解是中肯的。自然本身无所谓崇高,只是人能形成崇高感,才把引发崇高感的自然现象称为崇高的,进而名词化为"崇高"。

第29节 关于自然的崇高者的判断的模态

[第1段] 从略

[第2段] 心灵对于崇高者的情感的情调,要求心灵对于理念有一种感受性;因为正是在自然对这些理念的不适合中,因而惟有在这些理念以及想象力把自然当作这些理念的一个图型来对待的这种努力的前提条件下,才有对于感性来说吓人的,但同时又吸引人的东西,自然对这些理念的不适合,即自然现象不是理念的感性显象,而属于自然的感性也不能把握理性理念。但想象

力努力要把自然当作这些理念的一个图型，即想象力以这些自然现象表示着、象征着理念。以这些理念和想象力的努力为前提条件，才能形成崇高感，从而是令人愉悦的、吸引人的。因为这是理性施加于感性的一种威力，只是为了与理性自己的领域（实践的领域）相适合地扩展感性，并使感性眺望那对它来说是一个深渊的无限者。这些自然现象都是感性本来把握不了的，于是就形成了理性出场的需要。即在感性感觉中领悟到理性的内涵，感性在理性的引导下来总括整体，展望无限。这可以视为理性对感性的引导、提升；在理性的引导下，感性可以达到这种境界，形成这种状态。事实上，没有道德理念的发展，我们通过文化的准备而称之为崇高的那种东西，对于未开化的人来说就将显得是吓人的。这里表现出是否有更高认识能力的差距，同时也显示出，作为内隐感性判断基础的认识能力主要指文化方面的认识。

［第3段］但是，即使对自然的崇高者的判断需要教养（比对美者的判断更需要），它却并不由此就正是首先从教养中产生出来的，并不是仅仅符合习俗地在社会中被采用的；相反，它的基础在于人的本性，崇高感需要更多的教养，崇高判断则是人的一种本性的能力。不过，这种本性应该不仅是指自然本性，还包括教养出来的禀赋。确切地说在于人们以健康的知性能够同时向每个人建议和向每个人要求的东西，也就是在于对（实践的）理念的情感亦即道德情感的禀赋。这种本性与前面所说心灵的使命大致相当，在正常知性下，可以必然地发展到理性，即形成理念的情感、道德的情感。

［第4段］于是，在这上面就建立起别人对崇高者的判断赞同我们的判断的必然性，上段所说是崇高判断必然性的根据。由于崇高判断是人的一种本性，所以别人对崇高者的判断必然与我们的判断相一致。这种必然性是我们同时一起包括在我们的判断

之中的。我们的崇高判断同时具有可被别人赞同的必然性。……但是，这两者都是我们要求于每个人的，并预设每个人只要具有一些教养就都有的："这两者"，应该指对美者的判断和对崇高者的判断，在所有人那里都可要求有必然性。其区别在于，由于在前者中判断力把想象仅仅与作为概念能力的知性联系起来，所以我们直截了当地要求每个人具有前者，而由于在后者中判断力把想象力与作为理念能力的理性联系起来，……所以我们只是在一种主观的前提条件（但我们相信自己有权可以向每个人建议这种前提条件），亦即人心中的道德情感的前提条件下才要求后者，因而就也把必然性赋予这种审美判断。对崇高者的判断要与理性联系起来，所以要在别人也具有必要道德情感的前提条件下才能对他要求必然性。在这种条件下就可以把必然性赋予对崇高者的内隐感性判断。

[第5段] 在审美判断的这个模态中，因为这种必然性恰恰在这些审美判断上标明了一个先天原则，内隐感性判断的必然性模态，对于判断力批判来说是一个重要的契机（要素、要点），正是这种必然性为内隐感性判断表明了先天原则，并把它们从经验性的心理学中提升出来——否则它们就会依然被埋没在欢乐和痛苦的情感之下（只不过附带有精致的情感这个什么也没说的修饰词）——以便把它们并凭借它们把判断力归入以先天原则为基础的判断一类，但又将它们作为这样的先天原则纳入先验哲学。这里有五个"它们"，其具体所指有点模糊。第一个和第二个"它们"，在"曹译本"中为"审美判断"，(437) 即内隐感性判断。即，由于有了必然性这个先天原则，才能把内隐感性判断力从经验性的心理学中提升出来，即从经验性的心理现象中提升出具有必然性的先天原则。但如果其余三个"它们"也是指内隐感性判断，则显得有点勉强。暂且存疑。

本节要点：对美者的鉴赏判断的必然性建立在反思想象力与知性因素的联系上，因此可以是同自然感知（基准理念）相关的；对崇高者的鉴赏判断的必然性建立在反思想象力与作为理念能力的理性的联系上，需要有更多、更高的文化道德教养。以这种文化道德教养为前提，崇高判断的一致性是必然的。

反思性的审美判断力之说明的总附释

［第1段］从略。

［第2段］适意者作为欲望的动机，……因此，在评判其对心灵的影响时，事情仅仅取决于魅力的集合（同时的和相继的），而且仿佛是仅仅取决于适意的感觉的总量；因此，这种适意的感觉就只能通过量来使人理解。所谓适意者，即引发适意感的具体事物，并不是在这个事物中存有一个抽象的可称之为适意者的东西。引发适意感的事物，不论在自然属性上是属于哪一类，其对心灵的影响仅仅在于利害性的刺激。有的事物给人的刺激性快感更强一些，有的更弱一些，由此显现出量的不同。它也不使人有教养，而是属于纯然的享受。适意感是自然性、生理性的，所以是纯然的享受，与人的道德、理念没有直接的关系。与此相反，美者要求客体的某种质的表象，这质也可以使人理解，并且付诸概念（尽管美者在审美判断中并不付诸概念）；而且使人有教养，因为它同时也教人注意在愉快情感中的合目的性。与适意者不同，美者不是纯然的生理性的愉快。"客体的某种质的表象"，指内隐感性表象，人可以理解即接受这种质的表象。"付诸概念"，指对象的表象要在一定的概念框架之中，例如是马的表象还是牛的表象，被知性概念所限定。"不付诸概念"，指美者的形成不被概念所决定，而是被内隐感性判断所决定。既付诸概念又不付诸

概念，指的是内隐感性判断既与知性概念的判断相区别又被知性概念所框定。崇高者仅仅在于关系，自然表象中的感性东西被评判为对于其一种可能的超感性应用来说适宜的。这句话在"曹译本"中为："崇高只存在于那样一种关系里，在这种关系里自然表象中感性的东西被判定为对于一种可能的超感性使用是适应的。"（437）即崇高判断也同对象结有一种关系，但在这种关系中，自然表象中感性的东西要在崇高判断中被判定为有助于形成超感性的理性。即对自然感性之大的直观已经达到极限，需要呼出理性了。绝对的善，主观上按照它所引起的情感来评判，即（道德情感的客体）作为主体的各种力量通过一个绝对强制性的法则的表象的可规定性，首先是通过一种基于先天概念的、不仅本身包含每个人都赞同的要求，而且也包含其命令的必然性的模态来区分的，而且就自身而言虽然不属于审美的判断力，而是属于纯粹的理智判断力；绝对的善，不是客观的自然对象，而是主观的理念，所以只能在主观上来评判。为什么要按照它所引起的情感来评判呢，因为绝对的善是没有感性显现的，要靠人的情感反应来确定，正像美者要靠愉悦感来确定一样。由于绝对的善要被情感来评判，它也就成为道德情感的客体。但绝对的善作为主体情感的客体，仍是主体主观中的。"主体的各种力量"，可能指主体的多种能力。"绝对强制性的法则"，即要求其必然如何的法则。其"表象"，也许指表现出这种法则的现象。例如崇高的现象中蕴含着这样的法则，而崇高现象的显象即为表象。此处存疑。这句话可参考"曹译本"。（437）它也不是在一个纯然反思性的判断中，而是在一个规定性的判断中，不是被赋予自然，而是被赋予自由。"它"，指绝对的善。绝对的善不是纯然反思性判断的对象，而是规定性判断的对象，它不是属于自然领域，而是属于自由领域。但是，主体通过这个理念的可规定性，确切地说一个能够于自身中在感性上感觉到障碍，但同时把通过克服这种障碍而对这种障碍的优越性感觉为它的状态之变相的主体的可规定性，亦即道德情感，却与审美判断力及其形式条件有亲缘关系，也就是说，这情感可以用来把出自义务的行动的合法则性同时表现为审美的，也就是表现为崇高的，或者也表现为美的，而不损害它的纯粹性；如果人们要把它与适意者的情感置于自然的联系中，上述情况就不会发生。这个"理念"应指"绝对的善"。主体通过这个理念的可规定性，——这个可规定性就是，主体可以在自己内心中感觉到感性的障碍（感性的不足），同时又克服了这个障碍（由感性上升到理性），从而可以把理性对于感性的优越性感觉为自己状态之变相——亦即依据绝对善的理念而对自身内心状态的感觉所形成的感情就是道德的感情（道德的情感来自对自身状态的感觉）。道德情感不同于对美者的情感，它来自规定性的判断，不是来自内隐感性判断，但又与内隐感性判断及其形式条件有亲缘关系。这里的亲缘关系大概指善的理念与内隐感性判断密切相关，甚至相互融合。由于这种亲缘关系，这个道德的感情可以在自己出自本分的、本来的合法则性的同时，还表现为内隐感性的，也就是表现为崇高的或者美的。崇高的和美的都是出自内隐感性判断。所以，表现为崇高的、美的，就是同内隐感性判断相关联。但在做这种关联时，善的理念仍不丧失自己作为理性理念的纯洁性。即善的理念是作为理性理念与美者和崇高者亦即与内隐感性判断相关联。反过来看，是崇高者引出了善，从而引出了理性理念，实现了内隐感性与理性的连接。这样，就以内隐感性判断为中介，实现了知性与理性的连接。但是，如果道德的感情按照自然的即生理性的状况与快适的感情相结合，那就会带有功利性关切，这种事情就不会发生了。

[第3段] 如果人们从对两种审美判断迄今的说明中引出结

论，那么，由此就会得出如下的简要解释：**两种内隐感性判断**，指对美者的和对崇高者的内隐感性判断。

［第4段］从略。

［第5段］崇高的就是通过其对感官兴趣的阻抗而直接令人喜欢的东西。"感官兴趣"，对感官有吸引力的或凭感官而关切的。这里的"兴趣"，不一定是指感兴趣，可能是指有利害性关切。可能是说，崇高判断时所面对的自然对象是威力巨大的，这对感官而言可以引发出利害性关切，但崇高判断不是沿着这一性质的性状向前发展，而是阻抗住其发展并因此而感到愉悦。

［第6段］二者作为对审美的普遍有效的评判的解释，"二者"，指对美者的判断和对崇高者的判断。这二者都要求有普遍有效性，同时又都关系到一些主观的根据，亦即一方面是感性的根据，只要这些根据有利于静观的知性，另一方面是当它们违背感性，相反却对实践理性的目的以及在同一个主体中结合起来的二者来说在与道德情感的关系中是合目的的时候是根据。这种普遍有效性的根据是主观的，前面已经论述过。以此为根据的，一方面是感性；即在此根据上联系到感性，但只是联系到属于感性的静观的知性；即此知性不是以概念去规定对象，而只是起到规制表象的作用。以此为根据的另一方面，是在感性基础上违背感性而与实践理性及道德情感结成合目的性关系。即对崇高者的判断本是感性的，但到了这一高级阶段，却要违背感性而走向理性；此时的趋势、表现符合理性法则，因而是与实践理性的目的及与道德情感的关系是合目的的。此处说明了崇高的合目的性是怎样的，重要。以下从略。

［第7段］人们可以这样来描述崇高者：它是一个（自然的）对象，其表象规定着心灵去设想作为理念之展示的自然的不可及。这里把崇高者称为自然的对象，令人疑惑：崇高者究竟是一

种客观的自然对象还是一种主观内心中的状态？按这里所说，似乎是指客观的自然对象，但由于它是无形式的，因此不能是真正意义上的客观自然对象。这种对象之表象对心灵有诱导作用，使心灵意识到自然感性在展示理念方面的不可及。

［第8段］字面上来说，……如果我们为了直观自然而（以数学或者力学的方式）扩展我们的经验性的表象能力，那么，就不可避免地有理性作为绝对总体的独立性的能力加入进来，并引起心灵的虽然徒劳无功的努力，要使感官的表象去适合这个绝对整体。"经验性的表象能力"，一般指与在场事物相关联的感官感性的直观和知性能力。但内隐感性判断力也可以是经验性的。这可能是说，对自然现象的直观一般是以感官感性进行的，超越感官感性的直观是内隐感性判断力的直观，但它也有局限性；当我们极力以数学或者力学的方式扩展我们经验性的表象能力而对象中的大小之量达到感性所能把握的极限时，心灵中的感性直观能力再怎样努力也无法使用感性的表象去把握这个绝对整体，这时就要有理性理念作为绝对总体的独立性的能力加入进来。或者是：如果我们为了直观自然而（以数学或力学的方式）扩张我们的经验表象能力，作为绝对总体性的独立性（理念）之能力的理性就会不可避免地介入那里，就会激起心意的努力（虽然这是徒劳无功的努力）以想要使感性的表象适合于这个理念。这种努力和理念凭借想象力不可及的情感，本身就是我们的心灵在为了它的超感性使命而利用想象力的时候的主观合目的性的一种展示，并且迫使我们主观上把自然本身就其总体性而言设想为某种超感性的东西的展示，而不能客观上实现这种展示。"努力"，指感性要掌握绝对总体，这是想象力所不可及的。"想象力不可及的情感"，可能指不是由想象力所形成的情感，即不是由美者形成的情感。这种努力和情感（崇高的）是心灵主观合目的性的一种展

示，是心灵为了行使超感性使命而利用想象力时形成的。即超越了感性的表象能力，就需要理性加入，并且激发起想象力所不可及的与理性理念相适配的努力。这时的感情（内在感觉）就在心灵方面具有主观合目的性，这种心灵状态以及与之相对应的现象即自然对象，就是超感性理念的展现。只能在主观上进行这样的展示，客观上不可能。因为崇高感本身是类似于理念的东西。

［第9段］因为我们马上就察觉，无条件者，因而还有绝对的大，都是完全脱离空间和时间中的自然的，但却是为最平常的理性所要求的。"无条件者"，没有客观的、自然的、概念性的限制，因而是先验的、绝对的。这类东西不存在于经验性的自然空间和时间中，而所有的理性理念都是这样的。因此我们也被提醒，我们只是在与作为显象的自然打交道，而这个自然还必须被视为仅仅是一个自然自身（它是理性在理念中拥有的）的展示。人能够经验到的才是能够与之打交道的，人所能经验到的只是自然的显象（不是自然的物自身），是自然自身（自然的物自身，这只能用理性理念加以掌握）的展示。但是，这个超感性者的理念我们虽然不能进一步去规定，因而也不能认识作为它的展示的自然，而是只能去设想，它却在我们心中通过一个对象被唤起，"这个超感性者的理念"，作为理念的这个超感性者。这个超感性者可能与超感性使命相关，不是指一般的理性理念，而是能够决定内隐感性判断具有超感性使命的东西，即内隐感性判断力的基础、根据，或者还可以说是"基底"。我们认识不到这个超感性的理念，也就不能进一步去规定它，即不能以概念来表述它。对于作为它的展示的自然同样不能认识。不能认识即相当于没有。即，人们看不到可展示这个超感性理念的自然对象，因此只能对其存在加以设想，即在思维中觉察它的存在。一般来说，知性的或理性的概念都是可以把握到的，因此可以确定其存在。但对这

个超感性的理念却无法像对待知性和理性对象那样加以把握，因此对其存在也不能以通常的手段加以确定。但是，人们确实可以觉察到它的存在，即通过心中的一个对象而唤起对这一超感性理念的觉察。所谓心中的对象，大概指内隐感性判断力及想象力的对象。即当人在心中对一个对象以内隐感性判断力及想象力加以评判时，就可以觉知到超感性理念的存在。虽然看不到它，不知道它什么样，但觉得应该有个它。这个对象的审美评判使想象力竭尽全力一直到它的极限，对这个对象的内隐感性评判使反思想象力竭尽全力达到扩展的极限（在数学上）及对于心灵的威力的极限（在力学上）。因为这评判是基于心灵的一种使命的情感（道德情感），内隐感性想象力的使命就是要不断地由感性进展到理性。因此，这使命完全超越了自然的领域，鉴于这种情感，对象的表象被评判为主观合目的的。崇高判断的对象之表象之所以能与主体结成主观合目的性关系，不是像美者判断那样是表象与鉴赏判断力直接结成主观合目的性关系，而是与法则的趋向相符合。

[第10段] 事实上，对自然的崇高者的情感，……而尽管对自然的美者的直接愉快同样以思维方式的某种自由性，亦即愉悦对纯然感官享受的独立性为前提条件，并对它加以培养，但由此得到表现的却更多的是游戏中的自由，而不是在一种合法的事务之下的自由；对美者的愉快的自由性，指鉴赏判断不被概念所规定，其活动是自发的，不是按照使命的法则行事。后者是人的道德的真正性状，在这里理性必须对感性施加强制力，只是在关于崇高者的审美判断中，这种强制力被表现为由想象力本身作为理性的一个工具来实施的。"后者"，指崇高判断即对崇高者的判断。崇高感体现出人的道德性。理性对感性施加强制力，指理性一定要超越感性。这种强制力表现为，想象力是作为理性的一个

工具在对崇高者的内隐感性判断中实施的。想象力本身不是理性，而是要达到理性，所以是理性的工具。

[第11段] 因此，对自然的崇高者的愉悦也只是消极的（与此不同，对美者的愉悦是积极的），对美者的愉悦是在鉴赏判断中直接形成的，愉悦感与鉴赏判断的关系以及与对象之表象的关系是正相关。但对崇高者的愉悦则相反，对象之表象引发的是否定性的恐怖感、不愉快感，因此是反相关。要在这种不愉快感的激发下形成对理性的趋向，即使这时的情感情调与使命的趋向结成合目的性关系，然后才能形成愉悦。所以此时的愉悦相对于美者来说是消极的。也就是说，是想象力的自由被它自己剥夺的情感，因为想象力是按照另外的法则，而不是按照经验性应用的法则被合目的地规定的。在对崇高者的判断中，想象力丧失了在美者判断中的自由，是按照另外的（理性使命的）法则结成合目的性，即被合目的地规定。这种合目的性的法则不同于经验性应用的法则。这里的经验性应用可能指在对美者的鉴赏中的应用。这种消极的愉悦就是想象力的自由被剥夺后（又另行引发的）情感。由此，它获得了一种扩展和威力，这威力比它牺牲掉的威力更大，但这威力的根据对它自己来说却是隐藏的，它所感到的不是这根据，而是牺牲和剥夺，同时还有它所服从的原因。"它"，指想象力。由于消极情感的这一过程，想象力获得了比自己牺牲掉的（自由度）更大的扩展和威力。但是，这一威力的根据是想象力所认识不到的。因为这一威力来自理性，而想象力把握不了理性。想象力感不到威力的根据，只能感到自己（自由度）的牺牲和被剥夺。"它所服从的原因"，大概是指使命感，是对理性的趋向。即使面对令人恐惧的自然现象，在观看者知道自己处于安全之中时，这都不是真正的畏惧，而只是试图凭借想象力使我们参与其中，以便感到这同一种能力的威力，并把由此激起的心灵

活动与心灵的宁静结合起来，这样来胜过我们自己心中的自然，因而也胜过我们之外的自然，可以给人造成危害、引发恐惧感的自然威力现象在不对人造成实际危害的条件下，可以给人一种想象的威力。人在安全条件下能够以宁静的心灵（平和的、观赏的心境、态度）感受到这种威力。"胜过我们自己心中的自然"，可能指超越了感性想象力；"胜过我们之外的自然"，可能指人对自然威力现象的超然态度，人不惧怕这些威力现象。这些结果的前提条件是，如果这自然能够对我们的惬意情感有影响的话。因为依据联想律的想象力使我们的满意状态在物理上有所依赖；但恰恰这想象力按照判断力的图型法的原则（因而就它从属于自由而言）却是理性及其理念的工具，但作为这种工具却是坚持我们对自然影响的独立性的一种威力，即把在自然影响上大的东西蔑视为小的，这样把绝对大的东西仅仅设定在他（主体）自己的使命之中。依据联想律的想象力是自然物理性（物质性）的、利害关系中的。"按照判断力的图型法的原则"进行的想象力，是规定性判断的、知性的。"图型法"形成的想象，是感官感性的抽象状态，类似于格式塔心理学所说的"完形"。"从属于自由"即从属于理性。知性想象力要服从理性，是使感性达到理性的途径、方式，所以是理性及其理念的工具。想象力作为这样的工具，是一种在面对自然影响时能坚持自己独立性的威力。即，这种想象力也有一种强大的力量，能够在自然威力面前保持自己的独立性（不被自然威力所征服），能够想象出绝对大的东西，从而把自然状态中大的东西视为小的。当然，这种绝对大的东西仅仅是在主体中按照使命的法则设定的。为什么要按照判断力的图型法的原则呢？按照这一原则，想象力就是知性的，不是内隐感性的，而崇高判断及其想象力是内隐感性的。或许，康德是要以此表明崇高判断在知性与理性之间的中介作用。所以下面就讲到内隐感性判断的作用。审美判断力把自己提升到与理性相适合（但无须一个确定的理念概念）的这种反思，甚至通过想象力即便有最大的扩展也对理性（作为理念的能力）在客观上的不适合，仍然把对象表现为主观上合目的的。"与理性相适合"，即与理性（整体的理性，不是具体而确定的理念概念）相关联、相连接，而不是与理性相当、平起平坐。内隐感性判断力把自己提升到与理性相连接的这种反思，是按照使命的法则把对象表现为主观上合目的的，虽然想象力即便有最大的扩展也不能在客观上适合理性（实践理性）。即想象力再怎么扩展也不能在客观上达到对理性的掌握（展现、表达），但内隐感性判断力可以在反思中，按照使命的法则在趋向上与理性结成合目的性关系。

［第12段］人们在这里一般而言必须注意上面已经提醒过的东西，即在判断力的先验美学中必须只谈论纯粹的审美判断，因而不可以从这样一些以关于一个目的的概念为前提条件的美的或者崇高的自然对象中提取例子；"先验美学"，先验的内隐感性学。"纯粹的审美判断"，不以具有客观合目的性的概念为前提的内隐感性判断。以一个目的的概念为前提条件的美的或崇高的自然对象应该是不存在的。实际上是说，纯粹的内隐感性判断不是以客观目的的概念为前提条件的。因为如果是那样的话，它就会要么是目的论的合目的性，要么是基于对一个对象的纯然感觉（快乐或者痛苦）的合目的性，因而在前一种场合不是审美的合目的性，在后一种场合不是纯然形式的合目的性。可见，上一句所说的"美的"实际上是不存在的。……我们必须仅仅在这个表象下来设定一个纯粹的审美判断赋予这个对象的那种崇高。对崇高者的评判属于纯粹的内隐感性判断，但要在经验性的、感官感性的表象下进行。……而且必须不让与那些目的的一致影响我们的审美判断（那样的话就不再是纯粹的审美判断了），尽管它们

不与那些目的相抵触，这当然也是审美愉悦的一个必要条件。审美的合目的性就是判断力在其自由中的合法则性。"与那些目的一致"指自然的、物理性的合目的关系。这种合目的性不是内隐感性判断的根据。"它们"，指内隐感性判断。内隐感性判断虽然不以自然的客观目的为根据，但也不与其相抵触。客观的合目的性是内隐感性合目的性的必要条件。现实中的情形往往是，在客观上是合目的的，才能在内隐感性判断中是合目的的。"在其自由中的合法则性"，自由，指内隐感性判断的想象力不受概念的规定；合法则性，内隐感性判断的想象力要在知性概念的框架中进行。内隐感性判断的想象力所面对的对象之表象虽然不是概念的，却是符合概念的。表象与概念的吻合是被知性法则所先验地规定的，凡是达到了这种符合的都是合法则的，因此内隐感性想象中表象与概念的符合也是合法则的。对于对象的愉悦取决于我们要在其中设定想象力的那个关系：只是想象力是独自把心灵维持在自由的活动之中的。与此相反，如果某种别的东西，或者是感官感觉，或者是知性概念，规定着判断，那么，这判断虽然是合法则的，但却不是一个自由的判断力的判断了。对于对象的愉悦有多种不同性质，例如有感官性的适意感、善的愉悦感、对美者的愉悦感，对崇高者的不愉快感等。这一愉悦究竟是哪种性质的，取决于想象力与对象的关系。知性想象力形成的是生理性的快适感，鉴赏判断想象力形成的是对于美者的愉悦感。但这里所说，可能专指同崇高者相关的内隐感性想象力。这一想象力与崇高者的关系是我们在心灵中设定的，并不是客观存在的。如果不是这样，而是某种别的、规定判断的东西，就不形成自由的判断力的判断了。此处的"自由"指什么？这一表述非常重要，表明了主体状态对于主客体关系之性质的决定作用。

[第13段] 因此，如果人们谈到理智的美或者崇高，那么首

先，这些表述并不完全正确，因为这是一些审美的表象方式，"理智的"，不特指知性和理性，但可能既包含知性又包含理性，也许泛指清楚的、可确定意识到的智慧性思维，同不确定的内隐感性判断相区别。不能说理智的美者或崇高者，因为这两者都是内隐感性判断中表象方式的产物。如果我们是纯然的理智（或者只是在思想上把我们置入这种性质之中）的话，在我们里面就会根本找不到这些表象方式；如果我们处于以确定的概念进行思维的状态，就不可能形成内隐感性的表象方式。其次，尽管二者作为一种理智的（道德的）愉悦的对象，虽然就它们不基于任何兴趣而言是可以与审美的愉悦一致的，但它们毕竟在其中又难以与审美的愉悦结合起来，因为它们应当造就一种兴趣，"二者"，指美者和崇高者。它们可以引发理智的（道德的）愉悦。即以理智的（道德的）眼光去看待这两者，也会形成愉悦（因为这两者是符合理智、符合道德的）。"它们"，可能是指理智对美者的愉悦和对崇高者的愉悦。以理智的眼光或角度来看待美者和崇高者，也是不基于任何兴趣的，因此可以与内隐感性的愉悦相一致。但理智对美者和崇高者的愉悦毕竟不同于内隐感性的愉悦，因为前者要造就或引发一种兴趣（同利害性关切相关的价值、用途、目的），这显然就与无任何兴趣的内隐感性愉悦不相一致了。当那种展示应当与审美评判中的愉悦相一致的时候，这种兴趣在审美评判中就会永远仅仅通过感官兴趣而发生，人们在展示中把感官兴趣与它结合起来，但这样一来，理智的合目的性就受到损害，它变得不纯粹了。"展示"，"邓译本"为"表现"，（111）"曹译本"为"表象"。（441）一个可能是指前面所说的内隐感性判断的表象方式。即内隐感性判断的表象方式所展示的表象应该与内隐感性评判中的愉快相一致，是没有利害性关切的兴趣的。但这种理解有点自己与自己相一致的嫌疑。所以另一个可能是指理智对美者和崇高者的愉悦所造就的兴趣在现象上的展示。这一展示，本就来自理智对美者和崇高者的愉悦，所以应当与内隐感性评判中的愉悦相一致。内隐感性评判本身是不能有感官兴趣的，感官兴趣也不能发生于内隐感性评判中。所以，这里所说"这种兴趣在审美评判中就会永远仅仅通过感官兴趣而发生"，可能是指理智造就的兴趣是通过感官兴趣即感官功能并且同内隐感性评判相关或相结合而发生的。即这是针对内隐感性评判的愉悦而发生的感官兴趣。内隐感性愉悦形成之后，就是经验性现象界的一个存在，理智可以通过感官来掌握到它。理智之所以要掌握内隐感性愉悦，是出于一定的兴趣或关切；所以理智的感官兴趣是结合着内隐感性评判而发生的。"与它结合起来"一句中的"它"，可能指内隐感性评判。当理智的愉悦与内隐感性评判相结合时，就不是纯粹的理智的合目的性了，即其中加入了内隐感性判断的因素或性质。

[第14段] 一种纯粹的和无条件的理智愉悦的对象，就是在其威力之中的道德法则。纯粹的和无条件的即先验的。"在其威力之中"的"其"似乎应指道德法则，因为理智或理智愉悦不带有威力。但说道德法则在自己的威力之中也不合逻辑，应该是说道德法则本身带有威力。这句话的"邓译本"为："某种纯粹的和无条件的智性愉悦的对象，就是以其强力在我们心中施加于一切和每个先行于它的内心冲动之上的道德法则"；（111）"曹译本"为："纯粹而无条件的理智愉快的对象是正在展示其威力的道德律令。"（441）这样，这句话的意思是，纯粹的和无条件的理智对具有威力的道德法则产生了愉悦。它把这威力在我们心中施加于心灵的一切和每一个先行于它的动机；"它"，指道德法则。先行于道德法则（它）的动机，可能指还没有达到道德法则高度的心灵活动。而且既然这种威力真正说来只是通过牺牲才使

自己在审美上可以认识的（这是一种剥夺，尽管是为了内在的自由，与此相反，它揭示出我们心中这种超感性能力的一种不可探究的深度，连同它那些延伸到无限的后果），牺牲了什么？根据前面的阐述，大概指牺牲了感性的自由想象。牺牲了感性方面的自由度，才可以上升到威力所具有的层次，即在内隐感性评判中被无形式地总括起来，也就是可以被内隐感性判断力所把握。"剥夺"，大概也是指感性的自由想象被剥夺。感性想象的自由被剥夺，是为了获得理性方面的自由；这种理性方面的自由可以揭示出超感性能力的深度和无限广度。所以，这种愉悦从审美方面来看（与感性相关）就是消极的，亦即违背这种兴趣的，理智对美者和崇高者的愉悦从内隐感性判断方面来看是消极的。即内隐感性判断的愉悦是无兴趣的，因此与理智的愉悦所带有的兴趣相违背。同时，内隐感性判断是与感性相关的，而理智不与感性相关，所以理智的愉悦相比于感性的愉悦来说就是不相同的、反面的，亦即消极的。但从理智方面来看则是积极的和与一种兴趣结合在一起的。理智的愉悦是符合理智及其兴趣的，因此是正面的、积极的。由此得出：理智的、就自身而言合目的的（道德上的）善者，在审美上来评判，就必须不是被表现为美的，而毋宁是被表现为崇高的，这里，概念的转移幅度有点大。前面讲的是理智对美者和崇高者的愉悦，这里一下子转换为善者，中间似乎缺少逻辑的过渡。可能在康德的意识中，前者就是过渡性的中介，其目标是达到后者即达到善者。但这里总归是有点含糊，这里的"善者"究竟是外在的有用还是内在的完善，不是很清楚。其实，真正意义上的善者应该存在于理性之中，不能对之进行内隐感性判断。当然，从康德把所有合目的的都称为善的阐述来看，理智对美者和崇高者的愉悦是与理性法则相符合的，即二者间存有合目的性关系，因此可以说是善的，是善者。但这一善者此时还处于内隐感性判断阶段，需要对其进行内隐感性评判。这就形成内隐感性判断的善者，这是一个新的概念，并且形成它与理性之善者之间关系的问题。此点很重要。这时的善者是崇高的，是否可以反过来说，这时的崇高也是善者？如果是，则这一善者即崇高者既存在于内隐感性判断中，又存在于理性中，因此是由内隐感性判断进入理性的中介、路径。此点很重要。这一阐述，从康德体系建构的需要来说的确是非常合适的，但也的确有些牵强。对于由崇高情感过渡到理性的道德之善的过程和机理，康德进一步阐述了崇高情感的性质，以至于它所唤起的更多的是敬重的情感（这种情感鄙视魅力），而不是爱和亲密的爱慕的情感。因为人的本性不是那么自行地，而是唯有通过理性施加于感性的强制力，才与那个善者协调一致。反过来，即便是我们在我们之外的自然中，甚至在我们里面的自然中称为崇高的那种东西（例如某些激情），也只是被表现为心灵的一种凭借道德原理跃升到某些感性障碍之上的威力，并由此而使人感兴趣的。"我们里面的自然"即自然的心灵。显然，康德是承认心灵的自然性的。崇高感这类激情性的东西，是一种威力的表现，这种威力是凭借道德原理而上升到感性之上的，并且使人感兴趣，即具有实践的价值。

[第15段] 我要在后者稍作逗留。带有激情的善者的理念叫做热忱。这种心灵状态看起来是崇高的，以至于人们通常都预先规定：没有它任何伟大的事情都不可能完成。但现在，任何激情都是盲目的，此处有个注释，本书从略。下面将要展开阐述的激情不是崇高的激情，而是盲目的、没有确定目的的。……因为激情是心灵的这样一种运动，它使得心灵没有能力对原理进行自由的思考，以便据以规定自己。虽然崇高也可以说是一种激情，但激情就其本来的性质来说，不能使心灵按照原理进行自由的思

考，以便按照原理规定自己。"原理"，可能指理性的法则。这样的激情可能指非理性的情绪，例如冲动一类。因此，它不能以任何方式配得上理性的愉悦。尽管如此，热忱在审美上还是崇高的，因为它是各种力量由于理念而来的一种紧张，这些理念给予心灵一种比由于感官表象而来的推动更为有力、更为持久得多地起作用的激奋。热忱作为一种激情同善者的理念相关，所以可在内隐感性判断中表现为崇高的。"各种力量"，可能指数学的和力学的力量。这些力量（大小之量）由于达不到理念而形成一种紧张。这些理念在心灵中引起的激奋比感官表象的作用更有力、更持久。但是（这看起来令人奇怪），就连一个顽强地执着于自己那些不变原理的心灵的无激情（Apatheia, Phlegma in significatu bono [冷漠、褒义的迟钝]），也是崇高的，确切地说以高级得多的方式是崇高的，因为它同时在自己那方面拥有纯粹理性的愉悦。这所谓"无激情"，可能指一种平静的心灵状态，同下面所说的无生命的物体相关。如果把崇高归入激情，而无激情的心灵状态如果也被看作崇高的，当然就会显得奇怪了。"它"，指无激情。"拥有纯粹理性的愉悦"，即无激情的心灵状态也可是带有纯粹理性的愉悦的。惟有这一类的心灵性质才叫做高贵的：引发这一类心灵活动的东西才叫作高贵的。"高贵的"这一表述后来也被用在这样的事物上，例如建筑、一件衣服、行文风格、仪表等，如果这些事物所激起的不仅是惊奇（超出期待的新颖性的表象中的激情），而且是惊赞（一种即使失去新颖性也不停止的惊奇）的话，当理念在其展示中无意地、没有做作地与审美愉悦协调一致的时候，上述情况就会发生。理念的展示，即表现出、象征着理念的感性显象。"没有做作地"，大概指不是故意的、生硬的。当理念的感性显象（作为展示理念的表象）自然而然地引发内隐感性愉悦时，即如上面所说的那些东西引发了内隐感性愉悦时，那些东西就被称为高贵的。这里是扩展了内隐感性愉悦的对象。对美者的愉悦来自感性的东西，对崇高者的愉悦来自理性的东西。这种理性的东西其实是具有自然感性特征的，如建筑、衣服。显然，康德是努力把理性与内隐感性判断关联起来。崇高者，一方面来自感性的大小，另一方面指向着理性，由此开始超越感性。但崇高者毕竟没有脱离感性，仍处于感性阶段。这时，通过理智对崇高者的愉悦，开始了二者间的合目的性关系并从中形成了善。在这时，善既有感性的属性，又有理性的属性。这是从激情的角度试图把作为崇高的内隐感性判断与理性关联起来。此点很重要。

［第16段］每一种具有英勇性质的激情（因为这种激情激发起对我们克服任何阻抗的力量（animi strenui［顽强的精神］）的意识）都是在审美上崇高的，这种激情在内隐感性判断上是崇高的。英勇的激情倒是一般生活中常见的，但人们很难把这种激情同绝对之大、总体性等关联起来。……而具有软化性质的激情［它使阻抗的努力甚至成为不快的对象（animum languidum［孱弱的精神］）］自身并不具有任何高贵的东西，但却可以被列为性情的美的东西。"软化性质的"即柔弱性质的，似乎指内在心灵的坚强，有以弱克刚之义。所谓不具有任何高贵的东西，可能是与前面所述雄壮的建筑物相比而言，即在外观上不显示出宏伟强大，因此是内在心灵的即性情的美的东西。由此，能够一直强化到成为激情的那些感动也是很不同的。有勇敢的感动，有柔情的感动。后者在一直上升到成为激情的时候根本没有任何用处；这样一种癖好就叫做多愁善感。柔情的感动要上升为激情才能是崇高的，具有意义；否则就只是一种多愁善感了。对此康德似乎是不赞赏的。……对于严格的义务规范没有感觉，使它不能对我们人格中的人性尊严和人们的权利（它是完全不同于人们的幸福的

某种东西）有任何敬重，使它一般而言不能有任何坚定的原理；"义务规范"可能指在理性法则下的使命，进入理性才能有人性尊严和权利，达不到理性就不能对之有敬意。"坚定的原理"，可能指确定的理性原理。以下从略。

［第17段］但是，即便是猛烈的心灵运动，……即使它们如此使想象力紧张起来，也绝不能要求有一种崇高的展示的荣誉，如果它们不留下一种心灵情调，这情调哪怕只是间接地影响到对它的力量和追求纯粹的理智合目的性带有的东西（超感性的东西）的决心的意识的话。崇高同激情相关，但激情不等于所有猛烈的心灵运动。崇高的激情应该是带有理性理念的，如果不与理性相关，就不能是崇高的表现。因为若不然，所有这些感动就都只属于人们为了健康而乐意有的变动了。紧随在由于激情的游戏而来的这样一种震撼之后的适意的疲倦，就是从我们里面的种种生命力重建平衡而来的对舒适的一种享受；这一看法认知神经美学很赞同。认知神经美学认为，人之趋向于并无实际利害性用途的审美活动，其实是有着内在生命力的实际需要的。审美活动可以激发、振动机体的神经系统，使神经细胞活跃起来，相当于神经细胞的运动。这种活跃状态就是人们感到的兴奋及由此而来的愉悦感。同时，这种神经细胞的振动、兴奋有利于生命活动。按照生命机体活动的机理，兴奋到极点就将转入抑制。这一轮的神经运动虽然已经结束，但它所带来的愉悦感却可以长时间保持。从身体感觉上看，似乎就是震撼之后的适意的疲倦所造成的舒适。此点很重要。……崇高者在任何时候都必须与思维方式相关，也就是说，与赋予理智的东西和理性理念以对感性的支配威力的准则相关。这里强调了崇高的内涵。一般的感性特别是外在的感觉不具有崇高性。

［第18段］人们不必担忧崇高者的情感会由于这样一类在感

性东西上完全否定性的抽象展示方式而丧失掉；崇高者的情感不会因为非感性的、抽象的展示方式而不存在。因为崇高者没有感性对象，不能被感性地表现。崇高者其实是内心中同理性相通（即通向理性，但又不是理性）的一种观念，所以是抽象的。因为想象力虽然超出感性东西之外找不到任何它可以求助的东西，它却毕竟也正是通过对它的限制的这种取消而感到自己是无界限的；想象力都是感性的，因此不能超出感性的东西而有所依靠（即不能有所想象）；"限制"，绝对的大小是感性想象力所不能把握的，因此是对想象力的限制。由于这种限制，心灵反倒可以向着理性上升，这就打破了在想象力方面对心灵的限制，即等于对限制的"取消"。心灵超越了感性而进入总括，但这种总括应该还不是理性，而是即将进入理性。因此，总括阶段大概可称为"准理性"阶段，已经不同于感性，也不是感性想象力所能把握的。但是，如果这里所有的"它"都指想象力，则为：想象力感到自己是无界限的。究竟应该如何理解，下面的阐述可能有所启发。因此，那种抽象就是无限者的一种展示，这种展示虽然正因为此而永远只能是一种否定的展示，但却毕竟扩展了心灵。"抽象"，显示出崇高者的显象本身是感性的，但感性显象本身不是崇高者。崇高者是这种显象中的敬畏的情感；敬畏情感的指向（使命）是达到理性，理性是无限的。因此崇高情感作为一种抽象的东西成为无限者的一种展示。展示，一般说来都应该是感性的，而在这里却是抽象的，因此是一种否定了感性的展示，成为带有抽象性的展示。但其实这时的抽象不是理性理念，而是类似于图型的内在模块。这也是一种内隐认知模块，或可称"内模性感性"。即具有感性特征的内在模块、模板。因此，它还不是实践理性，仍要停留在感性阶段，但又不是具体的、凭感官感受的感性显象。康德所说对感性的超越，最明显的就是对感官感性的超越，进入具有抽象性的内模性感性。此点很重要。崇高是否也包括对这种内模性感性的超越？此处存疑。对感性的超越即是对感性的否定，也是对感性想象力的限制，但却扩展了心灵。由此可知，上句所说"它却毕竟也正是通过对它的限制的这种取消而感到自己是无界限的"，这句话中的第一个"它"应该指心灵，第二个"它"应该指想象力，"自己"指心灵。想象力也是一种心灵能力的表现方式。对心灵能力之"想象力"方式的限制同时就扩展了心灵之另一种方式（抽象的理性）的能力。在犹太人的法典中没有哪段话比这条诫命更崇高了：你不可为自己雕刻偶像，也不可做什么形象，无论是天上的，还是地上的，还是地下的东西，等等。惟有这条诫命才能解释犹太民族在其教化时期与其他民族相比较对自己的宗教所感到的那种热忱，或者解释穆罕默德教所引起的那种骄傲。这条诫命之所以更崇高或更具有崇高性，按照下面的讲述，就是要保持对宗教戒律本身的热忱，而不把对上帝的崇敬、敬畏转移到其他物件上去。似乎是，如果用各种偶像之类的物件替代上帝，就会分散并减弱对上帝的热忱。犹太教可能在这一点上比较突出。同样这一点，也适用于我们心中的道德法则和道德性禀赋的表象。担心如果道德性被剥夺它能够推荐给感官的一切，它在这种情况下就会只带有冷冰冰的没有生气的同意，而不带有任何激动人心的力量或者感动了，这是完全错误的。同犹太教的情形相同，如果过多地以具有感官感性形式的物件来展示道德法则，就可能减弱对道德法则的敬畏。……事情恰恰相反；因为在感官再也看不到任何东西，而不会出错也不可磨灭的道德理念仍然留存下来的时候，就会有必要宁可减弱一种无界限的想象力的激奋，不让它一直上升到热忱，也不出自对这些理念没有力量的畏惧而到偶像和童稚的器械中为它们寻求援助。在对道德法则的态度方面其实是这样的：如果没有感官感性形式而仅留存道德理念，就会有必要减弱感性想象力无界限的激奋（不需要感性想象力无界限地发展并引发感性的激奋），也不到偶像和幼稚的器具中寻求慰藉。"对这些理念没有力量的畏惧"，感性想象力把握不到理性理念，即在这方面没有力量，并由此感到畏惧。因此，就连政府也乐意允许让宗教去大量供应后一种附属品，并力图这样来解除他的臣民把自己的心灵力量扩张到人们为他专断地设定的限制之外的辛劳，但同时也解除他这样做的能力，这样一来，人们就能够更容易地把他当做纯然被动的来处置了。这里说的是当时的政府同犹太教和道德法则相反的一种做法。即由于上述犹太教表现出的状况（象征上帝的偶像及器具会分散人们对上帝的崇敬），所以政府乐意允许宗教去大量供应这些偶像及器具。这里可能有点历史背景。其意思可能是，在政教矛盾或冲突的情况下，政府要以这种方式分散并减弱教廷的力量。"他的臣民"，即国王的臣民。"人们为他专断地设定的限制"，国王为臣民专断地设定的限制，即国王的专制政策。可能是指，政府（国王）希望其臣民只忠实于自己的专制，不要忠实于教廷；但显然臣民对教廷是很崇敬的，表现为在政府专制之外的"辛劳"。政府允许大量地供应偶像之类器物，就可分散臣民对教廷的崇敬。解除他这样做的能力，大概是指臣民崇敬并忠实于教廷的能力。这样，这些臣民就容易被动地被政府所驱使了。

[第19段] 与此相反，道德的这种纯粹的、提升灵魂的、纯然否定的展示并不带来任何狂热的危险，狂热是一种想要超出感性的一切界限看到某种东西，亦即按照原理去梦想（凭理性飞驰）的妄念；这正是因为，展示在感性那里纯然是否定的。"否定"，指对感性的否定。"原理"，理性法则。狂热是一种妄念，指不受制约的、虚妄的念头。狂热如果超出感性、否定了感性，就没有了感性的制约。否定了感性，可以有正常的理性，也可能

有虚妄的狂热。因为自由理念的不可探究性完全切断了一切积极展示的道路，但道德法则就自身而言在我们里面是充分地并且原初地进行规定的，以至于它根本不允许我们在它之外去寻求一种规定根据。"不可探究性"，即无法以概念加以表达，当然就不能有正面的、直接的展示。道德法则本来就存在于人的心灵中，因此它自身就是自身的规定根据，不能在它之外寻找规定根据。如果热忱可以和狂想相比的话，那么狂热就可以与荒唐相比。其中后者是一切事物中最不能与崇高者相容的，因为它是想入非非的和可笑的。在作为激情的热忱里面，想象力是无拘无束的；在作为根深蒂固的、冥想的热情的狂热里面，它是没有规则的。前者是暂时的偶然，最健全的知性有时也会遇到；后者则是一种病症，它会破坏最健全的知性。"前者"指热忱，是肯定性的。热忱有时可能是狂想的，但这是正常的。"后者"指狂热，是破坏性的。

[第20段] 纯朴（没有做作的合目的性）仿佛就是自然在崇高者里面，甚至也在道德里面的风格，道德是一个（超感性的）第二自然，我们只知道它的法则，但却不能通过直观达到我们自己心中包含着这种立法的根据的那种超感性的能力。第一自然是感性的自然界，是物质的；第二自然是超感性的自然界，是心灵的。对第一自然人们可以直观，对第二自然就只能知道其法则而无法直观，也不能通过直观而发现那种超感性的能力。这里所说的"超感性"，一个可能指第二自然的超感性，另一个可能是指作为知性和理性基底的超感性，即作为道德立法根据的那种能力。

[第21段] 还要说明的是：尽管对美者的愉悦和对崇高者的愉悦一样，都不仅仅是通过普遍的可传达性而在其他审美评判中判然有别，而且还通过这种属性而与社会（愉悦在其中得以传

达）相关获得一种兴趣，"其他审美评判"，可能指具有质料性的内隐感性判断，例如对适意者的评判。"这种属性"应该指普遍的可传达性。与社会相关的兴趣，例如前面说到对美者的判断在社交方面引起的兴趣。尽管如此，毕竟就连与一切社会的脱离也被视为某种崇高的东西，如果这种脱离是基于不顾一切感性兴趣的理念的话。与一切社会的脱离，可能指与指周边其他东西无关。这里所说"社会"，应该不仅指人际社会，而是类似于生态圈的社会。如果这种脱离是基于理念的（理念不顾及感性兴趣），就可被视为崇高的。自给自足，因而不需要社会，但却不是不合群，亦即不是逃避社会，这就是某种近乎崇高的东西了，对需求的任何超脱亦是如此。道德、崇高的规定根据在其自身，不需要有别处的规定根据，因此是自给自足的。"需求"，可能指利害性的需求。这里说是近乎崇高，那就是还没达到崇高。以下从略。

*　　　*　　　*　　　*　　　*　　　*

[第22段] 人们也可以把对审美判断现在详细阐述过的先验说明与诸如博克和我们中间许多思想敏锐之士曾探讨过的生理学说明比较一番，以便看出一种纯然经验性的说明会导向何处。康德所阐述的崇高是先验性的，博克等人所阐述的崇高是经验性的、生理学的。康德以这种比较显示出内隐感性判断力与生理学阐释的不同。以下从略。

[第23段] 但是，如果把对于对象的愉悦完全设定在对象通过魅力或者通过感动使人快乐这一点上，魅力和感动是利害性的、生理学的，不具有普遍性。以下从略。

[第24段] 因此，如果鉴赏判断必须不被视为唯我主义的，而是根据其内在本性，亦即由于它自己，而不是由于别人从自己的鉴赏中提供的例子，必然地被看做多元主义的，如果人们把它评价成一个可以同时要求每个人都应当赞同的判断，那么，它就

必须以某个（不论是客观的还是主观的）先天原则作为基础，"唯我主义的"，即非普遍性的、个人的。"由于它自己"，指鉴赏判断自己。"别人从自己……"，指别人自己。鉴赏判断基于心灵内在的规定根据，不是以主体自己的经验事例为根据。鉴赏判断的普遍性必须来自先天原则，以区别于后天的经验，也区别于感官的、欲求的活动。这个先天原则是人们通过探查心灵变化的经验性法则所永远也达不到的；心灵的经验性法则无法提示先天原则。因为这些经验性的法则只是让人认识判断是如何作出的，而不是要求判断应当如何作出，确切地说，这要求根本就是无条件的；这类要求是鉴赏判断以之为前提条件的，因为鉴赏判断要懂得把愉悦与一个表象直接地联结起来。"无条件的"，不以自身之外的东西为根据，即先天的，在鉴赏判断自身之中的。这里的愉悦指内隐感性判断无利害关切的愉悦（美感），"表象"指对象之内隐感性表象。在康德看来，对象之内隐感性表象直接同愉悦（美感）相连接，是先天性的，不是被其他什么因素（知性的或理性的）决定的。因此，尽管对审美判断的经验性说明总是作为开端，以便为一种更高的研究提供素材……内隐感性判断其实是从经验性判断入手的，因此经验性的说明是一种素材。但对这种能力的一种先验的讨论却毕竟是可能的，并且在本质上属于鉴赏的批判。

本节要点：对鉴赏判断和崇高判断的特点做出进一步的、全面的综合性说明。二者都是无利害关切的、纯主观合目的性的、具有普遍可传达性的、必然的。鉴赏判断与对象的自然感性形式（但不是感官感性，而是格式性感性）密切相关，依托于意识中与格式性感性形式相关的、基准理念之类的理念；崇高判断与自己主观中的理性道德观念密切相关，是对感性的超越和压制、克服，并凭借在形成主观崇高感时的理性理念与对象形成主观合目的性关系。即崇高判断也需要客体对象的表象和主观中的可与客体表象相匹配的理念。如以理念为单位，则感性的单位即使最大也达不到理性的程度。但感性又极力想要达到，由此产生崇高感。所以崇高感的实质是主观理念。对美者的判断和对崇高者的判断作为内隐感性判断，其本身的形成过程、活动过程都是无利害关切的。当这些判断作为相对独立的东西而存在于社会，即与其他事物发生关系时，倒是可引发一定的关切，即被"有关切地"运用。崇高判断的先验原则也是无条件的存在。

第 30 节　关于自然对象的审美判断的演绎不可以针对我们在自然中称为崇高的东西，而只能针对美者

[第 1 段] 一个审美判断对于对每个主体都普遍有效的要求，作为一个必须立足于某个先天原则的判断，需要一个演绎（亦即它的要求的一种合法性证明），这个要求是无条件的，即没有其自身之外的规定根据，所以要对其合理性加以论证，也就是演绎。这个演绎还必须附加在对这判断的说明之上，也就是说，如果涉及对客体的形式的一种愉悦或者反感的话。如果事关对客体的形式（格式化形式）的愉悦或不愉悦，这个演绎也是对关于自然的美者的鉴赏判断加以说明的一部分。因为在这种情况下，合目的性毕竟在客体及其形象中有它的根据，尽管它并不把这根据与其他对象的关系按照概念指示出来（成为知识判断）；而只是一般地涉及对这个形式的把握，对美者的鉴赏及愉悦感的形成，取决于主体内在的内隐感性想象力（内在直观力）及内隐感性理念与客体格式化形式之间的合目的性关系，即主客体之间内隐感性方式的对应、匹配关系。因此，客体具有的与主体相对

应、相匹配的形式，可成为鉴赏判断在客体方面的根据。但对这种客体的格式化形式，只能采用内在直观的方式加以掌握，不能以概念明晰地表示出来。而对崇高者的判断就没有这类客观方面的根据。这是就该形式在心灵中既与概念的能力也与展示概念的能力（它与把握能力是同一个东西）相符合地显示出来而言的。"该形式"，鉴赏判断对象在与主体结成内隐感性判断关系时所呈现出来的格式化形式。与概念的能力相符合，即按照概念而识别出对象是什么，例如该对象是马还是牛。与展示概念的能力相符合，即意识到、直观到这一符合概念的形式就等于是把概念展示出来。按照康德的阐述，鉴赏判断是以对象的格式化形式为直接对象的，但格式化形式又是以感官感性形式为基础、为依据的。所以说到底，这种展示是感官感性的，只不过不是直接的展示，直接展示的是在这一基础之上形成的格式化形式。以下从略。

[第2段] 惟有自然的崇高者——如果我们对此作一个纯粹的审美判断，它不掺有作为客观合目的性的完善性的概念；在后一种场合，它就会是一个目的论的判断——才可以完全被看做无形式的或者无形象的，对崇高者的判断应该是纯粹的内隐感性判断，即无利害性关切的判断。否则（在后一种场合）就不是内隐感性判断而是目的论的判断了。对崇高者的判断不像对美者的判断那样需要客体形式方面的根据，它是无形式的，因为崇高感只能存在于内心中。尽管如此，但仍被看做一种纯粹的愉悦的对象，并且表明被给予的表象的主观合目的性；由于崇高的情调是趋向着理性的，客体的表现与这种趋向相符合，二者之间是主观合目的性的关系，因此可引发这一关系上的愉悦感；对象之表象因此是纯粹愉悦的对象。以下从略。

[第3段] 对此的回答是：自然的崇高者只是非本真地如此称谓的，而真正说来它必须仅仅被赋予思维方式，或者毋宁说赋

予人类本性中这种思维方式的基础。这是对上段问题的回答,表明,所谓自然中的崇高者,不是真实的、客观的存在物,而是基于人类思维方式(内隐感性判断方式)的存在物。即崇高者是人在进行内隐感性判断时设想出来的。此点很重要。意识到这种基础,对一个通常无形式的和不合目的的对象的把握仅仅提供出诱因,该对象以这样的方式被主观合目的地运用,但却不是作为这样一个对象独立地,并由于它的形式而被判断(仿佛是 species finalis accepta, non data [被接受的,而不是被给予的目的概念])。作为崇高判断对象的客体只是提供出诱因,使人形成主观的崇高判断。崇高判断的对象没有感性形式,不能以感性形式与主体结成合目的性关系,所以是不合目的的。因为是无形式的,所以不是作为对象的独立的存在,也不能作为独立的存在物被判断。因此,我们对关于自然的崇高者的判断的说明同时就是它的演绎。因为只能这样证明,没有另外的根据为证明。因为如果我们对这些判断中的判断力的反思加以剖析,那么,我们在它们里面就将发现诸认识能力的一种合目的的关系,这种关系必须被先天地奠定为目的能力(意志)的基础,因而本身就先天地是合目的的:"它们",指对美者的判断和对崇高者的判断,它们都属于内隐感性判断。"诸认识能力",应指内隐感性判断力的想象力(内在直观力)和知性因素。"合目的的关系",指内隐感性判断中客体之表象与主体诸认识能力之间的关系。这种关系是先天地合目的的,必须被先天地奠定为客观目的(意志)的基础。即内隐感性判断是目的论判断的基础。作为这个基础,当然具有重要性,所以要对其合法性根据加以证明。于是这马上就包含着那个演绎,亦即这样一类判断对普遍必然有效性的要求的辩护理由。这种先天的合目的关系需要有辩护理由。

[第4段] 因此,我们需要寻找的将只是鉴赏判断的演绎,

亦即关于自然事物之美的判断的演绎，并且就这样在整体上为全部审美判断力来完成这个任务。对崇高者的判断不存在客体与主体之间的对应匹配关系，即不存在二者间合目的性的关系。这种关系只在对美者的判断中存在。因此只能针对对美者的鉴赏判断的深层根据加以探究。对美者的鉴赏判断是内隐感性判断的典型代表，也是其最重要的部分，对它的演绎证明就是对全部内隐感性判断力的演绎证明。

本节要点：演绎即其合理性的证明，是对其根基、根据的发掘。演绎只能用于对美者的鉴赏判断。只有这一鉴赏判断的合目的性才可以进一步地在其客体及其形象中找到根据。崇高判断是无形式的，所以不是作为对象的独立的存在，也不能作为独立的存在物被判断。因此，对崇高的阐述本身就是证明，也只能这样证明，用不着对崇高再做另外的演绎。崇高判断中的主观合目的性关系只能被发现，不能被解释，因为它没有更深层的根据了，它就是原点、元点。但对鉴赏判断的探究还可以再进一步，而且这一步非常重要，是全部内隐感性判断力的根基。

第31节 鉴赏判断的演绎的方法

［第1段］惟有当判断提出必然性的要求时，才会出现一类判断的演绎，亦即保证其合法性的责任；"必然性"，可能指判断的根据在其自身，没有另外的根据，自身就是必然如此的。"一类判断"，即这一类对美者的鉴赏判断。这里康德是重申了前面对鉴赏判断的规定性。以下从略。

［第2段］既然我们在后面这种场合所面对的不是任何知识判断，……为一般判断力而必须阐明的，将只是表述一个对象的形式的某个经验性表象之主观合目的性的一个单称判断的普遍有

效性，以便解释，某种东西仅仅在评判中（无须感官感觉或者概念）就能够让人喜欢，而且就像为了一般知识而对一个对象的评判具有一些普遍的规则一样，每一个人的愉悦也都可以对每个他人来说被预示为规则，这是如何可能的。"一般判断力"，指内隐感性判断力。"对象的形式"，逻辑的、格式化形式，不是感官感性形式。"经验性表象"，内隐感性判断力在现实中的运用、活动是经验性的，这一活动要有客体的对象，这一对象是以表象与内隐感性判断力相对应的，即主体和客体之间的主观合目的性关系。这种经验性活动（鉴赏判断）是由个人进行的，所以是单称判断。虽是由个人进行的单称判断，却具有普遍有效性。为鉴赏判断作出的演绎，就是要论证这一普遍有效性的合法性、必然性。"仅仅在评判中"，仅仅在鉴赏判断力的评判中。鉴赏判断是内隐的，因此其对象的表象不依赖感官感性的感觉，也不能用概念加以规定。何以这种合目的关系中的表象就能够让人喜欢，这是需要做出演绎的。"为了一般知识而对一个对象的评判"，应指知性的规定性评判。即以知性的认识方式对一个对象加以评判。这种规定性判断要有一些普遍的规则；与此相似，鉴赏判断也要有某种普遍性的规则。但知性的规定性判断是具有客观性的，所以具有普遍性很正常；而鉴赏判断中的愉悦感是个人的，却也要求有普遍性的规则，这是如何可能的，需要经过演绎来论证。

[第3段] 现在，如果这种普遍有效性不应当是建立在搜罗选票和到处向别人询问其感觉方式上面，而是仿佛基于对（在被给予的表象上的）愉快情感作出判断的主体的一种自律，……那么，这样一个判断——就像鉴赏判断实际上所是的那样——就具有一种双重的而且也是逻辑的特性，"这样一个判断"，指内隐感性判断。"双重的"，指从两方面来看的。"也是逻辑的"，指同逻辑相关的，或按照逻辑应该如此的，并不是指内隐感性判断也是逻辑判断。……

但这种必然性毕竟不依赖于先天的证明根据，似乎通过这些根据的表象就能够强求鉴赏判断向每个人所要求的那种赞同。内隐感性判断的必然性当然也是先天的，但这一先天的必然性是自己为自己证明的，不依赖另外的一种先天的证明根据。所谓另外的一种先天的证明根据，是指在鉴赏判断之外另有一种根据，它以表象的方式让每个人都形成被强求的赞同。即鉴赏判断是主体以鉴赏判断力与对象之内隐感性表象结成合目的性关系，内隐感性愉悦由此形成，并不是因对象之表象中的什么根据而形成。例如不是因对象之表象中存有"美本质"或"美本身"而形成。

[第4段] 如果我们在这里一开始就抽掉鉴赏判断的一切内容，亦即愉快的情感，并仅仅把审美形式与客观判断的那种由逻辑学规定的形式相比较，"审美形式"，即对象的内隐感性表象所具有的形式。这一形式只能形成于客体对象之表象与主体内隐感性判断力的关系中，不是由逻辑学规定的形式，不是知性的形式。以下从略。

本节要点：鉴赏判断需要回答的问题是：普遍性、必然性不是来自客观、概念，而是先天的、无条件的，这为什么可能？其实这是按照逻辑做出的推论，由此阐述了一个鉴赏判断与一切知识判断的区别。这一逻辑性如此重要，需要对其加以解析才足以成为这种特殊的能力的演绎。下面就是从逻辑角度进行的辨析。

第32节　鉴赏判断的第一特性

[第1段] 鉴赏判断就愉悦（作为美）而言规定自己的对象，要求每个人都赞同，就好像它是客观的似的。愉悦作为美，即作为对美者的愉悦。鉴赏判断在这里专指对美者的判断。假如没有对客体对象之表象形成关于美者的愉悦，就不能说该表象是美

的，该表象也不能是鉴赏判断的对象。显现出表象的对象仅只是相对于鉴赏判断才成立的，所以是鉴赏判断在自己规定自己的对象。鉴赏判断是主观的，但在具有普遍性方面与客观判断相似。

［第2段］说这朵花是美的，就等于只是照着说这朵花有自己对每个人都愉悦的要求。这里表现出鉴赏判断与逻辑判断（规定性判断）的不同。如果只是看着花说，这朵花是美的，所运用的就是逻辑判断，是在用外在的概念来表述一个事件，具有客观的普遍性；而鉴赏判断是对一个客观对象之表象的内隐感性性状在内心中加以评判。亦即，把内心的内隐感性评判结果用概念表述出来就是逻辑判断了。这里暗含着一个前提，即这朵花客观上可以让每个人都感到愉快。它却根本不由于自己的香气而提出什么要求。香气不对引人愉快的普遍性提出要求，因为对香气的感受是感官性的，不同的人都可以具有自己出自生理性构造的敏感性，不具有内隐感性性，也不能具有普遍性。为什么花有这样的普遍有效性呢？除了美必须被视为花本身的一种属性，这句话康德是正面表述的，容易使人以为花中存有叫作"美"的属性，即存有"美本身""美本质"。但康德从来没有对事物中存有"美"属性进行过阐述，其一贯的表述是"美者"，即美的对象、美的事物。如果美的事物中存有"美"，则对事物之表象的鉴赏判断然就不是内隐感性判断的方式而是知性或理性的方式了；就不需要内在心灵以诸认识能力与对象之表象的内隐感性性状结成合目的性关系，只需把对象中的"美"属性凭知性或理性感出来就行了。所以，说花中有美的属性，应指花具有使人形成美感的性质，这种性质不是"美本质"，而是可与主体鉴赏判断结成合目的性关系的内隐感性性质。这种属性要以同主体的合目的性关系为条件，不是一种固定的、抽象的存在。因此，美学研究不是要找出"美"是什么，而是要研究对象与主体鉴赏判断的对应匹配

关系。所以康德说，所谓"美"这种属性并不以这些头脑和如此之多的感官的不同为准，而是这些头脑和感官如果要对它作出判断的话，就必须以它为准之外，人们应当从中猜测出别的什么吗？对象之表象与主体鉴赏判断之间的合目的性关系是先天的。这似乎等于说，对象先天地就具有可以是"美的"的根据。当人说"它是美的"时，就是按照这种根据（以它为准）而凭着头脑和感官做出判断。但即便是这样地做出这样的解释，仍有掉入客观论的嫌疑。从鉴赏判断好像是客观的似的这一特性，人们可能会猜测性地以为花本身中存有美。但这类猜测都是不正确的，所以康德明确说，而事情却不是这样。这就明确否定了上述关于美的属性的说法，事物中并不存在美的属性。因为鉴赏判断恰好就在于，它只是按照这样一种性状才把一件事物称为美的，在这种性状中，该事物以我们接受它的方式为准。这句话非常非常重要。如果对花的逻辑判断要以花中美的属性为根据，就等于说花客观地就具有美的属性。即使按照我们所解释的那样，美的属性就是能引发美感的属性，也还是容易把事物的这种属性与客观性联系起来，似乎美的属性是客观的。而康德的这段阐述表明，对象之表象的内隐感性性状并不是客观的、固有的，而是按照我们接受它的方式而具有的。这句话的"曹译本"为："在这种性质中事物是按照我们摄取它的方式呈现出来的"。（450）这里显示出康德的重要思想：随着主体的状态不同，客体呈现出不同的属性。所谓认识方面的"哥白尼式的革命"，就是把以客观为根据的传统认识论转换为以主观为根据的认识论。主体对客体对象采用什么样的摄取方式，对象事物就呈现出什么样的性质、性状。20世纪初西方盛行的审美态度理论认为，当人对事物采用审美态度时，该事物就是美的。康德应该是审美态度理论的先驱。同样道理，如果人对事物采取利害性态度，该事物就只具有利害性价值，不具有审美价值。这是符合审美事实的，只是其中的机理一直尚未阐明，现在就是需要对其机理加以深刻而科学的揭示。

[第3段] 此外，对于每个应当证明主体有鉴赏的判断，都要求主体应当独立地作出判断，鉴赏判断是主体在自己心灵中运用内隐感性判断力与对象之表象的内隐感性性状结成主观合目的性关系的活动，不依赖外在的概念，也不能依赖别人的判断。……但是，人们应当想到，一个先天判断必须包含着关于客体的一个概念，它包含着对这个客体的认识的原则；但是，鉴赏判断根本不是建立在概念上面的，它在任何地方都不是知识，而只是一个审美判断。"一个先天判断"，指知性判断。知性判断中先天地包含着关于客体的概念及认识原则。鉴赏判断不与概念相关，因此不是对知识的认识，而是内隐感性判断。

[第4段] 因此，一个年轻的诗人不要因为公众的，……参考"曹译本"的译文，这句话的意思是，诗人开始可能会由于冀图别人的赞扬而去迎合、违心地听从这些平庸的评判（因为这时是年轻的诗人，判断力还不够老练）；只是到了后来，在他的判断力通过练习而变得更加敏锐了之后，他才会自愿放弃他过去的判断；就像他也坚持自己那些完全基于理性的判断一样。鉴赏只提出自律的要求。鉴赏判断是自己给自己找出规定根据。这里的"自律"应指判断力为自己立法，是以判断力为本位。如果把他人的判断当做自己的判断的规定根据，那就会是他律了。鉴赏判断的规定根据在其自身，不能在别处，这是鉴赏判断的特性，是康德反复阐述的。

[第5段] 人们有理由把古人的作品称颂为典范，……这似乎是指示了鉴赏的后天来源，反驳了鉴赏在每个主体中的自律。古人的经典性作品往往是后人鉴赏的典范，人们还往往按照古人的典范进行艺术创作，就好像这些典范为人的鉴赏判断立法。如

果是这样的话,鉴赏判断就不是先天的而是被后天因素决定的,这就否定了鉴赏的先天性,也否定了鉴赏的自律。但其实不是这样,古典作品的典范只能影响到后人的知觉,不能直接决定其内心的鉴赏。由于鉴赏是每个人单独进行的,所以是每个主体中的自律。……也证明了我们这方面的一种模仿的理性和理性的一种无能,即不能从自己本身中凭借最大的直觉通过概念的构建产生出严格的证明来。"证明",可能指对于数学定理之类的证明。数学定理是先天的,它就是那样的,无法证明,也无须证明。所以即使是古代最伟大的数学家也无法通过模仿或通过概念的构建来对先天的定理加以证明。这里根本没有我们各种力量的任何运用,"各种力量",可能指知性或理性的能力。……与一个在先行为相关的追随,而不是模仿,才是一个示范性的创始人的产品对别人所可能具有的一切影响的正确表述;这只是意味着:从那个创始人自己所曾汲取的同一个源泉汲取,并且只向他的先行者学习在这方面行事的方式。"在先行为",以前的、古人的行为,是后人追随的样板、榜样。模仿是对在先行为的结果照葫芦画瓢;追随则是要学习在先行为的行事方式,即按照先人的行为刻画自己内心的鉴赏能力。从同一个源泉汲取,这里表现出康德很重要的真知灼见:先行者的行为(内隐感性理念)有独特的形成经验和过程,后人只有按照同样的经验和过程才能形成同样的行为(内隐感性理念)。但这是很难办到的。典范是在特殊的行事方式中形成的。但是,在一切能力和才能中间,鉴赏恰恰是这样的东西,由于它的判断不能通过概念和规范来规定,它最需要的是在文化的进展中最长久地维持着赞同的那种东西的榜样,为的是不要马上又变得粗野,跌回到最初的尝试的那种粗糙性中去。鉴赏恰恰就是要学习在先行为的行事方式。鉴赏判断不是规定性判断,它需要的不是按照规定行事而是按照榜样行事。榜样是精细的、高度发展的，有示范性的作用，既提供了相应的行事方式，又提供了表示文化发展程度的样式。后人可以在"在先行为"及其榜样的基础上继续发展。如果不是学习、接受这些榜样，就达不到这些榜样所展示的高度，文化及鉴赏水平将回到或停留在原初粗野的状态。

本节要点：鉴赏判断的第一个特性是，自己单个人对美者的愉悦有普遍性，要求所有人的赞同，就好像是客观的似的。鉴赏判断形成的愉悦，来自摄取对象的方式。这种方式是人所共同的，所以结果应该是共同的。具体的鉴赏能力不是可以用概念来教授的，只可以通过典型的样态、形象来熏陶其他人的感官，即通过同样的认知方式来获取鉴赏能力。

第33节 鉴赏判断的第二特性

［第1段］鉴赏判断根本不能通过证明根据来规定，就好像它纯然是主观的似的。"证明根据"，指客观的、外在的根据，包括别人的判断经验。这句话的表述方式好像表明，鉴赏判断不是纯然主观的。但按照前面的阐述，它应该就是纯然主观的。

［第2段］如果某人认为一座建筑、一片风景、一首诗不是美的，……许多人以同一种方式所看到的东西，对于相信看出不同的东西的人来说，可以用做理论判断，从而逻辑判断的一个充分的证明根据，但绝不能把别人喜欢的东西用做一个审美判断的根据。"同一种方式"，可能指逻辑判断的方式。同样以逻辑判断的方式，有的人可能看出与别人不同的东西。这种与众不同是可以允许的，也可以对此做出理论判断即逻辑判断的证明。但是，内隐感性判断是单称判断，只能在主体个人的内心中进行，因此只能以自己内在的法则为根据，不能以别人的感觉为根据。别人

的不利于我们的判断虽然可以有理由使我们就我们自己的判断而言产生怀疑，但绝不能使我们确信我们自己的判断不正确。因此，不存在任何经验性的证明根据去强迫某人作出鉴赏判断。即便别人的鉴赏判断结果与我们自己不同，但这只能让我们怀疑自己的判断是否合理，而不能说自己的判断不是这样的结果。即如果其他人都把同一件事物评判为美的，而我自己却把它评判为不美的，那只能让我怀疑自己的评判是否合理正确，不能否定自己评判的结果。

[第3段] 其次，更不能用一个先天的证明按照确定的规则来规定关于美的判断。"确定的规则"，客观的、逻辑的规则。"关于美的判断"，不是关于"美"本身、"美"属性的判断，而是关于美者及形成对美者的愉悦的判断。如果某人给我朗诵他的诗，……甚至可能我恰恰反感的某些段落与美的规则（就像这些规则在那里被给出并获得普遍的承认一样）完全吻合；"美的规则"，不是客观的规则，而是指与众多人的鉴赏判断相符合的情形。其他人之得出那样的判断，可能符合鉴赏判断的规则；我的判断即便与其他人按照鉴赏判断规则所得出的结果不同，也不能以别人的判断结果作为我进行鉴赏判断的根据。……而不假定我应当让自己的判断受先天的证明根据的规定，因为它应当是一个鉴赏判断，而不是知性判断或者理性判断。我进行鉴赏判断的根据是先天的，而且这个根据存在于我的内心中。意即鉴赏判断只能依据我内心的状况进行，不像知性判断或理性判断那样依照客观规则进行。

[第4段] 从略。

[第5段] 事实上，鉴赏判断绝对总是作为一个关于客体的单称判断而作出的。知性可以通过把客体在令人愉悦这一点上与别人的判断进行比较而作出一个全称判断；例如，所有的郁金香

都是美的；但这样一来，它就不是一个鉴赏判断，而是一个逻辑判断，它使一个客体与鉴赏的关系成为具有某种一般性质的事物的谓词；我可以评判出郁金香是美的，这一评判性的感觉来自我内心的判断。如果发现所有人都把郁金香评判为美的，并把这一现象、事实用概念表述出来，则这一表述就是逻辑判断了。这种表述相当于把人内心中的评判性感觉当成了郁金香一般的性质。这时，客体与鉴赏判断的关系就不是内在的、单称判断的，而是外在的、逻辑性的。……但它的特性却在于：尽管它只有主观的有效性，它却仍然这样来要求所有的主体，就像惟有当它是一个基于知识根据并能够通过一个证明来强加于人的时候才总是发生的那样。"它"，指鉴赏判断。鉴赏判断只有单称的、主观的有效性；但这种主观有效性却要求在所有主体那里实现。这句话等于说鉴赏判断好像是客观的似的。

本节要点：一般来说，普遍有效性来自客观根据，鉴赏判断的结果是普遍有效的，因此好像是客观的，但其实是主观的。这一节从第一段看，似乎意味着鉴赏判断不是纯主观的。而其实际阐述还是在表明，鉴赏判断的普遍有效性虽是主观的，却像是客观的一样具有普遍有效性。这节涉及鉴赏判断客观性的是，鉴赏判断绝对总是作为一个关于客体的单称判断而作出的，因此不是完全彻底的主观的，也要有一定的客观依据。

第34节　不可能有任何客观的鉴赏原则

[第1段] 人们也许会把一个鉴赏原则理解成一条原理，……因为我必须直接在这个对象的表象上感觉到愉快，而这种愉快是不能通过任何证明根据向我侈谈的。"直接"，主体与客体对象之表象之间的直接对应关系，不经过感性感官和概念的中介。对这

个表象的愉快是直接地在主体内心中形成的，不能通过任何外在的、客观的证明根据。因此，虽然如休谟所说，评论家比厨师更显得能玄想，但他们却和厨师有同样的命运。他们不能指望从证明根据的力量中，而只能指望从主体对他自己的状况（愉快或者不快）的反思中，凭借拒绝一切规范和规则，来获得他们的判断的规定根据。第一句说的是评论家和厨师的相同之处。厨师手艺的好坏要靠食客的评判，不是自己的评判，并且对食物的判断依靠生理性感官；评论家的优劣也要靠大众来评价，所以二者有同样的命运。"玄想"，可能指思辨，对哲理的深刻思考。第二句说的是评论家所应当的情况，或者指大众接受评论家评论的情况。作为对艺术作品进行鉴赏的人，不应该依据评论家的意见，而要在自己的反思中形成自己的评判，这才是作出评判的规定根据。

[第2段] 但是，评论家尽管如此却能够也应当玄想，致使我们的鉴赏判断得到纠正和扩展的东西，并不是要以一个普遍可用的公式来阐明这一类审美判断的规定根据，这是不可能的；使鉴赏判断得到纠正和扩展，可能是指上述非鉴赏判断即不符合鉴赏判断法则的情形。即使接受者得到评论家的纠正和扩展，正确的内隐感性式的鉴赏判断也是不能以普遍可用的公式来阐明其规定根据的。而是要研究这些判断中的认识能力及其活动，并在例子中来分析交互的主观合目的性，"这些判断"，指鉴赏判断。交互的，即主客体之间相互的主观合目的性。关于这种合目的性，我们上面已经指出过，它在一个被给予的表象中的形式就是这表象的对象的美。被人们认识为"美"的东西，就是作为鉴赏判断对象之表象的格式性形式。即在鉴赏判断合目的性关系中，这种形式被评判为美的。因此，鉴赏批判本身就一个客体借以被给予我们的表象而言只是主观的，也就是说，它是把知性和想象力在被给予的表象中彼此之间的交互关系（与先行的感觉或者概念无

关），因而把它们的一致或者不一致置于规则之下，并就其条件而言对它们加以规定的一门艺术或者科学。说鉴赏判断是一门艺术或者科学，其"科学"概念不是指客观合目的性的、规定性判断力的科学，而是指科学性，即符合逻辑性、科学性的推论。康德在第44节中说，既没有美者的科学而只有美者的批判，也没有美的科学而只有美的艺术。这里的"科学"应该是指客观合目的性的科学。康德在下面就谈到了什么是艺术，什么是科学。在对对象之表象进行鉴赏判断时，是按照鉴赏判断的规则把主体方面的认识能力与客体方面的表象这二者之间的关系进行评判（对应、匹配），鉴赏判断赋予对象之表象以内隐感性性状，还能评判出二者之间的一致或不一致。这就等于对主体认识能力和客体表象之性状加以规定，这种规定是主观的。……惟有后者，作为先验的批判，才是我们在这里到处要做的。这句话强调出对内隐感性判断力加以批判的重要性，这一批判特别要揭示内隐感性判断力的先验根据。以下从略。

本节要点：鉴赏的原理及其活动和结果（愉快的情感，美或不美的判断）不是可以凭借概念性的公式性的客观原则推论出来的，只能靠自身的体验。本书正是要研究鉴赏判断活动，尤其是面对表象时，想象力与知性之间交互的主观合目的性关系。

第35节 鉴赏原则是一般判断力的主观原则

[第1段]鉴赏判断与逻辑判断的区别在于：……也就是说，由于想象力的自由正是在于它无须概念而图型化这一点上，所以鉴赏判断就必须建立在想象力以其自由而知性以其合法则性相互激活的一种纯然感觉之上，因而建立在一种情感之上，这情感让对象按照

表象（一个对象通过它而被给予）在对认识能力就其自由游戏而言的促进上的合目的性来评判；这里是对前面的阐述加以重复或再加强调。想象力的所谓自由是指不被概念所规定，因此不是对概念的图型化，而是类似图型化的想象。图型化，一般只用在知性中，这里的用法比较特殊，所以可能是类比的使用。但想象力还是要在一定的范围内进行，这个范围仍是受到知性概念制约的，想象力要符合知性概念所限定的范围。这种符合就是二者间的一致。二者的"相互激活"，可能指二者的相互作用。主体对想象力（内在直观力）在知性因素范围内活动的感觉，就是想象力的自由感。这种感觉作为一种情感，来自对主体认识能力与对象之表象之间的合目的性关系的评判。即这种合目的性关系使得想象力被评判为自由的，因而形成一种情感。而鉴赏作为主观的判断力，就包含着一种归摄原则，但不是把直观归摄在概念之下，而是把直观或者展示的能力（亦即想象力）归摄在概念的能力（亦即知性）之下，只要前者在它的自由中与后者在它的合法则性中协调一致。鉴赏判断与知性的关系阐述容易使人形成康德自相矛盾的印象。但康德的概念还是很清楚的。把直观归摄在概念规定之下，这是知性的规定性判断；把直观归摄在概念能力之下，这是内隐感性判断。概念的规定性是确定的、明晰的、具体的；概念能力则不提供确定而具体的对象，只提供朦胧的框架。这只是在内隐认知状态中才可能。想象力就是展示力。反过来看，所谓展示就是被想象出来，即被反思想象力描绘成内隐感性表象。

[第2段] 现在，为了通过鉴赏判断的一个演绎来找出这种合法根据，惟有这一类判断的形式特性，从而就对这些判断仅仅考察其逻辑形式而言，才能用做我们的指导线索。鉴赏判断不是逻辑判断，但对鉴赏判断规定根据的论证必须符合逻辑。鉴赏判断的内在先天根据是看不到的，但其形式特性即表现特性则可以

被感受到。所以，从鉴赏判断的表现形式入手，可以揭示出其内在根据。须注意，这里的所谓"形式"不是感官感性形式，而是逻辑性的格式性形式。

本节要点：鉴赏判断必须建立在主观条件之上。要依据表象的合目的性，由作为终端结果的愉悦情感来审定判断是否是鉴赏的性质。终端感情标志着、意味着、判定着特殊的心意活动的进行、开展，即两种认识能力的交互融合的活动。在这种活动中，想象力不是把直观置于概念规定之下，而是置于概念能力或知性能力之下。鉴赏判断不需要概念做规定，但需要概念能力做框定。这种主观条件即主观活动的条件，是对象及其表象的格式性的形式性的东西，即从逻辑上看是形式的，不是指具体样态的形式。只有通过对这种逻辑性形式的考察才能了解鉴赏判断的合理性。

第36节 鉴赏判断的演绎的课题

[第1段] 可以与对一个对象的知觉直接结合成为一个知识判断的，是关于一个一般客体的概念，关于这客体，那个知觉包含着种种经验性的谓词，而由此就产生出一个经验判断。"谓词"，也称"谓语"，是对主词的说明。知识判断或知性认识判断，其对象是一般客体的概念，即规定着客体的概念，不是对情感的表述。这样的概念是经验性的，不是先验性的。对经验概念进行的判断是经验判断。以下从略。

[第2段] 但是，与一个知觉直接结合的也有一种愉快（或者不快）的情感，和一种伴随着客体的表象并代替谓词为这表象服务的愉悦，而这样就产生出一种不是知识判断的审美判断。这里仍是在讲内隐感性判断与知性判断的不同。知性判断或逻辑判断是将知觉与概念相关联，内隐感性判断是将知觉与愉快或不快

的情感相关联。"为这表象服务",指因这个表象而呈现出特定状态。内隐感性判断中形成的愉快情感不是概念性的谓词,不是对主词的说明,而是同对象之表象相关联,是对表象做出的反应。内隐感性判断不是固有的,不是客观地存在的,而是在主体与客体对象之表象结成合目的性关系时才产生出来的。一个这样的判断,如果它不是纯然的感觉判断,而是一个形式的反思判断,它要求这种愉悦对每个人来说都是必然的,那么,它就必须以某种作为先天原则的东西为基础,哪怕这原则也许是一个纯然主观的原则(如果对这样一类判断来说一个客观原则本来就不可能的话),纯然的感觉判断,即同感官感性相关连的判断。"一个这样的判断",指内隐感性判断,它不是概念的、同质料和利害性相关的,是(格式性)形式的反思判断。这种判断要以先天原则为基础,这个先天原则是主观的,即只能在主观中被意识到的。因为对反思的内隐感性判断来说,不可能有客观的原则。如果是建立在客观原则基础上,那就是概念的、逻辑的了。以下从略。

[第3段] 鉴赏判断是综合的,"综合的",不是单一的,是包含多种复杂特质的。以下从略。

本节要点:提出问题,鉴赏判断的必然性、普遍性、先验性是如何可能的。

第37节　真正说来在一个鉴赏判断中关于一个对象先天地断言的是什么?

[第1段] 关于一个对象的表象直接与一种愉快相结合,……因为我不能先天地把一种确定的情感(愉快或者不快)与任何一个表象相结合,除非那里有一个规定意志的先天原则在理性中作为基础;

这时愉快（在道德情感中）就是这个先天原则的后果，……鉴赏中的愉快应当是先于一切概念直接与纯然的评判结合在一起的。鉴赏判断不能先天性地将愉快情感固定地附着在某一对象上的。即，主观情感与对象的结合不是客观的、固定的。在以规定意志的先天原则为基础的理性中才可以有这时的愉快。概念性的知性和理性都以鉴赏判断为基础，所以鉴赏判断的愉快发生在概念认识之前。前面讲过愉快与判断孰先孰后的问题。鉴赏判断的愉快是主体的评判性感觉，实即内隐认知后的感觉。它不是来自概念的，所以先于概念；但如果把这个感觉表述出来，就与概念相关了，就成为逻辑性的规定性判断了。因此，一切鉴赏判断也都是单称判断，因为它们把自己的愉悦谓词不是与一个概念，而是与一个被给予的个别的经验性表象相结合。而经验都是单称的。

[第2段] 因此，不是愉快，而是被知觉到与心灵中对一个对象的纯然评判相结合的这种愉快的普遍有效性，在一个鉴赏判断中被先天地表现为对判断力、对每个人都有效的普遍规则。人们常常怀疑，康德是不是忽视了现实审美的差异性。康德在这里的阐释表明，所谓愉快的普遍有效性不是说，对同一个对象，所有人都要感到愉快，而是这种愉快的能力及关系是普遍有效的。就是说，所有人都具有一种能力，可形成纯然的评判并在这种评判中形成愉快情感（可能不一定是同一个对象）。亦即，不是愉快本身普遍有效；面对一个对象，未必每个人都产生相同的愉快感；但对象（不确定的对象）与主体之间的主观合目的性关系所引发的愉快是普遍有效的。即不确定、不固定的对象可以与主体结成内隐感性判断的主观合目的性关系，这种关系及相应的愉快是普遍有效的。无利害关切的愉快是有条件的，这条件就是主体有能力以鉴赏判断力与对象之表象结合成主观合目的性关系。这种能力及后果是普遍有效的。此点很重要。我用愉快去知觉和评

判一个对象，这是一个经验性的判断。……有两类愉快，一类其实应该称为快感，来自经验性的判断；另一类是建立在先天原则基础上的鉴赏判断。

本节要点：在鉴赏判断暨内隐感性判断中，对对象产生愉快是必然的。这种判断方式是先天具有的，其判断的过程也发生在经验之前，即在我们感觉到对象之表象是令我愉悦的之前就发生了。愉悦情感形成之后，我们才能知道刚才进行了鉴赏判断。所以，鉴赏判断活动中所形成的愉快必然是在这种判断方式活动之后才能有的感觉。这种愉快的感觉可以证明：愉快发生了，先天的判断发生了。

第38节　鉴赏判断的演绎

［第1段］如果承认在一个纯粹的鉴赏判断中对于对象的愉悦是与对其形式的纯然评判结合在一起的，那么，这种愉悦无非就是这形式对于判断力的主观合目的性，对象的形式（格式性形式，但要建立在感官感性形式基础上）与主体鉴赏判断相对应、相匹配（此时二者结成主观的合目的性关系），就能引发纯粹的鉴赏判断的愉快。所以，这种愉快是主观合目的性的表现和结果。由于愉快和合目的性是同时形成的、密不可分的，因此说这种愉快就是主观合目的性。康德常常把关系、活动等事件的表现、结果表述为事件本身。我们感觉到这个合目的性是与心灵中对象的表象结合在一起的。这等于说，表象、愉快、主观合目的性这三者是一体的。既然判断力就评判的形式规则而言，撇开一切质料（无论是感官感觉还是概念），只能是针对一般判断力（它既不被限制在特殊的感官方式上，也不被限制在一个特殊的知性概念上）的应用的主观条件的；因而是针对我们在所有人身

上都（作为一般的可能知识所要求的）可以预设的主观的东西的；"形式规则"，针对逻辑性、格式性形式的规则。"一般判断力"，指内隐感性判断力。在所有人身上都预设的，即设想为所有人都具有的，对所有人都有效的。所以，一个表象与判断力的这些条件的一致就必须能够被先天地假定为对每个人都有效的。也就是说，在对一个一般感性对象的评判中愉快或者表象对诸认识能力的关系的主观合目的性，将是能够有理由向每个人都要求的。主观合目的性关系是无条件的、先天的，不能以另外的原理或根据加以证明。而按照逻辑法则推演，如果在我一个人身上是如此的，则应该在其他所有人身上都是如此。因为人的心灵结构是一致的。这种一致，康德以共感加以表述。这是规则的普遍性，不是感觉的普遍性。

附释

这个演绎之所以如此容易，……因为美不是关于客体的概念，如果把"美"字看作名词，并且作为主语来阐述，就相当于把它当作客体的概念了。这里的意思应该是：不能有关于客体的"美"概念，即"美"概念不能表示一个客观存在的东西。而且鉴赏判断不是知识判断。只是我们还要把被给予的客体正确地归摄到这些条件之下罢了。……（因为人们在逻辑的判断力中是归摄到概念之下，而在审美判断力中则是归摄到在客体被表现出来的形式上想象力和知性相互之间彼此相称的一种只是可感觉到的关系之下，在这里，归摄可能很容易骗人）；正确地归摄，即把客体归摄于内隐感性判断的关系之中，使之具有内隐感性表象或性状。"归摄可能很容易骗人"，指是否能够真的把客体归摄在内隐感性形式之下，容易产生误差。例如有时是感官感性的、同质料相关联的关系被误以为是内隐感性关系。……这个要求所导致的只是对出自主观根据而对每个人都有效的这个原则的正确性作出判断。对这样的正确性作出判断，好像是以正确性为判断对象，但这就等于是逻辑判断了。所以其实际意思应该是：按照这样的原则正确地做出判断。……因为为我们的判断力建立合目的的形式，这必须被视为自然的一个本质上与自然的概念相联系的目的。内隐感性判断力所建立的合目的的形式也是在自然之中的。由于自然是可用概念表述的，因此，这一目的是与自然概念相联系的目的。但是，这种假定的正确性还是很可疑的，然而，自然美的现实性对于经验来说却是明摆着的。"自然美"，不是自然事物中抽象的"美"，而是自然中美的东西。人们可从经验中得知，自然中美的东西是现实的存在。这段文本中有个注释，本书从略。

本节要点：鉴赏判断是无条件的，不需寻找客观的、概念的根据。鉴赏判断中的愉快是主观合目的性的表现和结果，来自对象形式与判断力之间的合目的性关系的匹配。对鉴赏判断感觉的表述是知性认识，感觉本身才是鉴赏判断。主观合目的性关系本身是无条件的、先天的，所以不能也无须证明，没有根据。其所具有的必然性只能是推演出来的。即既然是先天的，就应该是普遍的、必然的。同时，现象和事实似乎也表明了一定程度的普遍性、必然性。

第39节　一种感觉的可传达性

[第1段] 如果感觉被当做知觉的实在东西与知识联系起来，……这一点却绝对不能预设于一个感官感觉。"这一点"，可能指上句所说，所有人的感官都一样。……因而我们此时是被动的，……被动，指这种性质的愉快是因受到感官对象的刺激而发生的。

[第2段] 与此相反,由于一个行动的道德性状而对它的愉悦,就不是享受的愉快,而是对能动性及其与自己的使命的理念相符合的愉快。这种情感叫做道德的情感,但它要求有概念,并且所展示的不是自由的合目的性,而是有法则的合目的性,自由的合目的性,指鉴赏判断中想象力(内在直观力)不受概念的制约,并在这一条件下与对象之表象结成合目的性关系。道德情感受制于概念,因此不是自由的合目的性。以下从略。

[第3段] 从略。

[第4段] 与此相反,对美者的愉快却既不是享受的愉快,……只不过判断力不得不这样做,在这里为的是知觉到一个经验性的客观概念,以上说的都是规定性的判断力,同客观概念相关。而在那里(在审美评判中)则为的是知觉到表象对于两种认识能力在其自由中的和谐的(主观合目的的)活动的适合性,……因为这些条件是一般知识的可能性的主观条件,"自由",指没有概念的规定限制。内隐感性评判中两种认识能力的适合性,即反思想象力与知性因素两者和谐一致的活动。"知识","邓译本"和"曹译本"都译为"认识"。(135,458) 这里讲的是鉴赏判断的愉快,其显著的特点是不与概念即知识相关联,因此可能"认识"更为合理。而鉴赏所需要的两种认识能力的比例,也是人们在每个人那里都可以预设的那种平常的和健康的知性所需要的。两种认识能力的比例,在鉴赏判断中有,在知性的规定性判断中也有。鉴赏判断中没有知性概念的规定性,但有知性概念能力的因素。知性概念能力不如知性概念的规定性那样强势,可能在这一关系中占有较小的比例。相反,规定性判断中,知性的规定性更为明显而重要,应占有更大的比例。在"比例"问题上,鉴赏判断与规定性判断有相同之处。而规定性判断是有普遍性的,与此相类比,鉴赏判断也可有普遍性。以下从略。

本节要点：鉴赏判断的感觉指对于内心中两种认识能力相协调活动的感觉，亦即对"这种活动的感觉又引发的愉快"的感觉，具有普遍可传达性。即这种愉快在所有人那里都基于相同的条件，都是来自判断力活动时的机理，来自心灵中认识活动造成的感觉。

第 40 节　作为一种 sensus communis ［共感］的鉴赏

［第 1 段］当可以察觉的不是判断力的反思，而毋宁说只是它的结果时，人们往往给判断力冠以一种感觉之名，并谈到一种真理感，谈到对于正派、正义等等的一种感觉；判断力的反思，即判断力的认知活动。它是处于内隐状态的，所以其活动过程本身不被主体所觉察，但其活动的结果可以被觉察。这一讲述很重要，完全符合现代认知神经科学关于内隐认知的研究，是内隐感性判断之内隐性的重要特征。按照一般的习惯，人们往往以认知活动的结果为认知活动过程命名。判断力的反思活动形成的是愉快的情感，情感是机体内在的体验、感受，带有感觉的性质，因此以为判断力的反思活动是一种感觉。类似地，这些具有社会价值的判断也被当作感觉。尽管人们知道，至少按理应当知道，这并不是这些概念可以在其中占有一席之地的感觉，这些概念不属于感觉，不应该是感觉性的。……如果我们不能超越这些感觉而把自己提升到更高的认识能力的话，我们关于真理、合适、美和正义是永远不会想到这种方式的表象的。超越这些感觉，应指超越把正派、正义等概念当作感觉的那种看法。即不是仅仅感觉到结果，还要上升到更高的认识能力，即上升到知性、理性、判断力。有了这些更高级的认识能力，才能形成真理、美的等表象。

为什么说关于这些概念是形成了这种方式的表象？可能是指，形成有关这些概念的思维、思想时都是在面对一些特定的表象；判断方式不同，表象的性质或性状就不同；有什么样的判断方式，就有什么样的表象。如果不能超越感官感觉而上升到理性，就不能形成关于真理的表象；如果不运用反思判断力的方式，就不能形成内隐感性表象。此点很重要。平常的人类知性，人们把它当做仅仅是健康的（尚未得到培养的）知性而视为极微不足道的东西，是人们只要一个人要求被称为人就总是能从他那里期待的，因而也就有了侮辱性的名声，这种知性可以被冠以共感（sensus communis）之名；平常的知性，指最起码的认识能力，是尚未得到培养的、低水平的；但它也是有共同性的，是低水平的共感。以下从略。

[第2段] 但是，人们必须把 sensus communis [共感] 理解为一种共同的感觉的理念，也就是说，一种评判能力的理念，这里是赋予共感以新的含义，或说借用共感这个概念来表示更深层的含义，即表示一种评判能力（具有共同性、普遍性的鉴赏判断力）的理念。这里需考虑的问题是，共感是指其本身是共同的感觉还是指关于共同感觉的理念？看起来二者似乎没什么区别，但还是有的。前者指共同性感觉本身，后者指对这种共同性感觉的认可或假定。鉴赏判断具有普遍性，普遍性来自感觉的共同性；感觉的共同性不能经验，无法证明，这就需要推测而出；人们须认可这种推测，在思维中肯定这种感觉是共同的。认为鉴赏判断要以感觉的共同性或共同的感觉为前提，这种理念就叫共感。共感不是共同感觉本身，也不是一种独立的共同感觉，而是指认为"要以共同感觉为前提"这一理念。此点很重要。这种评判能力在自己的反思中（先天地）考虑到任何他人在思想中的表象方式，以便使自己的判断仿佛是依凭全部人类理性，并由此避开那

会从主观的私人条件出发对判断产生不利影响的幻觉，这些私人条件很容易会被视为客观的。"反思"，即反思判断活动。"先天地考虑到"，在先天根据的基础上自然地、必然地关联到其他人思想中的表象方式（在先天根据的基础上自然地认为与别人的表象方式相一致）。"表象方式"，形成表象的方式，或对表象加以对应、匹配评判的方式，此处应指鉴赏判断的方式。"全部人类理性"，应指全部超越直观、感觉的理性活动，不仅仅指实践理性，还包括知性，可能也包括判断力。"私人条件"，个人的生理性、敏感性。叫作"共感"的这种评判能力在自己的反思判断中先天地关联到所有他人的思想表象方式（认为别人也有同样的思想表象方式），使自己的判断仿佛是建立在全部人类理性的基础上，由此就避开了个人的独特性而达到了普遍性。做到这一点所凭借的是，人们使自己的判断依凭别人那些不是现实的，而毋宁说是仅仅可能的判断，并通过人们只是撇开以偶然的方式与我们自己的评判相联系的那些局限，而置身于每个他人的地位；得出"自己的判断具有普遍性"这样一种看法的根据，不是别人现实的判断及其结果，而是别人做出这种判断的可能。"撇开以偶然的方式"，可能指撇开个人的偶然因素而立足于所有人的立场。而这又是由此造成的，即人们把在表象状态中是质料，亦即是感觉的东西尽可能地除去，并仅仅注意自己的表象或者自己的表象状态的形式的特性。同质料相关的表象也是同感官感觉相关的，具有利害性，要把这些东西排除掉，仅仅留存同自己鉴赏判断相关联的纯然的表象（内隐感性表象），亦即保留在这种合目的性关系中的表象的（格式性）形式的特性。就是说，只有去除了质料性的因素，仅只保留内隐感性表象的形式特性，才能去除私人性而达到普遍性。为了把反思加到我们称为平常感觉的这种能力上，对反思的这样一种处理也许显得太做作了；不过，它也只是在我们以抽象的公式表述它的时候才看起来如此；就自身而言，当人们寻找一个应当用做普遍规则的判断时，就再也没有什么比撇开魅力和感动更自然的了。"平常感觉"，即一般的、初级的认识能力，还不具有反思性。"它"，可能指与反思相关的平常感觉能力。"如果以抽象的公式表述它"，即如这里所作的表述。这种表述也许显得牵强。但如果要说有一个具有普遍性的判断规则，就只能是去除掉同个人利害性相关的魅力和感动的那种判断了。即，只有非利害性关切的反思判断才能形成具有普遍性的结果，形成无利害关切的愉悦。凡是同质料、魅力、个人感动相关的判断，都不可能达到愉悦的共同性。这一阐述的逻辑是，有什么样的表象方式就有什么样的结果（即情感结果，如快适感、善的愉悦感、对美者的愉悦感）；对同一个对象，如果是出自质料性的、感官感觉性的判断，那各个人的判断结果就不能有一致性；而如果是出自无利害关切的反思判断，那就会由于去除了私人性而具有共同性。但人们只能知道自己的心灵活动状况和判断结果，不能知道别人的。那凭什么说这种判断具有普遍性呢？这就需要具有一种理念，即认为别人也都具有这样一种无利害关切的反思能力。人人都具有这种理念，这种理念就成为共同的理念，即共感。由此看来，共感不是感官感觉的共同性，也不是鉴赏判断情感的共同性，而是"人人都具有无利害关切的反思判断能力"这一认识（理念）的共同性。此点很重要。

[第3段] 平常的人类知性的以下准则虽然不属于这里作为鉴赏判断的部分，但却毕竟能够用做其原理的阐明。……以下所阐述的准则，其实并不都属于知性，还包括了判断力和实践理性。所以对这里的"知性"一词，不能做狭义的理解。……第一个准则是无成见的思维方式的准则，第二个准则是开阔的思维方式的准则，第三个准则是一以贯之的思维方式的准则。按后面所

述，这里的三个准则分别是知性、判断力、理性的准则。第一个，知性的准则，其"无成见"，可能指其客观性。客观对象要与概念相一致，反之亦然。这里不能由个人随意规定。第二个，判断力的准则，其"开阔的"，可能指把个人的单称判断扩展为所有人的普遍性判断。第三个，理性的准则，"与自己一致"，可能指逻辑性的思维，去除了偶然性、个别性，始终保持逻辑上的一致。……而一切成见中最大的成见就是，把自然想象成不服从知性通过自己的根本法则奠定为它的基础的那些规则：这就是迷信。自然要服从知性的法则，即对自然事物的认识要按照概念的规定，不能随意命名。例如不能随意地把"马"称作"牛"。这里的"迷信"，不是相对于科学而言的，而是相对于知性法则而言的。以下从略。

[第4段]我再重新捡起由于这一插曲而偏离了的话题说：……如果人们真的要使用感觉这个词来表示纯然的反思对心灵的一种作用的话；这里可能指反思在心灵中引发无利害性关切情感的作用。这里的"感觉"一词仍不是严格意义上的感觉，因此，鉴赏就是先天地评判与被给予的表象（无须借助一个概念）结合在一起的那些情感的可传达性的能力。"先天地评判"，在先天根据之上进行评判。"那些情感"，鉴赏判断中所形成的情感。这样的情感是与此时的对象之内隐感性表象结合在一起的（即二者构成主观合目的性关系）。如果是同内隐感性表象相结合的，其情感就应该指愉快的情感（对美者的），不包含不快的情感（对崇高者的）。在这种主观合目的性关系中的这种情感具有普遍的可传达性。从字句上看，这是说，鉴赏判断就是评判这种可传达性的能力。但鉴赏判断能力可能不是仅仅针对情感的普遍可传达性，而是对鉴赏判断中表象与情感的关系进行评判。这种关系中的情感无须借助于概念就具有普遍可传达性。康德在"序言"中说到，

鉴赏判断与愉快或不快的情感有一种直接的关系，这种关系是判断力原则中的难解之点。（3）鉴赏判断能（经由内隐感性表象的中介）同愉快情感直接地结成关系，显然是鉴赏判断评判能力的表现。

[第5段] 人们相互传达自己的思想的技巧，……传达自己的思想，即表达出别人也能够理解的思想。这种传达所用的方式即为技巧。……惟有当想象力在其自由中唤醒知性，而且知性无须概念就把想象力置于一种合规则的游戏之中的时候，表象才不是作为思想，而是作为心灵的一种合目的的状态的内在情感而普遍地传达。这里的"想象力"指鉴赏判断的想象力（内在直观力），它在自由中（自发地，不受知性概念的规定）唤醒知性，即引发知性因素的作用。这时只是模糊而朦胧的知性概念框架，并不是确定的概念规定，所以不是表现为知性概念，但仍属于知性范畴。"合规则的游戏"，大概是指反思想象力在知性因素的框定中自发地活动，即知性因素所表现的概念要框定着想象力（内在直观力）的内容和范围。这种游戏中的表象不被知性概念所规定，所以不能作为被概念所规定的思想，而是作为心灵的一种合目的的状态的内在情感而普遍地传达。这种普遍的传达不是客观的而是主观的，是只有这种表象才可以的。说表象作为内在情感，意味着二者是同一的。没有表象就没有内在情感，反之亦然。这样的表象、情感及二者间的关系，具有普遍可传达性，即所有人都可如此。这段阐述很重要，进一步阐述了想象力与知性的关系。首先是要靠想象力唤醒知性；因为只有先有了直观，才能进一步地领悟到直观到的东西是什么，于是知性被唤醒；知性被唤醒之后，又可反过来对直观到的东西进行框架式的规范（不是规定性的），即把反思想象力（内在直观力）置于合规则（合知性概念）的活动之中。

［第6段］从略。

［第7段］如果人们可以假定，仅仅其情感的普遍可传达性就自身而言就已经带有对我们来说的一种兴趣（但人们没有理由从一种纯然反思性的判断力的性状中推论出这种兴趣），那么，人们就会能够明白，情感在鉴赏判断中何以仿佛是作为义务而要求于每个人。这里的"兴趣"是同普遍可传达性相关的，因此可能指社交方面的需要。但这种兴趣不是内在地存在于内隐感性判断力及其活动中的，而是外在的针对内隐感性判断力及其活动的。这里好像是为鉴赏判断的普遍性找到另一种可能性或根据，其实也许没这个必要。

本节要点：鉴赏判断是判定普遍可传达性的能力，鉴赏判断时的心灵活动具有普遍性。鉴赏就是这样的一种心灵活动，而且人人都可以有，也一定有这种活动。如康德自己所说，人们往往把判断的结果——感觉当作判断力本身。"共感"作为理念，其含义可能是，认可"鉴赏判断力具有可被人感觉到的共同性"并以之为鉴赏判断的前提。即鉴赏判断的普遍性以感觉的共同性为前提条件，但这种共同性是不能经验的，不能证明，只能在思维中推论出来；这样推论出来的认识是一种理念；鉴赏判断的普遍性就以这种理念为前提。亦即鉴赏判断感觉的共同性是理念性的（因为是推论出来的），这一理念就叫作共感。此点很重要。

第41节 对美者的经验性的兴趣

［第1段］宣布某种东西是美的所借助的鉴赏判断，必须不以任何兴趣为规定根据，这一点上面已作过充分的阐明。但由此却得不出，在这判断被作为纯粹的审美判断而给出之后，不能有任何兴趣与它相结合。鉴赏判断自身的活动没有利害关切，因此

可形成无利害关切的愉悦；但当鉴赏判断作为一个整体而处在另外一种环境中或条件下时，却可能在另外的方面被感兴趣。即虽然在鉴赏判断中没有利害性关切，但在鉴赏判断之后，人们可对这一能力及其效能发生利害性关切。这种利害性关切不是鉴赏判断自身的、内部的，而是外部的，是针对鉴赏判断的，是在非鉴赏判断方面对鉴赏判断感兴趣。用今天的话说，审美活动本身是无利害性的，但审美活动在社会中的作用是有利害性的，人们由此可以对审美活动即其作用感兴趣，形成关切。不过，这种结合永远只能是间接的，也就是说，鉴赏必须首先与某种别的东西相结合被表现出来，以便能够还把对一个对象（当一切兴趣都在它身上时）的实存的愉快联结在关于它的纯然反思的愉悦之上。"别的东西"，别的具有利害性关切的东西，这东西能引发与实存相关（即与利害性需求相关）的愉快。当鉴赏判断同这样的东西相结合后，就等于把自己的纯然反思的愉悦同实存的愉快联结在一起了。可能康德认为，对鉴赏判断的兴趣其实是对鉴赏判断所依存的东西的兴趣，所以是间接的。因为在（关于一般事物的）知识判断中所说的话，即 a posse ad esse non valet consequentia［从能够到存在的结论无效］，这里在审美判断中也适用。这句话的"曹译本"是：从可能到存在并无强有力的联系。（481）"邓译本"是：从可能到存在推不出有效结果。（139）这样，这句话也许是说，可能性不等于现实的实现。但在这里何所指？存疑。这种别的东西可以是某种经验性的东西，亦即人的本性所固有的偏好；或者是某种理智的东西，作为意志能够先天地由理性来规定的属性；这二者都能够包含对一个客体的存在的愉悦，这样就能够给对于无须考虑任何兴趣独自就已经让人喜欢的那种东西的一种兴趣提供根据了。美者是无须考虑任何兴趣独自就让人喜欢的东西，它为什么会让人喜欢？其根据就是上述两者，即出自人的本性和理性。

　　[第2段] 美者惟有在社会中才经验性地产生兴趣；而如果人们承认社会的冲动对人来说是自然的，因而对此的适应性和癖好，亦即社交性，对于作为注定有社会的造物的人的需要来说，是属于人道的属性，那么，就不可能不也把鉴赏视为对人们甚至能够借以把自己的情感向每个他人传达的那种东西的评判能力，因而视为每个人的自然偏好所要求的那种东西的促进手段。这里把"美者"当作主词，但美者是鉴赏判断的对象，是客体，因此这句话的实际意思是，美者可在社会中引发经验性的兴趣。这里的前提是，人都有需要社交（包括思想、情感的交流）的本性，而鉴赏是传达情感的一种评判能力，因而是有利于社交的手段。每个人的自然"偏好"，可能指个人独有的喜好，不是普遍性的。这里可能是说，人们对鉴赏的兴趣就像对自然偏好的兴趣一样。

　　[第3段] 一个孤零零地在一个荒岛上的人，……但随着时间的进展还有根本不带有任何快乐亦即享受的愉悦的一些美的形式（如在小船、衣服等等上面），在社会中是重要的，并且与重大的兴趣相结合；这段阐述表达了鉴赏判断在社交方面的价值。这里对艺术形式（感官感性的）发展的阐述也大致符合历史。人类起初是出自实用的目的对待物体及其外形表现的，例如文身。随着思维能力提高到完全的抽象思维程度，才形成了脱离实用价值的单纯形式，即感官的、外在表现的形式，这时审美能力才发展出来（关于原始艺术可参见普列汉诺夫《没有地址的信》，关于审美能力的形成可参见拙著《认知神经美学》）。而各种感觉惟有就它们能够被普遍传达而言才被视为有价值的；于是，在这里尽管每个人对这样一个对象具有的愉快只是微不足道的、自身没有显著的兴趣的，但关于它的普遍可传达性的理念却几乎是无限地增大着它的价值。"各种感觉"，可能指对形式的感觉。"有

价值的",应指同先天规则和普遍意义相关联的价值。"它",指鉴赏判断及其愉快。理念增大着它的价值,可能是指普遍可传达性的理念使这种愉快有更广泛、更普遍的分布。

[第4段] 但是,这种间接地通过对社会的偏好而附着在美者上面的、因而是经验性的兴趣,对于我们来说在这里并不具有我们只是在可能哪怕只是间接地与先天鉴赏判断相关的东西上能够看到的那种重要性。因为即便以后面这种形式应当表现出一种与此相结合的兴趣,鉴赏也会揭示出我们的评判能力从感官享受向道德情感的一种过渡;而且不仅是人们由此会被更好地引导到合目的地利用鉴赏,就连一切立法所必须依赖的种种人类先天能力之链条的一个中间环节也会作为这样一个环节得到展示。美者本身及其形成过程是无兴趣的,但社会可以对美者有兴趣,这种兴趣不具有先天鉴赏判断的重要性,也不决定鉴赏判断的性质。"后面这种形式",可能指间接地附着在美者上面的形式。在这种形式中,对美者的兴趣可以形成由感官享受向道德情感的过渡。这种过渡可能是属于主观感受方面的,不是由鉴赏判断本身构成的,似乎是中介的中介。即由于这种从感官享受向道德情感的过渡,才继而形成了由自然向自由的过渡。这一表述是以前没有的,如果成立、确切,将是一种新论点。这有点意思,也很重要,但其可靠性须再斟酌。合目的地利用鉴赏,即以鉴赏表现出特殊的合目的性关系(对象之表象与主体认识能力和愉快之间的合目的性关系,崇高与趋向理性之间的合目的性关系)。"人类先天能力之链条",知性、理性、判断力都是人类先天能力;这三种能力应该是连接在一起的,构成完整的链条,鉴赏判断是联结知性和理性的中间环节。那么,附着于美者之上的兴趣性的鉴赏是否也构成其中的环节?关于对鉴赏对象以及对鉴赏本身的经验性兴趣,人们同样能够说,由于鉴赏沉溺于偏好,哪怕这偏好还

是如此文雅化了的，这种兴趣也毕竟乐意与一切在社会中达到其最大多样性和最高等级的偏好和热情融合起来，而对美者的兴趣，当它建立在这上面的时候，就有可能充当从适意者到善者的一种哪怕是很模棱两可的过渡。这段话似乎是在补充说明从适意者到善者的过渡。有经验性兴趣的鉴赏是适意性的，但它可以成为"与一切在社会中达到其最大多样性和最高等级的偏好和热情融合起来"的兴趣。如果对美者的兴趣也是出自此的，就可以充当从适意者到善者的过渡。但这一过渡作用似乎不那么确切，因此是"哪怕是很模棱两可的"。这里的表述似乎是在肯定这种过渡。这句话的"曹译本"为："而对美的兴趣如果是以此为基础，那么它就只能提供一个由舒适到善的令人生疑的过渡了。"（462—463）意为，那就难以提供这样一个过渡了。这是在否定这种过渡。这种过渡是否绝不能够由就其纯粹性来看的鉴赏所促进，对此我们有理由来加以研究。同上句话相连，即为"对美者的兴趣"或"兴趣基础之上的美者"可能充当从适意者到善者的一种哪怕是很模棱两可的过渡，但这种过渡是否决不能够由纯然的鉴赏所促进，还需要再研究。按理说，纯然的鉴赏能够促进由感性到理性的过渡，没有理由加以怀疑。这句话的"曹译本"为："但我们有理由去探究这种过渡是否能在某些方面通过鉴赏——假定它是纯粹的——而得到促进。"（463）按此，这里的意思是：建立在兴趣基础上的美者难以提供由适意者到善者的过渡；我们可以去探究，这种过渡能否通过纯粹的鉴赏而得到促进。即由适意者到善者的过渡应该是由纯粹的鉴赏施行的。这倒与康德一贯的逻辑相符合。究竟是怎样，很重要，但此处存疑。

本节要点：对美者的经验兴趣只是一般生活性的，不具有哲学的意义。但这里讲到，鉴赏可以同其他事物相捆绑而具有重叠的愉快作用。这里提到对美者的兴趣可以造成"从适意者到善者的过渡",其思想究竟如何,要再研究。

第42节 对美者的理智的兴趣

[第1段] 情愿让人们由内在的自然禀赋所推动而从事的一切人类活动都指向人类的最终目的,亦即道德上的善的人,人们自愿地从事的由内在的自然禀赋所推动的一切活动都指向人类的最终目的。"第三批判"中所说的"目的",很大意义上是一种"靶的"或"标的",即要与之相符合的标靶,可能略带一点有意识地追求目标之义。这里的所指,是要成为这样的人还是要符合这样的人(与这样的人结成合目的性关系)?如果是前者,那就是培养个人修养的问题;如果是后者,则是合目的性关系如何结成的问题,所以应该是后者。此处很重要。如果的确是后者,意味着要以具有道德之善的人为标准——与这样的人结成合目的性关系,就要适合这样的人,即等于以此为标准。把在一般的美者上面拥有一种兴趣视为一种善的道德品质的标志,这种情况之发生,乃是在于善良的意图。对美者拥有兴趣,是善的标志,出于善良的意图。显然美者是指向人类的最终目的的,这似乎是在为美者与善者的结合做铺垫。……看起来,对于美者的情感(如它实际上所是的那样)与道德情感有类上的区别,而且人们能够与之结合的那种兴趣,也很难与道德的兴趣相协调,更绝对不能通过内在的亲和性相协调。对美者的兴趣在类型上不同于对道德的兴趣。"内在的亲和性",可能指内在的血脉性的关系,即出于同样的根据、同样的立法。就此而言,美者和道德不可相协调。

[第2段] 我现在虽然乐意承认,对艺术的美者(我把人为地将自然美运用于装饰,因而运用于虚荣也归为此列)的兴趣根本不能充当一种忠实于道德上的善,艺术的美者,即艺术性创造

出来的美的东西。对这种美者的兴趣不等于道德上的善，不一定都符合善的要求。……但与此相反我却断言，对自然的美拥有一种直接的兴趣（不仅仅为了评判它而有鉴赏），"为了评判它而有鉴赏"一句，"邓译本"为："而不仅仅是具有评判自然美的鉴赏力"；（141）"曹译本"为："不仅要有鉴赏力，以便评判自然美。"（463）按此，这句话的意思是，对自然美不仅仅具有评判的鉴赏力，还有一种直接的兴趣。……我在这里真正说来指的是自然的美的形式，与此相反，魅力虽然通常如此丰富地与这些形式结合着，我也还是把它放在一边，因为对它的兴趣虽然也是直接的，但却毕竟是经验性的。"形式"，同鉴赏判断相对应的形式通常指格式性的形式；但这里所说是同魅力相结合的形式，那就也可能含有感官感性形式的意味。魅力同形式的结合是出自经验的，例如花的颜色、形状、香气，都属于魅力，是凭借生理性感官的经验来接受的，不是出自内在的、先天的根据，所以要放在一边。

[第3段] 一个人孤独地（而且没有想把自己的觉察传达给别人的意图）观赏着一朵野花、一只鸟、一只昆虫等美的形体，……这个人就对自然的美拥有一种直接的、虽然是理智的兴趣。也就是说，他不仅在形式上喜欢自然的产品，而且也喜欢这产品的存在，而没有一种感性魅力参与其中，或者说他也没有把某种目的与之结合。经验的兴趣同利害性关切相关联。这时的"经验"带有亲身感受之义。理智的兴趣不与身体的经验性感受相关，所以没有一种感性魅力参与其中，只是思想上的或主观的。为什么说是"兴趣"？因为不仅喜欢自然产品的形式，对这产品本身的存在也感到喜欢，这就带有切身感了。这与经验的兴趣有什么不同？大概是，经验兴趣是与自己其他方面的需要（其他的某种目的）相关，而理智兴趣只与自己的本性相关，是自己本性与自然

产品的直接关系（经验兴趣是间接关系）。

[第4段] 但是，这里值得注意的是，……所剩下的就要么是一个没有任何兴趣的纯然鉴赏判断，要么只是一个与一种间接的，亦即与社会相关的兴趣相结合的鉴赏判断：后者对道德上善的思想方式不提供任何可靠的指示。显然，理智的兴趣或对自然产品自身的兴趣建立在对自然生态作用的意识上。人造的自然产品不具有真实自然产品的生态价值，只有其外在感官感性形式，对它的鉴赏就是只关注形式不关注存在的纯然的鉴赏判断。另外，自然产品的形式也可能同社会性兴趣相关，例如自然产品形式可具有某种社会性的象征意义。这时的鉴赏就是与社会兴趣相结合的鉴赏判断。对思想方式不提供可靠的指示，可能指不提供内隐感性判断力的思想方式。

[第5段] 自然美对艺术美的这种优势，……并在他身上预设一个美的灵魂，这种灵魂是任何艺术行家和爱好者都不能因为他对自己的对象所怀有的兴趣就有资格要求的。"美的灵魂"，同审美属性、审美价值相符合的灵魂、心地。这是本然的，不是出自同利害性关切相连的兴趣。……——现在，对纯然鉴赏的判断中相互几乎难以否认优势的两种客体的如此不同的估量，其区别是什么呢？"难以否认优势"即难以区分优势。"两种客体"，可能指自然中的美者和艺术中的美者。

[第6段] 我们拥有一种纯然审美的判断力的能力，……另一方面，我们也拥有一种理智的判断力的能力，即为实践准则的纯然形式（如果它们自行获得普遍立法的资格的话）规定一种先天的愉悦，我们使这种愉悦成为每个人的法则，却又不使我们的判断建立在某种兴趣之上，但毕竟产生这样一种兴趣。内隐感性判断是对对象之表象的纯然形式产生愉悦；理智的判断是对实践准则的纯然形式产生愉悦。把二者对立起来阐述，清楚地表明，

康德认为有两种心灵能力，一种是潜意识的、是内隐的；另一种是显意识的。这可以给我们以启示："理智的"即指显意识中清楚的、可表述的认识。此点很重要。实践准则的纯然形式是否指在自然物体上的感性显现？暂且存疑。理智判断力方面的先天的愉悦，可能指人先天地可以在显意识层次上形成愉快。"某种兴趣"，可能指经验性的兴趣。道德性的兴趣不是经验性的兴趣，但毕竟是一种兴趣，同存在、客观目的相关。前一种判断中的愉快或者不快叫作鉴赏的愉快或者不快，后一种则叫作道德情感的愉快或者不快。

［第7段］但是，既然这也引起了理性的兴趣，即理念（理性在道德情感中对它们造就出一种直接的兴趣）也具有客观实在性，"这"，有可能指上句话中的道德情感的愉快或者不快，也有可能指理念的客观实在性。这句话在"曹译本"中表述为，理性对诸观念也有客观实在性这一点感兴趣。（464）实即理性也具有与客观实在性相关的兴趣。只有与客观实在性相关的才能是兴趣，否则就是主观性及其形式，那就是纯然的形式，不会引发兴趣。因为兴趣都是与存在、需要、价值相关的。理念，本应是主观思维中的东西，不是客观现实的东西。理念的客观实在性可能指理念具有客观实在性的根据。这种根据是什么？按下句所说，可能是指自然中含有的可与愉悦结成合法则性关系的根据。或，理念可在实践中得到感性显现。"它们"，可能指诸理念。"理性对理念造就出直接的兴趣"，可能是指理性对理念有直接的兴趣。这句话"曹译本"为：理性对于这些观念有直接的兴趣。（464）由此形成道德情感。也就是说，自然至少会显示某种痕迹或者提供某种暗示，表明它在自身中包含有某种根据，来假定它的产品与我们不依赖于任何兴趣的愉悦（我们先天地认识这种愉悦对每个人都是法则，却不能把这建立在证明之上）有一种合法则的协

调一致，这句话是承接上句话的，可能是在表明，自然显示或暗示出的自身中的根据就是具有客观实在性的东西。按照这一根据，自然的产品（自然事物）与主体无利害性关切的愉悦有一种合法则的协调一致。在这一根据基础之上，自然对象可引发主体的无利害关切性的愉悦。所以，理性必然会对自然与这样一种协调一致类似的协调一致的任何表现都怀有兴趣；理性对理念的客观实在性，对客观自然与主体愉悦情感之间的协调一致（对应匹配）都怀有兴趣。这个兴趣可能是指理性关注这些表现，因为理性需要在实践领域中表现出来。所以，心灵如果不是发现自己在此感兴趣，就不可能对自然的美进行沉思。"沉思"，就是思考、探究。但是，这种兴趣在亲缘关系上是道德的；"亲缘关系"，即同类性质、同一根据的关联。理性的兴趣是属于道德的，不是知性、判断力的。以下从略。

[第8段] 人们会说：根据与道德情感的亲缘关系对审美判断的这种解释，……自然在其美的产品上不是仅仅通过偶然，而是仿佛有意地按照合法则的安排表现为艺术，表现为无目的的合目的性；"无目的"指无客观目的；"合目的"指合主观合目的。仿佛有意地按照合法则的安排表现为艺术，指自然物好像是被有意地打造成或表现为可被人欣赏的艺术品（人工产品）。这其实是对象外形与主体认知模块之间的对应匹配关系所造成的，其形成过程造成这样的状态。这种目的既然我们在外面任何地方都找不到，我们自然而然地在我们自己里面寻找，确切地说在构成我们的存在的最终目的中，亦即在道德使命中寻找（但是，关于对这样一种合目的性的可能性之根据的追问，要到目的论中才将谈到）。"这种目的"即对象之表象与主体鉴赏判断之间的合目的性关系。这是只能在主体心灵中内隐地发生的，所以在外面任何地方都找不到。而从"在外边找不到"这一现象出发进行逻辑推演，自然

就会在主体自身中寻找。既然是在自身中寻找，就会找到终极之处。康德认为人的终极目的是道德，即人的存在最终要符合道德。"道德使命"，指从道德法则出发应该做的，指向道德理念的。

[第9段] 在纯粹鉴赏判断中对美的艺术的愉悦并不像对美的自然的愉悦那样与一种直接的兴趣结合在一起，……这种艺术只能通过它的目的，而永远不能就自身而言引起兴趣。就自身而言引起的兴趣，是以利害性存在引起的兴趣；艺术不是自然存在自身，所以不能产生自然存在的直接作用，只能是间接地或以此为基础地引发愉快。"通过它的目的"，即通过艺术与主体鉴赏判断之间在形式方面的合目的性关系。亦即艺术只在与人的合目的性关系中可以引起人的愉悦，其自身没有实用价值，不能引发直接的兴趣。例如以工艺品形式制作出来的苹果不能吃，但能欣赏，以此引发人的喜好和愉悦。而作为自然产物的苹果既可以欣赏又可以吃，可以引发直接的兴趣。人们也许将说，当一个自然客体通过自己的美仅仅就它被附加上一个道德理念而言才引起兴趣时，就是这种情况；这里说的似乎应该是艺术的第二种情况，即艺术由于与自然存在自身的关系而间接地引发兴趣。亦即，艺术本身不会引发利害性关切即兴趣，艺术所关联的存在才能引发这种兴趣。与此类似，人们也许会认为，一个自然客体通过将自己的美与道德理念相符合才能引起兴趣。人们以为，自然物的美不会引发兴趣，是这一美所付丽的道德理念引起了兴趣。即，纯粹的美者不表现出实用性，不因其存在（具有利害性的）而引发内隐感性愉悦，也不能引发出自利害性关切的兴趣；但如果美者被附加上道德理念，就同利害性因素相关联了，于是能引发兴趣。这里所谓"美"，仍应指对象可引发鉴赏判断愉悦的性状。如果美的东西因为付丽上道德理念就引发兴趣，那还是对道德理念的兴趣而不是对美者的兴趣。而康德要说的，是对美者的直接

兴趣。即直接产生兴趣的不是这个客体，而是这种美自己的性状，即它使自己有资格得到这样一种附加。这句话的"曹译本"为："但这里不是对象具有直接的兴趣，毋宁说是美的内在特性使对象适应了这种相伴关系，才直接令人感兴趣。"（465）即一个自然客体，它含有的美的性状能够同道德理性相结合，人们对这一点有直接的兴趣。"曹译本"的这种表述在意味显现的突出点上与其他各本有所不同。按照"李译本""邓译本"及"牟译本"，容易使人重点关注美的"性状"；而按照"曹译本"，要重点关注美的性状与道德理念的结合。也许作这样关注，更能体现出"对美者的理智的兴趣"。

[第10段] 美的自然中的种种魅力如此经常地被发现仿佛与美的形式融合在一起，"魅力"，指感官感性的适意；"形式"，同鉴赏判断愉悦感相对应的格式性形式。在对美者的分析中，这两者可以区分开来；但在现实自然界中，在实际鉴赏判断中，它们的确是密不可分的。它们要么属于光的变相（在着色时），要么属于声音的变相（在发声时）。因为惟有这些感觉，才不仅允许感官情感，而且也允许对感觉的这些变相的形式所进行的反思，于是就仿佛是在自身中包含着自然带给我们的，而且似乎是具有一种更高意义的语言。"它们"，指魅力与形式。"变相"，变化的品相，即与该事物自身属性不同的另类属性。例如黑的东西通常厚重，给人以稳定的感觉；白色通常与洁净相关，给人以纯洁、轻盈的感觉。具有某种光、色的对象能引发鉴赏判断的愉悦，但与这种愉悦结成合目的性关系的不是光、颜色本身，而是它们的变相。对这种变相的感觉，既包含感官情感（实即魅力），又包含内隐感性判断力的反思。这种变相不是客观的、同生理感官相对应的，而是与内在心灵中的一种特殊能力相对应的（实即内隐认知力）。这种变相是主体可以确定的存在，于是仿佛是自

然中更高意义的语言。以下从略。

本节要点：对美者的经验的兴趣，是从社交经验上对鉴赏力的需要和兴趣。对美者的理智的兴趣，是从认识、理性即道德需要方面对美者的喜爱。美者，特别是自然的美者，内在地含有同道德相关的价值和内涵，同时其形式又具有纯粹的引发无利害关切愉悦的作用或性状。这样，在面对一个完整的自然对象物时，纯粹的鉴赏判断和道德理念就可以结合在一起，使美者具有象征道德之善的功能。

第43节　一般的艺术

这里所说的"艺术"，不仅仅是指用于欣赏的艺术活动及其产物，还包括所有含有技巧、技术的人工活动及其产物。

［第1段］一、艺术与自然不同，就像作（facere）与一般行动或者活动（agere）不同，以及前者的产品或者后果作为作品（opus）与后者作为效果（effectus）不同一样。艺术的产品是人制作的，自然的产品是天然的。"作"，"邓译本"为"动作"。(146)动作是具体的、个别的，一般行动或活动是综合的，这是具体与整体的关系与区别，艺术与自然的关系和区别也是如此。

［第2段］人们沿着法律途径应当只把通过自由而生产，亦即通过以理性为其行动之基础的任性而生产称为艺术。"法律"，一般指社会中带有强制性的规范体系，不涉及艺术与自然的关系。这个词的"邓译本"为：我们出于正当的理由；(146)"曹译本"为：公正地说。(466)"公正"，也是个法律用词。因此，所谓沿着法律途径，即从正当的、合法则的角度。这里的法则即理性法则。这里的"自由"也是以理性为基础的，不同于想象力仅指不受概念规定的自由。"任性"，不是随意妄为，应指按照自

己的意愿。……而它作为艺术则只应归于艺术的创造者。这里不是说蜂巢也是艺术，而是说，如果是艺术就只能是创造者（人）的产品，所以蜂巢不是艺术。

[第3段] 如果在搜索一块沼泽地时，……产生这产品的原因设想过一个目的，这产品的形式应归功于这个目的。木头被砍削，必定有原因，这原因就是人设想的目的，即用途。为了这个目的（用途）才形成了这样的形式（此处可能是感官感性形式）。通常人们也在一切如此性状的东西上看到一种艺术，即这东西在原因中的表象必定先行于它的现实（如同哪怕在蜜蜂那里），而这表象的结果却可以并不正好是所想到的；把具有如此性状的东西视为艺术品，实即人工制品。"在原因中的表象"，制作器物的原因是人的设想，即人设想、想象中的样子。人按照想象中的样子（表象）制作出了现实的产品，当然是想象中的表象先于现实。以下从略。

[第4段] 二、艺术作为人的技巧也被与科学区别开来（能够被与知道区别开来），"能够被与知道区别开来"一句，"邓译本"为"能与知不同"；（147）"曹译本"为"就像技能区别与认识"。（467）指技术能力与科学知识之间的区别，即下面所说：作为实践的能力被与理论的能力区别开来，作为技术被与理论区别开来（就像测量术被与几何学区别开来一样）。……惟有人们即使最完备地了解也并不因此就马上拥有去做的技巧的事情，才就此而言属于艺术。知道怎么做但却不会做，这就是"知道"与"能够"的区别了。例如虽然知道雕刻镂空象牙饰品的工艺，却不会雕刻。显然，这里所说的"艺术"与操作性的技艺相关。以下从略。

[第5段] 三、艺术甚至也被与手艺区别开来；前者叫做自由的艺术，后者也可以叫做雇佣的艺术。艺术虽然是技艺性的活

动，但不完全等同于手艺，这里的区别在于是否有创造性。"自由的艺术"指按照主体自由想象来制作的艺术；"雇佣的艺术"指按照别人的要求来制作的艺术。人们这样看待前者，就好像它只是作为游戏，亦即作为独自就使人适意的活动而能够合目的地得出结果（成功）似的；自由的艺术是按照自己的意愿进行的，因此这活动本身就令人适意，并且能使自己的意愿产生相应的结果，形成意愿与结果的合目的性关系；而雇佣的艺术却是对另外的目的（例如挣钱）感到兴趣才进行技艺活动。……在一切自由的艺术中，也都仍然要求有某种强制性的东西。"强制性的东西"，可能指具体艺术种类特有的规则。例如戏剧对唱腔的要求，再如下面所列举的诗歌中的韵律。没有这些强制性的规则，艺术就不像艺术了。以下从略。

本节要点：讲述艺术的特性，对艺术或技艺本质属性作出界定和辨析。艺术（包括技艺）不同于自然物，是人工产品；不同于科学，不是仅靠思维的，还要靠身体、手工；不同于手艺，有独创性、自由性，不是机械的，但也要有一定的规则，不是随意乱为。

第44节　美的艺术

［第1段］既没有美者的科学而只有美者的批判，也没有美的科学而只有美的艺术。对美者的批判即对美者的内隐感性评判，亦即对美者的认知和情感反应。如果采用科学态度及方式，就是逻辑的、规定性的判断，不可能形成内隐感性愉悦。创造出美者的是艺术，不是科学，例如不能机械性地生产出艺术品（这样的产品没有独创性）。以下从略。

［第2段］如果艺术与对于一个可能对象的知识相适合，纯然是为了现实地制作出这对象而作出为此所需要的行动，那么，

它就是机械的艺术；艺术创作需要具备一定的知识（包括科学规律），例如人体绘画需要了解人体的肌肉、骨骼结构。这种知识要求相当于规则，因此是机械性的。……如果艺术的目的是使愉快来伴随作为纯然感觉的表象，它就是前者，如果艺术的目的是使愉快来伴随作为认识方式的表象，它就是后者。"纯然感觉的表象"，同纯然的感官感觉相关联的表象。这种感觉所形成的愉快是生理感官性的，是适意的艺术。"认识方式的表象"，指同内隐感性评判相关联的表象，与这种评判相关联的愉快是内隐感性的，是美的艺术。

[第3段] 从略。

[第4段] 与此相反，美的艺术是这样一种表象方式，它独自就是合目的的，而且尽管没有目的，却仍然促进为了社交传达而对心灵能力的培养。"表象方式"，这里指形成内隐感性表象的方式。"没有目的"，指没有客观目的。美的艺术没有其他外在的客观目的，只与主体结成合目的性关系。

[第5段] 从略。

本节要点：阐述内隐感性艺术与感官艺术的区别。前者出自内隐的表象方式；后者出自机械的、感官感性的表象方式。

第45节　美的艺术是一种就其同时显得是自然而言的艺术

虽然说艺术都是人工制作出来的，但美的艺术不是刻意形成的，而是心灵的自然流露。

[第1段] 在美的艺术的一个产品上，人们必须意识到，它是艺术而不是自然；但是，它的形式中的合目的性毕竟必须显得如此摆脱了任性规则的一切强制，"任性规则"，"邓译本"为

"有意规则";(150)"曹译本"为"强制性规则"。(469) 美的艺术的合目的性不是客观目的,因此不受客观规则束缚,就好像它纯然是自然的一个产品似的。……而艺术只有当我们意识到它是艺术而在我们看来它毕竟又是自然的时候才被称为美的。"自然的",不是指艺术是自然的产品或自然的存在,而是指艺术要自然而然地存在。

[第2段] 从略。

[第3段] 因此,美的艺术的产品中的合目的性虽然是有意的,但却毕竟不显得是有意的;艺术不能做作、雕琢,应是自然而然的真实流露。以下从略。

本节要点:内隐感性艺术必须是自然而然地流露出来的,不能刻意、刻板地形成。它是主观的,又不是主观随意的,而是合规则、合目的地形成的。因此既像是自然的但又不是自然物。

第46节 美的艺术是天才的艺术

[第1段] 天才就是给艺术提供规则的才能(自然禀赋)。既然这种才能作为艺术家天生的创造性能力本身属于自然,所以人们也可以这样来表述:天才就是天生的心灵禀赋(ingenium),通过它自然给艺术提供规则。"规则",不是固有的、不变的、法则性的,而是不确定但又有制约性的。提供规则的才能即作为规则的才能,亦即规范艺术创作的才能。才能就是规则,因为它决定了人鉴赏和创作的具体样式。这种才能是自然禀赋,是自然形成的。因此所谓"天才"就是天然形成之才能,是所有人都可具有的,并非特定具有超凡卓然能力的人。

[第2段] 不论这个定义是怎样一种情况,……美的艺术必然地必须被视为天才的艺术。按照自己内在的能力自然而然地、

不受外在因素束缚地制作的产品就是天才的艺术。

［第3段］因为每一种艺术都以一些规则为前提条件，这里的"规则"指艺术种类特有的要求。例如小说有小说的规则，诗歌有诗歌的规则。不按照诗歌的规则，其产品就不叫诗歌。因此，一个产品如果应当叫做艺术的，要通过这些规则的奠立才被表现为可能的。规则的奠立即对规则的符合。但是，美的艺术的概念不允许关于其产品的美的判断从某个以一个概念为规定根据，因而以关于这产品如何可能的概念为基础的规则中推导出来。"美的艺术的概念"，即美的艺术所应具有的性质、特征及要求。"美的艺术"本身可以是个概念。但作为符合这个概念的美的艺术，却不是以某个规定性概念为根据而判断出来或推导出来的。因为美的艺术是主体心灵内在地进行评判的结果，不能以任何概念为根据。因此，美的艺术不能为自己想出它应当据以完成自己的产品的规则。美的艺术只能依照自己的法则（先天根据），此外没有其他任何规则。既然没有先行的规则一个产品就绝不能叫做艺术，所以，自然就必须在主体中（并通过主体各种能力的相称）给艺术提供规则，也就是说，美的艺术惟有作为天才的产品才是可能的。"先行的规则"，可能有两指，一是艺术种类自身的规则，如诗歌的规则；二是主体内在的才能作为规则，即天才的规则。前者的成分更大一些。"给艺术提供规则"，可能指艺术制作主体天然地就掌握了艺术种类的规则，按照这个规则制作出艺术品，即等于给艺术提供了规则。亦即，美的艺术必须符合一定的规则，但这个规则不是外在地、强制地施加于艺术，而是由主体凭借自己的天才（自然而然形成的符合艺术种类规则的能力）在制作艺术品时很自然地赋予其中的。例如一个诗人，不是按照诗歌的教科书进行制作，而是很自然地写出了诗歌，并且这个作品很自然地符合诗歌种类的规则。

[第4段] 人们由此就看出：1. 天才是一种产生出不能为之提供任何确定规则的东西的才能，而不是对于按照某种规则可以学习的东西的技巧禀赋；天才不是按图索骥、照葫芦画瓢就能获得的才能，天才产生出来的东西不是按照任何确定的规则就能产生出来的，所以，原创性必须是它的第一属性。2. 既然也可能存在原创的胡闹，这是对原创进行规范，不能胡乱创造。天才的产品必须同时是典范，亦即是示范性的。它们本身不是通过模仿产生的，但却必须对别人来说用于模仿，亦即用做评判的准绳或者规则。模仿不能产生天才的艺术，但天才的艺术可以被模仿，并且作为评判的标准。3. 它是如何完成自己的产品的，它自己也不能描述或者科学地指明，这一表述很重要。自己的创作禀赋是怎样形成的，自己的创作是怎样进行的，具有天才的人自己也不知道，这是天才内隐性的表现。从现代脑科学的视角看，这些过程其实就是内隐认知结构的形成过程、作用过程。人对自己的内隐活动无法察觉，因此也不能描述，更不能科学地指明。此点很重要。这里的"它"，从字面上应该指天才。但天才作为一种才能不能有意识，因此应该指具有天才的人。相反，它是作为自然来提供规则的；内隐活动是人机体的自然功能，其过程也是自然而然的；其活动所形成的结果相当于自然的产物。这一自然的产物所产生的作用就相当于自然的规则。例如人内隐地形成一定的形式知觉模式，只有与这一形式知觉模式相匹配的对象才能引发他的愉悦感。他在制作产品时，也是按照这一形式知觉模式（俗称眼光）进行的，即等于为自然形成的产物提供规则。因此，一个产品的创作者把这产品归功于他的天才，他自己并不知道这方面的理念是如何在他心中出现的，内隐感性表象存在于心灵中，呈现出观念的形态，也就是这里所说的"理念"。这样的理念或观念是内隐地形成的，其形成过程、形成的样式，主体自己也不知

道。这里表明,天才是理念性的,或者说天才是内隐感性理念的一种表现。就连随心所欲地或者按照计划地想出这些理念并在使别人能够产生出同样的产品的这样一些规范中把这些理念传达给别人,这也不是他所能控制的(因此,天才这个词也很可能是派生自 genius[守护神],即特有的、对于一个人来说与生俱来的保护和引导的精神,那些原创的理念就源自它的灵感)。别人如果产生出同样的产品,需要具有同典范作品的作者相同的内隐感性理念,但作者无法把自己的理念传达给别人。天才好像是与生俱来的,但其实不是生而有之的,是通过经验而在自己的心灵中形成的。自然通过天才不是为科学,而是为艺术颁布规则,而且就连这也只是就艺术应当是美的艺术而言的。天才是自然的产物,艺术天才可以决定鉴赏和创作的具体样式,因此等于是一种规则。这种规则只能对美的艺术而言,不能表现在科学中。

本节要点:对天才的界定。所谓天才,是在主体心灵中自然而然形成的具有独特性、典范性的能力。这种能力决定着人的鉴赏和创作,因此带有规则性。天才的形成过程和活动都是内隐的,人们察觉不到。天才是内隐感性理念的一种表现。

第 47 节　对上述关于天才的说明的阐释和证实

[第 1 段]在这一点上每个人都是一致的,……即便人们自己思想或者创作,而且不仅是把握别人想过的东西,甚至还对于艺术和科学有所发明,这毕竟也还不是真正的根据,"真正的根据","曹译本"为"正当的理由"。(471)把握别人想过的东西,即便是由自己独立进行的,也不能成为称其为天才的根据或理由,因为这是可以学来的,是按照规则进行的。……但却没有

一个荷马或者维兰德能够指出，其头脑中那些富有幻想而又毕竟同时思想丰富的理念是如何产生出来并会聚到一起的，这是因为他自己也不知道这一点，因而也不能把它教给任何他人。诗人创作是要塑造出艺术形象的，这种艺术形象是诗人内隐认知结构中形式知觉模式长期积累、综合的结果。这一过程和结果都是内隐的，所以本人并不知道，当然也不能传授给别人。康德看到了这种现象，并且要对之作出深刻的阐释。这正是内隐感性判断力的实际含义。此点很重要。因此在科学中，最伟大的发明者与最辛劳的模仿者和学徒都只有程度上的区别，与此相反，他与自然使其有美的艺术天赋的人却有类的区别。科学是按部就班地在规则之下进行的，其过程所有人都一样，只是程度或成就不同；而创造"美的艺术"的天才（心灵中的才能）则是与人的经历密切相关的，带有偶然性、个别性，区别于科学。……而对于后者来说，艺术在某个地方就停滞不前了，因为对艺术设立了一个界限，它不能够再超出这个界限，这个界限也许很久以来就已经被达到并且不能再被扩展；"后者"，可能是相对于科学家而言的艺术家。科学能够以可见的速度不断地进步完善，而艺术如以典范为标志，则不能像科学那样累积地进展。有的艺术典范可能是永远无法超越的，例如古希腊的神话。……这样一种技巧也不能被传达，而是要由自然之手直接授予每个人，因而也与它一起死去，直到自然有朝一日再次同样赋予另一个人，这个人所需要的只是一个榜样，以便让他在自己身上意识到的才能以类似的方式起作用。艺术家的认知神经结构是在生活经验中自然形成的。随着艺术家肉体的消失，这些神经结构及存在于这些神经结构中的才能当然也一起消失。但生活也许还能再造出类似的天才，后人也可以按照典范的榜样而打造自己的认知结构。所谓的"熏陶"就是这种作用，这也是一种培养认知结构的方式、途径，对我们今天的美育有重要的启发作用。

[第2段] 既然自然禀赋必须给艺术（作为美的艺术）提供规则，规则即能力的限制。……不是为了让它充当仿造的典范，而是为了让它充当模仿的典范。"仿照"是照葫芦画瓢；"模仿"不是模仿典范作品本身，而是以之为外在的榜样而打造自己的心灵禀赋即认知结构或艺术眼光。至于这一点是如何可能的，却很难解释。康德一再讲到艺术家内心结构的不可知，表现出他对内隐状态的观察。模仿是以典范为榜样而在自己内心中打造类似的结构、能力，即塑造出艺术眼光。这一过程是机体神经系统自动完成的，因此不被主体所觉察，也不能加以解释。艺术家的理念激起他的学徒的类似的理念，如果自然给这个学徒配备上心灵力量的一种类似比例的话。这里的"理念"，不是道德、自由之类实践理性的理念，而是与天才相关的内隐感性理念，实即内隐的形式知觉模式。以下从略。

[第3段] 尽管机械的艺术和美的艺术，前者纯然作为勤奋的和学习的艺术，后者作为天才的艺术，相互之间颇有区别，但却毕竟没有任何美的艺术，其中不是有某种能够按照规则来领会和遵从的机械性东西，因而有某种符合学院规则的东西来构成艺术的本质条件的。虽然机械的艺术与美的艺术相互区别，但也存在某种互通。美的艺术中也要有某些规则性的、机械性的东西，这是构成该艺术种类本质条件的。例如前面所说的诗歌格律。因为在这里必须把某种东西设想为目的，若不然，人们就根本不能把自己的产品归于任何艺术；"某种东西"，可能指主体想要打造的符合艺术规则的东西。"目的"，可能指艺术规则。艺术规则是艺术品要与之相符合的，因此是艺术的目的。自己所设想的产品要符合艺术规则才能被归于艺术，此即符合目的。以下从略。

本节要点：以事例说明天才的特点。天才实即自然天成之才，并非指具有卓越才能的人。艺术天才，主要指艺术鉴赏和艺术创造的观念、理念，这是自然天成的，实即内隐地形成的，因此不可传授、不可表述。这里虽然没有明确地说天才就是内隐感性理念，但含有这样的意思在内。

第48节　天才与鉴赏的关系

[第1段、第2段] 从略。

[第3段] 一个自然美是一个美的事物，艺术美则是对一个事物的一个美的表象。自然中美的事物，其本身是个实存的自然事物，这个自然事物原本不是"美"或"美的"，只是可以在鉴赏判断中被评判为美的。美的艺术品不是实存的自然事物，而是人造事物。这个人造事物往往是依照自然事物的样子打造而成，例如人物雕塑、风景绘画。艺术品是符号性的，相当于实存事物的表象。

[第4段] 为了把一个自然美评判为这样一个自然美，我并不需要事先对这对象应当是一个什么样的事物有一个概念；也就是说，我没有必要了解质料的合目的性（目的），前一个"自然美"可能指实存的可被评判为自然美的事物；后一个"自然美"指已经被评判为自然美的事物。不必对这个对象进行概念性的思维，不在质料方面关注其合目的性，并不是说不必知道这个对象是什么。否则，就不会有对真实自然美的追求了，假的自然物就可以以假乱真了。因此说，如果这对象是作为一个艺术产品被给予的，并且作为这样一个产品应当被解释为美的，那么，由于艺术总是以原因（及其因果性）中的一个目的为前提条件，所以首先必须奠立一个关于事物应当是什么的概念为基础；"这对象……被给予的"，指呈现为艺术品的对象。艺术以一个目的为前提条件，这

里的"艺术"应该不是指整体的艺术门类,而是指具体的艺术作品,即前句所说的"这对象"。要评判艺术品,先要认识艺术品,即知道艺术品所表现的这个事物是什么,这是评判的前提条件。可见,康德并不认为审美不需要认识。此点很重要。一个对象是什么,要被概念所规定,概念和对象互为目的。而既然一个事物中杂多与该事物作为目的的内在规定的协调一致就是该事物的完善性,所以在对艺术美的评判中也必须同时把事物的完善性考虑在内,"艺术美"应该是指美的艺术作品。在对一个美的艺术品进行评判(鉴赏判断)时,同时要对这个艺术品所表现的事物的完善性加以考虑。即在评判艺术作品时,不能不受到该作品内容的影响,其中首要的就是作品中事物的完善性。言外之意,假如作品表现的事物不完善,例如一匹三条腿的马,则该艺术品就不是美的。这里涉及艺术的利害性问题。鉴赏判断的无利害性,并不是说鉴赏对象本身必须无利害,无用处。此点很重要。而在对自然美的评判(把它评判为这样一个自然美)中则根本不问这种完善性。因为自然事物是本然的,不存在不完善的问题。即,自然任何时候、任何样态都是完善的。这里所说的"自然"仅指非生物界?例如自然枯死的树也是自然性的完善表现。但动物、人类也是自然事物,它们就有个是否完善的问题。虽然在评判中,尤其是在对有生命的自然对象例如这个人或者一匹马的评判中,通常也一起考虑到了客观的合目的性;这表明,康德显然是意识到了自然的范围问题,不是彻底排斥自然物的完善性。但这样一来,就连这判断也不再是纯粹审美的判断,而是纯然的鉴赏判断了。纯然的鉴赏判断一般来说就是纯粹的内隐感性,这里是将二者相区别了。其他译本的意思不是这样。这句话的"邓译本"为:"就连这判断也不再是纯粹审美的、即单纯的鉴赏判断了"。(156)"曹译本"为:"但这样一来那判断就不再是纯粹的审美判断，亦即不再是纯粹的鉴赏判断了"。（474）"牟译本"为："但是若要考虑到这一层，那'判断这些自然对象之为美'之判断便因而也不再是纯粹地美学的判断，即是说，不再是一纯然的审美品味之判断。"（259）这几种译法都把内隐感性判断与鉴赏判断相等同，似乎更合理。自然不再是如其显得是艺术那样被评判，而是就它现实地是艺术（尽管是超人的艺术）而言被评判；在不是纯然鉴赏判断的情况下，自然中的事物（例如人、马）就不是作为艺术品被评判，而是作为被表现为艺术品的自然对象被评判。即尽管此时自然对象被表现为艺术品，但人不是以艺术的眼光来看待它，而是以现实的眼光来看待它。……而目的论的判断就对审美判断来说充当了它不得不考虑的基础和条件。对事物完善性的判断是目的论的判断。对艺术作品中的事物作完善性判断，并且把这当作评判该作品美不美的条件，就等于是以目的论判断充当内隐感性判断的基础和条件。在这样一种场合，即使例如有人说，这是一个美女，实际上人们所想的却无非是：自然在她的形象中美丽地表现出女性身体结构的那些目的；"目的"，指完善性的目的。女性的身体结构符合自然进化的要求，即等于符合自然目的。因为人们还必须越过纯然的形式而眺望一个概念，以便以这样的方式通过一个逻辑上有条件的审美判断来设想对象。对艺术作品完善性及合目的性（同概念相关）的思考是隐含在鉴赏判断中的（这一点康德没有做充分的阐述），鉴赏判断的实际表现是对对象之表象的格式性形式进行评判，不是按照概念进行规定，而隐含着的同概念相关的思考就像是穿越的眺望，意即它是在暗中进行的。这是一种特殊的思考方式，这种思考方式相当于为内隐感性判断设定了逻辑上的条件。这里其实涉及内隐感性判断与逻辑判断的关系。

［第5段］美的艺术在这一点上正表现出它的优点，它美丽

地描述的事物在自然中却会是丑陋的或者讨厌的。"这一点",不是指上述之点,而是指下述之点。即艺术品是美的或具有审美性的,连带着,艺术品所描述的事物也是可审美的,包括生活中丑的事物。惟有一种丑不能按照自然来表现,而不摧毁一切审美愉悦,从而摧毁一切艺术美:这就是唤起恶心的那种丑。这表明,艺术对自然丑的描述是有限度的,并不是只要进入艺术品了就不丑了。复仇女神、疾病、战争等不好的东西在艺术中之所以不丑,是因为它们距离人的直接感受比较远、比较间接。如果艺术品描写的事物可直接引发人的反感,那就不能被看作美的了。这里其实有个心理承受问题,与生活实际相吻合。康德对此的解释是:这是因为,由于在这种特殊的、全然建立在想象之上的感觉中,对象仿佛被表现为好像在强迫人去享受它,而我们却又在用强制力努力拒斥它;所以,这对象的艺术表象与这对象本身的自然在我们的感觉中就不再有区别。这句话很到位。如果艺术表象可以直接调动人对真实自然表象的感受,那艺术表象与自然表象在我们的感觉中就不再有区别,但这仍还是同主体心理状况相关的。一般来说,人的艺术修养和知识程度越高,将艺术与自然相分别的能力越强。以下从略。

[第6段]关于一个对象的美的表象就说这么多,它真正说来只是一个概念借以得到普遍传达的那种展示的形式。这里所说的"概念",可能指承载着表象的对象,即对象事物。这一对象事物的内隐感性表象具有普遍性,是对这一对象物的展示,并且是格式性的形式。——但是,赋予美的艺术的产品以这种形式,所要求的仅仅是鉴赏,艺术家在通过艺术或者自然的诸多例子对这鉴赏加以练习和校正之后,就使自己的作品依凭这鉴赏,并在经过许多满足这鉴赏的往往是辛苦的尝试之后,才发现那使它满足的形式;对象之内隐感性表象的格式性形式只能在鉴赏中才存

在。艺术家要经过许多经验才能把握到鉴赏的条件（例如内隐感性理念），还要经过多次尝试才能最终形成最佳形式的表现方式，即最适宜的表现形式。因此，这形式并不仿佛是灵感或者心灵能力的一种自由振奋的事情，而是一种缓慢的，甚至折磨人的推敲的事情，为的是让形式适合思想，却又不损害这些能力的游戏中的自由。这可能是指艺术创作是个艰难的过程。让形式适合思想，即形式适合于表现思想。尽管创作可能是艰难的，但艺术创作能力的施行必须是不受规定性概念和机械性规则限制的。

[第7段] 但鉴赏只是一种评判的能力，而不是一种生产的能力；与它相符合的东西……评判是接受过程，不是生产过程。"它"指生产，即生产出的东西并不因此就是美的艺术的一个作品，它可能是一个按照确定的规则属于有用的和机械的艺术，或者干脆属于科学的产品，这些规则是能够靠学习得来并且必须被严格遵守的。但是，我们赋予该产品的那种让人喜欢的形式却只是传达的载体和一种仿佛是陈述的风格，在这方面人们还在某种程度上保持着自由，尽管除此之外毕竟被束缚在确定的目的上。"传达"，可能指传达具有普遍性的愉悦情感。"陈述的风格"，"曹译本"为"演示的方式"。（475）可能指特殊的（内隐感性的）表达方式。某种程度上的自由，即在反思想象力（内在直观力）的活动及与对象之表象的合目的性关系方面的自由。"确定的目的"，艺术品中的事物要有完善性的目的。于是人们就要求，餐具，或者一篇道德论文，甚至一次布道，就自身而言都必须具有美的艺术的这种形式，这是符合生活实际的，具有了美的艺术的形式，才更易被人接受。实用的工具、产品也都要有易于被人接受的外形，但其本身并不就是供鉴赏的美的艺术品。……人们可能常常在一个应当是美的艺术的作品上发觉没有鉴赏的天才，在另一个作品上发觉没有天才的鉴赏。可能，前者指很优秀的制

作，但不是用于欣赏；后者指虽然用意在于欣赏，但制作不优秀。

本节要点：天才指自然天成的艺术创作能力，是内隐地形成的。

第49节　构成天才的各种心灵能力

[第1段] 关于某些人们期待它们至少部分地应当表现为美的艺术的产品，人们说：它们没有精神；……人们在这里所理解的精神，究竟是什么呢？精神，这是一个新的概念，但其内涵与我们通常所用的"精神"概念不相同。

[第2段] 审美意义上的精神就叫做心灵中活跃的原则。使心灵活跃起来或具有生气的原则就是内隐感性意义上的精神。这一说法的意思仍然不明确。但是，这个原则借以使灵魂活跃起来的东西，即它为此所用的材料，就是把心灵的各种力量合目的地置于振奋之中，亦即置于这样一种自行维持，甚至为此而加强这些力量的游戏之中。如此看来，所谓精神，不是一种成形的观念，更像是一种指向，一种作用。精神要使心灵活跃起来，需要一定的手段或方式（不是工具性的材料），"合目的地置于振奋之中"，即各种心灵能力相互和谐、相互匹配地活跃起来。促使这种状态得以形成的东西就叫作精神。此点很重要。

[第3段] 于是我主张，这个原则不是别的，就是展示审美理念的能力；精神是一种原则，这个原则实际上是一种能力，或达到的效果，即把内隐感性理念展示出来或调动出来。某一对象能把主体的这种理念调动出来从而结成主观合目的性关系，就是具有能力、灵魂和精神。但是，我把审美理念理解为想象力的这样一种表象，内隐感性理念是心灵中的东西，是内在的；这里的

表象就应该是指显现出（可能是内在的显现）内隐感性理念的表象。可见，内隐感性的理念和表象是同一个东西，只是存在形态不同，作用不同。表象是理念的感性显现（内在的），与对象相关联，在一定意义上相当于客体；理念是表象的存在性质。所谓没有精神，应该是指同客体相关联的表象没有同主体的内隐感性理念结成对应匹配关系。在实际生活中的表现即是不合主体的口味、眼光，所以调动不起主体的愉悦情感（生气、振奋）。内隐感性表象和理念是由诸多具体感官感性表象抽象合成的，具有模式性、范式性，可以说是一种朦胧的"模象"。正因如此，它诱发诸多的思考，却毕竟没有任何一个确定的思想，亦即概念能够与它相适合，因而没有任何语言能够完全达到它并使它可以理解。由于内隐感性表象和理念有很大的概括性，可包含诸多具体对象，从而可有多种意义，因此是不确定的、朦胧的，不能等同于某一个具体的对象事物。它在主体中引发的思考也同样是朦胧的、不确定的，因此也就不能以概念性的语言加以表达；甚至引发的思考也不确定。文学理论中把这种情形称为"形象大于思想"，这正是内隐认知的特点。可知：所谓没有精神，是指不具有可与主体结成合目的性对应匹配关系的素质。一个对象（例如一个少女）具有的精神，不是客观的、对象自身的，而是相对于主体的、效果性的。对象的内隐感性表象同主体的内隐感性理念相对应，相匹配，才能引发主体的内隐感性评判活动，使诸认识能力（反思想象力和知性因素）和谐自由地活动并形成愉悦，这就叫具有"精神"。没有"精神"，就是没有达到上述相匹配的程度。——人们很容易看出，它是一个理性理念的对应者（对称者），后者反过来是一个不能有任何直观（想象力的表象）与它相适合的概念。"它"，指内隐感性理念。"对应者（对称者）"，不是相一致，而是相对比，即二者相比较而不同。这个词的"邓译本"为"对立面"（对应物）；（158）"曹译本"为"对立物"。（475）表明，内隐感性理念是相对于理性理念的另一种类型理念，可以与（内在）直观相关联。"后者"是相对于"它"而言的，指理性理念。理性理念没有可直观的概念，即没有可直观的对象物。

［第4段］也就是说，想象力（作为生产性的认识能力）就用现实的自然提供给它的材料仿佛是创造出另一个自然而言是很强大的。生产性的想象力（按下段所述，指内隐感性的想象力）即创造性想象力，能在现实自然材料的基础上想象出现实自然没有的东西，就此而言是很强大的。以下从略。

［第5段］人们可以把想象力的这类表象称为理念，创造性想象力所想象出来的东西是现实自然所没有的，因此只能以观念、意识的形态存在，即以理念的形态存在。同时表明，反思想象力生产出来的表象就是理念，二者是同一个东西。此点很重要。这一方面是因为它们至少追求某种超出经验界限之外存在的东西并这样来试图接近于对理性概念（理智理念）的一种展示，这就赋予了它们一种客观实在性的外表；"它们"，可能指想象力的表象。现实自然所没有的就是超出经验界限之外的。这样的表象是"接近于"对理性概念（指理智理念，不是知性概念）的展示，还不能完全地、确切地展示。因为它是"模象"，是诸多具象的复合。尽管如此，仍是以一定的感官感性形式展示了理性概念，因此具有客观实在性的外表。另一方面，确切地说主要是因为没有任何概念能够完全与作为内部直观的它们完全相适合。如上所述，理念性的表象是模象，因此没有任何具体而确切的概念（对象事物）与之相匹配。……借助于在达到一个最大值方面竭力仿效理性的前奏的一种想象力，在一种完备性中使之成为感性的；……"最大值"，模象性表象的最大范围。理性的前奏，

可能指进入（实践）理性之前的阶段，即崇高阶段。"完备性"，可能指"完全意义上的"。内隐感性想象力即使进入崇高的无形式阶段仍是感性的。

[第6段] 现在，如果给一个概念配上想象力的一个表象，这个表象是展示这个概念所需要的，但独自说来却诱发起如此之多、永远也不能总括在一个确定的概念之中的思考，因而甚至以不受限制的方式在审美上扩展了该概念；那么，想象力在这里就是创造性的，并且使理智理念的能力活动起来，也就是说，在诱发一个表象方面时思考比在其中能够把握和说明的更多的东西（虽然这属于对象的概念）。给概念配上想象力的一个表象，即想象力以某一概念为框架、为基础、为中心而想象出来的表象。这个表象可与一定的概念相对应，因此是这个概念的展示。例如徐悲鸿笔下的马形象，可说是马概念的展示，也是给马概念配上的想象力的表象。但这个马形象所蕴含的东西远远比概念性的马（现实世界的马）要多得多。一般的马概念可以蕴含马的自然性状和一般的实用价值，而徐悲鸿笔下的马形象则有更多的神韵，能启发出更深远的想象、思考。这仍然是"形象大于思想"的表现。

[第7段] 有一些形式，它们并不构成一个被给予的概念的展示，而是仅仅作为想象力的附带表象而表述与此相联结的后果和这个概念与另一些表象的亲缘关系，"形式"，在这里好像指感官感性形式，但仍应该是格式性形式。这一形式不与现实概念（事物）相对应，或者说不是现实的自然事物。例如作为感官感性形式的"龙"。"龙"也是一个概念，但不是现实性的概念，即不是被给予的概念。把现实概念展示出来，需要想象力，这是想象力的正常运用；对非现实概念的展示大概就是想象力的附带表象。龙的表象的形成大概就与一定的概念（例如蛇或闪电）及

与这一概念相关的其他概念表象相关联。人们把这些形式称为一个其概念作为理性理念不可能被适当地展示的对象的标志（审美标志）。从下面讲述的例子看，这些形式指对抽象观念进行象征的事物形式。理性理念不可能有对应的自然对象，但可以有起象征作用的对象形式。例如以松树象征人品的正直，以磨盘象征权力。这样的形象、形式就是内隐感性标志。……它们并不像逻辑标志那样，表现处在我们关于创造之崇高和壮丽的概念之中的东西，而是表现某种别的东西，这东西给想象力提供诱因，去把自己扩展到有亲缘关系的表象的一个集合之外，这些表象让人思考比人们在一个通过语词来规定的概念中所能够表述的更多的东西；"逻辑标志"，依照知性的逻辑形成的标志，是概念性、规定性的。具有象征意义的形象并不主要表现自身事物及形象的意义，而是表现所象征的内容和意义，这些内容和意义就是该对象事物自身之外的"某种别的东西"。"有亲缘关系的表象"，可能指想象力的同类的表象。同类表象的一个集合之外的，就是不同类的表象。例如松树的同类表象集合是各种松树或其他树种，它所象征的道德则是完全不同类的。象征性表象引发的联想可能非常广大，远远超过某一固定概念的规定，即"形象大于思想"。并且给出一个审美理念，这个理念取代逻辑的展示而服务于那个理性理念，但真正说来是为了使心灵活跃起来，因为它给心灵展现出有亲缘关系的表象的一个望不到边的疆域的远景。这些形式或表象（例如鹰、孔雀）所象征的东西又可以形成新的内隐感性表象，也是内隐感性理念。"那个理性理念"，可能指对象所象征的理性理念。如果是单纯的象征，就是逻辑性的展示。此时形成的内隐感性理念可以超越逻辑性的象征而服务于这个理性理念，即有利于这个理性理念。其主要作用是使想象和思考等心灵活动活跃起来，以致达到一般想象力所达不到的远景。以下从略。

[第8段] 从略。

[第9段] 一言以蔽之，审美理念是想象力的一个加在被给予的概念上的表象，这表象在想象力的自由应用中与各个分表象的这样一种多样性结合在一起，以至于为它找不到任何表示一个确定的概念的表述，因此，它使人对一个概念联想到许多不可言说的东西，对这些东西的情感使认识能力活跃起来，并把精神结合在作为纯然字母的语言上。内隐感性理念是内隐状态的表象，即内隐的形式知觉模式。这一表象虽然不能被概念所规定，但仍要处于知性概念的框架之中，以一个概念为基础、为载体。"各个分表象"，这个说法很重要，表明，内隐感性表象是复合型的，由各个分表象所组成。即由诸多具体、个别对象及其表象抽象整合而成。同时表明，所谓"多样性""杂多"，就是指这类整体中个别的东西。康德在第17节中关于肖像形成过程的阐述精练而科学化地描述了这一过程和机理。复合而成的内隐感性表象可以涵盖诸多分表象，从而具有多种可能性，没有一个确定的概念可加以表述。这里可能还包括非理性的思考。"把精神结合在作为纯然字母的语言上"，"曹译本"为："以语言——作为单纯的记录手段——把精神把握住"。（478）意即，以语言文字记录下（表现出）这种精神及其表现。这里强调，表示精神的语言仅只是单纯的记录手段。概念都是以语言表示的，语言中的名词就是与对象对应的概念。概念有独立的含义，有特定的所指对象物。康德在这里是强调"精神"这两个字仅只是记录手段，并没有一个叫作"精神"的对象物。前面讲过，事物在内隐感性判断方面的精神实即事物之表象与主体内隐感性理念之间的对应匹配关系。能引发主体形成对应的内隐感性理念反应或活动的，就是具有内隐感性精神的。

[第10段] 因此，那些（在某种关系中）结合起来构成天才

的心灵力量，就是想象力和知性。"某种关系"，可能指内隐感性表象与内隐感性判断力之间的关系。内隐感性判断能力的构成是反思想象力（作为内在直观力）和知性因素。这两种能力是一般性的、普遍的、工具性的。运用这两种能力将内隐感性理念与对象之表象相适配，就能产生无利害关切的愉悦。反过来看，如果对象之表象与主体既有的内隐感性理念相匹配，就能激活反思想象力和知性因素。对象之内隐感性表象，与此表象相匹配的内隐感性理念，反思想象力和知性因素，愉悦情感，这几者是同时具备、同时相互作用的。其中，对象是客观的、稳定的，反思想象力和知性因素是人一般都具备的能力，也是稳定的；愉悦情感是必然会被调动出来的，属于结果。这些都相当于不变量，只有内隐感性理念是随个人的经验而形成的，相当于变量。内隐感性理念的形成是自然地、内隐地完成的，可以既很奇特又说不出来，因此表现为天才。作为天才的内隐感性理念的样式是看不到又说不出的；如果它要产生作用、被运用，必须通过反思想象力和知性因素。就是说，天才的实质性构成是内隐性的，天才的运用是外显性的。只不过，既然在为知识而运用想象力时，想象力被置于知性的强制和与知性的概念相适合的限制之下；但在审美的意图中想象力却是自由的，以便还超越与概念的那种一致，却自然而然地为知性提供丰富多彩的、未加阐明的、知性在其概念中未曾顾及的材料，知性认识中，想象力在知性概念的规定中运行。例如看见马，清楚地感知到马的样态，就是以想象力把马概念展示出来，此时想象力是在知性概念限制之下的。在内隐感性判断中，主体既有的内隐感性理念是模糊的、超出概念的（概括着比概念更多的东西），因此在展示对象之表象时，就能以主体内在的内隐感性理念为模板，不受概念制约地（自由地）形成认知的材料。"材料"，可能指想象及联想到的东西，包括各种表象和思考。这样的材料是知性所不能阐明的，也是知性概念不能表达的。但知性并不是客观地为知识，而是主观地为使认识能力活跃起来，所以毕竟也是间接地为知识而运用这材料；这里的知性指知性因素。"知识"，"曹译本"为"认识"。（478）内隐感性判断中的知性因素不是造成客观的知识，而是促进主观认识能力的活动。这种作用不是直接地以上述材料造成知识，而是在认识中或为了形成知识而间接地运用这些材料。这里讲的是反思想象力与知性因素的关系。天才真正说来就在于没有任何科学能够教会也没有任何勤奋能够学会的那种幸运的关系，即为一个被给予的概念找到各种理念，另一方面又对这些理念作出表述，通过这表述那由此引起的主观的心灵情调就能够作为一个概念的伴随物而传达给别人。内隐感性理念是在经验中自然地形成的，不是按科学方式和勤奋所能做到的。"那种幸运的关系"，应该与上面所说的"某种关系"相一致，可能指内隐感性理念与对象事物之间的关系。即，能够从众多对象事物中形成有典范价值的内隐感性理念。天才只能表现在这种关系中。这一形成过程中可能有许多偶然性、奇特性，如果成功地形成为有价值的内隐感性理念，那就是幸运的。一个确定的概念可能对应着多个理念，即在一个概念范围内的表象可引发多种内隐感性理念，或调动与多种内隐感性理念相关的想象、思考。"表述"，不是概念性的表述，大概指形象的即情感的展示、表达。"概念的伴随物"，内隐感性理念是在知性概念范围内的，心灵情调因此作为概念的伴随物。"传达给别人"，不应是有意的、概念的传达，大概指可传达给别人，即具有普遍可传达性。这后一种才能真正说来就是人们称为精神的那种才能；因为把心灵状态中无法称谓的东西在某个表象那里表述出来并使之可以普遍传达，不论这表述是在语言中、在绘画中还是在雕塑中，这都要求有一种把握想象力的转瞬即逝的游戏并将之结合进一个无须规则的强制就能够被传达的概念（这概念正因为如此而是原创的，同时又展现出一条不能从任何先行的原则或者例子推论出来的规则）之中的能力。"后一种才能"，指表述理念的才能。所谓表述理念，就是将内隐感性理念与适宜的对象之表象相适配。心灵中的内隐感性理念是模糊而朦胧的，因此无法称谓，无法以概念来表述。把心灵中的这种状态通过艺术方式表达出来，就是将主观心灵的东西客观化、对象化。这种才能是"精神"的体现或造成"精神"。"精神"作为"才能"在这里具有人工的主动性，是人要运用的才能。而在前面的讲述中，"精神"主要是客观性的、被动地显现。例如说少女没有精神。当然，这也可以理解为少女没有把自己与主体的内隐感性理念相匹配，仍可算是一种能力，但这种能力是被动地显现出来的。概而观之，"精神"是在对象与主体的对应匹配关系中显现出来的程度和能力，能达到对应匹配就是有精神，否则就是没有精神。此点很重要。

* * * * * *

[第11段] 如果我们根据这些分析回顾一下上面对人们称为天才的东西所给出的解释，……第二，它作为艺术才能，是以关于产品的一个作为目的的确定概念，因而是以知性为前提条件的，但也是为了展示这个概念而以关于材料亦即直观的一个（尽管不确定的）表象，因而以想象力与知性的一种关系为前提条件的；关于产品的概念，指直观到的东西一定是与某个概念（概念就是目的）相关的，因此要以知性为前提条件；为了以这个概念为根据而展示为表象（把这个概念展示为表象），需要反思想象力与知性因素的一种和谐一致关系，即形成鉴赏判断的心灵能力。天才作为艺术才能，要以这种关系即心灵能力为前提。第三，它与其说是在实行预先设定的目的时在一个确定的概念的展

示中，倒不如说是在为了那个意图而包含着丰富材料的审美理念的陈述或者表述中表现出来的，因而使想象力在其摆脱规则的一切引导的自由中表现为对于展示被给予的概念来说合目的的；"它"，仍指天才。天才是以表象的方式展示出内隐感性理念，这相当于对该理念的陈述或表述，但不是在概念的展示（直观及其对象）中表现出来的。此时的想象力虽然不被概念的规则所规定，因而是自由的，但仍与这一概念相符合（想象力在概念的框架下想象），与其结有合目的性关系。最后第四，想象力与知性的有法则性的自由一致中的自然而然的、非有意的主观合目的性以这两种能力的这样一种比例和相称为前提条件，这种比例和相称不是遵循规则就能导致的，不论是科学的规则还是机械模仿的规则，而只能是主体的本性产生的。"有法则性的自由一致"，符合知性法则的；想象力要在概念框架下自由活动。"主观合目的性"，从字面上看似乎说的是想象力与知性之间的，但在以往的阐述中，这两者之间只有和谐一致关系，没有对立统一的合目的性关系；因此这里应该是指对象之表象与认识能力之间的关系。这种主观合目的性的结成依赖于想象力与知性的一致，此时这两者之间要有相称的比例。这种比例和相称不是按照客观规则形成的，而是出自自身的。这里的实际情况是，鉴赏判断能力中既要有一定的知性因素，又不能有过多的知性因素。没有一定的知性因素，展示不出表象，认识不到表象；知性因素过多，就会被知性概念所束缚，不能形成内隐感性理念。但这一比例究竟是怎样的，没有阐述。

［第12段］按照这些前提条件，天才就是：一个主体在其认识能力的自由应用中的自然禀赋之典范的原创性。这里不是天才的另一个定义，而是另一个特点，即要具有原创性。我们前面说过，所谓天才，实即主体在独特经验中自然天成的认知结构，其

主要表现即内隐感性理念,俗称审美眼光或审美观念,它决定了一个人欣赏和创作的具体样式及水平程度。它与个人的独特经验相关,所以是原创的。它是不自觉地、自然地形成的,不能被训练,不受教条的限制,所以是认识能力的自由应用,是自然禀赋的表现。每个人的认知结构都具有原创性,但未必都是典范。只有典型的、有高度价值的表现才堪称典范。以典范表现出的内在能力(包括内隐感性理念的内在认知结构)就是天才。……他的榜样就为别的优秀头脑产生了一种训练,亦即一种按照规则的方法上的传授,只要人们能够从那些精神产品及其独特性中得出这些规则;而对这些优秀头脑来说,美的艺术就是自然通过一个天才为之提供规则的模仿。"规则",应指内隐感性表象和理念的规则,亦即内在认知结构得以形成的规律。内隐感性理念不是通过概念、科学而机械性地学习到的,但其得以形成的规律却可以作为一种方法被别人所掌握。这主要是靠一种熏陶过程,是经验性感性形象的刻画、叠加,还有价值的权重附加,典范的天才作品就是其熏陶作用的榜样。这里的"模仿",不是对样式的模仿,而是对心灵形成过程、方式的模仿。

[第13段] 但是,如果学生仿造一切,直到作为畸形物、天才只是由于不削弱理念就不能消除之才予以容忍的那种东西,那么,这种模仿就成了因袭。"学生",指仿造典范的学生。"不削弱理念就不能消除之",可能指如果消除了畸形物就会削弱理念。意思是,为了不削弱理念,不能不容忍那些畸形物。这里所指不明,存疑。下面的阐述似乎也都是康德所不赞同的一些表现,从略。

本节要点:天才表现在主体上,是一种心灵能力。这种心灵能力又表现为一种精神。这种精神大致是指可将主客体之间(表象与理念之间)主观合目的性关系展示出来的能力。想象力形成的内隐感性表象同时也是主体内在心灵中的内隐感性理念。把这种理念展示为感官感性表象的能力就是具有独创性、典范性的艺术天才。

第50节 在美的艺术的产品中鉴赏与天才的结合

[第1段] 如果问题在于，……既然一种艺术就前者而言宁可说配被称为一种富有灵气的艺术，惟有就后者而言才配被称为一种美的艺术，所以后者至少作为绕不开的条件（consitio sine qua non［必不可少的条件］），就是人们在把艺术评判为美的艺术时必须注意的最重要的东西。前者指想象力和天才，是自由的、灵动的；后者指鉴赏和判断力，是把艺术评判为美的艺术的必备条件，因此对美的艺术而言最重要。……因为前者的一切丰富性在其无法则的自由中所产生的无非是胡闹；与此相反，判断力则是使它们适应于知性的那种能力。想象力要在知性规则的范围内自由活动，说到底是有限制的。如果毫无限制，就将成为无规则、无逻辑的胡闹。"与此相反"，指与胡闹的状况相反。"它们"，可能指想象力。在反思判断力的作用下，反思想象力可与知性因素协调一致。

[第2段] 鉴赏与判断力一样，……而由于它把清晰和秩序带进丰富的思想中，它就使得理念成为站得住脚的，能够获得持久的而且同时也普遍的赞同、别人的追随和一种始终进步的培养。"它"指鉴赏。"清晰和秩序"是相对而言，不是规定性概念那样的清晰和秩序，而是要符合规则和逻辑。"丰富的思想"，内隐感性表象和理念可以诱使人形成丰富的思想。"理念"，应该指内隐感性理念。鉴赏是合规则的，在规则之下的理念是可成立

的。因此，如果在一个产品上这两种属性的冲突中应当牺牲某种东西的话，那么，就不得不宁可让这事发生在天才方面；而如果判断力在美的艺术的事情上从自己的原则出发发表意见，那就宁可允许损害想象力的自由和丰富，也不允许损害知性。"两种属性"，指天才和鉴赏。鉴赏是一种表象方式，具有一般性，可决定对象是不是美的，是对象性质的决定因素；而天才只是为个人所有。宁可牺牲掉天才也要保留鉴赏，是说一般性的方式重于个人才能。在想象力和知性因素的关系中，如果要保持反思判断力的原则，那就要有合规则性，因此不能损害知性因素。

[第3段] 因此，美的艺术就需要想象力、知性、精神和鉴赏。康德在这里有个注释，前三种能力要通过第四种能力才能结合起来，即前三者都被归属在鉴赏中。

本节要点：鉴赏判断既然是一种判断（认知），就与知性及其概念有一定的联系。概念可以起到规制作用，不许想象力任意妄为。天才作为内隐想象的能力，也要受到鉴赏判断力的制约。

第51节 美的艺术的划分

[第1段] 人们可以一般地把美（不论是自然美还是艺术美）称为审美理念的表述：只是在美的艺术中，这个理念必须通过关于客体的一个概念来诱发，"美"，指美者。美的东西是内隐感性理念的感性显现（表述），二者相一致。理念是主观心灵中的存在，其外在的感性样貌表现在具体对象上就是美者。"关于客体的一个概念"，即关于对象的概念。内隐感性理念与内隐感性表象是同一内容、同一样貌，前者是通过后者形成的。后者作为整合的表象，可被知性因素冠以一个概念。内在理念可被外在对象（概念）激发出来、调动出来。例如看到某个对象物，它激活了

内心中的理念，此时就可形成主客体之间的主观合目的性关系。但在美的自然中，为了唤起和传达那个客体被视为其表述的理念，仅仅对一个被给予的直观的反思就够了，无须关于应当是对象的东西的概念。"传达"，向谁传达？不明确，也可能是"表达"之义。此时的客体仍是理念的表述（感性显现）。对自然物只需要直观的反思，无须关于对象的概念，可能是说，自然是本然的，不存在自身是否完善的问题，因此不需考虑同完善性相关的概念。而概念要规定对象之应当所是（例如蛤蟆就应当有四条腿），如果对象不具有此应当所是，就是自身不完善，要影响到愉快情感的形成。

［第2段、第3段、第4段］从略。

［第5段］因此，演讲者宣告一种事务，……诗人则仅仅宣告一种借助于理念的一种使人娱乐的游戏，但它却对于知性来说得出如此之多的结果，就好像他本来就只是有意推进这事务似的。诗歌是诗人按照自己内心中的理念创造而成；诗歌是形象性的，所蕴含的意味比起专题演讲来既很模糊又更丰富。这仍是形象大于思想之义。感性和知性虽然相互不可或缺，但毕竟没有强制和彼此的损害就不能联合起来，感性指内隐感性。诗歌创作也是内隐感性的。在这一过程中，内隐感性的想象力与知性因素都是必不可少的。"强制"，可能是指：一，被对象所强制，有什么样的对象才能引发什么样的内隐感性表象和理念；二，被知性规则所强制，表象必须与概念相符合，想象力必须与知性因素相一致。"彼此的损害"，可能指想象力的内隐感性判断力的性质抑制了知性的规定性；而知性因素又框定了想象力，使想象力不能任意发展。以下从略。

［第6段、第7段、第8段、第9段］从略。

［第10段］三、感觉的美的游戏的艺术（这些感觉由外部产生，

而这种游戏仍然必须是可以普遍传达的）所能够涉及的，……——值得注意的是：这两种感官除了为凭借其概念从外部对象获得印象而需要的那么多的对印象的感受性之外，还能够具有一种与此相结合的特殊感觉，关于这种感觉人们不能很好地断定，它是以感官还是以反思为基础的；"特殊感觉"，可能指外部感觉之外的内部感觉。这种感觉还难以确定是感官性的还是反思性的，反思性的即内隐感性的。但按照下面的讲述，可能不是内隐感性的感觉，而是指机体更深层次（也许是生物学层次）的自然感觉。此点很重要。……这就意味着：人们不能确定无疑地说：一个颜色或者一个音调（声响）仅仅是适意的感觉，还是就自身而言已经是诸感觉的一种美的游戏，并且作为这样一种游戏带有在审美评判中对形式的愉悦。外在感官感觉与内在感觉（或者是内隐感性的，或者是生物学层次的）常常是结合在一起的，所以难以区分。……惟有这些颤动对我们身体的弹性部分的作用才被感觉到，这种感觉不是感官感觉而是内部身体的感觉，可能就是上文所说的特殊感觉。所谓颤动对身体的弹性部分的作用，可能指外界信息对机体神经系统产生了有益振动的作用。此点很重要。以下从略。

本节要点：艺术种类的划分。自然美是用内隐感性理念直接去感觉即认知，艺术美则除内隐感性理念之外，还要同一定的概念相关，不同种类的艺术有不同的感受方式。

第52节　在同一个产品中各种美的艺术的结合

［第1段］演讲术可以与对其主体以及对象的绘画性展示结合在一出戏剧中，……但毕竟在所有美的艺术中，本质性的东西

都在于对于观赏和评判来说合目的的那种形式,在这里愉快同时就是教养,并使精神与理念相称,因而使精神能感受更多这样的愉快和娱乐;"合目的的那种形式",与主体鉴赏判断心灵能力结成合目的性关系的那种形式,即以主体的心灵为前提,对象之表象呈现出来的内隐感性的格式性形式。"这里",对美者的鉴赏评判里。"教养","曹译本"为"熏陶",(486)大概是指主体自然接受的过程。在这一过程中受到了一定思想观念的影响,即相当于接受了教养。但不应是直接的教养活动,否则就不构成鉴赏判断了。"精神",应该是指内隐感性意义上的精神,即对象具有的与主体内隐感性心灵能力相对应、匹配的能力、素质。"理念",应该指内隐感性理念。即,内隐感性精神与内隐感性理念相对应、相一致。使精神感受到愉快和娱乐,这里可能指人的主观精神,因为只有主体才能感受到愉快和娱乐。如果是这样,则"精神"概念的内涵就有所转换了。如果还是指内隐感性精神,则不应该是它感受到愉快和娱乐,而应该是它使人感受到愉快和娱乐。此处存疑。同时,在这里即在鉴赏判断中,本质性的东西在于与主体结成合目的性关系的内隐感性的格式性形式,而不在于感觉的质料(魅力或者感动),即在这里被感受的是内隐感性形式,不是感官感性形式(质料性的形式)。如果是在感觉质料形式的场合里,则在这里着眼的仅仅是享受,这种享受在理念里不留下任何东西,使得精神迟钝,使得对象逐渐变得令人生厌,并使得心灵由于意识到自己在理性的判断中违背目的的情调而对自己不满意和情绪化。感官性的享受不同内隐感性理念相关联,没有内隐感性精神的作用。生理性的享受是有限度的,满足了之后就不再起作用了并开始变得令人生厌。例如饥饿的时候吃到美食是享受,吃饱了吃撑了,再吃下去就会感到难受。过度享乐对健康来说是不合目的的,心灵依靠理性会意识到这一点。

[第2段] 如果美的艺术不是被或近或远地与道德理念结合起来，惟有道德理念才带有一种独立的愉悦，那么，后一种情况就是这些美的艺术的最终命运了。这句话的"曹译本"为："如果美的艺术不是或松或紧地与道德观念结合在一起，只是自身带有一种独立的愉快"，（486）"邓译本"为："如果美的艺术不是或远或近地被结合到那些惟一带有一种独立的愉悦的道德理念上来，那么……"（172）"曹译本"与"李译本"和"邓译本"的语义有所不同。按照"李译本"和"邓译本"，这句话的意思是，道德理念自身带有一种愉悦，如果美的艺术不同这种道德理念结合起来，那就没有这种道德理念的愉悦。即，上述那些同实用性相关联的艺术就可能沦为享乐的工具了。……自然的各种美是最有利于前一种意图的，如果人们早就习惯于观赏它们、评判它们和惊赞它们的话。"前一种意图"，指"精神与理念相称"的情形。

本节要点：阐述多个种类艺术的结合，即综合性艺术种类。强调美的艺术同道德理念的结合。

第53节　各种美的艺术相互之间审美价值的比较

[第1段] 在所有的审美艺术中，"曹译本"为"在一切艺术中"，（486）没有"审美"一词做修饰。"邓译本"为"在一切美的艺术中"，（172）诗艺……因为它把想象力置于自由之中，并在一个被给予的概念的限制之内，在无限多样性的可能与此协调一致的那些形式中间，呈现出一个把这概念的展示与一种没有任何语言表述与之完全符合的思想丰富性联结起来的形式，因而在审美上把自己提升到理念。诗歌艺术中，想象力不受规定

性概念的制约，但又在概念的框架中。诗歌呈现出的形象具有无限可能，往往不能以任何具有确定含义的概念性语言加以确切的表达（形象大于思想）。这是其内隐感性的表现，因而是在内隐感性中（或通过内隐感性）使自己（诗艺）提升到理念层次（形成了内隐感性理念）。这句话的"邓译本"译文是："这形式于是就把自己通过审美提升到理念。"（172）这里的"自己"不是诗艺而是形式。它使心灵坚强有力，因为它使心灵感到自己自由的、能动的和不依赖于自然规定的能力，即把自然按照外观作为显象来观察和评判的能力，这些外观并不是自然不论是为感官还是为知性自行在经验中呈现出来的，因而也就是把自然用于超感性的东西，仿佛是用做超感性的东西的图型的能力。"不依赖于自然规定的能力"，大概指不依赖于感官感性的、生理性的甚至是知性的能力。一般来说，知性可能也是"把自然按照外观作为显象来观察和评判的能力"，但下句明确地说不是"为感官还是为知性"而呈现出来的，因此自由的、能动的能力应该指内隐感性判断力。这种能力不同于知性，能够看出自然中超感性的东西。这里所谓"超感性"，不同于实践理性之完全抽象的超感性（超越感性，非感性），而是"超级感性"之义。即它仍是感性的，但却是内在的、内隐的感性。"把自然用于超感性的东西"，指以自然对象展示出这种超感性的东西。"仿佛是用做超感性的东西的图型"。图型，一般是知性的，可用概念来表述。知性图型与内隐感性表象和理念有相近之处，所以此处用图型来作比方。简言之，诗艺在内隐感性判断中把自己提升到内隐感性理念层次，并感到自己有创造内隐感性表象和理念的能力。以下从略。

［第2段、第3段］从略。

本节要点：对不同种类的艺术作出价值方面的比较。认为其中以语言艺术为最高,因为它与理念更相关。

第54节 附释

[第1段、第2段] 从略。

[第3段] 游戏必须如何使人快乐,……音乐和笑料却是两种带有审美理念,或者也带有知性表象的游戏,通过它们最终没有思考任何东西,它们只是能够通过自己的交替使人快乐,但仍然是生动的快乐;由此它们就使人相当清晰地认识到,二者中的振奋都只是肉体的,虽然它们都是由心灵的理念激起的,而且对健康的情感通过内脏的一种与那个游戏相对应的运动,就构成了一个热情洋溢的晚会那被称赞为如此高尚风雅的全部快乐。这里可能涉及审美需要的深层机理,即对身体生物性机能的振动作用。下面的讲述也是如此:不是对各种音调或者机智念头中的和谐的评判,这和谐连同它的美只不过被用做必要的载体罢了,而肉体中得到促进的生命活动,即推动着内脏和横膈膜的激情,一言以蔽之对健康的情感(它没有这样的机缘通常是感不到的),构成了人们在也能够通过灵魂掌握肉体以及把灵魂用做肉体的医生这一点上感到的那种快乐。康德前面曾讲道:"紧随在由于激情的游戏而来的这样一种震撼之后的适意的疲倦,就是从我们里面的种种生命力重建平衡而来的对舒适的一种享受";(100)"惟有这些颤动对我们身体的弹性部分的作用才被感觉到。"(147)这些讲述中提到"生命力的平衡""身体的弹性部分""内脏的运动"和"内脏和横膈膜的激情"等,都是机体深层机能的表现,是内隐感性愉悦情感的生物学基础。但这与适意感等怎样区别?此须另作别论。这些表现是内隐感性鉴赏评判活动的效果,也可以构成鉴赏活动的动机和需要,是重要的论点。

以下几段内容从略。

本节要点：阐述内隐的鉴赏判断同身体快乐、健康的关系。认为，内隐感性愉快归根结底是机体健康所需要的。这是鉴赏判断的效果，也是审美活动深层的动机和需要。这一阐述极大地深化了审美的机理。

第55节

一种判断力要是辩证的，就必须首先是推想的；也就是说，它的判断必须提出普遍性的要求，确切地说是提出先天普遍性的要求；因为辩证论就在于这样一些判断的相互对立。辩证的都是具有普遍性的，这是推想出来的。因为普遍的东西不可能一个一个去证实，但可通过推想而确定。这句话有个注释，本书从略。所谓辩证的，就不是线性的、单一的，往往包含着矛盾的、对立的因素。而（关于适意者和不适意者的）审美的感官判断的不一致性并不是辩证的。关于快适感的感官判断虽然也是内隐感性的，但感官判断会造成各人的特别喜好，因此不需要辩证。这里再次充分显示出，内隐感性（Ästhetischen）判断不能翻译为审美判断，否则就与现代意义上的审美活动相背离了。在内隐感性判断中既包含生理性的感官判断又包含无利害关切的鉴赏判断。后者才是现代意义上的审美。就连鉴赏判断的冲突，就其每一个都是基于其自己的鉴赏而言，也不构成鉴赏的辩证论；这里的鉴赏判断，如果是基于自己的，可能指个人的感官鉴赏，是与个人喜好相关的品鉴。"冲突"，可能指不同人之间鉴赏判断的不同。关于一种辩证法就没有留下任何能够关涉鉴赏的概念，除了鉴赏的批判（不是鉴赏本身）就其诸原则而言的一种辩证论的概念之外；鉴赏的辩证论只涉及对鉴赏加以批判的诸原则，不关涉到鉴赏的其他方面。因为在这里，关于一般鉴赏判断的可能性的根据，自然而然地和不可避免地出现了一些相互抵触的概念。具有普遍性，是鉴赏判断可能性的根据。关于这个根据，有一些说法似乎相互抵触。因此，鉴赏的先验批判就此而言将只包含一个可以使用审美判断力的辩证论之名称的部分，如果出现了这种能力的诸原则的一种二论背反，它使这种能力的合法则性，因而也使它的内在可能性变得可疑的话。对鉴赏判断可能性根据的演证是先天的，即这个根据是先天的。只有这一部分才可担当辩证论之名。因为这里出现了一种矛盾现象，使得其合法则性及内在可能性显得不可靠。

本节要点：为分析内隐感性判断的二律背反作铺垫引言。

第56节　鉴赏的二论背反的表现

[第1段] 从略。

[第2段] 鉴赏的第二句套话，是……关于鉴赏不能争辩。这就等于是说：一个鉴赏判断的规定根据虽然也可以是客观的，但它不能被置于确定的概念上；争辩是在判断的证明根据的基础上进行的。如果鉴赏判断没有确定的概念为根据，则无法进行争辩，因为没有确定的根据。因此，关于这个判断本身不能通过证明裁定任何东西，尽管对此很可以并且有理由作出争执。争执，是针对鉴赏判断结果的还是针对鉴赏判断规定根据的？很可能指后者。因为前面讲到争辩时，较明显是针对鉴赏判断结果的。因为争执和争辩虽然在力图通过诸判断的相互对抗产生出它们的一致这一点上是相同的，"对抗"，应指矛盾的、不同的判断结果。此句似乎指通过争执或争辩达到一致性。但它们的差别在于，后者希望按照作为证明根据的确定概念来造成这种情况，因而把客

观的概念假定为这个判断的根据。但在这一点被视为不可行的地方，这种争辩也同样被视为不可行的。"后者"指争辩。争辩是在证明根据基础上进行的，需要以一个客观的概念为根据；但由于并没有这样的根据，因此是不可争辩的。

［第3段］人们很容易看出，……这个命题包含着最上面那个命题的反面。最上面的命题，指"每一个人都有他自己的鉴赏"。这一命题的反面应该是：没有每个人自己的鉴赏，即鉴赏是普遍的，有共同性的。因为在应当允许争执的地方，就必然有希望相互之间达成一致；因而人们就必须能够指望判断的那些不仅仅具有私人的有效性的根据，因而这些根据就不仅仅是主观的；然而，这仍然与"每一个人都有他自己的鉴赏"那个原理是截然相反的。这一阐述是思辨性的。既然应当允许争执，就说明可以达成一致，否则就没必要争执了；既然可达成一致，就说明有共同的根据，因此不能把根据建立在具有个人性的主观上，即这个根据要有共同性、普遍性，相当于客观性，尽管它可能不是客观的。

［第4段］从略。

［第5段］一、正论。鉴赏判断不是建立在概念之上的；因为若不然，对此就可以争辩（通过证明来裁定）了。这里的"概念"指知性概念，它是确定的、规定性的；而鉴赏判断是内隐感性的，不能建立在知性概念之上。

［第6段］二、反论。鉴赏判断是建立在概念之上的；因为若不然，尽管这种判断有差异，对此也根本不可以争执（要求别人必然赞同这个判断）。这里的"概念"指非知性概念，实即指一种规定根据。这种规定根据要以概念的方式来表示，所以称其为"概念"。鉴赏判断要建立在某种规定根据上，正是在这一规定根据上才能具有普遍有效性。但这里争执什么？存疑。

本节要点： 提出二律背反命题。

第57节　鉴赏的二论背反的解决

［第1段］要消除配给每个鉴赏判断的那些原则（它们无非是上面在分析论中所介绍的两个鉴赏判断特性）的冲突，这是不可能的，除非人们指出：人们使客体在这类判断中与之相关的概念，在审美判断的两个准则中并不是在同样的意义上采用的；……两个鉴赏判断的特性，可能指鉴赏判断既像是客观的又像是纯然主观的。"那些原则"和"两个准则"，可能指这两个特性各自遵循不同的原则和准则，即一个是逻辑判断的，一个是内隐感性判断的。虽然它们都在使用着概念，但概念的意义即性质不相同。

［第2段］鉴赏判断必须与某个概念相关；因为若不然，它就绝不能要求对每个人的必然有效性。这里的"概念"不是知性概念而是内隐感性概念，是内隐感性判断中的规定根据。但是，它恰恰不能从一个概念得到证明，却是因为一个概念可能要么是可规定的，要么也就自身而言是未被规定的同时又是不可规定的。可规定的概念是知性概念，未被规定又不可规定的是内隐感性概念。内隐感性判断中提出的规定根据如果也算是一种概念的话（"规定根据"这个词、这个表述就相当于是个概念），是不能用知性概念加以规定的。既然它本身都是不可规定的，则以其为规定根据的鉴赏判断就不能被概念所证明，亦即不能以概念表述出来。下面明确指出"概念"的不同含义：前一种性质的是知性概念，它是可以通过能够与之相对应的感性直观的谓词来规定的；第二种性质的是关于超感性东西的先天理性概念，超感性东西是所有那些直观的基础，所以这概念不再能在理论上予以规定。内隐感性的规定根据是超感性的东西，"超感性东西"这个

说法也相当于一个概念。超感性东西是具有规定性的知性直观的基础；知性直观是内隐感性判断基础上的结果；知性直观基础上形成的知性概念也是在超感性东西基础上的，它作为结果当然不能去规定基础。

[第3段] 现在，鉴赏判断针对的是感官对象，……它作为与愉快的情感相关的单个直观表象，只是一个私人判断，就此而言，它在有效性上会被仅仅限制在作判断的个人身上："它"，指鉴赏判断。虽然此时的鉴赏判断面对的是感官对象，却不是要形成同感官感性相关的知性概念。鉴赏判断（包括感官性的和内隐感性性的）不是要形成知识，而是要形成单个人的与愉快情感相关的单个直观表象。对象对我来说是一个愉悦的对象，对别人来说可能就是另一种情况；——每一个人都有他自己的鉴赏。没有普遍性的"鉴赏"，应该指感官性的鉴赏。但因为它也叫鉴赏，所以容易同另一类鉴赏相混淆，形成结论或判断的二论背反。

[第4段] 尽管如此，在鉴赏判断中却无疑包含着客体（同时也有主体）表象的一种扩展了的关系，我们在此之上建立起一种扩张，即把这类判断扩张为对每个人都必然的，因此这扩张就必须必然地以某个概念为基础；这里就从感官性的转到内隐感性性的了，表述也由"鉴赏"转为"鉴赏判断"。"鉴赏判断"一词应该专指内隐感性判断。表象的扩展了的关系，指对象之表象不仅具有感官感性的性状，还具有内隐感性性状。由于这种性状，就形成了客体与主体之间的内隐感性合目的性关系。但这样说不意味着客体对象之表象的内隐感性性状在先，实际上，客体的内隐感性性状与主体的内隐感性判断是同时形成的。……一个这样的概念只是关于超感性东西的纯粹理性概念，超感性东西是作为感官客体，因而作为显象的对象（而且还有作判断的主体）的基础。"纯粹理性概念"，这里不是指"知性概念"。康德在前

言中说过，这个超感性的东西是知性和理性的基础。知性直观的对象都是被知性概念所规定的显象，所以对象是作为显象的对象，是感官感性的客体，也要以超感性东西为基础。假如人们不作这样一种考虑，那么，鉴赏判断对普遍有效性的要求就会无可挽救；假如它建立于其上的概念是一个例如关于完善性的哪怕纯然模糊的知性概念，人们能够相应地把对美者的感性直观加给它，那么，至少就自身而言就会有可能把鉴赏判断建立在证明上，而这是与正论相矛盾的。如果鉴赏判断及对美者的感性直观建立在有关完善性的知性概念之上，就等于把鉴赏判断建立在可证明的规定根据之上，这种可证明的规定根据都是知性概念的，而知性概念本应是以超感性东西为基础的结果，不能反过来作为超感性东西的根据，所以是与正论相矛盾的。

[第5段] 但现在，一切矛盾都将被消除，……但从这个概念不能就客体而言认识和证明任何东西，因为它就自身而言是不可规定的和不适用于知识的；超感性东西也是一种概念。但这种概念不同于知性概念，不能规定客体，也不能作为客观的证明；它自身也不能被任何知性概念所规定，所以不能用于知识。但是，鉴赏判断却正是通过这个概念毕竟同时获得了对每个人的有效性（尽管在每个人那里作为单称的、直接伴随着直观的判断），因为这判断的规定根据也许就在关于那可以被视为人性的超感性基底的东西的概念之中。内隐感性判断之所以可能，是因为有这样一个作为规定根据的超感性东西的基底。即内隐感性判断力的主观合目的性的一般根据就是超感性东西。此点很重要。像"超感性东西"一样，"超感性基底"也可算是个概念，它是"主观合目的性的根据"，是存在于人的心灵中的。由于人就是自然的产物，因此人的心灵中的东西也是自然的。

[第6段] 从略。

[第7段] 也就是说，我们在两个相互冲突的判断中在同一个意义上采用了一个判断的普遍有效性必须建立于其上的那个概念，但却关于它说出了两个相互对立的谓词。"同一个意义"可能指普遍有效性。普遍有效性建立于其上的那个概念可能指鉴赏。"两个相互对立的谓词"，指上节所说的正论和反论。两个判断的相互冲突即二论背反，是表面上的、幻相中的，实际上并不存在，这只是因为对这两个在实质上不同的判断使用了同一个意义上的概念（可能是鉴赏概念或普遍有效性概念）。鉴赏的普遍有效性是有两种根据的，一是客观的，一是主观的。因此在正论中本来应当说的是：鉴赏判断不是建立在确定的概念之上的；即不是建立在知性概念之上的。但在反论中本来应当说的是：鉴赏判断毕竟是建立在一个虽然不确定的概念（亦即关于显象的超感性基底的概念）之上的；而这样一来，在它们之间就会没有任何冲突。同是概念，知性概念是确定的、规定性的；"超感性基底"作为概念则不能像知性概念那样确切。康德的很多表述都是这样，表面上、字句上看是矛盾的，但因其概念的内涵不同，所以在实际上并不矛盾。

[第8段] 除了消除鉴赏的要求和反要求中的这种冲突之外，……主观的原则，亦即我们心中的超感性东西的不确定的理念，只能被指出是解开这个甚至在来源上也对我们隐藏着的能力之谜的惟一钥匙，但不能通过任何东西作进一步的解释。超感性东西是个理念性的存在，是内隐感性判断的规定根据，也是其主观原则，它决定了内隐感性判断的存在和功能；找到它就等于找到了解开内隐感性判断力之谜的钥匙，即找到了内隐感性判断的来源、根据。这简直是太重要了。这是什么呢？对此，康德认为没法再做进一步的解释了，而从现代认知神经科学角度来看，这就应该是人脑的潜意识功能，当然也包括其神经结构。但，按康德所述，

是要找到整体性的潜意识还是潜意识中的某个结构？鉴赏判断与超感性基底的关系及其各自的存在形态、特性，都是需要认真研究的。

[第9段] 这里提出并得到调停的二论背反，……二论背反都违人意志地强迫人超出感性的东西，在超感性的东西中去寻找我们一切先天能力的结合点，因为没有留下别的出路让理性与它自身一致了。二论背反现象出自超感性东西，所以能促使人们去寻找超感性东西，并在超感性东西中寻找先天能力的根据。超感性东西作为理念，也是要靠理性来加以把握的，这就把这种超感性东西归入理性之中（凡是超感性的东西都是理性的）。"一切先天能力"，应指知性、实践理性和内隐感性判断力，它们都应该建立在超感性东西基础之上。"它自身"，可能指理性自身。这句话的"曹译本"是：因为要使理性与自身谐和一致，没有任何其他出路。(498) 这里明确点出是理性与自身一致。"一致"，即不冲突，不背反。

附释一

[第1段] 既然我们在先验哲学中如此经常地发现把理念与知性概念区分开来的理由，……——最一般意义上的理念就是按照某个（主观的或者客观的）原则与一个对象相关的表象，不过是就这个表象永远不能成为该对象的知识而言的。理念是主观心灵中的存在，是观念性、意识性的东西；其实际内容是对于某一对象的表象，即由知觉经验而形成的内在模象。这个表象是朦胧的、模糊的、笼统的，不能以确定的概念来表述，所以不构成知识。理念与对象之表象之间的关系（主客体关系）是怎样的，取决于判断的原则。即以什么样的规定根据和判断方式去进行判断，就会形成什么样的主客体关系。即理念要么按照诸认识能力

（想象力和知性）相互之间协调一致的纯然主观的原则与一个直观相关，在这种情况下就叫做审美的理念；要么按照一个客观的原则与一个概念相关，但却永远不能充当对象的一种知识，这就叫做理性理念；前者是内隐感性判断，形成内隐感性理念；后者是规定性判断，形成理性理念（不是知性的）。这里的"理性"，是不是相对于"内隐感性"而言因而与"理智"相当？从下句话看似乎不是，似乎是在指实践理性。在这种场合，概念就是一个超验的概念，它与知性概念有别，知性概念在任何时候都能够被配上一个适当地相应的直观，因而叫做内在的。理性与之相关的概念，可能指如自由、公平、正义等概念，这些概念不能以感官感性加以直观，所以理性理念及相关概念是内在的，不能进行知性的外在直观。这里不是说知性概念是内在的。"这种场合"，是专指实践理性理念的场合，还是也包含了内隐感性理念的场合？这一表述的"邓译本"为："在后一场合下这概念就是一个超验的概念"，（189）因此可能专指理性理念的场合。"超验的"，即不可经验的，应该也是"超感性的"，是对感性的超越，不同于"超级感性"的"超感性"。此点很重要。

[第2段] 一个审美的理念不能成为任何知识，因为它是一个永远不能适当地为之找到一个概念的（想象力的）直观。一个理性理念永远不能成为知识，因为它包含着一个永远不能适合地为之提供一个直观的（关于超感性的东西的）概念。内隐感性理念是内在的、无法以概念表述的，所以不能是可用概念表述的知识。这里的"想象力"指反思想象力，内隐感性的理念是反思想象力的直观。实践理性理念可以用概念来表述，但也是内在的、观念意识性的，因而是超感性的，不能有直接对应的直观物。这里没有用"超验的"，似乎暗示着这两个概念是同一个意思。

[第3段] 现在我相信，人们可以把审美理念称为想象力的

一个不能阐明的表象，而把理性理念称为理性的一个不能演证的概念。……内隐感性理念的对应表象是具有内隐感性性状的表象，这种样貌的表象形成于反思想象力（内在直观力），存在于内心中，不能以概念加以表述。"演证"，以感性直观加以验证，即如下段所说，以感官感性表象加以展示。理性理念没有对应的直观物，所以也不能演证。

[第4段、第5段] 从略。

[第6段] 据此，关于一切显象的超感性基底的一般理性概念，或者还有关于与道德法则相关必须被奠定为我们任性的基础的那种东西的理性概念，在种类上就已经是一个不可演证的概念和理性理念了，超感性基底作为一般理性概念，是一切显象的基础（我们所知觉到的东西都是显象）。这种理性概念可能不完全等同于实践理性概念，所以康德是分开来阐述的。前者是一般的理性，后者是特定的理性。它们的共同点都是不可演证，即不可有感性直观。"任性的"，可能指按照自己意志的。但德性是在程度上如此；这句话的"邓译本"是："但德行却按照程度才是如此"。（190）什么"程度"？下句话有阐释。因为前者就自身而言根本不能被给予任何按照质来说在经验中相对应的东西，而在后者中，那种因果性的任何经验产品都达不到理性理念颁布为规则的那个程度。"前者"，指显象。显象就其自身的性质而言，是客观的、可凭感官感性加以直观的，没有任何一个显象可以同超感性基底的理性概念相对应。"后者"，指道德法则。由道德法则的因果性而形成的经验产品，可能指符合道德法则的行为。"但德行是在程度上如此"，可能指道德法则的产品只是在某种程度上是不可验证的概念和理性理念，并不完全是不可验证的，因为它还有经验性的成分。"达不到理性理念颁布为规则的那个程度"，即达不到可作为纯粹理性理念的程度。

[第7段] 就像在一个理性理念上，想象力连同其直观达不到被给予的概念一样，在一个审美理念这里，知性通过其概念也永远达不到想象力与一个被给予的表象结合起来的整个内在直观。在理性理念方面，任何想象力及其直观都不能掌握理性理念的概念，即理性理念是不可直观的，包括内在直观。与此相似，在内隐感性理念方面，知性不可能通过概念把握到由反思想象力与内隐感性表象相结合而构成的整个内在直观。"整个内在直观"，可能指全部的内隐感性状态，包括内隐感性主客体关系、心灵状态、愉悦感觉等。内隐感性理念不是可用知性概念加以规定、加以表述的。既然用概念来表示想象力的一个表象，就等于阐明这表象，所以，审美理念就可以被称为想象力（在其自由游戏中）的一个不可阐明的表象。……对对象之表象的内隐感性把握，靠的是反思想象力，这种表象不可用概念来阐明；依据知性规则把想象力所把握到的表象归摄到特定概念中，就是用概念来表示想象力（此时应指直观力）的一个表象，这相当于对表象的阐明。

[第8段] 据此，人们也可以通过审美理念的能力来解释天才：这表明，天才作为一种能力，实即由内隐感性理念所构成。内隐感性理念的形成过程及表现、特性，就是天才的形成过程及表现、特性。此点很重要。由此同时也就指明了在天才的作品中为什么是自然（主体的自然），而不是艺术的深思熟虑的目的（产生美者的目的）在提供规则的理由。内隐感性理念是自然天成的，天才也是如此，因此天才的作品是由自然提供规则的，不是人有意识地形成的。……能够用做主观的准绳的，就不是规则和规范，而只是纯然是主体中的自然，但却不能在规则或者概念之下来领会的那种东西，所谓准绳，就是规定根据。内隐感性判断的规定根据在主观中，不是客观的规则和规范，也不能在客观

规则或知性概念之下来领会。也就是说，是主体的一切能力的（没有任何知性概念能够达到的）那个超感性基底，因而是与之相关使我们的一切认识能力协调一致的那种东西，是由理知的东西给予我们的本性的那个最终目的。"主体的一切能力"，指内隐感性判断力。内隐感性判断力的规定根据即作为基底的超感性东西，超感性基底是主体的一切能力的基础，可把一切认识能力（知性、理性、判断力）结合起来、统一起来。"理知的东西"，不仅仅指理性，可能泛指同内隐感性相对的、可凭思维把握到的东西，相当于"理智"。"我们的本性"，属人的本质性的东西，在康德这里至少应该指理智性、主观意志性、道德自由性等。"最终目的"，最基本的、最终极的目的，即在合目的性的两极关系中，最基底、最根本、包容量最大的那一极。这样，从现代认知神经科学的角度看，所谓超感性基底，或作为基底的超感性东西，就是意识的基始部分，是意识的尚处于混沌状态和潜意识状态的部分。这很重要。对于这个超感性东西，不是能靠经验掌握到的，而是要靠理智能力掌握到的，所以是由"理知的东西"给予的。于是，也只有这一点是可能的，即对于人们不能为之颁布任何客观原则的那种美的艺术来说，有一个主观的，但却普遍有效的先天原则作为基础。美的艺术来自内隐感性的判断和想象，不能来自客观原则。内隐感性判断以超感性东西为先天的规定根据，因此美的艺术也是如此。这一规定根据对所有人都适用（所有人都具有内隐感性判断力）。

附释二

[第1段] 在这里，自行呈现出如下重要的说明：也就是说，纯粹理性有三种二论背反，但它们都在这一点上是一致的，即它们都迫使纯粹理性脱离把感官的对象视为物自身这个通常很自然

的预设，而宁可让它们仅仅被视为显象，并给它们配上一个理知的基底（某种超感性的东西，关于它的概念只能是理念，且不容许有真正的知识）。前两个"它们"指二论背反，后两个"它们"指感官的对象。在纯粹理性（知性）视点下，感官的对象仅只是显象，不是物自身。对感官对象之显象的认识要靠知性法则，而知性以某个超感性东西为基底。对这个超感性的东西不能以知性概念来表述，所以不构成知识。此时康德还没能对超感性基底形成准确而清楚的认识，还不知道它究竟是什么。如果能清楚准确地知道它是什么了，就可以用概念加以表述了。二论背反现象迫使人们采用辩证的思维方式，并且实行康德所谓认识方面的"哥白尼式的革命"。康德以前，人们都把自然物看作纯客观的，自然物的样态就是自然物自身，主观认识必须符合客观存在物，即客观物决定主观认识。而康德认为，自然物的样态（呈现在主观感官中的样态）是以主体感官为前提、为条件的显象，显象不是物自身；物自身不是感官所能把握到的；物自身的显象才能被主体感官所把握。没有这样一种二论背反，理性就永远不会能够下定决心接受这样一个如此大大限制它的思辨疆域的原则，并作出牺牲，使如此多的通常十分闪闪发光的希望不得不完全消失；这里的"理性"，一个可能是指纯粹理性即知性。因为上句话讲到就是知性。对知性的思辨疆域加以限制，大概是指知性能力的局限性，即它达不到实践理性和内隐感性判断力的疆域。另一个可能是统指纯粹理性和实践理性。那这里所说的限制就专指达不到内隐感性判断力的疆域。"闪闪发光的希望"，也许是指理性希望能对超感性疆域有所掌握。因为即便是现在，当为了补偿这一损失，一种在实践方面更加伟大的应用向理性敞开的时候，理性看起来也并不能毫无痛苦地与那些希望分手并摆脱旧的羁绊。补偿损失，大概指补偿理性能力在认识疆域方面的不足，即在内隐感性方面的不足。在实践方面更加伟大的应用，有可能指知性和理性的联结，理性可以通过这一途径在自然领域（实践领域）得到充分的展现。与那些希望分手，似乎是说知性不甘心在实践方面以感性事物展示实践理性的理念。旧的羁绊，可能指以前以客观为中心的思维方式。这里的表述，表明作为基底的超感性东西不是指感官对象即显象的物自体（虽然物自体也是超感性的），而是另一类特殊的、可作为超感性的物自体的基底的东西，是超感性物自体的超感性基底。这里的关系很重要。

[第2段] 有三种二论背反，……在所有这些原则方面，它就为被给予的有条件者孜孜不倦地要求有无条件者，但后者是永远也不能找到的，如果人们把感性的东西视为属于物自身的，而不是宁可把它作为显象，给它配上某种超感性的东西（我们之外的自然和我们里面的自然的理知的基底）作为事物自身的话。"有条件者"，经验性的、可规定的东西。"无条件者"，先天的法则，可感知的东西的先天的规定根据。如果不是把感性的东西视为物自身的显象，并且把它建立在超感性东西的基础上，就永远无法找到这种先天根据。那么反之，就可以找到这个无条件者。所谓"找到"，不是明确地以概念标示出来，而是意识到它的存在、特点和作用。超感性的东西有两类，一类是纯粹客观的自然，另一类是我们机体内的自然，即心灵能力。后者是靠理知才意识到的作为基底的东西。……只要所有这些能力都必须能够有自己的高级的先天原则，并且按照理性的一个不可回避的要求而根据这些原则也无条件地作判断并规定自己的客体。这是三种二论背反的前提条件。即为知性、理性、判断力寻找更为根本的（高级的）先天原则并在这一先天原则基础上作出判断。"规定自己的客体"，即寻找到或面对适用于自己的客体，亦即知性、理性、判断力都有自己的适用领域。

[第3段] 就那些高级认识能力的两种二论背反，……无论是这一遁词还是另一种遁词都怎样不起作用，这一点在对鉴赏判断的阐明中已在多处地方指出。就理论应用的二论背反和实践应用的二论背反而言，上述两种情形都是不合理的。

[第4段] 但是，如果人们对我们的演绎至少承认这么多，……那么，就表明有三种理念：第一是一般的超感性东西的理念，它除了自然的基底之外没有进一步的规定；第二是作为自然对我们认识能力的主观合目的性之原则的这同一个超感性东西的理念；第三是作为自由的目的的原则和自由与道德中的目的协调一致的原则的这同一个超感性东西的理念。"三种理念"，即三种意义或三个层次、三种表现上的理念。这一理念专指超感性东西，是超感性东西的三种存在形态或作用。第一种意义上的理念是最基本、最一般的，只是作为自然的基底，还没有进一步的规定或应用。后两种意义上的理念都是第一种意义上理念的进一步规定或具体表现。第一种意义上的基础理念的进一步规定表现在客体对象与主体认识能力（包括知性、判断力、理性）的关系上，造就了二者间的主观合目的性关系（二者相对应）及其原则；基础理念的另一个规定应该是指在实践领域的表现，但其表述有点费解。这第三点的"邓译本"为："第三是这个超感性的东西作为自由的目的的原则，并作为自由与道德中的目的协和一致的原则的理念"。（194）"自由与道德中的目的协调一致"，可能不是指自由与道德之间的关系，而是指自由在道德实践领域与自然的关系。即自由理念以道德观念体现在自然物上，亦即自然物象征着道德理念。此即实现了自由理念的合目的原则，也达成了自由与自然的协调一致。为这一切提供原则的都是作为理念的超感性东西。这一阐述的逻辑线索可能是这样的：最初始的超感性的东西是基底及根本原则、规律、机理；在此基础上形成了自然对象与

主体认识能力之间的合目的性关系及其原则；最后在道德实践中实现了自然领域与自由领域的联结（协调一致）。

本节要点：关于鉴赏判断二论背反矛盾的解决，要依靠对概念的正确定义。鉴赏判断建立在超感性基底这一不确定的概念之上，不是建立在知性概念之上。内隐感性判断不能混同于感官和完善。这个超感性基底是解开内隐感性判断力及与愉快情感关系之谜的钥匙。在这一基底的基础上，形成了主客体之间的主观合目的性原则，进而达成了自由和自然的联结统一。

第58节 自然以及艺术的合目的性的理念论，作为审美判断力的唯一原则

这一原则可能是指，内隐感性判断力只是在合目的性关系中才存在，亦即只有在这一原则之下才能成立。但这一原则是条件，不是根据。这一原则和内隐感性判断力都是以那个超感性东西为根据的。

[第1段] 人们最初要么可能把鉴赏的原则设定在这一点上，……然而我们已经指出过，这愉悦也先天地有根据，因而这些根据能够与理性论的原则共存，尽管它们并不能在确定的概念中被领会。"这愉悦也先天地有根据"，显然是指另外的愉悦，那就应该指鉴赏判断中的愉悦。只有鉴赏判断的先天规定根据不能被知性的确定概念所表述，因此不能被概念地领会。

[第2段] 与此相反，鉴赏原则的理性论要么是合目的性的实在论的理性论，要么是其理念论的理性论。……鉴赏原则的理性论就永远不能设定在这一点上，即这种判断中的合目的性被设想成客观的，也就是说，判断在理论上，因而也在逻辑上（哪怕

只是在一种含混的评判中）针对客体的完善性，"与此相反"，应该指与经验论相反。内隐感性鉴赏原则的理性论不能建立在经验论的客观合目的性之上，不是针对于客体的完善性。判断只是在审美上，在主体中针对其表象在想象力中与判断力的那些本质性原则的一致。这里的"判断"指内隐感性判断。它只是在内隐感性意义上才存在并发挥作用。"判断力的那些本质性原则"，应指具有内隐感性性质的原则。与这些原则的一致，即符合这些原则。可能指内隐感性表象在反思想象力的作用下与内隐感性判断力（内在的认识能力）相一致。这既造成了内隐感性判断，又是由内隐感性判断所造成。或可理解为，主体心灵中客体对象之表象与反思想象力（内在直观力）相对应、相匹配的状态是以内隐感性判断力为本质性原则的，即在其原则之下形成的。这一原则可能包括：是内隐感性判断的，没有确定概念可以表述的，无客观目的的，不与感官感性、适意和完善性相关的等。所以，甚至按照理性论的原则，鉴赏判断及其实在论和理念论的区别也只能被设定在这一点上，即那种主观的合目的性要么在第一种场合被认为是作为自然（或者艺术）的现实的（有意的）目的而与我们的判断力协调一致，要么在第二种场合被认为就自然及其按照特殊法则所产生的那些形式而言，仅仅是与判断力的需求的一种无目的地自行凸显出来的、偶然凸显出来的合目的的协调一致。鉴赏判断的理性论，即以理性来看待鉴赏判断，它有两种形态：一种是实在论的形态，是同实在相关的鉴赏判断（适意的）；另一种是理念论的形态，是同理念相关的鉴赏判断（内隐感性的）。二者的区别在于：前者（第一种场合）是现实的（有意的），即有实用意图、实际客观效果的。亦即对象有实际的功用，这种功用可被判断力所把握，二者结成合目的性关系。后者（第二种场合）没有实在的用途、功用，只是"那些形式（格式性形式）"

与内隐感性判断力自然而然地、偶然地结成合目的性关系。"判断力的需求",判断力在本性上要求有对应的一方。即只有在与一定对象之表象相对应的条件下,内隐感性判断力才得以形成、存在、产生作用。亦即内隐感性判断力要求有对应的对象之表象(作为格式性的形式)。同哪些对象之表象结成这种合目的性关系是偶然的,不是固定的。

[第3段] 对于自然的审美合目的性的实在论,也就是人们要假定美者的产生在其产生原因中有它的一个理念,亦即一个有利于我们的想象力的目的被奠定为基础,有机自然王国中的种种美的形态是很为它讲话的。实在论要假定美的东西中有一个理念,因为有了这个理念才能使事物的性状符合我们的想象力,自然中的一些美的形态似乎能证明这一点,但事实上并非如此。……而形体毕竟还是可能为造物的内在目的所要求的,所以,它们似乎完全是以外在的观赏为目的的;这些都给假定自然为了我们的审美判断力而有现实目的的解释方式提供了重要的砝码。植物、动物那些看上去没有实际用途的形象、色彩似乎完全是为人的鉴赏而形成的;这与事物的形体还不一样,形体还可能有内在的目的,即自身的完善。但其实,动植物的色彩也有其生物的必要性,例如伪装色、保护色、吸引异性等。康德后面解释了这些形状、色彩形成的自然机械过程和机理,反驳了所谓的有意性。以下从略。

[第4段] 与此相反,不仅理性通过"任何地方都要尽一切可能防止不必要地增加原则"这个准则来对抗这种假定;人凭借智能可以知道,动植物的生物规律是尽一切可能防止不必要的增加。因为任何不必要的增加都会加重该物种的负担,不利于该物种的生存和繁衍。这一看法符合后来达尔文进化论的观察和理论。这一准则可对抗上一段所述的假定。以下从略。

[第5段、第6段、第7段、第8段] 从略。

[第9段] 但是，那直截了当地把自然的美者中合目的性的理念性原则证明为我们在审美判断本身中任何时候都当做基础的、而且不允许我们把自然对我们表象能力的某种目的的任何实在论用做解释根据的东西，就是：我们在评判一般的美时是在我们自己里面寻找美的先天准绳，而且审美判断力就判断某种东西是否美而言是自己立法的，上述现象看上去似乎是有一种理念有意为了与主体结成合目的性关系而使事物形成这样的样态，但其实都是自然的作用。就算有这样的一种理念，其效用也是经过外界自然力而间接地形成的。而在对美者加以评判的内隐感性判断中，内隐感性判断力是自己为自己立法（为自己建立规定根据，树立原则），相当于在自身内部树立了评判美者的准绳。这一规定根据或准绳是理念性的原则，是内隐感性判断的条件，不是表示外在目的关系的实在论能解释的。对我们表象能力的目的的实在论，指与知性概念目的相关的实在论。这种情况在接受自然合目的性的实在论时就不可能发生，因为我们在这时就会必须向自然学习我们应当认为什么是美的，而鉴赏判断就会服从经验性的原则了。"这种情况"，指以内在内隐感性判断理念为根据时的情况。"这时"，指以客观合目的性的理念为根据时，这时的鉴赏判断就会服从经验性的原则而不是服从先天性的原则了。而在这样一种评判中，关键并不在于自然是什么，或者还有什么对我们来说是目的，而是在于我们如何接受它。这一表述极其重要。在内隐感性判断中，或在进行内隐感性判断时，推而广之，在主体面对客体时，可能结成不同的合目的性关系。究竟结成了怎样的关系，作为决定性的因素，客体对象（自然）是什么并不重要，对象对我们来说有什么客观目的（实用性的价值）也不重要，关键在于我们怎样接受它、对待它、评判它，即我以怎样的状态去看

待对象。如果以实用性需要的状态去看待对象，那主客体之间就是客观的、外在的合目的性关系；如果我没有实用性的需要或要求，就可以呈现出无利害关切状态，这时就可以以内隐感性判断力去看待对象、接受对象，主客体之间形成内隐感性的合目的性关系。因此，主体的状态是非常关键的因素。当然，对象的性质、性状也有一定的诱发作用。假如自然是为了我们的愉悦而形成了自己的形式（这形式可引发主体的愉悦），那么，这就永远会是自然的一种客观的合目的性，而不是主观的合目的性，后者乃是基于想象力在其自由中的游戏，在这种游戏中所有的是我们用以接受自然的那种好意，而不是自然向我们表示的好意。这与前面的表述是同一个意思。如果是自然有意地迎合主体，这就是客观的合目的性。而在内隐感性判断活动（游戏）中，所应该有的（起决定作用的）是主体接受（对待）自然的态度（好意），不是自然相对于主体的样态，即使自然的样态有利于人对自然的欣赏，如果人不对自然对象加以内隐感性判断力的接受，它也不能同主体结成内隐感性判断的关系。自然对于我们来说包含着机会，使我们在评判它的某些产品时知觉到我们诸心灵力量的关系中有内在的合目的性，确切地说作为这样一种合目的性，它应当从一个超感性的根据出发被宣布为必然的和普遍有效的，自然事物含有与主体结成内隐感性合目的性关系的可能。"它"，可能指内在的主观合目的性。但这将形成"内在的主观合目的性作为这样一种合目的性"的表述，涉嫌重复，但也不是完全不可。这句话的"邓译本"为："大自然包含有使我们在评判它的某些产物时在我们内心诸能力的关系中知觉到内在合目的性的机会，也就是把这种合目的性作为应当从某种超感性的根据出发解释为必然的和普遍有效的"；（198）"曹译本"为："自然有一种特性，它给我们一个机会，让我们知觉到在评判某一自然产品时我们心灵能力的关系中内在的合目的性，而且把这种起源于超感性根基的合目的性解释为必然的和普遍的。"（505）这两种译法都表明，"它"应该是指内在的主观合目的性。如果是这样，则表明主观合目的性以超感性东西为根据。此点很重要。自然的这一特性不可能是自然目的，或者毋宁说被我们评判为这样一个目的，"这一特性"，指自然具有的主观合目的性。主观合目的性不是自然的客观目的，而是被人评判为（设定为）这样一个目的。因为若不然，由此而被规定的判断就会是他律，而不是像一个鉴赏判断应有的那样是自由的并且以自律为根据。鉴赏判断这里的"自律"是以鉴赏判断自身为本位的。前面说判断力的立法是"再自律"，那是以自然为本位的。似乎，判断力直接面向自然，以自然为本位，所以是再自律；鉴赏判断不直接面向自然而是直接面向反思判断力（它们是同一的），所以是"自律"。

[第10段] 在美的艺术中，可以更清晰地认识到合目的性的理念论原则。因为这里不能由于感觉而接受合目的性的一种审美的实在论（那样一来它就会不是美的艺术，而是适意的艺术）：这一点是它与美的自然共有的。主观合目的性作为一种理念论的原则，充分地表现在美的艺术中。康德自述了他研究审美活动和美的艺术（还应该包括美的自然）的原因，其实内隐感性判断也充分地表现在这里。此点很重要。"感觉"，指感官感性的感觉，美的艺术不是形成于同感官感觉结成的合目的性关系，因为这是一种实在性的关系，将成为适意的艺术。不以客观感觉，而以主观合目的性为理念论原则，这是美的艺术与美的自然所共有的。然而，由审美理念而来的愉悦不必（作为机械性蓄意的艺术）依赖于达到确定的目的，因而甚至在这原则的理性论中，作为基础的也是目的的观念性，而不是其实在性：由内隐感性理念而形成的愉悦不依赖于确定实用性的实现。"机械性蓄意的艺术"，可能

指以机械性的方法制作有实际用意的工艺品。作为"这原则"的理性论之基础的是观念性的（理念性的）目的，不是实在目的。这一点，也由此而清晰可见，即美的艺术本身必须不被视为知性和科学的产品，而是天才的产品，因而是通过与具有确定目的的理性理念本质不同的审美理念获得其规则的。前面阐述过，美的艺术是天才的产品，是由主体内心中自然天成的内隐感性理念所造成的，其规则是内隐感性理念，不是具有确定目的的理性理念。这一表述清楚地表明，内隐感性理念不同于理性理念，有自己独特的重要意义。

[第11段] 正如作为显象的感官对象的理念性是解释它们的形式能够被先天地规定的惟一方式一样，在对自然的美者和艺术的美者的评判中，合目的性的理念论也是前提条件，"显象"，自然事物在感官中的样态，所以感官对象（感官所感到的）就是自然事物的显象，不是自然客体本身，即不是物自身。用我们今天的话来说，感官中的显象就是意象。"它们的形式"，可能指显象的表现形式。在人的感官中，显象的形式是先天如此的，即被先天规定的，这种表述和解释是理念性的。还可能指对自然的显象及其形式，其存在形态只能是理念性的，不是实有的。因为按照康德哲学，自然对象的显象是主体观念、意识的产物。主观中先有了这样的理念，然后才能对应性地以这样的理念去适配显象的形式。适配成功，就是形成了知识。所以这样的理念及理念论是知性的前提。理念论，指关于理念特性和作用的学说、看法。与此相同，对美者的评判也要以理念论为前提条件。这一阐述非常非常重要，它补充了一个前面没有阐述的环节：对象之表象与主体心灵能力的对应匹配，是以内隐感性理念为前提的，并且惟有在这个前提条件下，批判才能解释一个先天地要求对每个人都有效（但并不把这种在客体上表现出来的合目的性建立在概念之

上）的鉴赏判断的可能性。这一阐述的潜台词是：如果各人的内隐感性理念是相同的，就形成共同的前提条件；于是，对与这一理念相对应的对象的鉴赏判断就是普遍相同的。表明，康德所说鉴赏判断的普遍性应该是以共同的内隐感性理念为前提的。换言之，如果内隐感性理念不同，则对同一对象的鉴赏判断结果就可能不同。可见，康德并没有忽视审美的差异性，只是更多地正面强调了内隐感性判断的普遍性，而这种普遍性是有条件的。当然，康德的表述不是这样具体、详细。同时，是不是真的这样（是否有这样的潜台词），还须论证。

本节要点：一再强调，审美判断的原则是理念性的合目的性关系，是主观意识中的，实即内隐认知结构中的。

第59节　美作为道德的象征

［第1段］要阐明我们的概念的实在性，永远需要直观。"实在性"，客观的、实有的、可经验的东西。一般来说，具有实在性的东西是物理性的存在，可被感官所感觉。而概念是观念性（符号性）的，本身不具有实在性，概念所指代的对象才具有实在性。只是具有实在性的东西才能被直观。如果这是经验性的概念，那么，这些直观就叫做实例。如果是那些纯粹知性概念，那么，这些直观就被称为图型。"实例"，康德特有的概念，表示由经验性概念所规定的确定而具体的事物及现象，即可由直观所展示的概念内涵或对象。"图型"，不是对于具体事物的直观，而是抽象的、概括的、笼统的直观。由于这种图型不能以具体事物加以展现，没有直接的直观对象，所以是纯粹知性概念。图型不同于内隐感性表象。后者也是概括的、抽象的、模糊的，但它形成于内隐感性判断力。图型形成于知性，是感官性直观的叠加、重

合，可清楚地觉察；内隐感性基准理念是内在直观的叠加、重合，不能清楚地觉察。如果人们甚至要求，理性概念亦即理念的客观实在性也得到阐明，确切地说是为了对理念的理论知识，那么，人们就是在欲求某种不可能的东西，因为绝对不可能给出任何直观与这些理念相适合。"知识"，"曹译本"为"认识"。（506）在康德的一般阐述中，知识是知性认识的结果，不是理性的结果。理性概念不表示具体的感性事物，所以不可能以客观实在性加以阐明（以实例予以展示）。可被直观的、同感性事物对应的只能是知性概念，作为理性概念的理念没有感性直观对象。

[第2段] 一切生动描绘（展示，subjectio sub adspectum [摆在眼前]）作为感性化都是双重的：要么是图型的，此时知性所领会的一个概念被给予了相应的先天直观；要么是象征的，此时惟有理性才能思维而没有任何感性直观能与之适合的一个概念被配上这样一种直观，借助于它，判断力的处理方式仅仅类似于它在图型化时所观察到的东西，亦即仅仅按照这种处理方式的规则而不是按照直观本身，从而仅仅按照反思的形式而不是按照内容与这种东西一致。虽然理念不能被直观，没有对应的实在对象物，但可以被实在事物所象征。起象征作用的实在物只能间接地表现理念的意义，并不是与理念有直观性的对应，因此是类似于图型化。例如以松树象征着道德品质的高洁、正直，这是只能凭借理性思维才能把握的，凭知性的直观不可能把握到这一点。"借助于它"，可能指借助于理性的象征性想象。"类似于"，可能指类似于规定性的判断力。象征不是直观的直接把握，而是间接的把握，这一处理方式类似于图型化的观察。图型化的处理方式直接以具体的对象为内容，而象征没有直接的具体对象的内容，所以仅仅是在反思的形式方面与这种东西一致。"规则"，可能指知性和理性的规则。按照知性的规则可形成直观和图型；按

照理性的规则可形成象征。"观察到的东西",抽象的、笼统的、非具体确定的东西。象征的东西也是类似于此的。"这种东西",可能指象征的内容(不是象征物,而是被象征的)。

[第3段] 如果人们把"象征的"这个词与直觉的表象方式对立起来,那么,这就是对这个词的一种虽然被近代逻辑学家们接受了、但却是意义颠倒了的、不正确的应用。因为象征的表象方式只不过是直觉的表象方式的一种罢了。象征与直觉在表象方式上的对立,指二者相区别,并且是性质上截然不同的。这种看法是不正确的。因为象征的表象方式也是直观的表象方式的一种。即象征也是通过直观进行的,要有象征物,而象征物必须可直观。也就是说,后者(直觉的表象方式)可以被划分为图型的表象方式和象征的表象方式。二者都是生动描绘,亦即展示(exhibitiones):不是纯然的表征,亦即通过伴随的感性符号来标示概念,这些符号根本不包含任何属于客体的直观的东西,而是仅仅按照想象力的联想律,因而在主观的意图中用做再生成的手段;这类东西要么是语词,要么是可见的(代数的,甚至是表情的)符号,作为概念的纯然表述。直观所展示的,是对象客体的具体样貌、内容,不是感性符号。这里是直接的物象(对象事物的显象)与间接的符号之间的区别。康德在这里有个注解:认识的直觉的东西必然与推理的东西(而不是与象征的东西)相对立。前者要么通过演证而是图型的;要么作为按照一种纯然类比的表象而是象征的。直觉到的东西是直接摆在眼前的样貌,推理的东西是间接得出的观念性的东西,要用符号来表示。二者的区别是表征与表征内容的关系。直接的关系是直觉,间接的关系是推理。象征作为一种表象方式,是由不同表象相类比而成,所以与直觉的表象方式没有性质上的区别(都是直接面对表象)。把象征的表象方式归为直觉表象方式的一种,就把"象征的"与直

觉表象方式的对立取消了。这就为象征在实践中的作用扫平了道路。

[第4段] 因此，人们配给先天概念的一切直观，……在这种类比中判断力完成了双重的任务，首先是把概念运用于感性直观的对象，其次是把纯然对那种直观的反思的规则运用于一个完全不同的对象，前一个对象只是这后一个对象的象征。判断力（知性的）以概念认识到作为象征手段的物体，即直观到的对象，然后按照反思（理性思维）的规则把这个直观到的对象用于对另一个对象的象征。……但在对二者及其因果性进行反思的规则之间却有类似性。统治、权力与手推磨之间的类似性，是人通过理性思维的方式把握的。……这个完全不同的概念也许永远不可能有一个直观直接相对应。这些概念是对作用、关系的表述，不是对具体事物的表述，因此不能有直接对应的直观。如果人们已经可以把一种纯然的表象方式称为知识的话（如果这表象方式并不是对于对象就它自身是什么作出理论规定的原则，而是对于这对象的理念对我们以及对这理念的合目的应用来说应当成为什么作出实践规定的原则，那么，这样称谓就是完全允许的），"知识"，似解读为"认识"更好。因为表象方式是认识的一种方式，而知识是相对固定的成果。表象方式是一种原则，即按照什么样的表象方式去认识就会有什么样的结果；在此，表象方式起到规范的作用，即相当于原则。"对象就它自身是什么……"这是对对象的概念性的规定，属于知性。"这对象的理念"，即对象所表示（象征）的理念。"这理念的合目的应用"，即对象与其象征内容的合目的性关系。"实践"，理念是思维中的东西，不是生活实际中的事物；但理念要得到展现、实现，就必须体现在实际生活中，即成为实践。"实践规定的原则"，可能指理念在实践中的展现（象征）相对固定，即成为一种规定；这种象征关系

（规定），是按照一定原则进行的，例如按照理性之本性的原则（即理性必须要在实践中展现的原则）。在这个意义上，"象征"这一称谓就是可以完全允许的。即当某个概念不是表示与这个概念直接对应的内容（例如作为象征的松树概念不是表示作为植物的松树）而是表述另外的内容（理性理念）时，就可以称其为"象征"。以下从略。

[第5段] 现在我说：美者是道德上的善者的象征；这是对美者的定义吗？不少人是这样认为的，还把这句话误解为"美是道德的象征"，或直接说成"美是道德"。但其实这不是美者的定义，而应该是美者的一种作用。美者可以象征着道德之善，并非就是道德之善，二者不是同一个东西。道德之善也不是只能表现在美者上。但美者的确往往是与道德之善相关联的，因为只有好的东西才能是美的，而道德之善是非常好的。……这就是前一节指出过的鉴赏所眺望的理知的东西，"眺望的"，即希望的、憧憬的。"理知的东西"，不是知性也不是理性，而是包含这些认识能力的、凭借智能所把握的东西。这应该是指超感性东西。原文这里有个注释，本书从略。因为甚至我们的高级认识能力就是为此而协调一致的，而没有这种东西，在这些能力的本性之间与鉴赏所提出的要求相比所产生的就会全然是矛盾了。"高级认识能力"，指知性、理性、判断力。"为此"，是"为了此"还是"因为此"？更多的可能是后者。知性和理性的联结要经过反思判断力的中介。反思判断力以超感性东西为自己的先天根据，不是为了什么而刻意地形成的，而是自然而然的作用。"这种东西"，可能指"理知的东西"，即超感性东西。知性和理性这两种能力在本性上是不同的（适用于不同的领域），不能直接相关联；而鉴赏所提出的要求正是将二者相关联。如果没有超感性东西为它们共同的基础，就不能形成二者的联结了。美者是这个超感性东西

的直接结果,美者形成的过程就是高级认识能力协调一致的过程。在这种能力中,判断力并不认为自己像通常在经验性的评判中那样服从经验法则的一种他律:判断力就一种如此纯粹的愉悦的对象而言自己给自己立法,给自己立法,这个明确的说法很重要。这是就纯粹的愉悦的对象而言的,是只属于判断力的,所以是给自己的立法。"这种能力",可能指将高级认识能力联结在一起的能力。而且它认为自己既由于主体中的这种内在的可能性,又由于一个与此协调一致的自然的外在可能性,而与主体本身中和主体之外的某种既不是自然,也不是自由,但却和自由的根据亦即超感性东西联结在一起的东西相关,在这超感性东西中理论能力与实践能力以共同的和不为人知的方式结合成统一体。"它",应该指反思判断力。主体中的内在可能性,即判断力内在的规定根据(分别同自然和自由的连接)的可能性。自然的外在的可能性,即与主体认识能力相对应、相匹配的具有内隐感性性状的自然对象所提供的可能性。就是说,美者的形成,或内隐感性愉悦的形成,需要主客体两方面的条件。具有内隐感性性状的对象就其自身而言是自然中的产物,但它与主体相对应的却不是自然的性状,也不是自由的理念,而是与自由的根据即超感性东西联结在一起的(自由也是以超感性东西为根据的)的东西。这提示我们,作为判断力规定根据的超感性东西,不同于作为自由之根据的超感性东西。这两者都叫作超感性的,但不是一回事。在这个特殊的超感性东西基础上,知性和理性结合成统一体。但这种结合的方式不被人所知。那么,说"以超感性东西为基础的结合"算不算是知道其结合方式呢?可能既是又不是。"第三批判"所作的阐释一定程度上揭示了这一方式,但其内在的机理和过程还不为人所知。以下从略。

[第6段] 从略。

[第7段] 对这种类比的考虑即便对平常的知性来说也是常见的；……因为它们所激起的那些感觉包含着某种与一种由道德判断造成的心灵状态的意识相类似的东西。鉴赏仿佛使从感官魅力到习惯性的道德兴趣的过渡无须一个过于猛烈的飞跃就有可能，因为它把想象力即便在其自由中也表现为可以为了知性而被合目的地规定的，甚至在感官对象上也教人无须感官魅力而找到一种自由的愉悦。以自然物来类比或象征抽象物，其可能性来自感觉的类似性。鉴赏所形成的美者如果可以象征着道德之善，就形成了将感官自然与道德理性相关联的具体方式或途径。这种过渡是自然而然的，不是"过于猛烈的飞跃"。鉴赏具有双重性，因此具有连接知性和理性的作用：它有自由性（虽然不是理性的自由，而是不受概念规定的自由），这点同理性相似；要受到知性概念的框架性制约，这点同知性相关联；鉴赏所形成的愉悦是来自感官对象的，这点同知性相关联；但这种愉悦又不是来自感官的魅力而是一种自由的愉悦，这点具有理念性，因此与理性相近。这些都表现出鉴赏判断在哲学体系中的中介作用。

　　本节要点：提出重要论点：美者是道德之善者的象征。善者是多方面的，这里强调是在道德方面。康德的道德概念似乎比我们一般所认识的要更广。我们讲的道德主要是人品方面的社会规范，康德的道德带有人文、人性方面的性质。象征也是直观的一种方式，是对理性的阐明、展现，即感性显现。这样，象征一方面展现了美者的作用，另一方面达到了美者与善者的统一。即达到了感性与理性的统一。这是现象界的表现，也是超感性自由——道德理念在自然界的结果表现。即经过鉴赏判断的作用实现了自然界与自由界的连通。其过程大致有两种通道方式，一种是，以内隐感性表象连接感官表象，开始进入理性通道，因而与欲求愉快感相通，从而关联到理性；另一种是，由物体外形形成无形式的联想，联想到主体内心中的理性观念，达到理性理念与无形式感知的匹配，即由自然具体形式到无形式想象再到理性。两种通道形式都要以内在的人文——道德价值观念为基础。因此，鉴赏判断的外在表现就是美者成为道德——人文方面善者的象征。对康德哲学来说，更重要的是这一过程的内在机理。即发现了新的认识方式或心灵能力，这就是内隐感性判断亦即内隐认知。为这一心灵能力寻找到的源头和根据是由超感性东西构成的最初始的基底。在这一基底之上形成了主观合目的性关系，并造成了客体对象与自由——道德理念之间的具体主观合目的性关系。康德在这一过程中发现并阐述了内隐感性判断的基准理念、无利害关切状态、客观合目的性的基础、想象力与知性的和谐关系、鉴赏判断的外部价值如社交以及鉴赏判断需要的形成——使机体的神经系统振动、活跃起来，可以形成兴奋感，有利于健康。

第60节　附录：鉴赏的方法论

这里不是指现代意义上艺术鉴赏的方法论，而是指在内隐感性鉴赏能力的获得方面所需要的方法论，即怎样获得鉴赏能力。

[第1段] 把一种批判先行于科学而划分为要素论和方法论，……对于美的艺术来说，只有风格而没有教学方式（methodus）。"先行于科学"，即在科学形成之前的规定根据或前提条件。美的艺术来自天才，天才是自然天成的，不能教授。所以，大师必须示范学生应当做什么和应当怎么做；他最终把自己的做法置于其下的那些普遍规则，与其说能够用来把这种做法的主要因素颁布给学生，倒不如说是有机会就把这些因素置入记忆。"普遍规则"，可能指内隐感性理念形成的规则，这种理念造就了天才和艺术大师。自己在普遍规则之下的"做法"，可能指艺术大师进行艺术

创作的过程、手法。"这种做法的主要因素",可能不是指具体的手法,而是同普遍规则相关的要素。这种要素大概仍是同内隐感性表象或理念相关的。把这些要素植入学生的记忆,可能是指对学生心灵中天才的培育。"植入记忆"的说法很重要,只有植入记忆的才是自身具有的,其潜在之义是以此来建塑学生的天才。学生不能刻板地模仿大师的做法(这不能形成有独创性的艺术),而是应该在自己心灵中建构类似于大师心灵的天才(内隐感性理念)。这一阐述很有启发价值。但在这里仍然必须考虑某种理想,它是艺术必须牢记的,即使它在实施中永远不能完全达到它。"理想",可能指第17节曾论述到的理想,即按照内隐感性理念而想象成的有独创性的、典范性的表象或体现这一表象的美者。惟有通过唤起学生的想象力去适合一个被给予的概念,通过觉察到由于理念是审美的、是概念本身达不到的,因而表述对于理念来说是不充分的,而且通过尖锐的批判,才能够防止摆在他面前的那些榜样马上被他视为原本和不屈从任何更高的规范和自己的评判的模仿典范,就这样使天才,但与天才一起还使想象力本身在其合法则性之中的自由窒息,而没有这种自由,任何美的艺术都是不可能的,甚至就连自己的一种正确的、评判美的艺术的鉴赏也是不可能的。这段话有些费解。"被给予的概念",即展现在面前的对象。对象都是被概念所规定的,是明确的、可表述的。未被概念所规定的对象是还未被知性所把握的,已被概念所规定的对象就是确定把握到的对象。使想象力去适合这个概念,即要在这个概念的框架中想象。人可以觉察到内心中存有的理念,这个理念是内隐感性的,不能以知性概念来表述,因而概念表述对于内隐感性理念来说是不适用的。"尖锐的批判",即到位的、准确的评判认知。"原本","邓译本"和"曹译本"都为"原型",(204,509)可能指带有根本性、典范性的内隐感性理念及其感性表现（具体的样貌）。"更高的规范"，可能指典范或天才的规范，抑或鉴赏判断的规范。"不屈从"，即"不按照"。"马上"，可能指简单的、没有批判意识的活动或行为。这句话的意思可能是：要通过尖锐的批判，使学生不把面前的榜样当作照葫芦画瓢式模仿的典范，而是按照更高的规范，以自己心灵中的鉴赏评判能力来对待。即要通过榜样来塑造自己的内隐感性理念，从而形成类似的心灵能力（天才），否则就将使天才及反思想象力的自由被窒息。榜样是按照鉴赏判断的规范而形成的，学生也要按照自己的天才即自己在经验中形成的心灵认知结构做出自己的评判，不能把榜样当作机械模仿的典范。

[第2段] 一切美的艺术的预科，就其着眼于美的艺术的最高程度的完善性而言，看起来都不在于规范，而是在于通过人们称为 humaniora [人文学科] 的预备知识来培养心灵力量，"预科"，即预先准备，此处应指要预先具备用于鉴赏和创作美的艺术品的心灵能力。"最高程度的完善性"，可能指完美的艺术性。要达到完美的艺术性，不可能依靠固定的、客观的规则，而是要通过人文素养的预备知识在心灵能力上的培养。对美的艺术加以鉴赏或创作的心灵能力不是学来的，而是在经验中铸塑的。这种经验包含着艺术、人文知识的熏陶和积淀，最终要形成自己特有的心灵能力，也就是形成天才。这也许是因为人道一方面意味着普遍的同情感，另一方面意味着能够最真挚地和普遍地传达自己的能力；这些属性结合在一起就构成与人性相适合的社交性，通过它，人性就与动物性的局限区别开来。这里这样地提出"人道"，可能是认为，心灵能力、人文知识等不言而喻都是属人的并与人相关的。"同情感"，"曹译本"为"共同情感"，（509）即"共情感"。"真挚地"，真实准确地。美的艺术是人道的或人性的，意味着具有人的普遍的情感，是人的相关能力的准确而又

普遍的表达。"这些属性",可能指心灵能力的真挚性、普遍性。有了这样的属性,才能有人类社会的交往。这里强调了美的艺术所代表的人类性、精神性,看到了人与一般自然的本质性区别。无论是这个时代还是各个民族,在它们里面,一个民族由以构成一个持久的共同体的那种对有法则的社交的热烈冲动,在与环绕着将自由(因而也将平等)与一种强制(更多的是出自义务的敬重和服从,而不是畏惧)结合起来这一艰巨任务的那些巨大困难进行搏斗;"无论是这个时代还是各个民族",这句话的"邓译本"为:"在有些时代和民族中",(204)"曹译本"为:"曾经有过一些时代,有过一些民族。"(509)大概指过去时代及民族中的情形。"有法则的社交",可能指一个社会的秩序、制度。"热烈冲动",可能指对社会理想的追求。"强制",可能指具有强制性的法则及社会规则、制度。将自由和强制二者协调起来是艰难的;"搏斗",可能指在这方面的努力或斗争。这样一个时代和这样一个民族,首先就必须发明出将最有教养的部分的理念与较粗野的部分相互传达的艺术,发明出前者的扩展和文雅化与后者的自然纯朴和原创性的协调一致,并以这种方式发明出较高的教养和知足的天性之间的那种媒介,这种媒介即使对于作为普遍的人类感觉的鉴赏来说,也构成了正确的、不能根据任何普遍的规则来陈述的尺度。"有教养的部分"和"较粗野的部分",可能分别指文化程度较高或较低的部分。教养程度较高的部分可上升到理性理念。这两者之间的相互传达和协调一致,是不是相当于"雅俗共赏"?"不能根据任何普遍的规则来陈述",即鉴赏判断不能按照知性概念来陈述。这种雅俗共赏的艺术品也许是康德对美的艺术的一种理想化要求,并以此构成一种标准尺度。

[第3段]一个后来的时代很难使那些典范成为多余的,因为它将越来越不接近自然,并且最终如果不具有自然的持久榜

样，就几乎不可能做到为自己形成这样一个概念，即成功地把最高教养的有法则强制与感到这种教养的固有价值的自由本性之力量和正确性结合在这同一个民族中。这一段阐述意味着上一段所说的时代和民族是过去的。后来的时代越来越远离纯朴的自然，而这种纯朴的自然是非常必要的，因此不能把过去时代和民族的艺术典范视为多余的。即如果没有当初那些具有自然纯朴性的艺术典范，后来的时代是很难正常发展的；如果没有这种具有纯朴自然性的榜样（对自然纯朴性的保留），就不能把高度发展起来的教养和法则与自由本性结合起来。

［第4段］但是，既然鉴赏在根本上是道德理念的感性化（凭借对二者的反思的某种类比）的评判能力，也从它里面，从必须建立在它上面的对出自道德理念的情感（它就叫做道德情感）的更大的感受性中，引出了鉴赏宣布为对一般人性、不仅对每一种私人情感有效的那种愉快，美者作为道德之善者的象征，就是内在抽象道德理念的感性化展现，而鉴赏就是完成这一过程的能力。"它"，可能指鉴赏，但更可能是指鉴赏中形成的美者，否则与下面所说的"鉴赏宣布"就矛盾了。具有普遍性的内隐感性愉快建立在美者的基础之上，这种愉快是由美者引发的情感。这种愉快关联着道德情感，因此是（超出美者的）更大的感受性。这等于说，康德在"美者的分析论"中所说的内隐感性愉悦是仅仅相对于美者及鉴赏评判而言的，是早期的、初级的；经过层层发展，当美者关联到理性理念并作为道德之善者的象征之后，早期初级的愉悦就与道德情感相结合了。所以很明显，对于建立鉴赏来说的真正预科就是发展道德理念和培养道德情感；因为只有当感性与道德情感达到一致时，纯正的鉴赏才能获得一种确定的、不变的形式。发展道德理念和培养道德情感是高等级鉴赏判断的必要条件，这符合审美实际。美的东西以善为前提，凡

是不善的都不能是美的。"感性",指内隐感性;它之与道德情感达到一致,既有符合道德理念之义,又有结合在一起之义。"确定的、不变的形式",所指不明。是不是指作为道德之善者的象征?

本节要点:鉴赏的方法论,不是科学性的、教授性的,不能像传授知识和技能那样让人具有鉴赏能力和天才,而是示范性的,必须以形象样貌来展示,使人形成内隐感性理念。可规制、可教育、可教养的,是道德人文观念,这对鉴赏判断来说是非常必要的,是鉴赏的预科。鉴赏归根结底是道德理念的感性化的评判能力。

结　　语

　　综上，就本书所解读的部分而言，康德的论点和逻辑非常严密，是一以贯之的，没有明显的矛盾，只是关于崇高的部分有点牵强。对关注康德美学思想的人士来说，这些阐述中最深刻、最有价值的是关于对美者的鉴赏判断的探究。不过，如我们前面所表述过的那样，"第三批判"的主要用意是探究人类心灵中的内隐感性能力，不是专门的美学著作；其关于审美活动机理和重要环节的论点虽然非常精彩，但表述较为分散，有时只是略微提及，一笔带过。因此，从美学角度阅读"第三批判"，须仔细地发现其中的要点；而把这些散在的闪光之点整合起来，就是一幢辉煌的美学理论大厦。

　　运用认知神经美学可以有效地将这些闪光之点整合起来，形成这样的表述：人的所有经验都会内化为大脑中的神经记忆。对某一对象事物感官感性表象（形象）的知觉经验经过大脑认知加工过程中的反复叠加、刻画，会在认知神经结构（包括记忆）中留下特定的痕迹，形成主体主观上的内隐感性表象（内隐的形式知觉模式）。由于它是存在于心灵中的、观念性、意识性的，所以被康德称为内隐感性理念。这一表象或理念的形成过程决定了它必定包含着诸多分表象（具体、个别对象的形象），每一分表象都大致对应着现实生活中的某一对象事物，但都不确切，不鲜明。反过来说，整体的内隐感性表象就是通过反思想象力（内在直观力）的复合作用而由这些分表象所组成。对这些分表象的全部内在直观（内隐认知）可被知性的概念能力整合为统一的概念；这一概念是以此时主客体关系中的知觉对象为核心的，但同样不完全等同于这个知觉对象，只是以此框定着反思想象力的范围。亦即，内隐感性表象及理念所涵盖的内容和对象要大大超过知觉对象的确切表象。这种情形在艺术中表现得最为充分而鲜明。所谓"艺术形象"实即内隐感性的表象、理念及天才的外化表现，可形成"形象大于思想"的艺术效果、审美效果。内隐感性表象及理念在经验性的形成过程中，可同步地引发与之相关的愉悦情感；由此，二者在内隐状态中建立起稳定的神经连接链，构成特定的认知模块。这种连接正是康德所要寻找的判断力原理中的"谜"。以特定认知模块的已然建立（先天的）为前提条件，如果现实生活中的人在无利害关切的身心状态下知觉到与既有认知模块中内隐感性表象中的某一分表象相对应、相匹配的对象事物，就可调动起反思想象力与知性因素相一致的自由游戏（自发活动），首先通过内在直观力激活这一分表象，继而通过内在直观力的想象力功能激活整体的内隐感性表象或内隐感性理念，亦即激活以特定认知模块为中心的自发的内隐认知活动，形成对于对象的鉴赏评判（审美认知）。这时，对象的感官感性表象就呈现出内隐感性性状（成为内隐感性表象），与主体的内隐感性理念形成主观合目的性关系并在这种关系中形成无利害性关切的愉快情感（美感）。引发美感的对象就被称为美的。美的东西不是"美"，也没有"美本质"。鉴赏判断的四个契机都是在这一机理下形成的。对象美还是不美，除需要上述主体的主观条件（认知方式）之外，还需要客观的条件。即美的东西必须是完善的、符合善的理念的，因此美者能成为道德上善者的象征。这与我们生活中感觉到的真善美相统一是完全一致的。

　　康德关于内隐感性和鉴赏判断活动的阐述非常深刻，非常细致，非常超前；可以说是在美学史中开辟了不同于柏拉图本体论路径的认知论路径，是现代认知神经美学的先驱。康德阐述的绝大部分都可获得现代认知神经科学的实验证明；剩下的还未得到证明的那一小点儿，也可望在不久的将来成功解决。

　　由于"第三批判"太过超前，人们在很长一段时间内都未能充分加以理解，尤其是未能认识到"Äesthetica"概念之"内隐感性"的深层含义。本书希望能以自己的理解作为纪念康德诞辰三百周年的献礼，同时表达对学术先驱的敬意。

参考文献

康德:《判断力批判》,宗白华译,商务印书馆1996年版。

康德:《判断力批判》,邓晓芒译,杨祖陶校,人民出版社2002年版。

康德:《判断力之批判》,牟宗三译,西北大学出版社2008年版。

康德:《判断力批判》(注释本),李秋零译注,中国人民大学出版社2011年版。

康德:《纯粹理性批判》,李秋零译注,中国人民大学出版社2011年版。

康德:《判断力批判》,曹俊峰译,《美,以及美的反思》,金城出版社2013年版。

康德:《判断力批判》,韦卓民译,《韦卓民全集》第四卷,华中师范大学出版社2016年版。

邓晓芒:《康德〈判断力批判〉释义》,生活·读书·新知三联书店2008年版。

郭立田:《康德〈判断力批判〉文本解读》,黑龙江大学出版社2016年版。

李志宏:《认知神经美学》,中国书籍出版社2020年版。